HOW TO
TEPS

점수대별 TEPS 실전 모의고사

실전력
800

How to TEPS 실전력 800

지은이 넥서스 TEPS연구소
펴낸이 안용백
펴낸곳 (주)도서출판 넥서스

초판 1쇄 발행 2010년 3월 30일
초판 2쇄 발행 2010년 4월 5일

출판신고 1992년 4월 3일 제311-2002-2호
121-840 서울시 마포구 서교동 394-2
Tel (02)330-5500 Fax (02)330-5555

ISBN 978-89-6000-696-6 18740

www.nexusbook.com

텝스 1등급 정복을 위한 고난도 실전 모의고사

HOW TO
TEPS

넥서스 TEPS연구소 지음

점수대별 TEPS 실전 모의고사

실전력
800

넥서스

Preface

1999년 1월 첫 TEPS 정기시험 시행 이후 100회를 훌쩍 넘으면서 TEPS는 이제 명실공히 한국인의 영어능력을 가장 객관적이면서 과학적으로 테스팅하는 시험으로 자리매김을 하였습니다.

TEPS 시험 유형을 자세히 분석해 보면 기존의 영어능력 검정시험과 확연히 다른 두 가지 점을 파악할 수 있을 겁니다. 문법과 어휘 영역에서 문어체 표현뿐만 아니라 구어체 표현까지 다양하게 출시된다는 것과 테스팅 타임(2시간 20분) 동안 처리해야 할 문제 정보량이 너무나 방대하기 때문에 TEPS만의 독특한 문제 유형에 익숙해지지 않으면 시간 안에 주어진 문제를 다 풀기가 버겁다는 것입니다. 따라서 TEPS 문제 유형에 익숙해지도록, 소위 말해서 전천후 TEPS 체질로 영어 공부 환경을 완전히 바꾸어야 TEPS 시험에서 고득점을 얻을 수 있습니다.

이러한 문제 유형 파악을 위해 단시간에 가장 효과적인 학습 방법은 시험 출제 경향과 유사한 문제들을 많이 경험하는 것이라는 것을 TEPS를 준비해 본 수험생이라면 누구나 알 것입니다. 시중에 TEPS 모의고사 문제집은 이미 많이 나와 있지만 수험생 각자의 학업 성취 목표에 따라 난이도를 제대로 조절한 모의고사 교재는 아직 없는 것을 발견하고 이번에 넥서스 TEPS연구소 연구원들이 난이도별 모의고사 시리즈를 개발하게 됐습니다.

보다 TEPS 기출문제와 유사한 문제들을 개발하기 위해 연구원들 전원 수시로 TEPS 시험에 응시하며 데이터를 정리했으며, 매력적인 지문과 질문 개발을 위해 미국에 거주하는 Henry J. Amen Ⅳ, Terry Cave, Justin Keller 외 국내외 여러 박사님들이 끝까지 많은 도움을 주셨습니다. TEPS 최상위권(1등급) 진입을 위해 꼭 필요한 고난도 문제들로만 각 세트를 구성해 이제 〈How to TEPS 실전력 800〉을 출간하게 됐습니다. TEPS 800점 획득이 독자들에게 또 다른 새로운 도전과 꿈을 향한 전진이 될 것입니다. TEPS 이상의 비전 성취를 준비하는 수험생들에게 본책이 유익한 동반자가 될 수 있기를 바랍니다.

넥서스 TEPS연구소 연구원 일동

Contents

Preface   5

All about the Book   8

TEPS Q&A   10

All about the TEPS   12

Actual **Test 1** 해설

Listening Comprehension   20

Grammar   38

Vocabulary   49

Reading Comprehension   59

Answer Keys   73

Actual **Test 2** 해설

Listening Comprehension   74

Grammar   92

Vocabulary   103

Reading Comprehension   113

Answer Keys   127

Actual **Test 3** 해설

Listening Comprehension   128

Grammar   146

Vocabulary   157

Reading Comprehension   167

Answer Keys   181

i -TEPS Review   182

TEPS 등급표   184

별책부록

고난도 보카 매뉴얼

MP3 CD 1장

All about the Book

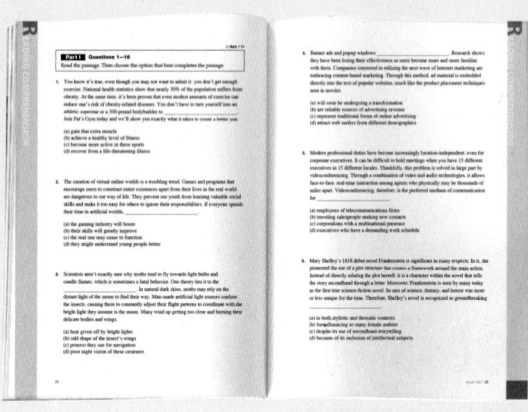

1 / TEPS 기출문제 재구성

국내외 유수한 TEPS 전문가가 출제한 양질의 문제를 수록하였습니다. 최신 출제 경향 및 출제 유형 완벽 분석 후 실제 TEPS와 동일하게 구성하였습니다.

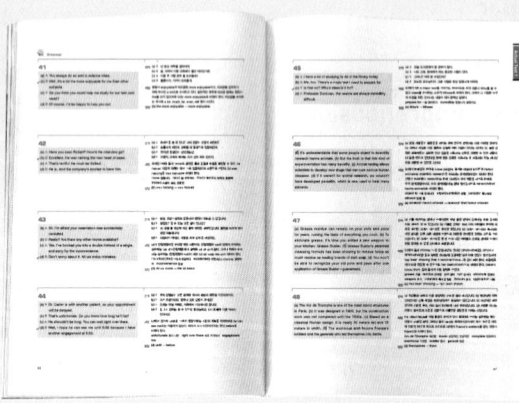

2 / 답이 보이는 명쾌한 해법

문제 출제 원리를 명쾌하게 풀어내어 혼자 학습하는 수험생에게 어려움이 없도록 했습니다. 또한 수험생의 편의를 고려하여 해설집에 문제집의 문제를 다시 한번 수록하였습니다.

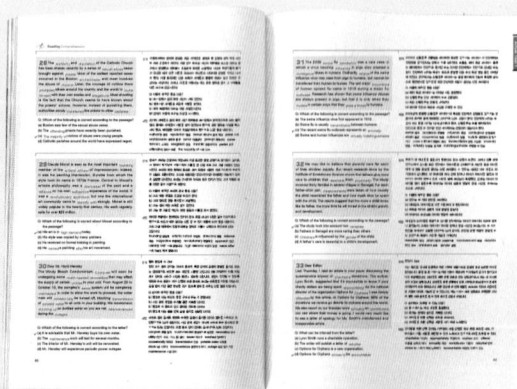

3 / 800점 맞춤 난이도

답이 뻔한 초중급 문제들은 배제하고, TEPS 800점 획득을 위해 꼭 알고 있어야 하는 고난도 문제들로 구성했습니다.

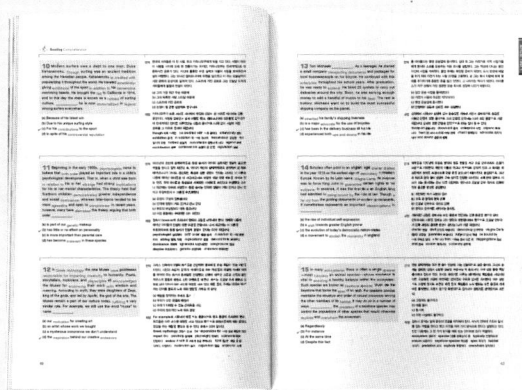

4 / 어휘 학습 강화

청해 Part 4와 독해 지문 속 어휘를 별도의 컬러로 처리하였습니다. 단어 찾는 시간을 줄이고, 단어가 문장 속에서 어떤 역할을 하는지 한눈에 알아볼 수 있도록 독자들의 편의를 도모하였습니다.

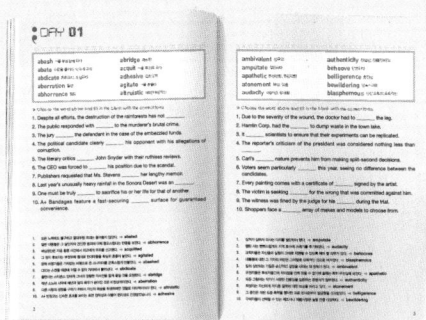

5 / 고난도 보카 매뉴얼

TEPS 800점 획득을 위해 반드시 숙지하고 있어야 할 텝스 어휘들을 별책부록으로 엮었습니다. 휴대하기 편한 사이즈라 이동 중 수시로 펼쳐볼 수 있을 뿐만 아니라 TEPS 시험 당일 고사장에서도 요긴하게 활용할 수 있습니다.

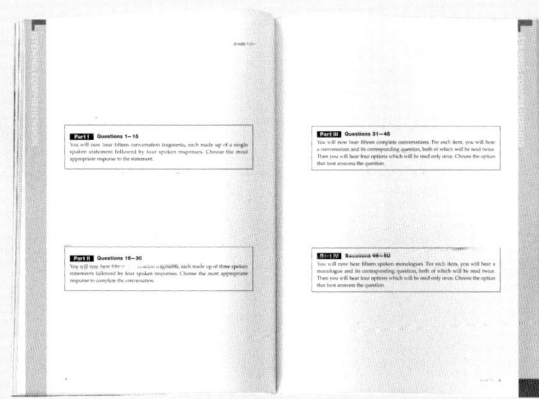

6 / 무료 MP3

실제 TEPS 시험 문제 녹음에 참여한 원어민 성우들이 읽는 속도, 억양, 발음 등을 TEPS 정기시험과 유사하게 구현해 냈습니다.

TEPS Q & A

1 / TEPS란?

❶ Test of English Proficiency developed by Seoul National University의 약자로 서울대학교 언어교육원에서 개발하고, TEPS관리위원회에서 주관하는 국가공인 영어시험

❷ 1999년 1월 처음 시행 이후 2010년 3월 현재 117회 실시했으며, 연 16회 실시

❸ 정부기관 및 기업의 직원 채용, 인사고과, 해외 파견 근무자 선발과 더불어 대학과 특목고 입학 및 졸업 자격 요건, 국가고시 및 자격 시험의 영어 대체 시험으로 활용

❹ 100여 명의 국내외 유수 대학의 최고 수준 영어 전문가들이 출제하고, 언어 테스팅 분야의 세계적인 권위자인 Bachman 교수(미국 UCLA)와 Oller 교수(미국 뉴멕시코대)로부터 타당성을 검증받음

❺ 말하기-쓰기 시험인 TEPS Speaking & Writing도 별도로 실시 중이며, 2009년 10월부터 이를 통합한 *i*-TEPS 실시

2 / TEPS 시험 구성

영역	Part별 내용	문항수	시간/배점
청해 Listening Comprehension	Part I : 문장 하나를 듣고 이어질 대화 고르기 Part II : 3문장의 대화를 듣고 이어질 대화 고르기 Part III : 6~8 문장의 대화를 듣고 질문에 해당하는 답 고르기 Part IV : 담화문의 내용을 듣고 질문에 해당하는 답 고르기	15 15 15 15	55분 400점
문법 Grammar	Part I : 대화문의 빈칸에 적절한 표현 고르기 Part II : 문장의 빈칸에 적절한 표현 고르기 Part III : 대화에서 어법상 틀리거나 어색한 부분 고르기 Part IV : 단문에서 문법상 틀리거나 어색한 부분 고르기	20 20 5 5	25분 100점
어휘 Vocabulary	Part I : 대화문의 빈칸에 적절한 단어 고르기 Part II : 단문의 빈칸에 적절한 단어 고르기	25 25	15분 100점
독해 Reading Comprehension	Part I : 지문을 읽고 빈칸에 들어갈 내용 고르기 Part II : 지문을 읽고 질문에 가장 적절한 내용 고르기 Part III : 지문을 읽고 문맥상 어색한 내용 고르기	16 21 3	45분 400점
총계	13개 Parts	200	140분 990점

☆ **IRT** (Item Response Theory)에 의하여 최고점이 990점, 최저점이 10점으로 조정됨.

3 / TEPS 시험 응시 정보

현장 접수
❶ www.teps.or.kr에서 인근 접수처 확인
❷ 준비물: 응시료 33,000원(현금만 가능), 증명사진 1매(3×4 cm)
❸ 접수처 방문: 해당 접수기간 평일 오전 10시 ~ 오후 5시

인터넷 접수
❶ TEPS관리위원회 홈페이지 접속 www.teps.or.kr
❷ 준비물: 스캔한 사진 파일, 응시료 결제를 위한 신용카드 및 은행 계좌
❸ 응시료: 33,000원(일반) / 17,000원(군인) / 36,000원(추가 접수)

4 / TEPS 시험 당일 정보

❶ 고사장 입실 완료: 9시 30분(일요일) / 3시(토요일)
❷ 준비물: 신분증, 컴퓨터용 사인펜, 수정테이프, 수험표, 시계
❸ 유효한 신분증
　성인: 주민등록증, 운전면허증, 여권, 공무원증, 현역간부 신분증, 군무원증, 주민등록증 발급 신청 확인서, 외국인 등록증
　초·중고생: 학생증, 여권, 청소년증, 주민등록증, 주민등록증 발급 신청 확인서, TEPS 신분확인 증명서
❹ 시험 시간: 2시간 20분 (중간에 쉬는 시간 없음, 각 영역별 제한시간 엄수)
❺ 성적 확인: 약 2주 후 인터넷에서 조회 가능

All about the TEPS

Listening Comprehension 60문항

PART I

Choose the most appropriate response to the statement. (15문항)

문제유형 질의 응답 문제를 다루며 한 번만 들려주고, 내용은 일상의 구어체 표현으로 구성되어 있다.

> W   I wish my French were as good as yours.
>
> M   _____

(a) Yes, I'm going to visit France.

✔ (b) Thanks, but I still have a lot to learn.

(c) I hope it works out that way.

(d) You can say that again.

번역 W 당신처럼 프랑스어를 잘하면 좋을 텐데요.

M _____

(a) 네, 프랑스를 방문할 예정이에요.

(b) 고마워요. 하지만 아직도 배울 게 많아요.

(c) 그렇게 잘 되기를 바라요.

(d) 당신 말이 맞아요.

PART II

Choose the most appropriate response to complete the conversation. (15문항)

문제유형 두 사람이 A-B-A-B 순으로 대화하는 형식이며, 한 번만 들려준다.

> W   I wish I earned more money.
>
> M   You could change jobs.
>
> W   But I love the field I work in.
>
> M   _____

(a) I think it would be better.

✔ (b) Ask for a raise then.

(c) You should have a choice in it.

(d) I'm not that interested in money.

번역 W 돈을 더 많이 벌면 좋을 텐데요.

M 직장을 바꾸지 그래요?

W 하지만 난 지금 일하고 있는 분야가 좋아요.

M _____

(a) 더 좋아질 거라고 생각해요.

(b) 그러면 급여를 올려 달라고 말해요.

(c) 그 안에서 선택권이 있어야 해요.

(d) 돈에 그렇게 관심이 있지는 않아요.

Choose the option that best answers the question. (15문항)

문제유형 비교적 긴 대화문. 대화문과 질문은 두 번, 선택지는 한 번 들려준다.

> M   Hello. You're new here, aren't you?
> W   Yes, it's my second week. I'm Karen.
> M   What department are you in?
> W   Customer service, on the first floor.
> M   I see. I'm in sales.
> W   So, you'll be working on commission, then.
> M   Yes. I like that, but it's very stressful sometimes.

Q: Which is correct according to the conversation?
(a) The man and woman work in the same department.
✔ (b) The woman works in the customer service department.
(c) The man thinks the woman's job is stressful.
(d) The woman likes working for commissions.

번역
M 안녕하세요, 새로 오신 분이시죠?
W 예, 여기 온 지 2주째예요. 전 캐런이에요.
M 어느 부서에서 근무하시나요?
W 1층 고객 지원부에서 일해요.
M 그렇군요. 전 영업부에서 일해요.
W 그러면 커미션제로 일하시는군요.
M 네. 좋기는 하지만 가끔은 스트레스를 많이 받아요.

Q: 대화에 따르면 옳은 것은?
(a) 남자와 여자는 같은 부서에서 일한다.
(b) 여자는 고객 지원부에서 일한다.
(c) 남자는 여자의 일이 스트레스가 많다고 생각한다.
(d) 여자는 커미션제로 일하는 것을 좋아한다.

PART IV

Choose the option that best answers the question. (15문항)

문제유형 담화문의 주제, 세부 사항, 사실 여부 및 이를 근거로 한 추론 등을 다룬다.

> Confucian tradition placed an emphasis on the values of the group over the individual. It also taught that workers should not question authority. This helped industrialization by creating a pliant populace willing to accept long hours and low wages and not question government policies. The lack of dissent helped to produce stable government and this was crucial for investment and industrialization in East Asian countries.

Q: What can be inferred from the lecture?
(a) Confucianism promoted higher education in East Asia.
(b) East Asian people accept poverty as a Confucian virtue.
✔ (c) Confucianism fostered industrialization in East Asia.
(d) East Asian countries are used to authoritarian rule.

번역 유교 전통은 개인보다 조직의 가치를 강조했습니다. 또한 노동자들에게 권위에 대해 의문을 제기하지 말라고 가르쳤습니다. 이것은 장시간 노동과 저임금을 기꺼이 감수하고 정부의 정책에 의문을 제기하지 않는 고분고분한 민중을 만들어 냄으로써 산업화에 도움이 되었습니다. 반대의 부재는 안정적인 정부를 만드는 데 도움이 되었고, 이는 동아시아 국가들에서 투자와 산업화에 결정적이었습니다.

Q: 강의로부터 유추할 수 있는 것은?
(a) 유교는 동아시아에서 고등교육을 장려했다.
(b) 동아시아 사람들은 유교의 미덕으로 가난을 받아들인다.
(c) 유교는 동아시아에서 산업화를 촉진했다.
(d) 동아시아 국가들은 독재주의 법칙에 익숙하다.

Grammar 50문항

 **PART I**

Choose the best answer for the blank. (20문항)

문제유형 A, B 두 사람의 짧은 대화 중에 빈칸이 있다. 동사의 시제 및 수 일치, 문장의 어순 등이 주로 출제되며, 구어체 문법의 독특한 표현들을 숙지하고 있어야 한다.

> A   Should I just keep waiting _____ me back?
> B   Well, just waiting doesn't get anything done, does it?

(a) for the editor write
✔ (b) until the editor writes
(c) till the editor writing
(d) that the editor writes

번역   A 편집자가 나한테 답장을 쓸 때까지 기다리고만 있어야 합니까?
       B 글쎄요, 단지 기다리고 있다고 해서 무슨 일이 이루어지는 건 아니겠죠?

 **PART II**

Choose the best answer for the blank. (20문항)

문제유형 문어체 문장을 읽고 어법상 빈칸에 적절한 표현을 고르는 유형으로 세부적인 문법 자체에 대한 이해는 물론 구문에 대한 이해력도 테스트한다.

> All passengers should remain seated at _____ times.

(a) any
(b) some
✔ (c) all
(d) each

번역   모든 승객들은 항상 앉아 있어야 합니다.

PART III

Identify the option that contains an awkward expression or an error in grammar. (5문항)

문제유형   대화문에서 어법상 틀리거나 어색한 부분이 있는 문장을 고르는 문제로 구성되어 있다.

> (a)   A   Where did you go on your honeymoon?
>
> (b)   B   We flew to Bali, Indonesia.
>
> ✔ (c)   A   Did you have good time?
>
> (d)   B   Sure. It was a lot of fun.

번역   (a)   A   신혼여행은 어디로 가셨나요?

          (b)   B   인도네시아 발리로 갔어요.

          (c)   A   좋은 시간 보내셨어요?

          (d)   B   물론이죠. 정말 재미있었어요.

PART IV

Identify the option that contains an awkward expression or an error in grammar. (5문항)

문제유형   한 문단 속에 문법적으로 틀리거나 어색한 문장을 고르는 유형이다.

> (a) Morality is not the only reason for putting human rights on the West's foreign policy agenda. (b) Self-interest also plays a part in the process. (c) Political freedom tends to go hand in hand with economic freedom, which in turn tends to bring international trade and prosperity. (d) A world in which more countries respect basic human rights would be more peaceful place.

번역   (a) 서양의 외교정책 의제에 인권을 상정하는 유일한 이유가 도덕성은 아니다. (b) 자국의 이익 또한 그 과정에 일정 부분 관여한다. (c) 정치적 자유는 경제적 자유와 나란히 나아가는 경향이 있는데, 경제적 자유는 국제 무역과 번영을 가져오는 경향이 있다. (d) 더 많은 국가들이 기본적인 인권을 존중하는 세상은 더 평화로운 곳이 될 것이다.

Vocabulary 50문항

PART I

Choose the best answer for the blank. (25문항)

문제유형   A, B 대화 빈칸에 가장 적절한 단어를 넣는 유형이다. 단어의 단편적인 의미보다는 문맥에서 어떻게 쓰였는지 아는 것이 중요하다.

> A   Let's take a coffee break.
> B   I wish I could, but I'm _____ in work.

   ✔ (a) up to my eyeballs
     (b) green around the gills
     (c) against the grain
     (d) keeping my chin up

번역   A 잠깐 휴식 시간을 가집시다.
       B 그러면 좋겠는데 일 때문에 꼼짝도 할 수가 없네요.

     (a) ~에 몰두하여
     (b) 안색이 나빠 보이는
     (c) 뜻이 맞지 않는
     (d) 기운 내는

PART II

Choose the best answer for the blank. (25문항)

문제유형   문어체 문장의 빈칸에 가장 적절한 단어를 고르는 유형이다. 고난도 어휘의 독특한 용례를 따로 학습해 두어야 고득점이 가능하다.

> It takes a year for the earth to make one _____ around the sun.

     (a) conversion
     (b) circulation
     (c) restoration
   ✔ (d) revolution

번역   지구가 태양 주위를 한 번 공전하는 데 일 년이 걸린다.
     (a) 전환
     (b) 순환
     (c) 복구
     (d) 공전

All about the TEPS

Reading Comprehension 40문항

Choose the option that best completes the passage. (16문항)

문제유형 지문의 논리적인 흐름을 파악하여 문맥상 빈칸에 가장 적절한 선택지를 고르는 문제이다.

> This product is a VCR-sized box that sits on or near a television and automatically records and stores television shows, sporting events and other TV programs, making them available for viewing later. This product lets users watch their favorite program _____ . It's TV-on-demand that actually works, and no monthly fees.

✓ (a) whenever they want to
(b) wherever they watch TV
(c) whenever they are on TV
(d) when the TV set is out of order

번역 이 제품은 텔레비전 옆에 놓인 VCR 크기의 상자로 TV 쇼, 스포츠 이벤트 및 다른 TV 프로그램을 자동으로 녹화 저장하여 나중에 볼 수 있게 해준다. 이 제품은 사용자가 자신이 가장 좋아하는 프로그램을 원하는 시간 언제나 볼 수 있게 해준다. 이것은 실제로 작동하는 주문형 TV로 매달 내는 시청료도 없다.

(a) 원하는 시간 언제나
(b) TV를 보는 곳 어디든지
(c) TV에 나오는 언제나
(d) TV가 작동되지 않을 때

Choose the option that best answers the question. (21문항)

문제유형 지문에 대한 이해를 측정하는 유형으로 주제 파악, 세부 내용 파악, 논리적 추론을 묻는 문제로 구성되어 있다.

> The pace of bank mergers is likely to accelerate. Recently Westbank has gained far more profit than it has lost through mergers, earning a record of $2.11 billion in 2003. Its shareholders have enjoyed an average gain of 28% a year over the past decade, beating the 18% annual return for the benchmark S&P stock index. However, when big banks get bigger, they have little interest in competing for those basic services many households prize. Consumers have to pay an average of 15% more a year, or $27.95, to maintain a regular checking account at a large bank instead of a smaller one.

Q: What is the main topic of the passage?
(a) Reasons for bank mergers
✓ (b) Effects of bank mergers
(c) The merits of big banks
(d) Increased profits of merged banks

번역 은행 합병 속도가 가속화될 전망이다. 최근 웨스트 뱅크가 2003년 21억 1천만 달러의 수익을 기록함으로써 합병으로 잃은 것보다 훨씬 더 많은 수익을 얻었다. 웨스트 뱅크 주주들은 지난 10년간 S&P 지수의 연간 수익률 18%를 웃도는 연평균 수익률 28%를 누려왔다. 하지만 규모가 더욱 커진 대형 은행들은 많은 가구가 중요하게 생각하는 기본 서비스에 대한 경쟁에는 별 관심을 두고 있지 않다. 소비자들은 작은 은행 대신 대형 은행의 보통 당좌예금 계정을 유지하기 위해 연평균 15% 이상, 즉 27달러 95센트를 지불해야 한다.

Q: 지문의 소재는?
(a) 은행 합병의 이유
(b) 은행 합병의 영향
(c) 대형 은행의 장점
(d) 합병된 은행들의 수익 증가

Identify the option that does NOT belong. (3문항)

문제유형 한 문단에서 전체의 흐름상 어색한 내용을 고르는 유형이다.

> Communication with language is carried out through two basic human activities: speaking and listening. (a) These are of particular importance to psychologists, for they are mental activities that hold clues to the very nature of the human mind. (b) In speaking, people put ideas into words, talking about perceptions, feelings, and intentions they want other people to grasp. (c) In listening, people decode the sounds of words they hear to gain the intended meaning. (d) Language has stood at the center of human affairs throughout human history.

번역 언어로 이루어지는 의사소통은 두 가지 기본적인 인간 활동인 말하기와 듣기에 의해 수행된다. (a) 이 두 가지는 심리학자들에게 각별한 중요성을 지니는데, 이는 두 가지가 인간의 심성 본질 자체에 대한 단서를 쥐고 있는 정신적 활동이기 때문이다. (b) 말할 때 사람들은 다른 사람들이 이해하기를 원하는 지각과 감정, 의도 등을 말하면서 아이디어들을 단어로 표현한다. (c) 들을 때 사람들은 의도된 뜻을 간파하기 위해 들리는 단어의 소리를 해독한다. (d) 언어는 인류의 역사를 통틀어 인간 활동의 중심에 있어 왔다.

1

W Excuse me, I'm looking for the nearest post office.

M _____

(a) That's nearer than I thought.
✔ (b) It's up a block on your left.
(c) Just take a few steps forward.
(d) No problem. It's by the counter.

번역 W 실례합니다. 가장 가까운 우체국을 찾고 있는데요.
M _____
(a) 그건 제가 생각했던 것보다 가까워요.
(b) 한 블록 더 가서 왼쪽에 있어요.
(c) 앞으로 몇 걸음만 가시면 돼요.
(d) 전혀 문제 없어요. 계산대 옆에 있어요.

해법 여자의 말은 평서문의 형태지만 길을 가르쳐 달라는 요청이다. 선택지 모두 위치와 관련이 있어 보이지만 가장 어울리는 것은 (b)이다. (a)는 남자의 대답을 듣고 여자가 할 수 있는 말이다.
post office 우체국 **forward** 앞으로 **counter** 계산대

2

M Can you help me solve this physics problem?

W _____

✔ (a) I'll try. Let me take a look.
(b) Sure, I've managed to fix it.
(c) There'll be a resolution soon.
(d) That's not the problem I fixed.

번역 M 이 물리 문제 푸는 것 좀 도와줄 수 있어요?
W _____
(a) 해볼게요. 어디 한번 보죠.
(b) 물론이죠. 간신히 고쳤어요.
(c) 곧 해결책이 나올 거예요.
(d) 제가 고친 문제가 아니에요.

해법 도움을 요청하고 있으므로 해주겠다는 뜻인 (a)가 가장 어울리는 대답이다. (b)는 Sure만 들으면 가능할 것 같지만 이어지는 말이 어울리지 않는다. (c)는 solve와 resolution을 연관시킨 오답이다.
physics 물리학 **manage to** (힘든 일을) 간신히 해내다 **fix** 수리하다
resolution 해결(책)

3

W Is it true Mandy flunked her driving test?

M _____

(a) No, she wasn't driving then.
(b) I personally think she'll do it.
(c) Yeah, right, she did really well.
✔ (d) She did because she nearly crashed.

번역 W 맨디가 운전면허 시험에 떨어졌다는 게 사실이에요?
M _____
(a) 아니요, 그녀는 그때 운전하고 있지 않았어요.
(b) 제 개인적인 생각으로는 그녀가 해낼 것 같아요.
(c) 네, 맞아요, 그녀는 정말 잘했어요.
(d) 거의 충돌할 뻔해서 그랬대요.

해법 Is it으로 시작하는 질문에 대해 No와 Yeah를 듣고 (a)와 (c)를 고르기 쉽지만, 반드시 이어지는 내용을 확인해야 한다. Yes/ No를 생략하고도 얼마든지 대답이 가능하다는 것을 알아두자. 의미상 Yes가 생략된 (d)가 가장 알맞다.
flunk (시험에) 떨어지다 **driving test** 운전면허 시험 **personally** 개인적으로는 **crash** (차량이나 운전자가) 충돌하다

4

M I had no idea you played piano so well.

W _____

(a) I know I've heard it before.
✔ (b) I started learning as a kid.
(c) Yet I'm doing the best I can.
(d) It's been playing for a while.

번역 M 당신이 그렇게 피아노를 잘 치는지 몰랐어요.
W _____
(a) 전에 들어서 알고 있어요.
(b) 어렸을 때부터 배웠거든요.
(c) 아직도 전 최선을 다하고 있어요.
(d) 재생된 지 한참 됐어요.

해법 칭찬에 대해서는 고맙다는 대답이 주로 나오지만, (b)처럼 칭찬받은 일에 대한 이유나 배경을 설명하는 대답도 자주 나온다. (a)는 had no idea에서 know를 연상하게 만드는 오답이다.
have no idea 전혀 모르다 **well** 잘 **best** 최선

5

W The airport shuttle makes a stop near our hotel.

M _____

(a) Sure, that's going to be in use.
(b) OK. Stop off here and take a look.
✔ (c) Great. We won't have to take a taxi.
(d) Right. Our plans were to stay there.

번역 W 공항 셔틀버스가 우리 호텔 근처에 정차해요.

　　　M _____

(a) 물론이죠. 그것이 사용될 거예요.
(b) 좋아요. 여기서 내려서 살펴보죠.
(c) 잘됐다. 택시를 탈 필요가 없겠네요.
(d) 맞아요. 우리 계획은 거기에 머무는 것이었어요.

해법 stop off, stay처럼 버스나 호텔과 관련된 표현들이 나오는 (b)나 (d)를 고르지 않도록 주의한다. 공항 셔틀버스 이용이 쉽다는 말이므로 (c)가 알맞은 대답이다.
make a stop 멈추다 **in use** 쓰이고 있는 **take a look** 점검하다

6

M Cheer up. Exams will be over before long.

W _____

(a) I'm pretty confident as well.
✔ (b) But I can't help stressing out.
(c) It's got to be longer than that.
(d) That's why I'm feeling cheerful.

번역 M 기운 내요. 시험이 곧 끝나잖아요.

　　　W _____

(a) 저도 마찬가지로 꽤 자신 있어요.
(b) 하지만 스트레스 받는 건 어쩔 수가 없어요.
(c) 그보다는 오래 걸릴 거예요.
(d) 그래서 제가 기분이 좋은 거예요.

해법 기운 내라는 위로의 말에 대해 자신의 처지를 한번 더 하소연하는 (b)가 가장 어울리는 대답이다. (c)와 (d)는 남자의 말에 나온 long과 Cheer를 이용한 오답이다.
cheer up 기운을 내다 **confident** 자신 있는 **stress out** 스트레스 받다
cheerful 기분이 좋은

7

W It's not my fault we ran out of milk.

M _____

(a) That's OK. I didn't know we had any.
✔ (b) It is. You said you'd buy some.
(c) I think there's enough there.
(d) It is as much as I wanted.

번역 W 우유가 다 떨어진 건 제 잘못이 아니에요.

　　　M _____

(a) 괜찮아요. 좀 있다는 걸 몰랐어요.
(b) 당신 잘못이에요. 사겠다고 했잖아요.
(c) 충분히 있다고 생각해요.
(d) 제가 원했던 만큼이에요.

해법 자신의 잘못이 아니라고 해명하는 말에 대해 이를 인정하든지 아니면 다시 한번 책임을 추궁하는 대답이 나올 수 있다. (b)는 It is your fault라는 뜻으로 후자에 해당한다. (a)는 우유가 없다고 이미 말한 상황에 맞지 않는다.
fault 잘못 **run out of** ~을 다 써버리다

8

M Hi, it's Matt calling. Is Stacy home?

W _____

(a) Wait while I ask her.
(b) Stacy is coming home.
(c) Of course. I'll go get Matt.
✔ (d) Not right now. Call in an hour.

번역 M 안녕하세요. 저 맷이에요. 스테이시 집에 있나요?

　　　W _____

(a) 그녀에게 물어볼 동안 기다리세요.
(b) 스테이시가 집에 올 거예요.
(c) 물론이죠. 제가 가서 맷을 데려올게요.
(d) 지금은 없어요. 한 시간 후에 전화해 보세요.

해법 It's ... calling이 전화한 사람 자신이 누구인지를 밝히는 표현임을 바로 알아들어야 한다. 지금은 없다며 다시 전화해 보라는 (d)가 정답이다. (c)는 Matt 대신 Stacy를 써야 어울리는 대답이 된다.
get 데려오다 **right now** 지금은 **in** …후에

9

W I can't believe it. We won $100 in roulette!
M _____

✔ (a) You're on a lucky streak.
(b) Yes, it'd be fun if we can.
(c) No, I don't believe it at all.
(d) You did well to win them over.

번역 W 믿을 수가 없어요. 우리가 룰렛에서 100달러를 땄어요!
M _____
(a) 당신한테 행운이 계속되는군요.
(b) 네, 우리가 할 수 있다면 재미있을 거예요.
(c) 아니요, 저는 그걸 전혀 믿지 않아요.
(d) 그들을 설득하다니 잘했어요.

해법 여자가 돈을 따서 좋아하는 상황이므로 운이 좋다는 (a)가 가장 어울리는 대답이다. (c)와 (d)는 여자의 말에 나온 believe와 won을 이용한 오답이다.
a lucky streak 행운의 연속 **win over** 설득하다

10

M You ought to change your negative attitude towards me.
W _____

(a) I'm relieved I'm not like that.
(b) Nothing can bring down my mood.
✔ (c) Then, stop your irritating behavior.
(d) Well, maybe if it's able to change.

번역 M 당신은 나를 대하는 부정적인 태도를 고쳐야 해요.
W _____
(a) 저는 그렇지 않아서 안심이에요.
(b) 어떤 것도 내 기분을 망칠 수는 없어요.
(c) 그렇다면 당신의 짜증나는 행동을 그만두세요.
(d) 글쎄, 만약 그게 바뀔 수 있다면 혹시 모르죠.

해법 자신의 잘못을 지적하는 상대방의 충고에 대해 마찬가지로 역시 상대방의 잘못을 지적하는 (c)가 정답이다. (d)는 it's 대신 I'm을 쓰면 '내가 고칠 수 있다면'이라는 뜻으로 어울리는 대답이 될 수 있다.
ought to ~해야 하다 **relieved** 안심한 **mood** 기분 **irritating** …을 짜증나게 하는 **behavior** 행동

11

W That prawn cocktail was awful, in my opinion.
M _____

(a) Just try to see if mine does.
(b) Take another bite and tell me.
(c) Right. It's not doing well at all.
✔ (d) We won't come to this place again.

번역 W 그 새우 칵테일은 형편 없었던 것 같아.
M _____
(a) 내 것이 그런지 한번 봐 줘.
(b) 한입 더 먹고 나서 말해 줘.
(c) 맞아. 전혀 효과가 없어.
(d) 이곳에는 다시 오지 말자.

해법 음식에 대한 평가를 주고받는 상황으로, awful이라는 여자의 의견에 동의하는 뜻인 (d)가 가장 어울리는 대답이다. 이미 평가를 말한 상황에서 (a)와 (b)는 알맞지 않으며, (c)는 Right에 이어지는 말이 어울리지 않는다.
prawn 새우 **awful** 끔찍한 **opinion** 의견, 생각 **take a bite** 한입 먹다

12

M Hey, Andrea, how are you doing?
W _____

(a) Not too bad in the long run.
(b) I've been doing just as well.
(c) As much as could be expected.
✔ (d) Things have been great but busy.

번역 M 안녕, 안드레아, 어떻게 지내니?
W _____
(a) 결국에는 그렇게 나쁘진 않네.
(b) 나도 그냥 해나가고 있어.
(c) 예상했던 것만큼 많아.
(d) 일은 잘돼 가지만 바빠.

해법 How are you doing?은 안부를 묻는 표현이다. 잘 지내지만 바쁘다는 (d)가 정답이다. (a)는 Not too bad까지만 들으면 답이 될 수 있지만 in the long run이 붙어 의미가 달라진다.
in the long run 결국에는(in the end) **expect** 예상하다

13

W   Hey, you want to help organize the staff function?

M   _____

(a) OK. I'll try to attend one.
✔ (b) I'd like to but I've no time.
(c) Actually, it's keeping me busy.
(d) Let me know if it will be, please.

번역 W 이봐요, 간부 행사 준비하는 거 좀 도울래요?
M _____
(a) 알았어요. 나도 참석하도록 할게요.
(b) 그러고 싶지만 시간이 없어요.
(c) 실은 그것 때문에 바빠요.
(d) 그럴지 아닐지 여부를 알려주세요.

해법 여자가 도움을 요청하고 있으므로 승낙이나 거절의 말이 대답으로 가능하다. 시간이 없어 안 된다는 (b)가 가장 어울린다. (a)는 행사 준비를 도와달라는 말에 참석하겠다는 대답이므로 알맞지 않다.
organize 준비하다   **function** 행사   **attend** 참석하다

14

M   Is the corporate body aware of our outdated equipment?

W   _____

✔ (a) That's open to conjecture.
(b) I'm not sure all members voted.
(c) It's better to be well equipped.
(d) Good. It's about time that happened.

번역 M 업체에서 우리 장비가 구식인 것을 알고 있나요?
W _____
(a) 아직 단정지을 수 없어요.
(b) 회원 모두가 투표를 했는지 잘 모르겠어요.
(c) 장비를 잘 갖추는 게 더 낫죠.
(d) 좋아요. 곧 그럴 때가 됐어요.

해법 업체에서 아는지 모르는지 사실 여부를 묻고 있는데, 확실히 모르겠다는 뜻인 (a)가 가장 어울리는 대답이다. (b)는 I'm not sure까지만 보면 가능하지만 이어지는 내용이 알맞지 않다. 또한 (c)는 equipment를 이용한 오답이다.
corporate body 기업체   **outdated** 구식인   **equipment** 장비
conjecture 추측   **vote** 투표하다   **It's about time** ~을 해야 할 때이다

15

M   What do you predict the meeting's outcome will be?

W   _____

(a) That's not what I envisaged.
(b) I thought that it would be, too.
✔ (c) It's anyone's guess at this stage.
(d) It's one success we can be proud of.

번역 M 회의 결과가 어떨 거라고 예상해요?
W _____
(a) 그건 내가 상상했던 게 아니에요.
(b) 나도 그럴 거라고 생각했어요.
(c) 그건 지금 단계에서는 아무도 모르는 일이죠.
(d) 그건 우리가 자부심을 가질 수 있는 하나의 성공 사례예요.

해법 의문사 What으로 시작해 상대방의 의견을 묻고 있다. (b)는 구체적으로 어떨 거라는 언급이 빠져 있어 알맞지 않다. anyone's guess는 '누구도 짐작만 할 뿐 확실히 모르는 것'이라는 뜻이므로 (c)가 어울리는 대답이다.
predict 예상하다   **outcome** 결과   **envisage** 상상하다, 파악하다   **anyone's guess** 모두 짐작만 할 뿐인 것

16

W   Andrew is such a braggart.
M   Yeah, it's so annoying, isn't it?
W   He never stops saying how good he is.
M   _____

(a) That's just his appearance.
(b) I know. He's a talented guy.
✔ (c) Right. It's best to avoid him.
(d) Yeah, you're just as good at it.

번역 W 앤드류는 정말 허풍쟁이예요.
M 맞아요. 진짜 짜증나지 않아요?
W 자기가 얼마나 잘났는지를 계속 떠벌린다니까요.
M _____
(a) 그건 단지 그의 외모일 뿐이에요.
(b) 알아요. 그는 재능이 많은 친구예요.
(c) 맞아요. 피하는 게 상책이에요.
(d) 맞아요. 당신도 그만큼 그것에 소질이 있어요.

해법 braggart, annoying 등에서 여자와 남자 모두 Andrew에 대해 부정적으로 생각함을 알 수 있다. 따라서 대화의 흐름상 피하는 게 상책이라는 (c)가 가장 어울린다.
braggart 허풍쟁이   **annoying** 짜증스러운   **appearance** 외모   **talented** 재능 있는   **avoid** 피하다

17

M Any more luggage to check in?
W No, I've just got the one bag.
M What about that other one there?
W _____

(a) I didn't think I needed it.
(b) That is packed in my luggage.
(c) Yes, that's the one I checked in.
✔ (d) It's light enough for carry-on.

번역 M 수속할 짐이 더 있나요?
W 아뇨, 그 가방 하나뿐이에요.
M 저기 있는 저 다른 가방은요?
W _____

(a) 그게 필요할 거라고 생각 안 했어요.
(b) 그건 제 짐 안에 들어 있어요.
(c) 네, 저건 수속한 거예요.
(d) 그건 가벼워서 기내에 가지고 탈 수 있어요.

해법 공항 탑승 수속대에서 짐을 부치는 상황이다. 부칠 짐이 더 이상 없다고 앞에서 말했으므로 다른 가방은 기내에 들고 탈 것이라는 (d)가 가장 어울리는 대답이다. 직원이 이미 부치겠다고 한 짐을 또 부칠 거냐고 묻는 것은 정황상 맞지 않으므로 (c)는 알맞지 않다.
check in (비행기 등을 탈 때) ~을 부치다 **carry-on** (기내) 휴대용 가방

18

W Hi Danny, I'm glad you could make it.
M I wouldn't miss one of your parties.
W Thanks. I'm expecting a lot of people.
M _____

(a) It's lucky you got invited.
✔ (b) Seems pretty crowded already.
(c) I was glad of the opportunity.
(d) I'll be happy to introduce them.

번역 W 안녕하세요 대니 씨, 당신이 올 수 있어서 다행이에요.
M 당신이 여는 파티는 빠지고 싶지 않았어요.
W 고마워요. 사람들이 많이 올 거예요.
M _____

(a) 초대를 받다니 운이 좋으시네요.
(b) 벌써 꽤 붐비는 것 같네요.
(c) 기회를 갖게 되어 기뻤어요.
(d) 기꺼이 그들을 소개할게요.

해법 여자가 연 파티에 남자가 초대받은 상황이므로 (a)는 남자가 할 말로 알맞지 않다. 사람들이 이미 많이 와 있다는 (b)가 가장 어울리는 대답이다. (d)는 여자가 마지막 말에 이어서 남자에게 할 수 있는 말이다.
make it 시간 맞춰 가다, (모임 등에) 참석하다 **miss** …에 참가하지 못하다 **expect** 기대하다, 기다리다 **crowded** 붐비는

19

M Where's a good restaurant around here?
W Jim's Grill down the street is popular.
M Where? Down this way? I don't see it.
W _____

(a) I'm sure it was nearer.
(b) It's got some tasty dishes.
✔ (c) It's after the intersection.
(d) I assure you it is quite good.

번역 M 이 근처에 괜찮은 식당이 어디 있어요?
W 큰길 아래쪽으로 짐스 그릴이 유명해요.
M 어디요? 이 길 아래쪽이요? 안 보이는데요.
W _____

(a) 더 가까웠던 게 확실해요.
(b) 그곳 음식들은 맛있어요.
(c) 교차로 지나서예요.
(d) 꽤 괜찮다고 장담해요.

해법 화제는 맛 좋은 식당이지만 식당의 위치라는 구체적인 내용으로 대화 흐름이 바뀌었기 때문에 (b)와 (d)는 어울리지 않는다. 식당의 위치를 구체적으로 말해주는 (c)가 가장 알맞다.
tasty 맛있는 **dish** 요리 **intersection** 교차로 **assure** 장담하다

20

W Is the special lecture on in room 202?
M It's supposed to be, the last I heard.
W Are you heading over soon?
M _____

(a) As soon as I find out where.
✔ (b) I didn't have any plans to go.
(c) Then, maybe it got cancelled.
(d) There should be enough room.

번역 W 특별 강좌가 202호에서 열리나요?
M 가장 최근에 들은 바로는 그렇다고 했어요.
W 당신도 곧 그리로 갈 거예요?
M _____

(a) 어디인지 알게 되면 바로요.
(b) 갈 생각은 전혀 없었는데요.
(c) 그렇다면 취소됐을지도 모르겠네요.
(d) 공간은 충분할 거예요.

해법 여자의 마지막 말은 특별 강좌를 들을 거냐는 질문이므로 그럴 계획은 없다는 (b)가 가장 어울리는 대답이다. 강좌가 열리는 곳은 이미 언급되어서 둘 다 알고 있는 상황이므로 (a)는 알맞지 않다.
lecture 강의, 강연 **be supposed to be** …하기로 되어 있다 **head over** 향하다, 가다 **plan** 계획 **room** 공간

21

M Can I borrow your digital camera today?
W I suppose you can.
M Do you need it back in a hurry?
W _____

(a) It will be possible soon.
✔ (b) You can return it later tonight.
(c) You're welcome to use it again.
(d) Try to take some good pictures.

번역 M 오늘 디지털 카메라 좀 빌릴 수 있을까요?
W 그럴 수 있을 것 같아요.
M 급하게 다시 받으셔야 하나요?
W _____

(a) 조만간 가능할 거예요.
(b) 이따 밤에 돌려주셔도 돼요.
(c) 또 사용해도 괜찮아요.
(d) 좋은 사진을 찍으려고 노력해 보세요.

해법 남자가 카메라를 쓰고 나서 바로 돌려줘야 하는지 묻고 있으므로 언제까지 돌려주면 되는지 기한을 말하는 (b)가 알맞은 대답이다. (c)도 빌려주는 입장에서 할 수 있는 말이기는 하지만 남자의 질문에는 어울리지 않는다.
borrow 빌리다 **suppose** …라고 생각하다 **in a hurry** 서둘러, 급히 **return** 돌려주다 **welcome to do** ~해도 좋은

22

W Your presentation was excellent, Jim.
M Thanks. I was really nervous when giving it.
W Really? What made you nervous?
M _____

(a) Because I've done it before.
✔ (b) I hadn't prepared it that well.
(c) I was. It was a nervous moment.
(d) It was prior to the speech I gave.

번역 W 당신 발표는 정말 훌륭했어요, 짐 씨.
M 고마워요. 발표할 때 정말 떨렸어요.
W 그래요? 무엇 때문에 긴장했는데요?
M _____

(a) 전에 해본 적이 있어서요.
(b) 그다지 준비를 잘하지 못했거든요.
(c) 그랬어요. 긴장되는 순간이었어요.
(d) 그게 제 연설 전이었거든요.

해법 What made...?가 이유를 묻는 표현이므로 Because만 듣고 자칫 (a)를 고르기 쉽지만 이어지는 내용이 질문에 맞지 않는다. 준비가 미흡해서라는 (b)가 알맞은 대답이다.
presentation 발표 **nervous** 긴장한 **prepare** 준비하다 **prior to** ~전의 **give a speech** 연설하다

23

M I reserved us a suite at this hotel.
W What a surprise! It looks so grand.
M It's among the most famous hotels in Paris.
W _____

(a) It really is a luxury item.
✔ (b) It must be magnificent inside.
(c) Hopefully it's not booked out.
(d) I've often wanted to see Paris.

번역 M 여기 호텔 스위트룸을 예약했어요.
W 웬일이에요! 정말 웅장해 보이네요.
M 파리에서 가장 유명한 호텔 중 하나예요.
W _____

(a) 그건 정말 사치품이네요.
(b) 내부가 정말 화려하겠네요.
(c) 예약이 다 차지 않았으면 좋겠네요.
(d) 파리 구경을 원했던 적이 종종 있었어요.

해법 grand, most famous 등의 어구에서 두 사람 모두 호텔에 감탄하고 있음을 알 수 있으므로 (b)가 이런 흐름에 가장 어울린다. (a)는 hotel을 item으로 볼 수 없고, (c)는 이미 예약을 했다고 했으므로 오답이다.
reserve 예약하다 **grand** 웅장한 **among** …중에서 **luxury item** 사치품 **magnificent** 화려한 **booked out** 예약이 꽉 찬

24

W I wish there was something good on TV tonight.
M I couldn't care less either way.
W What makes you say that?
M _____

(a) I think it'll be pretty good.
(b) Tonight's shows aren't worth it.
✔ (c) I've decided to stop watching TV.
(d) Turn on the TV tonight and see it.

번역 W 오늘 저녁에 TV에서 재미있는 것 좀 했으면 좋겠네요.
M 어떻든 전 전혀 상관없어요.
W 무슨 이유로 그런 말을 하는 거예요?
M _____

(a) 그건 꽤 괜찮을 것 같아요.
(b) 오늘 저녁 프로그램들은 볼 만한 가치가 없어요.
(c) TV를 그만 보기로 결심했거든요.
(d) 오늘 저녁에 TV를 켜서 봅시다.

해법 남자의 말 I couldn't care less가 '전혀 상관없다'는 뜻임을 파악해야 이제 TV를 보지 않겠다는 (c)가 이런 말을 하는 이유임을 짐작할 수 있다.
couldn't care less 전혀 신경 안 쓰다 **either way** 어느 쪽이든, 어차피 **pretty** 꽤 **worth** …할 가치가 있는

25

M Why was that customer kept waiting?
W I'm sorry about that. I got sidetracked.
M You can't let it happen again.
W _____

(a) That's what I was afraid of.
(b) Leave it up to me this time.
(c) It already happened in my opinion.
✔ (d) I'll be more attentive from now on.

번역 M 저 손님은 왜 계속 기다리고 있었던 거예요?
W 죄송해요. 잠시 다른 일을 하느라고요.
M 다시는 그러면 안 돼요.
W _____

(a) 제가 걱정했던 게 바로 그거예요.
(b) 이번에는 제게 맡기세요.
(c) 제 생각에는 벌써 일이 벌어진 것 같은데요.
(d) 지금부터는 좀 더 주의를 기울이겠습니다.

해법 가게 주인과 점원의 대화로 볼 수 있다. 여자가 사과하고 남자가 다시 주의를 주고 있으므로, 앞으로 주의하겠다고 말하는 (d)가 가장 어울리는 대답이다.
customer 손님 **get sidetracked** 곁길로 빠지다 **attentive** 주의를 기울이는 **from now on** 지금부터는

26

W Hello, I'm calling to speak to Mr. Smithers.
M I'm afraid he has just stepped out.
W You're kidding. He said he'd wait for my call.
M _____

(a) Yes, I was waiting for him, too.
✔ (b) He should be back any moment.
(c) In that case, what is the message?
(d) I apologize for that, Mr. Smithers.

번역 W 여보세요. 스미더즈 씨와 통화하고 싶은데요.
M 방금 자리를 비우셨어요.
W 그럴 리가요. 제 전화를 기다리겠다고 했는데요.
M _____

(a) 네, 저도 그를 기다리고 있었어요.
(b) 금방 돌아오실 거예요.
(c) 그렇다면 전하실 말씀이 뭔가요?
(d) 그 점에 대해 사과드리겠습니다. 스미더즈 씨.

해법 통화하려는 상대방이 없을 때 (c)처럼 메시지를 대신 전해주겠다는 말이 나오는 것이 일반적이지만, 여자의 마지막 말로 보아 이 상황에는 (b)가 어울리는 대답이다. (d)처럼 자리를 비운 사람을 대신하여 사과하는 대답도 가능하지만, Mr. Smithers가 전화 건 사람이 아니므로 역시 알맞지 않다.
step out 나가다 **kid** …을 놀리다 **any moment** 금방이라도

27

M Your running performance was terrible today.
W I just didn't have the stamina.
M Perhaps you should begin more training.
W _____

(a) Looks like I'll begin another.
✔ (b) That might be the wisest course.
(c) I agree. One is better than the other.
(d) My running will be a part of that, too.

번역 M 오늘은 네 달리기 성적이 형편없었어.
W 체력이 부족했을 뿐이에요.
M 더 많은 훈련을 시작해야 할 것 같다.
W _____

(a) 또 다른 것을 시작할 것 같아요.
(b) 그게 가장 현명한 방법일 것 같아요.
(c) 저도 같은 생각이에요. 한쪽이 다른 한쪽보다 나아요.
(d) 제 달리기도 그것의 일부가 될 거예요.

해법 운동 성적이 안 좋은 여자에게 훈련이 더 필요하겠다고 말하고 있는데 이를 적극 받아들이는 (b)가 가장 알맞은 대답이다. I agree만 듣고 (c)를 고르지 않도록 한다.
performance 성적 **stamina** 체력 **perhaps** 아마도 **wise** 현명한 **course** 방법

28

W You never do work around the house.
M That's not true. I wash the dishes.
W But that's all, nothing else.
M _____

(a) I'm glad that's appreciated.
(b) There's enough work for both.
✔ (c) You forgot I clean the bathroom.
(d) Don't complain about my washing.

번역 W 당신은 집안일은 전혀 하지 않는군요.
M 그렇지 않아요. 설거지를 하잖아요.
W 하지만 그게 다죠. 다른 건 전혀 안 하네요.
M _____

(a) 그게 진가를 인정받아서 기뻐요.
(b) 두 사람이 할 일은 충분해요.
(c) 내가 욕실 청소한다는 것을 잊었군요.
(d) 내가 설거지한 것에 대해서 불평하지 말아요.

해법 가사 분담을 놓고 다투는 상황이다. 집안일을 안 한다는 여자의 비난에 대해 남자가 변명을 하고 있으므로 (c)가 흐름에 어울리는 대답이다. 여자가 남자의 설거지에 대해서 불평하는 것은 아니므로 (d)는 알맞지 않다.
true 진실의 **appreciate** 진가를 인정하다 **complain** 불평하다

29

M I made up my mind. I'm going to resign.

W You aren't being too hasty, are you?

M No, I've thought it through.

W _____

✔ (a) If you're sure, then go for it.

(b) Well, I wouldn't have reneged.

(c) Then, leave the position open.

(d) That's not enough time to decide.

번역 M 마음을 정했어요. 사퇴할 거예요.

W 너무 서두르는 건 아니죠?

M 아뇨, 충분히 생각했어요.

W _____

(a) 확신이 섰다면, 그렇게 해요.

(b) 글쎄, 전 약속을 어기지 않았을 거예요.

(c) 그렇다면 그 자리는 공석으로 두세요.

(d) 결정하기에 충분한 시간은 아니에요.

해법 사퇴하겠다는 남자의 결심이 단호해 보이므로, 결국은 여자도 이를 받아들이는 (a)가 가장 어울리는 대답이다. 남자가 이미 충분히 생각했다고 했으므로 시간이 충분하지 않았다는 (d)는 알맞지 않다.

make up one's mind 결정하다 **resign** 사퇴하다 **hasty** 조급한 **think through** 충분히 생각하다 **renege** (약속을) 어기다

30

W I'm unsure about getting this camera.

M It looks a bit pricey if you ask me.

W I don't know. It seems about right.

M _____

(a) It should be right this time.

(b) That's the price I'm asking.

✔ (c) I'd check first before buying.

(d) It looks like it was done well.

번역 W 이 카메라를 사야 할지 잘 모르겠어요.

M 내 생각을 묻는다면 좀 비싼 것 같은데요.

W 잘 모르겠어요. 적당한 것 같기도 하고요.

M _____

(a) 이번에는 맞을 거예요.

(b) 그게 내가 요구하는 가격이에요.

(c) 나라면 사기 전에 먼저 확인해 볼 거예요.

(d) 잘된 것 같아 보여요.

해법 카메라를 사려는 여자에게 남자가 조언하는 상황이다. 마음을 정하지 못하는 여자에 비해 남자는 가격이 비싸다고 했으므로 가격을 한번 더 확인하라는 (c)가 가장 어울리는 대답이다.

unsure 자신 없는 **pricey** 값비싼 **right** 적당한 **price** 가격

31

M I'm so sorry to hear about your dog.

W Yes, I'm pretty upset about it. I really loved him.

M What did he die of, old age?

W Yes, he was 16 years old. I had him since he was a pup.

M Well, at least he had a happy life with you.

W Right. And he made my life happier, too.

Q: What is the main topic of the conversation?

(a) Raising a dog since it was a puppy.

(b) Agreeing that happy dogs live longer lives.

(c) Reliving memories of a dog of 16 years ago.

✔ (d) Offering condolences over the loss of a dog.

번역 M 기르던 개에 대해 들었는데 정말 안타깝네요.

W 네, 너무 속이 상해요. 정말 예뻐했는데.

M 뭣 때문에 죽은 거죠, 나이가 들어서요?

W 네, 열여섯 살이었거든요. 강아지 때부터 제가 키웠어요.

M 그래도 주인과 행복하게 살았겠네요.

W 맞아요. 그리고 제 삶도 행복하게 해줬죠.

Q: 대화의 주된 화제는?

(a) 개를 강아지 때부터 키우는 것.

(b) 행복한 개가 더 오래 산다는 것에 동의하는 것.

(c) 16년 전의 개에 대한 기억을 회상하는 것.

(d) 개의 죽음에 대해 위로를 전하는 것.

해법 대화의 첫 부분을 놓치지 않고 듣는 것이 중요하다. 여자가 기르던 개가 죽은 것에 대해 남자가 위로하고 있으므로 (d)가 가장 알맞다.

sorry 안타까운 **upset** 속상하게 하다 **pup** 강아지 **relive** 회상하다 **condolence** 애도 **loss** 죽음

32

W Who's meeting us at the airport?
M My dad said he would be there.
W But doesn't he work on Tuesdays?
M Yeah, but he's going to take the afternoon off.
W That's great. I wasn't looking forward to the subway.
M Yeah, we don't have to worry about transport.

Q: What is the main idea of the conversation?
(a) Deciding who will arrange transport.
(b) Meeting the flight of the man's dad.
(c) Arriving at the airport on Tuesday.
✔(d) Getting a ride from the airport.

번역 W 누가 공항에 우리를 마중 나오기로 했어요?
M 아빠가 나오실 거라고 하셨어요.
W 하지만 화요일에는 근무하시지 않나요?
M 네, 그런데 오후에 휴가를 내실 거예요.
W 잘됐네요. 지하철은 타고 싶지 않았거든요.
M 네, 우린 교통편은 걱정하지 않아도 돼요.

Q: 대화의 주제는?
(a) 누가 교통편을 마련할지 결정하는 것.
(b) 비행기 타고 오는 남자의 아빠를 마중 가는 것.
(c) 화요일에 공항에 도착하는 것.
(d) 공항에서 차량을 타는 것.

해법 공항에 도착한 두 사람이 공항에서 무엇을 타고 갈지에 대해서 얘기를 나누고 있으므로 (d)가 가장 알맞다. 두 사람 중 한 명이 교통편을 준비해야 한다는 언급은 없으므로 (a)는 알맞지 않다.
take off 쉬다 **look forward to** ~을 고대하다 **transport** 교통편
arrange 마련하다 **get a ride** 차량을 얻어 타다

33

M You're doing the shopping today, right?
W Yes, but I could use some help, if you're free.
M I guess I can spare a couple of hours.
W Good, because we've got a lot of groceries to get.
M OK, then, just tell me when you want to go.
W Let's go to the grocery store this morning.

Q: What is the conversation mainly about?
(a) Spending less time at the store.
✔(b) Getting help with the groceries shopping.
(c) Shopping for groceries on a regular basis.
(d) Finding out if the man has been to the store.

번역 M 오늘 쇼핑할 거죠?
W 네, 그런데 시간이 괜찮다면 좀 도와줬으면 하는데.
M 두세 시간은 여유가 있을 것 같아요.
W 잘됐네요. 사야 할 식료품이 많거든요.
M 좋아요, 그럼 언제 갈지 말만 해요.
W 오전에 식료품점에 갑시다.

Q: 대화의 주된 내용은?
(a) 상점에서 시간을 덜 보내기.
(b) 장 보는 데 도움을 구하기.
(c) 정기적으로 식료품 구입하기.
(d) 남자가 상점에 갔었는지 알아보기.

해법 여자가 식료품 사러 가는 데 도와달라고 부탁하자 남자가 승낙하고 쇼핑하러 갈 시간을 정하고 있으므로 (b)가 가장 알맞다. 식료품을 정기적으로 구입한다는 언급은 없으므로 (c)는 알맞지 않다.
free 다른 계획이 없는, 한가한 **spare** (시간을) 내다 **a couple of** 두서넛의
grocery 식료품 **on a regular basis** 정기적으로

34

W You did fantastic at soccer today.
M Yeah, it was amazing. Everything came together.
W Is that the best you've ever done, three goals?
M Yeah, I played my best game ever today, by far.
W I bet your coach is overjoyed with you.
M Oh, yeah, he said he couldn't believe it!

Q: What is the main idea of the conversation?
(a) The woman's joy over winning at soccer.
(b) The man's amazement at scoring some goals.
✔(c) The man's exceptional performance at soccer.
(d) The woman's surprise at the man's playfulness.

번역 W 오늘 축구 정말 잘 하던데요.
M 네, 굉장했어요. 모든 게 척척 들어맞았거든요.
W 세 골이 이제까지 성적 중 최고인가요?
M 네, 오늘 단연 최고의 경기를 했죠.
W 감독이 정말 기뻐했겠어요.
M 아, 네, 믿을 수 없을 정도라고 했어요!

Q: 대화의 주제는?
(a) 축구 우승에 대한 여자의 기쁨.
(b) 골 득점에 대한 남자의 놀라움.
(c) 축구 시합에서 남자의 뛰어난 성적.
(d) 남자의 장난기에 대한 여자의 놀라움.

해법 the best you've ever done, my best game ever 등에서 남자가 오늘 축구 시합에서 최고의 실력을 펼친 것에 대해 거듭 감탄하고 있으므로 (c)가 가장 알맞다.
fantastic 환상적인 **amazing** 놀라운 **by far** 훨씬, 단연 **overjoyed** 매우 기뻐하는 **exceptional** 매우 뛰어난 **playfulness** 장난기

35

M Hi, may I speak to Laura Fuller, please?

W This is she. How can I help you?

M It's Doug from Fit Motors. I'm calling about your car.

W Oh, is the service done? Is it ready to be picked up?

M Everything's in tiptop shape and ready to go.

W Fine, then, I'll come by during my lunch break.

Q: What is the conversation mainly about?

(a) Calling to arrange the repair of a car.

(b) Confirming that a car is in good condition.

(c) Finding out when a car is going to be fixed.

✔ (d) Being informed of a car service completion.

번역 M 안녕하세요. 로라 풀러 씨와 통화할 수 있을까요?

W 전데요. 무슨 일이시죠?

M 핏 모터스의 덕입니다. 고객님 차 때문에 전화드렸습니다.

W 아, 수리가 끝났나요? 가지러 갈 준비가 된 건가요?

M 모든 게 최상의 상태로 나갈 준비가 됐습니다.

W 잘됐네요. 그럼 점심 시간에 들를게요.

Q: 대화의 주된 내용은?

(a) 차 수리를 맡기기 위해 전화하기.

(b) 차 상태가 좋다는 것을 확인하기.

(c) 차 수리가 언제 될지 알아보기.

(d) 차 수리가 끝났음을 통보 받기.

해법 남자는 카센터 직원이고 여자는 차 수리를 맡긴 고객이다. 차 수리가 끝났음을 알리고 마지막에 여자가 차를 가지러 가겠다고 했으므로 (d)가 대화 내용에 가장 알맞다.

tiptop 최상의 **come by** ~에 들르다 **break** 쉬는 시간 **repair** 수리 **condition** 상태 **completion** 완료, 완성

36

W I'm getting stuck with my essay.

M If I get bogged down, I work on different sections.

W So, you don't do it in order?

M No, I do different parts, then join them together later.

W Maybe that's what I need to try.

M Yeah, it might help to keep you moving.

Q: What is the conversation mainly about?

✔ (a) How to make progress in an essay.

(b) How an essay is properly structured.

(c) Why the man is proficient in essay writing.

(d) Why the woman cannot complete her essay.

번역 W 에세이 쓰는 게 막혀서 진전이 없어요.

M 전 막혀서 꼼짝 못하고 있을 때, 다른 부분들을 작업해요.

W 그럼 순서대로 하지 않는단 말이에요?

M 네, 각기 다른 파트들을 하고 나서 나중에 이어 붙여요.

W 어쩌면 그게 제가 시도해 볼 필요가 있는 건지도 모르겠네요.

M 네, 그렇게 하면 앞으로 나아가는 데 도움이 될 거예요.

Q: 대화의 주된 내용은?

(a) 에세이를 계속 써나가는 방법.

(b) 에세이를 제대로 구성하는 방법.

(c) 남자가 에세이 쓰기에 능숙한 이유.

(d) 여자가 에세이를 완성하지 못하는 이유.

해법 남자가 여자에게 에세이 쓰기에 대해 조언하고 있다. 진도를 나가지 못하고 막혔을 때 효과적인 방법에 대해 말하고 있으므로 (a)가 가장 알맞다. (d)는 대화 내용상 짐작할 수 있는 것이기는 하지만 주된 내용으로 보기는 어렵다.

get stuck 꼼짝 못하다(get bogged down) **in order** 순서대로 **maybe** 어쩌면 **progress** 전진, 진행 **structure** 조직하다 **proficient** 능숙한

37

M Did you manage to find a cheap mover?

W I found one that is pretty cheap. Only $500.

M That isn't cheap. We should hire someone else.

W But most movers charge around that much.

M Maybe I should ask around.

W I'd be surprised if you can find anyone cheaper.

Q: What is the conversation mainly about?

(a) The total cost of moving to a new house.

✔ (b) The hiring of an inexpensive mover.

(c) The movers with the best reputation.

(d) The difficulties with moving companies.

번역 M 저렴한 이삿짐센터를 찾았어요?

W 정말 싼 곳을 한 군데 찾았어요. 500달러밖에 안 해요.

M 그건 싼 게 아니에요. 다른 데를 이용해야겠네요.

W 하지만 대부분 이삿짐센터들이 그 정도는 불러요.

M 제가 좀 알아봐야겠어요.

W 더 싼 데를 찾으면 놀랄 일일걸요.

Q: 대화의 주된 내용은?

(a) 새로운 집으로 이사 가는 데 드는 총 비용.

(b) 저렴한 이삿짐센터 이용하기.

(c) 평판이 제일 좋은 이삿짐센터.

(d) 이삿짐센터에 관한 어려움.

해법 cheap이라는 단어가 반복해서 등장하기 때문에 이삿짐센터 선정에서 가격을 가장 중요한 요소로 꼽고 있음을 알 수 있다. 따라서 이에 부합하는 inexpensive mover가 쓰인 (b)가 가장 알맞다.

manage to 애를 써서 …하다 **mover** 이삿짐센터 **cheap** 싼 **hire** 쓰다 **charge** 청구하다 **ask around** 이리저리 알아보다 **reputation** 평판

38

W What's the word on our vacation?
M Well, the boss is reluctant to say yes to May.
W So, we can't go in May. Is that what you're saying?
M Right. I'll be too busy at work then.
W So, when can we go, in June?
M Well, the boss said July is OK.

Q: Which is correct about the man according to the conversation?
(a) His boss said yes to a vacation in May.
(b) His work load is steadily increasing.
(c) He could not get vacation time off.
✔ (d) He will not be vacationing in June.

번역 W 우리 휴가에 대해 뭐라고 하세요?
　　M 글쎄, 사장님이 5월에는 허락하길 꺼리시네요.
　　W 그럼 우리 5월에는 못 간다는 말이죠?
　　M 맞아요. 그때는 일이 너무 바쁠 거예요.
　　W 그럼 언제 갈 수 있어요, 6월에요?
　　M 글쎄, 사장님이 7월은 괜찮다고 하셨어요.

　　Q: 남자에 대해 대화 내용과 일치하는 것은?
　　(a) 사장이 5월에 휴가 가는 것을 허락했다.
　　(b) 그의 업무량이 꾸준히 늘고 있다.
　　(c) 휴가를 얻지 못했다.
　　(d) 6월에는 휴가를 가지 않을 것이다.

해법 두 사람은 휴가 날짜에 대해서 의논하고 있다. 6월에는 휴가를 갈 수 있냐는 여자의 질문에 대해 얼버무리며 July is OK라고 했으므로, 6월에는 휴가를 가지 않을 것임을 알 수 있다. 따라서 정답은 (d)이다. 휴가를 아예 얻지 못한 것은 아니므로 (c)는 일치하지 않는다.
word 말 **be reluctant to do** ~하는 것을 꺼리다 **work load** 업무량 **steadily** 꾸준히 **time off** 휴식 **vacation** 휴가를 보내다

39

M Where's the chicken? I need to serve it now.
W It'll be ready in 3 minutes, as will the fish.
M What? The fish isn't ready, either? What are you doing?
W Sorry, Chef, I fell behind with the orders.
M Well, get a move on. Customers are out there waiting.
W I'm onto it. Just give me a few minutes.

Q: Which is correct according to the conversation?
✔ (a) The man would like to serve the chicken soon.
(b) The woman's fish will be cooked in a minute.
(c) The man is slow at cooking customer orders.
(d) The customers have decided against waiting.

번역 M 치킨 어디 있어요? 지금 내가야 하는데.
　　W 3분이면 준비될 거예요, 생선도 그렇고요.
　　M 뭐라고요? 생선도 준비가 안 됐다고요? 도대체 뭐 하고 있는 거예요?
　　W 죄송해요, 주방장님. 주문이 밀렸어요.
　　M 자, 서두르세요. 손님들이 저기 밖에서 기다리고 계시잖아요.
　　W 지금 하고 있습니다. 몇 분만 주세요.

　　Q: 대화 내용과 일치하는 것은?
　　(a) 남자는 곧 치킨을 내가고 싶어 한다.
　　(b) 여자가 주문한 생선은 곧 요리될 것이다.
　　(c) 남자는 손님들 주문에 따라 요리하는 것이 느리다.
　　(d) 손님들은 기다리지 않기로 결정했다.

해법 주방장과 밑에 있는 요리사의 대화로 볼 수 있다. 대화 처음에 나오는 남자의 말에서 (a)를 확인할 수 있다. 여자는 요리사이지 손님이 아니므로 (b)는 옳지 않고, 요리하는 것이 느린 사람은 남자가 아닌 여자이므로 (c) 역시 옳지 않다.
serve (음식 따위를) 내다 **chef** 주방장 **fall behind with** ~이 밀리다 **order** 주문 **get a move on** (명령문으로) 서둘러 **onto** ~을 알아차리고

40

W Did you hear the news today?
M No, why? Was there something interesting?
W A funds manager at the bank I work at was arrested.
M You're kidding. What was the charge?
W Embezzling funds. Huge amounts were stolen.
M Wow. He was crazy to think he could get away with such a crime.

Q: Which is correct about the woman according to the conversation?
(a) She appeared in the news recently.
(b) She is employed as a funds manager.
✔ (c) Her bank was where a criminal worked.
(d) Her manager was guilty of stealing money.

번역 W 오늘 뉴스 들었어요?
　　M 아니, 왜요? 뭐 흥미로운 거라도 있었어요?
　　W 제가 일하는 은행의 펀드 매니저가 체포되었대요.
　　M 설마. 혐의가 뭔데요?
　　W 지금 횡령이요. 막대한 액수를 빼돌렸대요.
　　M 와. 그런 죄를 저지르고도 무사히 빠져나갈 수 있다고 생각하다니 그 사람 제정신이 아니군요.

　　Q: 여자에 대해 대화 내용과 일치하는 것은?
　　(a) 최근에 뉴스에 나왔다.
　　(b) 펀드 매니저로 일한다.
　　(c) 그녀가 다니는 은행이 범인이 일하던 곳이었다.
　　(d) 그녀의 매니저가 돈을 훔치는 죄를 저질렀다.

해법 A funds manager at the bank I work at was arrested라고 한 여자의 말에서 (c)가 정답임을 알 수 있다. 여자의 직업에 대한 언급은 없으므로 (b)는 확인할 수 없는 내용이고, (d)도 횡령죄를 저지른 사람이 Her manager가 아니므로 알맞지 않다.
arrest 체포하다 **charge** 혐의 **embezzle** 횡령하다 **amount** 액수 **get away with** (나쁜 짓을 하고) 무사히 넘어가다 **guilty of** ~의 죄를 지은

41

M I started reading one of those school-boy wizard novels.

W Aren't they great? I've read the whole series.

M Well, no. I think the writing is amateurish.

W So, you didn't like it just because of that?

M Yes, and it is childish as well in my opinion.

W Maybe you just lack a good imagination.

Q: Which is correct according to the conversation?

(a) The woman avidly reads non-fiction only.

✔ (b) The man holds the wizard novels in low regard.

(c) The woman sees the wizard novels as childish.

(d) The man's imagination is esteemed by the woman.

번역 M 남학생 마법사가 나오는 소설 중 한 권을 읽기 시작했어.

W 정말 대단하지 않니? 난 시리즈 전체를 다 읽었어.

M 글쎄, 아니. 글이 서투른 것 같아.

W 그럼 단지 그 때문에 싫었던 거야?

M 응, 게다가 내 생각엔 유치하기도 하고.

W 넌 상상력이 부족한 건지도 모르겠다.

Q: 대화 내용과 일치하는 것은?

(a) 여자는 논픽션만 열심히 읽는다.

(b) 남자는 마법사 소설을 낮게 평가한다.

(c) 여자는 마법사 소설을 유치하다고 여긴다.

(d) 여자는 남자의 상상력을 존경한다.

해법 남자가 amateurish, childish 등의 어구를 써서 소설을 평가하고 있으므로 (b)가 정답임을 알 수 있다. (a)는 대화만으로는 알 수 없는 내용이고, (c)는 여자가 아닌 남자에게 해당하는 내용이다.

wizard 마법사 **amateurish** 서투른 **childish** 유치한 **lack** ~이 부족하다 **avidly** 열심히 **hold ... in low regard** ~을 낮게 평가하다 **esteem** 존경하다

42

W What time is the guy coming to install the gas?

M He said he'd get here by 3 o'clock.

W Well, it's half-past now. Where is he?

M Perhaps he's been delayed in traffic.

W Don't you think you should give him a call?

M Yeah, I've got his number here. I'll call him.

Q: Which is correct according to the conversation?

(a) The man forgot the gas man's appointment time.

(b) The gas man was due at about half-past three.

✔ (c) The woman feels the gas man should be called.

(d) The man lost the gas man's number.

번역 W 가스 설치하는 남자 분이 몇 시에 오시죠?

M 3시까지는 도착한다고 했어요.

W 그럼, 지금 3시 30분인데. 어디 있는 거죠?

M 아마 길이 막혀 늦나 봐요.

W 전화 걸어봐야 할 것 같지 않아요?

M 네, 여기 전화번호가 있어요. 제가 걸게요.

Q: 대화 내용과 일치하는 것은?

(a) 남자는 가스 기사가 오기로 한 시간을 잊어버렸다.

(b) 가스 기사는 3시 30분에 오기로 했었다.

(c) 여자는 가스 기사에게 전화를 해야 한다고 생각한다.

(d) 남자는 가스 기사의 전화번호를 잃어버렸다.

해법 두 사람은 약속 시간에 오지 않는 가스 기사를 기다리고 있는데, 여자의 마지막 말은 전화를 걸어보라는 뜻이므로 (c)가 맞는 내용이다. 가스 기사가 오기로 한 시각은 3시이고, 남자가 기사의 전화번호를 갖고 있다고 했으므로 (b), (d)는 모두 옳지 않다.

install 설치하다 **delay** 지체시키다 **traffic** 교통(량) **due** 도착할 예정인

43

M Don't use a paper towel on the monitor!

W Why not? I'm just giving it a clean.

M It's an LCD screen, not a glass screen.

W So what's the difference?

M A paper towel is too abrasive. You need a proper cloth.

W Then, I'll use the cloth I clean my glasses with.

Q: What can be inferred from the conversation?

✔ (a) Paper towels can scratch LCD surfaces.

(b) Monitors are well cleaned by the woman.

(c) Glass cleaning materials do not work on LCDs.

(d) LCD screens should not be cleaned with fluids.

번역 M 모니터에 종이 휴지를 쓰지 마세요!

W 왜 안 돼요? 깨끗하게 하려는 건데요.

M 그건 유리 스크린이 아니라 LCD 스크린이잖아요.

W 그래서 차이가 뭔데요?

M 종이 휴지는 너무 거칠어요. 적절한 천을 써야 해요.

W 그렇다면 제 안경 닦는 천을 사용할게요.

Q: 대화로부터 추론할 수 있는 것은?

(a) 종이 휴지는 LCD 표면에 흠집을 낼 수 있다.

(b) 모니터는 여자가 잘 닦는다.

(c) 유리를 닦는 재질은 LCD에는 효과가 없다.

(d) LCD 스크린은 용액으로 닦아서는 안 된다.

해법 남자가 여자에게 LCD 스크린에 paper towel을 쓰지 말라며, too abrasive 하다고 했으므로 (a)처럼 거친 종이 휴지가 LCD 표면에 흠집을 낼 수도 있음을 짐작할 수 있다. (c)처럼 아예 닦이지 않는 것은 아니며, (d)에 대한 언급은 없다.

abrasive 닳게 하는, 거친 **proper** 적절한 **scratch** 자국을 내다 **surface** 표면 **material** 재료, 소재 **fluid** 액체

44

W I'm sorry to bother you, but I'm lost.
M Oh, where are you trying to get to?
W Number 17 Blake Street. Is it near here?
M There's definitely no Blake Street in this neighborhood.
W Oh, no. I must be way off.
M Don't worry. Ask that taxi driver over there.

Q: What can be inferred from the conversation?
(a) The man knows the taxi driver.
(b) The woman frequently gets lost.
✔ (c) The man is intimately familiar with the neighborhood.
(d) The woman visited Blake Street on a previous occasion.

번역 W 죄송하지만, 제가 길을 잃었어요.
M 아, 어디로 가시려고 하는데요?
W 블레이크 가 17번지요. 여기서 가까운가요?
M 이 근처에는 분명히 블레이크 가가 없는데요.
W 아, 이런. 길을 완전히 잘못 들었나 봐요.
M 걱정 마세요. 저기 택시 기사에게 물어보세요.

Q: 대화로부터 추론할 수 있는 것은?
(a) 남자는 택시 기사를 알고 있다.
(b) 여자는 자주 길을 잃어버린다.
(c) 남자는 그 주변을 자세히 잘 알고 있다.
(d) 여자는 이전에 블레이크 가에 온 적이 있다.

해법 여자가 남자에게 길을 묻고 있는 상황이다. 남자가 There's definitely no Blake Street in this neighborhood라고 단호하게 말하는 것에서 (c)를 짐작할 수 있다. (a)와 (b)는 대화 내용만으로는 알 수 없으며, (d)는 대화 내용에 오히려 상반된다.

bother 귀찮게 하다 **definitely** 확실히 **neighborhood** 근처 **be way off** 완전히 벗어나다 **frequently** 자주 **intimately** 상세하게 **be familiar with** ~을 잘 알고 있다 **previous** 이전의 **occasion** 시기, 기회

45

M My ankle is still giving me pain.
W I think I should drive you to the hospital.
M Yeah, it hasn't gotten any better.
W You thought it was only a mild sprain, right?
M Yeah, but the pain is actually getting worse.
W You should have had it looked at earlier.

Q: What can be inferred from the conversation?
(a) The woman knows a lot about fixing sprains.
✔ (b) The man was not timely in treating his ankle.
(c) The man injured his ankle while with the woman.
(d) The woman thinks the man's injury is not serious.

번역 M 발목이 여전히 아파요.
W 제가 병원까지 태워다 드려야 할 것 같아요.
M 네, 전혀 나아지지 않았어요.
W 살짝 삐었다고만 생각했던 거죠?
M 네, 그런데 실은 통증이 심해지고 있어요.
W 좀 더 일찍 진찰을 받았어야 했는데.

Q: 대화로부터 추론할 수 있는 것은?
(a) 여자는 삔 것을 고치는 것에 대해 아는 게 많다.
(b) 남자는 발목 치료의 때를 놓쳤다.
(c) 남자는 여자와 함께 있다가 발목을 다쳤다.
(d) 여자는 남자의 부상이 심각하지 않다고 생각한다.

해법 남자가 발목을 삐어서 병원에 가야 할 상황이다. 여자의 마지막 말인 You should have had it looked at earlier에서 남자가 더 일찍 치료를 받았어야 했다는 것을 짐작할 수 있다. (d)와 반대로 여자는 남자의 상태를 심각하게 여긴다고 보여진다.

ankle 발목 **pain** 아픔 **mild** 가벼운, 경미한 **sprain** 삠 **timely** 때맞춘 **treat** 치료하다 **injure** 부상을 입다

46

Medieval England lacked equality among the sexes, and that is what I want to focus on in the next part of this lecture. The women of Medieval England had a difficult life and were ruled over by men. Documents relating to this period show that for haymaking, men would earn 6 pence a day while women got 4 pence. In a male dominated society, no woman would openly complain about this disparity. They had to put up with their traditional roles of unskilled laboring and attending to family responsibilities.

Q: What is the main idea of the lecture?
(a) Jobs that women had in Medieval England.
(b) Medieval England's form of traditional society.
✔ (c) Gender inequalities in Medieval English society.
(d) Income rates for men and women in Medieval England.

번역 중세시대 영국은 남녀 평등이 제대로 이뤄지지 않았어요. 바로 이것이 이 강의 다음 부분에서 제가 중점적으로 다루고 싶은 내용이에요. 중세시대 영국의 여성들은 힘든 삶을 살았고 남성의 지배를 받았어요. 이 시기 관련 자료들은 건초 만드는 작업에 대해 남자들은 일당 6펜스를 받은 반면, 여자들은 4펜스를 받았음을 보여줘요. 남성 주도적인 사회에서는 어떤 여성도 이런 불평등에 대해 공공연하게 불만을 제기하지는 못하겠죠. 그들은 전통적으로 미숙련 노동과 가족에 대한 의무에 힘쓰는 전통적인 역할을 받아들여야만 했어요.

Q: 강의의 주제는?
(a) 중세시대 영국 여성들의 일거리.
(b) 중세시대 영국의 전통적인 사회 형태.
(c) 중세시대 영국 사회의 남녀 불평등.
(d) 중세시대 영국의 남녀 수익률.

해법 첫 문장에서 강의의 주제를 밝히고 있다. 따라서 Medieval England lacked equality among the sexes라는 주제를 달리 표현한 (c)가 정답이다. (a)는 남녀 불평등을 설명하기 위해 '건초 만들기'라는 일거리가 언급된 것 뿐이다.

medieval 중세의 **rule over** 지배하다 **haymaking** 건초 만들기 **disparity** 차이, 불평등 **put up with** ~을 받아들이다 **unskilled labor** 미숙련 노동 **attend to** ~을 돌보다 **gender inequality** 남녀 불평등

47

In environmental news, Swiss researchers have found that Alpine glaciers melting under the impact of climate change are releasing highly toxic pollutants into the environment. But the pollutants were absorbed by glacial ice decades ago. From the 1960s onwards, atmospheric currents have deposited pollutants onto the Alpine mountain range, where they are trapped in layers of ice. Some of the pollutants are so old they are actually banned nowadays. The researchers say that as global warming accelerates, more glacial melting will release more pollutants.

Q: What is the news report mainly about?
(a) Climate change is resulting in more pollution.
(b) Alpine glaciers are melting faster than expected.
(c) Swiss environmental pollution is worse than expected.
✔ (d) Melting Alpine ice is releasing decades-old pollutants.

번역 환경 뉴스로, 스위스 연구자들은 기후 변화의 영향으로 녹고 있는 알프스 산맥의 빙하들이 환경에 매우 유독한 오염물질을 방출하고 있음을 밝혀냈습니다. 그런데 이 오염물질은 수십 년 전에 빙하에 흡수된 것입니다. 1960년대 이후로, 기류는 오염물질을 알프스 산맥에 침전시켰고, 이 오염물질들은 그곳 빙하층에 갇혀 있습니다. 오염물질 중 일부는 아주 오래 되어서 실제로 오늘날에는 금지된 것입니다. 연구자들은 지구온난화가 가속되면서 더 많은 빙하가 녹아 더 많은 오염물질을 방출할 것이라고 말합니다.

Q: 뉴스 보도의 주된 내용은?
(a) 기후 변화로 인해 더 많은 오염이 생기고 있다.
(b) 알프스 산맥의 빙하는 예상보다 더 빠른 속도로 녹고 있다.
(c) 스위스의 환경 오염은 예상보다 심각하다.
(d) 알프스 산맥의 빙하가 녹으면서 수십 년 된 오염물질을 방출하고 있다.

해법 뉴스 보도는 첫 문장에서 핵심 내용을 밝히고, 이어서 부연 설명을 덧붙이는 구성이 일반적이다. 따라서 첫 문장에 나온 Alpine glaciers melting ... are releasing highly toxic pollutants라는 핵심 내용을 담은 (d)가 가장 알맞다.
Alpine 알프스 산맥의 **glacier** 빙하 **toxic** 유독한 **pollutant** 오염물질 **deposit** 침전시키다 **mountain range** 산맥 **trap** 가두다 **layer** 층 **accelerate** 가속하다 **release** 방출하다

48

Do you want a truly sensational wedding? Then travel in style in one of our uniquely designed 1950s Cadillac limousines! Our fleet of classic Cadillac rental cars guarantees you glamor, fun, and the luxury of a bygone and quite extraordinary motoring era. We take care of every detail, making sure you and your wedding party have a smooth and enjoyable ride. Our chauffeurs are professional drivers and fully trained to get you there in style and on time. Call to book at Classic Car Weddings today!

Q: What is the advertisement mainly about?
(a) Fun in renting a classic Cadillac of the 50s.
(b) Driving to your wedding in your own Cadillac.
✔ (c) Renting an old-style Cadillac for your wedding.
(d) Tips on making your wedding day more exciting.

번역 정말로 환상적인 결혼식을 원하십니까? 그렇다면 독특하게 디자인된 1950년대 캐딜락 리무진으로 호화롭게 이동하세요! 저희가 구비하고 있는 최고급 캐딜락 렌터카들이 여러분에게 화려함과 재미, 그리고 아주 특별한 지난 자동차 운행시대의 호사를 보장해 드립니다. 모든 세부 사항을 신경 써 드리며, 여러분과 결혼식 하객들이 편안하고 즐거운 승차를 하실 것을 약속드립니다. 저희 기사들은 운전 전문가로서 여러분을 제시간에 멋지게 목적지까지 모셔다 드리기 위해 철저한 훈련을 받았습니다. 오늘 클래식 카 웨딩에 전화하셔서 예약하세요!

Q: 광고의 주된 내용은?
(a) 50년대 최고급 캐딜락을 렌트하는 즐거움.
(b) 자신의 캐딜락으로 운전해서 결혼식장에 가기.
(c) 결혼식을 위해 고전적인 캐딜락 렌트하기.
(d) 결혼식 당일을 더욱 즐겁게 만드는 방법.

해법 광고문은 주로 광고하는 대상을 가장 강조하고자 하는 특징과 함께 처음에 소개한다. 두 번째 문장 our uniquely designed 1950s Cadillac limousines! 가 이에 해당하며, wedding을 위해 대여해 주고 있다고 했으므로 (c)가 가장 알맞다. (a)는 wedding이라는 핵심어가 빠져 있으므로 알맞지 않다.
sensational 환상적인 **in style** 화려하게 **fleet** (한 기관이 소유한 전체 비행기·버스 등의) 무리 **glamor** 화려함 **bygone** 지나간 **chauffeur** (부자나 중요 인물의 차를 모는) 기사

49

Welcome to our family life seminar. I'm going to talk about three golden rules to helping you maintain a happy family and strengthen family relationships. First, make sure you set rules and stick to them. Children, as well as adults, need to know their role in the family and share responsibilities. Next, show appreciation and spend time communicating with each other. So talk and listen to each other. Finally, do fun things together, like watching a movie, playing sports, or having a picnic.

Q: What is the main idea of the talk?
(a) Practices children need to follow in the house.
(b) How to make people stay happy around others.
✔ (c) Practices for building a strong and happy family.
(d) How to improve family relationships that have soured.

번역 가족 생활 세미나에 오신 것을 환영합니다. 여러분이 행복한 가정을 유지하고 가족 간의 관계를 강화시키는 데 도움이 되는 세 가지 황금률에 대해서 말씀드리겠습니다. 우선 반드시 규칙을 정해서 이 규칙들을 꼭 지키도록 하세요. 어른들뿐만 아니라 아이들도 가족 내에서 자신의 역할을 알고 책임을 공유해야 합니다. 다음으로 감사하는 마음을 표현하고 서로의 마음을 소통하는 데 시간을 보내세요. 그러니까 이야기하고 서로 귀 기울여 들으세요. 마지막으로 함께 즐거운 일을 하세요. 예를 들면 영화를 보거나 운동을 하거나 소풍을 가거나 하는 것들이요.

Q: 담화의 요지는?
(a) 집안에서 아이들이 따라야 할 실천 사항.
(b) 다른 사람들과 즐겁게 어울리는 방법.
(c) 건강하고 행복한 가정을 꾸리기 위한 실천 방안.
(d) 틀어진 가족 관계를 향상시키는 방법.

해법 First, Next, Finally 등의 어구에서 뭔가를 차례로 열거하는 내용임을 알 수 있는데, 무엇에 관한 열거인지는 당연히 앞부분에서 언급되므로 이 부분을 잘 들어야 한다. maintain a happy family and strengthen family relationships를 달리 표현한 (c)가 정답이다.
maintain 유지하다 **strengthen** 강화하다 **relationship** 관계 **stick to** ~을 고수하다 **responsibility** 책임 **appreciation** 감사 **communicate** (서로 마음을) 소통하다 **sour** 틀어지다

50

On tonight's show, I'll review *Hard Lessons*, a novel by Andrew Klaus. Unfortunately, I reached a point where I had to examine my motives for trying to finish this novel. I was mainly hoping to discover a plot. It didn't appear in the first 100 pages. All you get is a tiresome narrative by protagonist Harold Baxter. The arrogant Baxter is so extreme in his views that the text is painful to read. He is an extremely unlikable protagonist. I would not recommend *Hard Lessons* to anyone.

Q: What is the main idea about the novel in the review?
(a) It was not written by a talented writer.
(b) It lacks the elements of a good thriller.
(c) Its narrator is an unsympathetic character.
✔ (d) Its plot and protagonist make it a poor read.

번역 오늘 밤에는 앤드류 클라우스의 소설 〈뼈 아픈 교훈〉에 대해 논평하겠습니다. 안타깝게도 저는 이 소설을 완독하기 위해 애쓰는 이유를 곰곰이 생각할 수밖에 없는 지경까지 도달했습니다. 제 큰 바람은 줄거리를 알아내는 것이었습니다. 그건 처음 100페이지까지는 드러나지 않았습니다. 온통 주인공 해롤드 백스터의 지루한 이야기뿐이었습니다. 오만한 백스터는 시각이 너무 극단적이라 글은 읽기가 고통스럽습니다. 그는 몹시 호감이 가지 않는 주인공입니다. 저는 〈뼈 아픈 교훈〉을 누구에게도 권하지 않을 것입니다.

Q: 소설에 대한 평가의 요지는?
(a) 재능 있는 작가가 쓴 것이 아니다.
(b) 훌륭한 스릴러의 요소가 부족하다.
(c) 소설의 서술자는 매정한 사람이다.
(d) 소설의 줄거리와 주인공 때문에 좋지 못한 읽을거리가 되었다.

해법 소설에 대한 화자의 평가가 매우 부정적인데, 특히 줄거리가 모호하고 주인공의 성격이 너무 비호감인 점을 비판하고 있으므로 (d)가 가장 적절하다.
review 논평하다 **examine** 검토하다 **motive** 이유 **plot** 줄거리 **tiresome** 지루한 **narrative** 이야기 **protagonist** 주인공 **arrogant** 오만한 **extreme** 극단적인 **unlikable** 호감이 가지 않는 **unsympathetic** 매정한

51

And now for tonight's weather. Hurricane Roger in the eastern North Pacific Ocean is shaping up to be the biggest hurricane in more than a decade. The National Hurricane Center classified Roger on Saturday as an extremely dangerous Category 5 storm with sustained winds reaching 180 miles per hour. Roger should stay offshore for several days. Then the storm is forecast to curve east and approach the Mexican coast, perhaps as a Category 2 hurricane, by midweek.

Q: What is the main idea of the weather report?
(a) A hurricane named Roger might be dangerous.
(b) A hurricane in Mexico is forecast to be truly massive.
✔ (c) A severe hurricane will hit the Mexican coast midweek.
(d) A Category 2 hurricane is approaching from the Pacific.

번역 이제 오늘 저녁 날씨입니다. 북태평양 동부에서 허리케인 로저가 십여 년 만에 최대의 허리케인으로 되어 가고 있습니다. 국립 허리케인 센터는 토요일에 로저를 시속 180마일의 바람이 지속되는 극도로 위험한 5등급 폭풍으로 분류했습니다. 로저는 며칠간 앞바다에 머물겠습니다. 그리고 나서 폭풍은 주 중반 무렵에는 2등급 허리케인으로서 동쪽으로 돌아나가 멕시코 연안에 접근할 것으로 예상됩니다.

Q: 일기예보의 주된 내용은?
(a) 로저라는 이름의 허리케인은 위험할 수도 있다.
(b) 멕시코의 허리케인이 정말로 거대할 것으로 예상된다.
(c) 맹렬한 허리케인이 주 중반에 멕시코 해안을 강타할 것이다.
(d) 2등급 허리케인이 태평양으로부터 다가오고 있다.

해법 강력한 허리케인을 예보하는 내용으로, 가장 중요한 것은 앞으로의 허리케인 진로이다. eastern North Pacific Ocean에서 형성되어 주 중반에 Mexican coast에 이른다고 했으므로 (c)가 가장 중요한 내용이다.
shape up 되어 가다 **classify** 분류하다 **category** 부문, 종류 **sustain** 지속되다 **offshore** 앞바다에서 **forecast** 예보하다 **curve** 곡선으로 나아가다 **approach** 접근하다 **massive** 거대한

52

To all Gold Explorer shareholders, the Board of this company is responsible for its setbacks. It's time for it to go. The only people that I can see voting in favor of the Board are those that have benefited directly from its corrupt actions, which are now under investigation. Everyone else, dissident shareholders like me, who represent at least 52% of all shareholders, should vote the current Board out unreservedly. We need a new Board urgently to pursue all those who have been responsible for the erosion of company assets.

Q: What is the talk mainly about?
(a) The urgent need to vote in a new board.
✔ (b) The call to dismiss a crooked company board.
(c) The behavior of Gold Explorer board members.
(d) The power of shareholders in voting out a board.

번역 골드 익스플러러 주주 모두에게 회사 이사진은 경영 차질에 대한 책임이 있습니다. 이제 이사진이 떠날 때가 되었습니다. 이사진에 찬성 투표하는 사람들은 현재 감사가 진행 중인 그들의 부정 행위로부터 직접적인 혜택을 입은 사람들뿐이라고 봅니다. 저와 같이 의견이 다르고, 전체 주주의 최소 52%를 대표하는 주주들 모두는 전적으로 현 이사진을 몰아내는 데 투표해야 합니다. 우리에게는 회사 자산 잠식에 대한 책임이 있는 그들의 뒤를 이을 새로운 이사진이 시급히 필요합니다.

Q: 담화의 주된 내용은?
(a) 새로운 이사진 선출의 긴급한 필요성.
(b) 부패한 회사 이사진을 해고하자는 요구.
(c) 골드 익스플러러 이사진들의 행동.
(d) 투표로 이사진을 물러나게 하려는 주주들의 힘.

해법 It's time for it[the Board] to go와 should vote the current Board out unreservedly 등에서 부정을 저지른 이사진을 해고해야 한다는 주장을 펼치고 있음을 확인할 수 있으므로 (b)가 가장 알맞다. (a)도 함께 언급되고 있기는 하지만 현 이사진의 해고가 더 핵심 사안이다.
shareholder 주주 **board** 이사회 **setback** 차질 **corrupt** 부정한 **dissident** 의견을 달리 하는 **unreservedly** 전적으로 **urgently** 긴급히 **erosion** 잠식 **assets** 자산, 재산 **crooked** 부정직한

53

Pay attention, everyone. I have some important points about stress I want to impart. In small doses, stress is good, such as when it helps you conquer a fear or gives you motivation to get something done. But there's also bad stress, often caused by worries about money, jobs, relationships, or health. Feeling this stress for too long sets off your body's warning symptoms. You might feel irritable, get headaches, or suffer from neck pain, fatigue, or stomach upsets. And these are only a few effects. There are lots more.

Q: Which is correct according to the speaker?
(a) Any kind of stress is counterproductive.
(b) One main cause of stress is heavy traffic.
(c) Stress affects the mind more than the body.
✔ (d) Fatigue is a sign that you might have stress.

번역 주목해 주십시오, 여러분. 스트레스에 대해서 알려 드리고 싶은 몇 가지 중요한 사항이 있습니다. 약간의 스트레스는 유익합니다. 가령 두려움을 극복하는 데 도움이 되거나 뭔가를 해낼 수 있는 동기를 부여해 줄 때 말입니다. 하지만 흔히 돈이나 일자리, 인간관계, 또는 건강에 대한 걱정에서 비롯되는 해로운 스트레스도 있습니다. 이러한 스트레스를 너무 오랫동안 겪다 보면 신체의 경고 사인이 울립니다. 당신은 짜증이 나거나 두통이 생기고, 목 통증이나 피로, 또는 소화 불량을 겪을 수도 있습니다. 그리고 이 정도는 몇 가지 결과일 뿐입니다. 이 외에도 많은 결과들이 있습니다.

Q: 화자의 말과 일치하는 것은?
(a) 어떤 종류의 스트레스도 역효과를 낼 수 있다.
(b) 스트레스의 주된 원인 중 하나는 교통 체증이다.
(c) 스트레스는 신체보다 정신에 더 많은 영향을 끼친다.
(d) 피로는 스트레스를 받고 있을 수도 있다는 신호이다.

해법 유익한 스트레스와 해로운 스트레스에 대해서 각각 설명하고 있다. 해로운 스트레스의 경고 사인으로서 피로를 언급하고 있으므로 (d)가 정답이다. (a)는 유익한 스트레스도 있다는 화자의 말과 상반되며, (b)와 (c)는 언급되지 않았다.
pay attention 주목하다 impart 전하다 dose (어느 정도의) 약간
symptom 증상, 징후 irritable 짜증을 내는 fatigue 피로
counterproductive 역효과를 낳는

54

Hi there, on tonight's program I'm going to show you how to make a hot chocolate drink for those cold wintery nights. First you heat shaved chocolate and unsweetened baking chocolate along with a cup of water in a pot, like this. Remember to keep stirring. When the chocolate has melted, stir in sugar and a dash of salt. Simmer it for 4 minutes. Don't forget to keep stirring constantly. After that, stir in 4 cups of milk until it is smooth. That's it! Serve while hot.

Q: Which is correct according to the instructions?
(a) Use sweetened baking chocolate for your chocolate drink.
(b) Add several cups of water while melting the chocolate.
✔ (c) Stir your chocolate drink constantly while making it.
(d) Don't forget to mix in at least five cups of milk.

번역 안녕하세요, 여러분. 오늘은 추운 겨울 밤을 위한 핫초코를 만드는 방법을 알려 드릴게요. 먼저 얇게 저민 초콜릿과 무가당 베이킹 초콜릿을 이렇게 물 한 컵과 함께 냄비에서 데우세요. 계속 저어야 한다는 것을 명심하세요. 초콜릿이 녹으면, 설탕과 약간의 소금을 넣고 저으세요. 4분 동안 끓이세요. 계속 저어야 한다는 것을 잊지 마세요. 그런 다음 우유 네 컵을 넣고 부드러워질 때까지 저으세요. 됐습니다! 뜨거울 때 드세요.

Q: 설명과 일치하는 것은?
(a) 초콜릿 음료에 단맛이 나는 베이킹 초콜릿을 사용하라.
(b) 초콜릿을 녹이는 동안 물 몇 컵을 넣어라.
(c) 만드는 동안 계속 초콜릿 음료를 저어라.
(d) 최소한 다섯 컵의 우유를 섞어야 한다는 것을 기억하라.

해법 핫초코 레시피를 소개하고 있다. Remember to keep stirring과 Don't forget to keep stirring constantly에서 (c)를 반복해서 강조하고 있다. (a)는 unsweetened 베이킹 초콜릿을 사용하라고 했으며, (b)는 물 한 컵, (d)는 우유 네 컵이라고 해야 맞다.
shaved 얇게 저민 unsweetened 단맛이 없는 stir (저어가며) 섞다 melt 녹다 a dash of 약간 simmer (서서히) 끓이다 constantly 끊임없이

55

Hi Brendon, this is Amanda from Action Real-Estate calling. I was hoping to catch you. Looks like the deal on your villa has fallen through. Mr. Johnson, the buyer said he was unable to come up with the financing. He said his bank would only lend him $150,000, which added to his deposit, falls short of your asking price by $10,000. He's wondering if you'll drop your price. How do you feel about that? Well, call me as soon as you get this message.

Q: Which is correct according to the phone message?
(a) Amanda has decided not to buy Brendon's villa.
✔ (b) Mr. Johnson has run into problems getting funding.
(c) Mr. Johnson's bank is unable to lend him $150,000.
(d) Amanda wants Brendon to discount his villa by $1,000.

번역 안녕하세요 브렌든 씨. 액션 부동산의 아만다예요. 통화를 하고 싶었는데. 빌라 매매가 무산된 것 같아서요. 구매자인 존슨 씨가 자금 융통 방법을 찾을 수가 없다고 하네요. 그의 거래 은행에서는 15만 달러밖에 대출이 안 되는데, 예금과 합쳐도 당신이 요구한 금액에는 1만 달러가 모자라다고 하네요. 가격을 낮춰줄 수 있는지 묻고 있어요. 어떻게 생각하세요? 그럼, 이 메시지 듣는 대로 전화 주세요.

Q: 전화 메시지와 일치하는 것은?
(a) 아만다는 브렌든의 빌라를 사지 않기로 결정했다.
(b) 존슨 씨는 자금 조달 문제에 봉착했다.
(c) 존슨 씨의 거래 은행은 그에게 15만 달러를 빌려줄 수 없다.
(d) 아만다는 브렌든이 빌라 가격을 1천 달러 깎아주기를 원한다.

해법 부동산 중개업자가 집을 팔려고 내놓은 고객에게 남기는 메시지이다. 구매자가 자금 융통이 어려워 가격을 낮춰주기를 원한다는 내용이므로 (b)가 정답이다. (d)는 아만다가 아닌 구매자인 존슨 씨가 1천 달러가 아닌 1만 달러를 깎아주기를 원하는 것이다.
real estate 부동산 deal 매매 fall through 실현되지 못하다 come up with ~을 찾아내다; 따라 잡다 financing 자금 조달 deposit 예금 fall short of ~에 미치지 못하다

56

The painter I will talk about today is Cezanne. He started out studying law in the south of France, from 1859 to 1861, but decided to pursue an artistic career and left for Paris in 1861. Cezanne began with the light, airy painting of the impressionists, but gradually tended toward architectural forms. His impressionism was more solid and its geometric forms would later influence cubism in particular. Cezanne found fame in his 50s, and by then he had moved back to the south of France, where he died in 1906.

Q: Which is correct about Cezanne according to the speaker?

(a) He quit studying law in 1859 to pursue painting.

✔ (b) He first painted a standard form of impressionism.

(c) He was influenced by cubist painters in his later life.

(d) He died at the age of 50 while in the south of France.

번역 오늘 말씀드릴 화가는 세잔입니다. 그는 프랑스 남부에서 1859년부터 1861년까지 법 공부로 출발했지만, 화가의 길을 가기로 결심하고 1861년에 파리로 떠났습니다. 세잔은 인상파 화가의 밝고 환상적인 회화로 시작했지만, 점차 건축학적 형태의 동향을 보였습니다. 그의 인상주의 회화는 좀 더 견고했고 그 기하학적인 형태는 후에 특히 입체파에 영향을 끼치기도 했습니다. 세잔은 50대에 명성을 얻었고, 그 무렵에는 프랑스 남부로 다시 돌아갔으며, 그곳에서 1906년에 사망했습니다.

Q: 세잔에 대해 화자의 말과 일치하는 것은?
(a) 회화를 공부하기 위해 1859년에 법 공부를 그만두었다.
(b) 처음에는 인상주의 회화의 전형적인 형태를 그렸다.
(c) 인생 후반에는 입체파 화가들의 영향을 받았다.
(d) 프랑스 남부에 있을 때 50세에 사망했다.

해법 화가 세잔에 대한 설명으로, Cezanne began with the light, airy painting of the impressionists에서 (b)가 정답임을 알 수 있다. (c)는 반대로 세잔이 입체파 화가들에게 영향을 끼쳤다고 했으므로 맞지 않다.
pursue 추구하다 **career** 추구하다 **airy** 환상적인 **impressionist** 인상파 화가 **gradually** 차츰, 서서히 **architectural** 건축학의 **geometric** 기하학적인 **cubism** 입체파

57

Our research has shown that high gasoline prices and a slowing economy have led to more people taking up cycling, either for work or play. But an adequate infrastructure may not be in place to protect cyclists from serious injury. We have noticed that the severity of bicycle injuries has increased significantly over the past 11 years. More than 33 percent of bicycle injury victims had a significant head injury. Also, the number of chest injuries has increased by 15 percent over the last five years.

Q: Which is correct according to the speaker?

(a) Infrastructure development has encouraged cycling.

(b) Bicycle injuries have declined slowly in recent years.

✔ (c) Head injuries account for 33 percent of bicycle injuries.

(d) Over 15 percent of people suffered chest injuries while cycling.

번역 우리 연구 결과 높은 기름값과 경기 부진으로 출퇴근이나 레저를 위해 자전거 타기를 시작한 사람들이 늘어났다고 나타났습니다. 하지만 심각한 부상으로부터 자전거 타는 사람들을 보호해 줄 충분한 사회 기반 시설은 아직 준비가 되어 있지 않은 것 같습니다. 지난 11년간 자전거 부상의 심각성이 상당히 증가한 것으로 나타났습니다. 자전거 부상을 당한 사람들의 33퍼센트 이상이 심각한 머리 부상을 입었습니다. 또한 가슴 부상을 입은 사람들의 숫자도 지난 5년간 15퍼센트 증가했습니다.

Q: 화자의 말과 일치하는 것은?
(a) 사회 기반 시설 발달로 인해 자전거 타기가 장려되었다.
(b) 자전거 부상은 최근 몇 년간 서서히 감소했다.
(c) 머리 부상이 자전거 부상의 33퍼센트를 차지한다.
(d) 15퍼센트 이상의 사람들이 자전거를 타다 가슴 부상을 입었다.

해법 자전거 타는 인구가 늘어남에 따라 부상자도 늘고 있다는 내용이다. 33 percent of bicycle injury victims had a significant head injury에서 (c)가 정답임을 알 수 있다. (a)는 여전히 사회 기반 시설이 부족하다는 내용과 어긋난다.
take up (일·연구 따위에) 착수하다 **adequate** 충분한 **infrastructure** 사회 기반 시설 **in place** ~을 위한 준비가 되어 있는 **significantly** 상당히 **account for** (비율을) 차지하다

58

Hello, everyone, I've called this meeting so we can discuss employee claims for damages. To date, the reimbursement of employees for loss or damage to personal property was strictly made in connection with, or incident to, their duties or while on company property. This is provided that no negligence is involved and it is not associated with ordinary wear and tear. Employees have pointed out, however, that certain positions in the company increase susceptibility to wear and tear of footwear and clothing. We need to address this disparity.

Q: What can be inferred from the talk?

(a) Employees are given regularly replaced work clothes.

(b) Company employees are not paid enough remuneration.

✔ (c) Employees receive no compensation for worn-out clothing.

(d) Some company employees are more negligent than others.

번역 안녕하세요, 여러분. 이번 회의를 소집한 이유는 직원들의 피해 보상 요구를 논의하기 위해서입니다. 지금까지 직원들의 개인 재산에 대한 손해 및 피해 배상은 업무와 관련되거나 업무 중에 일어난 사건 또는 회사 건물 내에 한해서 엄격히 이루어졌습니다. 어떤 과실도 인정되지 않으며 통상적인 자연 마모도 관련되지 않는다고 규정되어 있습니다. 하지만 직원들은 회사의 특정 직위는 신발이나 의류의 자연 마모 가능성을 높인다는 점을 지적했습니다. 이 차이점을 논의할 필요가 있습니다.

Q: 담화로부터 추론할 수 있는 것은?
(a) 직원들은 정기적으로 작업복을 교체 받는다.
(b) 회사 직원들은 충분한 보수를 지급받지 못한다.
(c) 직원들은 닳아서 못 쓰게 된 의복에 대해 보상을 받지 못한다.
(d) 일부 회사 직원들은 다른 사람들보다 부주의하다.

해법 현재 직원들의 피해에 대한 보상 범위가 어디까지인가를 설명하고 있는데, ordinary wear and tear에 대해서는 보상이 되지 않는다고 했으므로 (c)가 정답이다. (a)는 담화 내용과 상반되며, (b)나 (d)라고 볼 근거는 찾을 수 없다.
to date 지금까지 **reimbursement** 배상 **negligence** 부주의, 과실 **wear and tear** 일반적인 사용에 의한 소모, 자연 마모 **susceptibility** 영향 받기 쉬움 **disparity** 차이 **remuneration** 보수 **compensation** 보상(금) **worn-out** 닳아서 못 쓰게 된

59

To finish off my lecture, I'd like to stress that both technological progress and the economy can dictate the directions that material manufacturers take. Look, for example, at the steady migration of component manufacturing into plastic materials from steel, aluminum, and more recently, glass. That's because material manufacturers always seek to develop and diversify with new technology, but as material prices soar, they also think about reducing costs. By using a plastic or polymeric-base material instead of a metallic or glass material, they satisfy both goals.

Q: What can be inferred from the talk?
✔ (a) High material costs can drive product innovations.
(b) Product diversity has declined because of plastics.
(c) Manufacturers consistently put profits over quality.
(d) Metallic and glass products outlast plastic products.

번역 강의를 끝내면서, 저는 과학 기술의 발전과 경제 모두 원료 제조업체가 취하는 지침을 좌우할 수 있다는 것을 강조하고 싶습니다. 예를 들어, 부품 제조업이 철강, 알루미늄, 더 최근에는 유리에서 플라스틱 자재로 꾸준히 바뀌는 것을 보세요. 그 이유는 원료 제조업체는 항상 신기술과 더불어 발전하고 투자 대상을 넓히는 것을 모색하기 때문입니다. 하지만 원료 가격이 급등하면서 그들은 또한 생산비 절감도 고려합니다. 금속이나 유리 소재 대신 플라스틱이나 고분자 기반 소재를 사용함으로써 두 가지 목표를 충족시킵니다.

Q: 담화로부터 추론할 수 있는 것은?
(a) 높은 소재 비용은 제품 혁신을 유도할 수 있다.
(b) 플라스틱 때문에 제품의 다양성이 줄어들었다.
(c) 제조업체들은 항상 품질보다는 이윤을 우선시한다.
(d) 금속이나 유리 제품이 플라스틱 제품보다 더 오래 간다.

해법 원료 제조업체들이 플라스틱 자재를 선택하게 되는 이유로 신소재 등장이라는 기술적인 이유와 생산비 절감이라는 경제적 이유를 설명하고 있다. (a)가 바로 경제적 이유에 해당한다고 볼 수 있다.

dictate ~을 좌우하다 component 부품 manufacture 제조하다
diversify (투자의) 대상을 넓히다 soar 급등하다 polymeric 고분자의
outlast ~보다 더 오래 가다

60

I now want to discuss the history of the mid-19th century in Ireland, a period marked by terrible famine. In 1845, the Late Blight disease struck potato fields in Ireland. The disease spread everywhere, destroying almost all of Ireland's potato crops. This caused a major upheaval in Irish society. Many people starved and survivors had no choice but to emigrate to places like Canada, Australia, and America. This in turn had a large impact on the new countries the Irish emigrated to.

Q: What can be inferred from the talk?
(a) Irish farmers used backward farming techniques.
✔ (b) Plant diseases have the potential to change history.
(c) Most mid-19th-century Irish emigrants were farmers.
(d) Potato diseases were common throughout Irish history.

번역 이제, 지독한 기근으로 특징 지어지는 시기인 19세기 중반의 아일랜드 역사를 살펴보겠습니다. 1845년에 감자역병이 아일랜드의 감자밭을 강타했습니다. 이 질병은 전역에 퍼져 아일랜드 감자 수확 거의 전부를 망쳐 놓았습니다. 이는 아일랜드 사회에 심각한 격변을 초래했습니다. 많은 사람들이 굶어 죽었고 살아남은 사람들은 캐나다나 오스트레일리아, 그리고 미국 등지로 이주할 수밖에 없었습니다. 이는 결국 아일랜드 사람들이 이주해 간 새로운 국가들에 커다란 영향을 끼쳤습니다.

Q: 담화로부터 추론할 수 있는 것은?
(a) 아일랜드 농부들은 낙후된 농사법을 활용했다.
(b) 식물 질병이 역사를 변화시킬 잠재력을 가지고 있다.
(c) 19세기 중반 아일랜드 이민자들 대부분은 농부였다.
(d) 감자 질병은 아일랜드 역사를 통틀어 흔한 것이었다.

해법 감자역병으로 아일랜드 사람들이 다른 나라들로 대량 이주를 하게 되었다는 역사적 사실을 설명하고 있다. 식물에 생겨난 질병 때문에 결국 사회적으로 큰 변화가 일어난 것으로 볼 수 있으므로 (b)가 가장 근접한 내용이다.

mark …로 특징짓다 famine 기근 late blight disease 감자역병
upheaval 격변 have no choice but to do ~할 수밖에 없다 in turn
결국 backward 낙후된 potential 잠재력

1

A Should I choose the blue pen or the red one?
B I don't think it makes _____ difference.

✔ (a) any
  (b) some
  (c) either
  (d) every

번역 A 파란색 펜을 고를까요 아님 빨간색 펜을 고를까요?
　　 B 아무런 차이가 없을 것 같은데요.

해법 make a difference는 '상관[차이]이 있다'라는 뜻이다. 관사 a 대신 some, no 등을 쓰면 '약간의 상관이 있다/ 아무 상관이 없다'라는 뜻이 된다. 여기서는 빈칸 앞에 부정어 not이 있으므로 (a) any가 정답이다.

2

A Look at all the dog hair on the couch. I'll have to vacuum.
B Then, don't let the dog _____ around the house.

✔ (a) roam
  (b) to roam
  (c) roaming
  (d) to be roaming

번역 A 소파에 저 개털 좀 봐요. 청소기로 치워야겠어요.
　　 B 그럼 개가 집안을 돌아다니지 않게 해요.

해법 빈칸 앞에 사역동사 let이 있다는 것만 파악하면 동사원형 (a) roam이 정답임을 어렵지 않게 고를 수 있다. 사역동사는 목적어와 목적보어의 관계가 능동이냐 수동이냐에 따라 동사원형이나 과거분사를 취한다.
dog hair 개털　couch 소파　vacuum 진공청소기로 청소하다　roam 돌아다니다, 배회하다

3

A Why didn't you join us at the park on Saturday?
B I suppose I _____ have, but I wanted to stay home.

  (a) can
  (b) may
✔ (c) could
  (d) would

번역 A 왜 토요일에 우리랑 같이 공원에 가지 않았어요?
　　 B 갈 수도 있었는데, 집에 있고 싶었어요.

해법 완료형(have p.p.)과 결합하는 조동사의 의미를 구별하는 문제이다. 빈칸 부분은 문맥상 '갈 수도 있었다'라는 뜻이 되므로 가능을 나타내는 조동사 (c) could가 들어가야 알맞다.

4

A I'll just say sorry to my girlfriend, and she'll forgive me.
B No, I _____ don't think that will work this time.

  (a) a lot
  (b) by far
✔ (c) actually
  (d) somewhat

번역 A 여자친구에게 미안하다고 말해야겠어요. 그러면 용서해줄 거예요.
　　 B 아니에요, 사실 이번에는 그게 효과가 없을 것 같아요.

해법 문장을 수식하는 부사를 고르는 문제이다. (c) actually가 상대방의 말을 정중히 정정하며 '사실은'이라는 뜻으로 가장 알맞다. 나머지 선택지들은 부사나 형용사를 수식한다.
work 효과가 있다　by far 훨씬　somewhat 다소

5

A Do you plan to do anything after school?
B Sure thing, _____ to the shopping center.

  (a) I went
✔ (b) I'm going
  (c) I will have gone
  (d) I had been going

번역 A 학교 끝나고 무슨 계획 있어요?
　　 B 물론이죠, 쇼핑센터에 갈 거예요.

해법 시제를 묻는 문제이다. Do you plan이라는 질문 형태는 현재이지만 미래에 대한 일을 묻고 있다. 따라서 현재진행형으로 가까운 미래의 예정을 나타내는 (b) I'm going이 정답이다.

6

A When are your textbooks arriving? They seem overdue.

B Soon. I heard my order for those books _____.

✔ (a) has already shipped
  (b) have already shipped
  (c) is being already shipped
  (d) are being already shipped

번역 A 네 교재는 언제 도착하니? 올 때가 지난 것 같은데.
B 곧 도착할 거야. 내가 주문한 책들이 벌써 발송되었다고 들었거든.

해법 시제 및 주어와 동사의 수일치에 관한 문제이다. 빈칸 앞 주절의 시제가 과거(heard)이므로 현재진행이 아닌 현재완료가 어울린다. 또한 빈칸 동사의 주어가 my order 이기 때문에 단수형 동사가 되어야 하므로 (a) has already shipped가 정답이다.
overdue 기한이 지난, 늦어진 **ship** 선적하다, 발송하다

7

A The new editor here seems very diligent.

B Oh, yes, she's much _____.

  (a) than previous ones more conscientious
✔ (b) more conscientious than previous ones
  (c) conscientious than the ones were previous
  (d) more than previous ones were conscientious

번역 A 여기 신임 편집자는 정말 성실한 것 같아요.
B 아, 네, 전임자들보다 훨씬 성실해요.

해법 어순을 묻는 문제이다. 비교급 구문은 '비교급 형용사+than'으로 이루어지는데, 빈칸 앞에 much는 비교급인 more conscientious를 강조하는 부사이다. 따라서 (b)가 정답이다.
diligent 근면한, 성실한 **previous** 이전의 **conscientious** 양심적인, 성실한

8

A I think the suspect might try to flee.

B Don't worry. We've got him _____ surveillance.

  (a) atop
  (b) upon
✔ (c) under
  (d) around

번역 A 용의자가 도망치려고 할 것 같아요.
B 걱정 마세요. 우리가 감시하고 있으니까요.

해법 용의자가 도망갈 걱정을 말라는 말에서 '감시 중이다'라는 뜻임을 짐작할 수 있다. '~의 영향 아래 있는, ~중인'이라는 뜻을 갖는 전치사 (c) under가 정답이다.
suspect 용의자 **flee** 도망하다 **surveillance** 감시 **atop** ~의 꼭대기에

9

A I left my bicycle outside just for a minute and it's gone!

B Oh, no. It _____ by a passerby.

  (a) has taken
  (b) had been taken
  (c) might have taken
✔ (d) could have been taken

번역 A 자전거를 바깥에 아주 잠깐 두었는데 없어졌어요!
B 저런. 지나가는 사람이 가져갔을 수도 있어요.

해법 빈칸 뒤에 'by+행위자'가 있으므로 수동태 문장이 됨을 다시 한번 확인할 수 있다. (b)와 (d) 중에서 과거의 일을 나타내는 (d) could have been taken이 시제상 알맞다. could have been은 과거의 일에 대한 추측이나 가능성을 나타낸다.
passerby 지나가는 사람, 행인

10

A People seem to be fatter these days.

B _____ too much junk food is what does it.

✔ (a) Eating
  (b) To eat
  (c) By eating
  (d) To be eaten

번역 A 요즘은 사람들이 더 뚱뚱한 것 같아요.
B 인스턴트 식품 과잉 섭취 때문인 것 같아요.

해법 빈칸은 주어가 들어갈 자리이므로, 형태상 동명사인 (a)나 부정사인 (b)가 가능하다. 그런데 동명사가 이미 일어나거나 진행 중인 일을 나타내는 반면, 부정사는 아직 일어나지 않거나 일어날 가능성이 없는 일을 나타내므로 의미상 동명사인 (a) Eating이 정답이다.
fat 비만인 **junk food** 인스턴트 식품

11

A Shall I pick you up from the gym before 6 or after?

B After. By that time, I _____ my workout.

(a) had finished
(b) was finishing
✔ (c) will have finished
(d) will have been finished

번역 A 당신을 태우러 헬스장에 6시 전에 갈까요, 아니면 후에 갈까요?
B 후에요. 그때쯤이면 운동을 다 끝났을 거예요.

해법 B는 A가 데리러 올 때쯤의 일에 대해 얘기하고 있으므로 미래 시제가 들어가야 알맞다. 빈칸 앞의 전치사 By는 정해진 시간까지의 완료를 나타내므로 주로 완료 시제와 어울리는데, 주어가 I이므로 능동태인 (c) will have finished가 정답이다.
gym 헬스 클럽 **workout** 운동

12

A Didn't you know it was going to rain today?

B No. _____, my plans would have been different.

(a) That I knew about
✔ (b) Had I known about that
(c) About that I had known
(d) I would have known about that

번역 A 오늘 비가 올 거라는 걸 몰랐나요?
B 네. 그걸 알았더라면 계획이 달라졌을 텐데.

해법 빈칸 뒤는 would have p.p로 가정법 과거완료 구문이다. 따라서 빈칸은 had p.p. 형태가 들어가야 하는데, 접속사 If를 생략하고 had와 주어를 도치시킨 (b)가 정답이다.

13

A What did Dad call for?

B He wanted to say he was _____.

(a) too late working to draft a report
✔ (b) working late drafting a report
(c) to draft a report so working late
(d) late working for a report drafting

번역 A 아빠가 왜 전화하셨어?
B 보고서를 작성하느라 야근할 거라는 말을 하시려고.

해법 어순을 묻는 문제이다. '야근하다'라는 표현인 work late와 '보고서를 작성하다'라는 뜻인 draft a report가 맞게 들어간 (b)가 정답이다.
draft 초안을 작성하다

14

A What is your charity concert for?

B I plan to put _____ towards animal welfare.

(a) proceed
(b) a proceed
✔ (c) the proceeds
(d) every proceeds

번역 A 당신의 자선 공연 취지가 무엇인가요?
B 동물 복지를 위해 수익금을 기부할 계획이에요.

해법 문맥상 빈칸은 자선 공연으로 얻은 수익금을 뜻하는 단어가 들어갈 것이다. proceeds가 복수형 명사로 쓰이면 '수익금'이란 의미이다. (d)의 every는 단수명사와 함께 쓰이므로 형태가 어색하다. 따라서 (c) the proceeds가 정답이다.
charity concert 자선 공연 **proceeds** 수익금, 매상고 **welfare** 복지

15

A Why do you want to meet about the contract?

B To suggest some of its terms _____ to something else.

✔ (a) be changed
(b) are changed
(c) would change
(d) will change

번역 A 계약과 관련해서 만나자는 이유가 뭐죠?
B 계약 조건 일부를 다른 것으로 변경할 것을 제안하려고요.

해법 suggest처럼 제안이나 명령, 요구를 나타내는 동사(order, insist)가 이끄는 절에서는 (should)+동사원형을 쓴다. 주어인 some of its terms와 change가 수동 관계에 있으므로 (a) be changed가 정답이다.
contract 계약(서) **terms** 조건, 조항

16

A Who will you vote for in the election?
B That's easy, the person _____ I think has the best policies.

✔ (a) who
(b) what
(c) whom
(d) whichever

번역 A 선거에서 누구에게 투표할 건가요?
B 그거야 쉽죠. 제가 생각하기에 가장 훌륭한 정책을 가진 사람이죠.

해법 관계대명사를 묻는 문제이다. 선행사가 the person이므로 (a)나 (c) 중에서 고를 수 있다. I think가 이끄는 절에서 has의 주어가 빠져 있으므로 주격 관계대명사인 (a) who가 정답이다.
vote for ~에 투표하다

17

A How come you got in late to work this morning?
B _____ I didn't leave early, I got caught in heavy traffic.

(a) Unless
(b) In case
✔ (c) Because
(d) Even though

번역 A 왜 오늘 아침 늦게 출근했나요?
B 일찍 출발하지 못해서. 교통 체증에 걸렸어요.

해법 접속사를 고르는 문제이므로 빈칸 뒤 두 절의 의미 관계를 따져보아야 한다. 차례로 원인과 결과에 해당하므로 이유를 나타내는 접속사 (c) Because가 정답이다.
get caught in heavy traffic 교통 체증에 걸리다

18

A I don't have a ride to the party.
B Then, you can come _____ Nancy and me.

(a) via
(b) amidst
✔ (c) along with
(d) pursuant to

번역 A 파티에 타고 갈 차편이 없어요.
B 그렇다면 나와 낸시랑 함께 가요.

해법 전치사를 묻는 문제이다. 문맥상 '~와 함께'라는 뜻이므로 (c) along with가 정답이다.
ride 차편 via ~을 통해 amidst ~가운데에 pursuant to ~에 따른

19

A How did you get that bruise on your forehead?
B I fell over, _____ my head on a chair.

(a) to hit
✔ (b) hitting
(c) I had hit
(d) being hit

번역 A 이마에 타박상은 어쩌다 생긴 거예요?
B 넘어져서 의자에 머리를 부딪혔어요.

해법 빈칸은 앞에 나온 절과 접속사 없이 이어지므로, 분사구문이 됨을 알 수 있다. 형태상 분사구문이 될 수 있는 것은 (b)나 (d)인데, 주어인 I와 능동의 관계에 있으므로 (b) hitting이 알맞다.
bruise 명. 타박상 forehead 이마 fall over 넘어지다

20

A Have you finished your midterm essay yet?
B No, I can't think of a good way _____ it.

(a) concludes
✔ (b) to conclude
(c) for concluding
(d) will be concluded

번역 A 중간고사 보고서 아직 안 끝냈나요?
B 네. 결말을 지을 만한 좋은 방법이 생각나지 않아요.

해법 빈칸 이하를 제외해도 완전한 문장이 되므로 빈칸 이하는 수식어구가 되어야 한다. 문맥상 앞 명사 way를 수식하는 형용사구가 되어야 자연스럽다. 따라서 형용사 역할을 하는 부정사 (b) to conclude가 정답이다.
midterm 중간고사 conclude 결말을 짓다

21

Despite increased tensions in the Middle East, the ambassador decided against _____ his trip to the region.

✔ (a) postponing
(b) to postpone
(c) being postponed
(d) to have postponed

번역 중동 지역의 긴장이 고조되고 있음에도 불구하고, 대사는 지역 순방을 연기하는 것을 반대하는 결정을 내렸다.

해법 빈칸 앞에 전치사 against가 있으므로 동명사가 들어가야 한다. 의미상 주어인 the ambassador와 postpone의 관계가 능동이므로 (a) postponing이 정답이다.

tension 긴장, 갈등   **ambassador** 대사   **postpone** 미루다, 연기하다

22

Bike riding is _____ and healthy sport that you can do solo or with the whole family.

(a) fun
✔ (b) a fun
(c) this fun
(d) both fun

번역 자전거 타기는 재미있고 건강에 좋은 운동으로, 혼자 또는 가족 전체와 함께할 수 있다.

해법 fun은 '재미, 즐거운 일'이라는 뜻의 명사 외에 '재미있는, 즐거운'이라는 뜻의 형용사로도 쓰인다. 얼핏 (a)를 고르기 쉬우나 빈칸 뒤에 sport라는 명사가 있으므로 관사가 필요하다. 따라서 (b) a fun이 정답이다.

bike riding 자전거 타기   **solo** 혼자서 하는

23

The manager was furious to discover that someone _____ away some important documents before he could read them.

(a) throws
✔ (b) had thrown
(c) having threw
(d) had been thrown

번역 부장은 누군가가 자신이 읽기 전에 중요한 서류를 버렸다는 것을 알고 몹시 화를 냈다.

해법 시제에 관한 문제이다. 부장이 읽기 전에(before he could read) 버렸다고 했으므로 과거보다 이전의 일을 나타내는 대과거 시제가 들어가야 알맞다. 주어가 someone이므로 능동태인 (b) had thrown이 정답이다.

furious 몹시 화가 난   **throw away** 버리다, 파기하다

24

Several Democratic senators _____ a health care bill containing a government-run insurance program.

✔ (a) voiced optimism that Congress would pass
(b) would pass optimism that Congress voiced
(c) optimistically voicing Congress that would pass
(d) passed that would voice optimistically Congress

번역 몇몇 민주당 상원의원은 의회에서 정부가 주도하는 보험 정책을 담은 의료보장제도 법안을 통과시킬 것이라는 낙관론을 언명했다.

해법 선택지로 보아 빈칸에는 senators를 주어로 하는 동사와 이어지는 that절의 주어, 동사가 들어감을 알 수 있다. optimism을 수식해 '~라는 낙관론'이라는 뜻의 동격절이 되는 (a)가 정답이다.

Democratic 민주당의   **senator** 상원의원   **bill** 법안   **voice** 언명하다
optimism 낙관론   **Congress** 국회, 의회

25

The graduate lost the opportunity to try out for a fantastic job because his application was late, _____ as it was just after the deadline.

✔ (a) submitted
(b) to submit
(c) submitting
(d) was submitted

번역 그 졸업생은 기막히게 좋은 일자리에 시험을 치를 기회를 놓쳤는데, 왜냐하면 지원서가 마감 직후에 제출된 거라 신청이 늦었기 때문이었다.

해법 빈칸 뒤에 접속사+주어(as it)가 나오는 것으로 보아 도치 구문임을 알 수 있다. 주어 it 뒤에 was가 있으므로 수동태 구문에서 과거분사가 앞으로 도치된 것이다. as가 양보를 뜻할 때 보어로 쓰인 형용사나 분사를 접속사 as 앞으로 도치시켜 쓸 수 있다. 따라서 정답은 (a) submitted이다.

graduate 대학 졸업자   **application** 지원서   **submit** 제출하다

26

Environmental studies has become _____ a popular academic discipline that new courses are starting up on a regular basis.

(a) so
(b) all
✔ (c) such
(d) much

번역 환경 관련 학문은 매우 인기 있는 학과가 되어서 새로운 강의가 정기적으로 개설되고 있다.

해법 선택지에 나온 형용사나 부사 중에서 관사 a 앞에 나올 수 있는 것을 고르는 문제이다. (c) such가 부정관사 앞에 쓰이므로 정답이다. (a) so는 'so+형용사+a(n)+명사'의 어순이며, (b) all은 부정관사와 쓰이지 않는다.
discipline 학과, 학문 분야   **on a regular basis** 정기적으로

27

_____ a term in office, the opposition party would most certainly reverse the economic policies of the incumbent party.

(a) Gain they were to
(b) To gain were they
(c) They were to gain
✔ (d) Were they to gain

번역 야당이 집권하게 되면 현 여당의 경제 정책을 뒤집을 것이 거의 확실하다.

해법 선택지에 were to가 쓰인 것으로 보아 가정법 구문이다. 접속사 If를 생략하고 were와 주어를 도치시킨 (d)가 알맞은 형태이다. were to는 주로 미래에 대해 매우 희박한 가정을 나타낸다.
term 임기   **opposition party** 야당   **reverse** 뒤집다   **incumbent** 현직의, 재임의

28

By understanding potential accident risks to children in the home and taking safety steps, it is possible to prevent _____.

(a) itself
✔ (b) them
(c) those
(d) anyone

번역 가정에서 아이들에게 일어날 수 있는 사고 위험성을 이해하고 안전 조치를 취함으로써, 이를 방지할 수 있다.

해법 대명사는 가리키는 대상이 무엇인지를 파악하는 것이 관건이다. 의미상 potential accident risks를 가리키므로, 목적격 관계대명사로 복수형을 나타내는 (b) them이 정답이다.
potential 가능성이 있는   **take steps** 조치를 취하다   **prevent** 방지하다

29

People were critical of the diplomat because he _____ international representatives with more respect and listened to what they had to say.

(a) can have treated
(b) may have treated
✔ (c) should have treated
(d) would have treated

번역 사람들은 국제 사절단을 좀 더 공손하게 대접하지 못하고 그들이 하려는 말을 경청하지 못했다는 이유로 그 외교관을 비판했다.

해법 문맥상 사람들이 외교관을 비판하는 이유는 빈칸 뒤의 행동을 하지 못해서이기 때문에, 과거에 하지 못한 일에 대한 유감을 나타내는 should have p.p.가 들어가야 알맞다. 따라서 (c)가 정답이다.
critical 비판적인   **diplomat** 외교관   **representative** 재외 사절   **treat** 대접하다

30

Bloggers tend to have all the liberties of a traditional journalist but _____ of the obligations.

✔ (a) few
(b) least
(c) little
(d) a little

번역 블로거들은 기존 언론인들의 자유는 모두 누리면서 마땅히 해야 할 의무는 거의 하지 않는 경향이 있다.

해법 but으로 이어지고 있으므로 의미상 all the liberties와 대조를 이루어야 알맞다. few나 little이 관사 없이 쓰이면 '거의 없는'이라는 부정을 뜻하는데, 셀 수 있는 명사를 수식하는 것은 (a) few이다.
blogger 개인 홈페이지 사용자, 블로거   **liberty** 자유   **obligation** 의무

31

The stars in the disk of a galaxy orbit around the center similar to the way _____ planets orbit around the sun.

(a) what
(b) whose
(c) of that
✔ (d) in which

번역 원반 모양의 은하계에 있는 별들은 태양 주변을 도는 행성들과 비슷한 방식으로 중심 주위를 궤도를 그리며 돈다.

해법 관계대명사 문제이다. 선행사가 way이고 빈칸 뒤 관계절이 완전히 갖춰져 있으므로 방법을 나타내는 부사 역할을 함을 알 수 있다. 따라서 '전치사+관계대명사'로 관계부사인 how와 같은 의미로 쓰이는 (d) in which가 정답이다.
disk 원반 모양의 것 **galaxy** 은하계 **orbit** ~의 주위를 궤도를 그리며 돌다 **planet** 행성

32

Despite a wealth of travel experience, the businessman _____ never find his way around any of the cities he visited.

(a) does
✔ (b) could
(c) ought to
(d) should

번역 여행 경험이 풍부함에도 불구하고, 그 사업가는 자신이 방문한 도시들 중 어느 곳도 길을 잘 찾지 못했다.

해법 조동사를 묻는 문제이다. 문맥상 '~할 수 있었다'라는 뜻의 (b) could가 가장 적당하다. (c)와 (d)는 '~해야 한다'라는 뜻이므로 의미상 알맞지 않다.
a wealth of 풍부한

33

The Internet is now a major venue for interpersonal communication _____ teens and is dramatically changing the way they socialize.

(a) across
✔ (b) among
(c) astride
(d) against

번역 인터넷은 이제 십대들 사이에서 서로 의사소통을 하는 주요 장소이며 그들이 어울리는 방식을 급격히 변화시키고 있다.

해법 전치사를 고르는 문제이다. 의미상 '십대들 간의, 십대들 사이의'라는 뜻이 되어야 하므로 (b) among이 정답이다. (c) astride는 '~의 양쪽에'라는 뜻이다.
venue (스포츠·콘서트 등이 개최되는) 장소 **interpersonal** 사람과 사람 사이의 **dramatically** 급격히 **socialize** (사람들과) 어울리다 **astride** ~의 양쪽에

34

The lesson on human psychology _____ but also complicated for the students and they were full of questions about it.

(a) interests
✔ (b) was interesting
(c) had interested
(d) should be interested

번역 인간 심리에 대한 수업은 흥미로웠지만 또한 학생들에게는 난해하기도 하여 그들은 이에 대한 질문으로 가득 차 있었다.

해법 빈칸 뒤의 but also로 보아 앞에 not only가 생략되어 있음을 알 수 있다. 이런 상관접속사는 앞뒤로 형태상 동등한 어구가 나와야 하므로 빈칸에도 complicated와 같은 형용사가 필요하다. 따라서 주어 The lesson은 형용사 interesting과 어울리므로 (b) was interesting이 정답이다.
complicated 복잡한, 난해한

35

The hatred of the Jews and of the U.S. _____ to the susceptible minds of Islamic youth by religious fanatics for years.

(a) is indoctrinating
(b) had indoctrinated
✔ (c) has been indoctrinated
(d) can have been indoctrinated

번역 수년간 광신도들에 의해 이슬람 청년들의 예민한 정신에 유대인과 미국에 대한 반감이 주입되어 왔다.

해법 시제와 태를 묻는 문제이다. 의미상 수동태가 되어야 하며, for years라는 부사구로 보아 빈칸은 완료시제가 되어야 알맞다. 따라서 (c)가 정답이다. 단수 주어(The hatred)이므로 동사도 단수(has)로 일치시켰다. (d)의 can have p.p.는 쓰이지 않는 형태이다.
hatred 반감 **Jew** 유대인 **susceptible** (감수성이) 예민한 **fanatic** 광신도 **indoctrinate** (사상을) 주입하다

36

It was found that doctors too easily assumed their explanations had been understood, when clearly they _____.

✔ (a) had not
(b) had not it
(c) had not them
(d) had not been that

번역 의사들은 사람들이 자신들의 설명을 이해하지 못한 게 분명할 때도 너무나 쉽게 이해한 것으로 짐작해 버린다는 것이 밝혀졌다.

해법 생략 구문을 묻는 문제이다. 문맥상 when 이하는 '그들의 설명이 이해되지 못한 게 분명할 때도'라는 뜻이 된다. 즉 they[their explanations] had not been understood에서 중복되는 been 이하를 생략한 (a) had not이 정답이다.
It is found that ~임이 밝혀지다   **assume** 추정하다   **explanation** 설명

37

Newsweekly.com charges a hefty $260 a year for subscriptions, _____ the market it is targeting presumably will not be large.

(a) as
✔ (b) so
(c) until
(d) whereas

번역 Newsweekly.com은 구독료로 일년에 260달러라는 거액을 청구한다. 그래서 짐작컨대 목표로 삼는 시장이 크지 않을 것이다.

해법 문맥상 '거액의 구독료를 받는다. 그래서 짐작컨대'라는 뜻이 되어야 자연스럽다. 따라서 결과를 나타내는 (b) so가 정답이다. (d) whereas는 '~에 반해서'라는 뜻으로 대조를 나타낸다.
hefty 많은, 두둑한   **subscription** 구독료   **presumably** 아마, 짐작컨대   **whereas** ~에 반해서

38

Every stationery item, computer accessory, storage folder, and writing utensil _____ discounted for one week only at Office Depot.

✔ (a) is
(b) are
(c) has
(d) have

번역 모든 문구류와 컴퓨터 부속품, 저장용 폴더, 그리고 필기구가 오피스 디포에서 딱 일주일만 할인됩니다.

해법 주어와 동사의 수 일치에 관한 문제이다. 빈칸 앞까지가 주어이고, Every의 수식을 받고 있으므로 단수 동사로 받아야 한다. (a)와 (c) 중에서 의미상 주어인 물품들이 '할인되는' 것이므로 수동태가 되어야 하기 때문에 (a)가 정답이다.
stationery 문구류   **accessory** 부속품   **storage** 보관   **folder** 폴더, 서류 끼우개   **utensil** 도구, 기구   **discount** 할인하여 내놓다   **depot** 창고, 정거장

39

Tightening eligibility rules in the Norwegian disability benefit scheme in the early 1990s created _____ in applicants.

(a) sharp drop
✔ (b) a sharp drop
(c) each sharp drop
(d) some sharp drops

번역 엄격해진 자격 규정 때문에 1990년대 초반 노르웨이의 장애인 복지 계획에서 신청자가 급감했다.

해법 sharp drop은 '급격한 감소'를 뜻한다. 이때 drop은 주로 단수형으로 쓰이며 셀 수 있는 명사이므로 관사를 붙인 (b) a sharp drop이 정답이다.
tighten ~이 엄해지다   **eligibility rule** 자격 규정   **disability** (신체적·정신적) 장애   **benefit** 복지 혜택   **scheme** 계획   **applicant** 신청자

40

_____ the furniture of the apartment, as well as throwing out some items, the tenant started to make everything look roomier.

(a) Rearranged
✔ (b) Rearranging
(c) Being rearranged
(d) Had been rearranging

번역 아파트 가구를 재배치하고 일부는 버림으로써, 세입자는 모든 것들이 더 넓어 보이도록 만들기 시작했다.

해법 분사구문이다. as well as throwing과 형태상 대구를 이루는 (b) Rearranging이 정답이다. 의미상 주어인 the tenant가 동작의 주체이므로 내용상으로도 적절하다.
throw out 버리다   **tenant** 세입자   **roomy** 넓은   **rearrange** 재배치하다

41

(a) A I'm having a lot of trouble learning English.
(b) B I know. Sometimes it doesn't make sense.
(c) A Even for you? But you're much better at English than me.
✔ (d) B No. I am quite often having made vocabulary errors.

번역 A 영어 배우는 데 어려움이 많아요.
　　 B 저도 알아요. 가끔은 의미가 통하지 않을 때도 있어요.
　　 A 당신도 그래요? 하지만 당신은 나보다 훨씬 영어를 잘하잖아요.
　　 B 아니에요. 단어 실수를 꽤 자주 해요.

해법 (d)에서 완료동명사인 having made는 이전의 일을 나타내므로 현재의 일을 말하는 문맥에 맞지 않는다. 따라서 말하는 시점과 같은 때를 나타내는 단순 동명사인 making으로 바꿔야 한다.
have trouble -ing ~하는 데 어려움을 겪다　**make sense** 의미가 통하다, 말이 되다

정답 (d) having made → making

42

(a) A I'm so proud of you earning your physics degree. Well done!
(b) B Thanks to you. Your tutoring over the years enabled me to succeed.
(c) A Well, I just guided you, but you did all the long hours of studying.
✔ (d) B Even so, I never have and nor will forget all of your help.

번역 A 물리학 학위를 받다니 네가 정말 자랑스럽다. 수고했어!
　　 B 덕분입니다. 수년에 걸친 선생님의 가르침 덕분에 제가 해낼 수 있었어요.
　　 A 그건, 난 단지 방향을 잡아줬을 뿐인데, 네가 그 오랜 시간 동안의 연구를 다 한 거지.
　　 B 그렇다 하더라도 선생님의 도움을 지금까지 잊은 적이 없었고, 또 앞으로도 잊지 않겠습니다.

해법 (d)는 생략 구문을 잘못 쓴 경우이다. never have 뒤에 forgotten은 뒤에 forget으로 미루어 짐작은 할 수 있지만 생략할 수 없으므로 반드시 따로 써주어야 한다.
degree 학위　**tutor** 가르치다　**enable A to B** A가 B하는 것을 가능하게 하다
guide 지도하다, 가르치다

정답 (d) never have → never have forgotten

43

(a) A That journal article you wrote had some interesting concepts.
(b) B Thanks. It certainly took a long time to put it together.
(c) A Where did the ideas you express in it come from?
✔ (d) B I did little research but most of them are my own.

번역 A 당신이 쓴 잡지 기사에 몇 가지 흥미로운 개념들이 있던데요.
　　 B 고마워요. 그걸 만드는 데 정말 오래 걸렸어요.
　　 A 거기에 나타낸 아이디어들은 어디서 따온 건가요?
　　 B 약간의 조사는 했지만 대부분 저 스스로 생각한 거예요.

해법 (d)는 문맥상 '조사를 거의 안 했다'가 아니라 '조사를 약간 했다'는 뜻이 되어야 자연스럽다. 따라서 부정을 나타내는 little을 a little로 바꾸어야 알맞다.
journal 잡지, 신문　**article** 기사　**put together** (이것저것을 모아) 만들다

정답 (d) little → a little

44

(a) A What's the matter? You look upset about something.
✔ (b) B I was driving to the mall and a child suddenly ran out across of me.
(c) A Oh, no. What did you do? There wasn't an accident, was there?
(d) B Yes, when I braked to miss the child, a car ran into the back of me!

번역 A 무슨 일이에요? 뭔가 속상한 일이 있는 것 같은데.
　　 B 쇼핑몰에 운전해 가고 있었는데 아이가 갑자기 내 앞으로 뛰어 나왔어요.
　　 A 어머, 저런. 어떻게 했어요? 사고는 안 난 거죠?
　　 B 아니요, 아이를 피하려고 브레이크를 밟자, 차가 뒤에서 나를 들이받았어요!

해법 (b)의 ran out across of me는 전치사의 쓰임이 어색하다. '내 앞으로 뛰어 나왔다'는 뜻이므로 across가 아닌 in front를 써야 알맞다.
upset 기분이 언짢은　**run out** 뛰어 나가다　**miss** 피하다　**run into** 충돌하다

정답 (b) ran out across of me → ran out in front of me

45

(a) A I heard you finally got a job. I guess you're pretty happy about it.

(b) B Yeah. I was just about out of money and had so many debts to pay.

(c) A Well, with a job you can pay all of your debts. You were lucky.

✓ (d) B Right. If I hadn't found a job, I can have been in big trouble.

번역 A 마침내 취직을 했다면서요. 엄청 기쁘겠네요.
B 네. 돈이 막 다 떨어지던 참이었고 갚아야 할 빚도 많았거든요.
A 그럼, 취직을 해서 빚을 모두 갚을 수 있겠군요. 운이 좋았네요.
B 맞아요. 일자리를 구하지 못했다면 큰 곤경에 빠질 뻔했어요.

해법 (d)의 can have been이 형태상 어색하다. '~했을지도 모른다, ~할 수도 있었는데'라는 과거의 일에 대한 추측이나 가정을 나타낼 때 could have p.p. 형태를 써야 한다.
out of ~이 떨어진   debt 빚   big trouble 큰 어려움

정답 (d) can have been → could have been

46

(a) A Canadian woman was killed and her husband seriously injured in a bear attack in Ontario on Tuesday. (b) It is the latest in a series of bear-related incidents which have aroused countrywide attention. (c) Ontario Provincial Police said the couple was mauled during a camping trip in Missinaibi Lake Provincial Park. (d) The area where attack took place is home to many black bears and is known to be dangerous, officials said.

번역 (a) 화요일에 온타리오에서 곰의 습격으로 캐나다 여성 한 명이 사망하고 그녀의 남편은 중상을 입었습니다. (b) 이것은 전국적으로 관심을 끌었던 곰과 관련된 일련의 사건들 중에서 가장 최근의 일입니다. (c) 온타리오 지방 경찰에 따르면 이 부부는 미시나이비 호수 주립 공원에서 캠핑 여행을 하던 중에 부상을 당했다고 합니다. (d) 습격이 발생한 지역은 많은 흑곰들의 본거지이며, 위험한 곳으로 알려져 있다고 경찰은 전했습니다.

해법 가장 까다로운 유형에 속하는 관사에 관한 문제이다. (d)에서 주어인 attack은 앞에서 이미 설명한 것을 가리키므로 정관사 the가 필요하다.
attack 공격   the latest 최근의 사정[뉴스]   arouse 일으키다   provincial 지방의   maul 상처를 입히다   take place 발생하다   home 서식지   official 당국자, 관계자

정답 (d) attack → the attack

47

(a) Advances in science and technology have invariably been intertwined with social issues throughout history. (b) Because of that, every field of endeavor must of its advancements come to terms with the social implications. (c) Likewise, anyone researching a topic of social significance cannot ignore the science or technology related to it. (d) This is especially true in modern society, where the interrelations between technology and social issues are more acute than ever.

번역 (a) 과학 및 기술의 발전은 역사를 통틀어 언제나 사회 문제와 밀접한 관련이 있었다. (b) 그 때문에 모든 방면의 시도는 그 발전이 가지는 사회적 결과를 받아들여야만 한다. (c) 마찬가지로 사회적으로 중요한 의미를 지니는 주제를 연구하는 사람이라면 누구라도 그와 연관된 과학이나 기술을 간과할 수 없다. (d) 이는 기술과 사회 문제 간의 상호관계가 그 어느 때보다 민감한 현대 사회에서는 특히 그러하다.

해법 (b)는 어순이 어색하다. 조동사 must와 본동사 come은 떨어져 쓸 수 없으며 부사구인 of its advancements는 수식하는 명사 implications 바로 뒤에 놓여야 알맞다.
invariably 언제나   be intertwined with 밀접하게 관련되다   endeavor 노력, 시도   come to terms with ~을 받아들이려고 애쓰다   implication 영향

정답 (b) must of its advancements come to terms with the social implications → must come to terms with the social implications of its advancements

48

(a) It is clear that the FA 60 camera is a great successor to the FA 50, and it fixes some faults the FA 50 had. (b) The FA 60 is a smaller and lighter camera, which is better put together and deliver an increase in resolution. (c) Image quality is just as good as the more expensive FB-I 100, provided that you use a good-quality lens. (d) Overall, its new features, improved performance, and reduction in size and weight make the FA 60 a great camera.

번역 (a) FA 60 카메라는 확실하게 FA 50의 뒤를 잇는 걸작으로서, FA 50이 가졌던 몇몇 결함을 보완합니다. (b) FA 60은 더 작고 가벼운 카메라로서, 구성이 더 뛰어나고 더 높은 해상도를 지원합니다. (c) 화질도 고품질의 렌즈만 사용한다면 더 고가인 FB-I 100만큼이니 좋습니다. (d) 전체적으로 새로운 기능과 향상된 성능, 그리고 그기와 무게가 줄어듦으로 인해 FA 60은 품질이 뛰어난 카메라라고 할 수 있습니다.

해법 (b)에서 deliver는 앞에 나온 동사 is의 and로 연결되므로 역시 단수형인 delivers가 되어야 옳다. 선행사인 camera가 단수인 것에서 이를 확인할 수 있다.
successor 뒤를 잇는 것   fix 조정하다   resolution 해상도   provided that 만약 ~이라면   overall 전체적으로   performance 성능

정답 (b) deliver → delivers

49

(a) Naples, Italy, is a city known for its rich history, art, culture, architecture, music, and food. (b) With a history that goes back 2,800 years, Naples is one of the oldest cities of the Western world. (c) As such, the city has seen a multitude of civilizations come and go, each left their buildings and cultural legacy. (d) This has made Naples a beautiful city full of many historical monuments, including 448 historical churches.

번역 (a) 이탈리아의 나폴리는 역사와 예술, 문화, 건축, 음악, 그리고 음식이 풍부하기로 잘 알려진 도시이다. (b) 2,800년을 거슬러 올라가는 역사를 지닌 나폴리는 서양에서 가장 오래된 도시 중 하나로 꼽힌다. (c) 그렇기 때문에 이 도시는 수많은 문명의 흥망을 지켜보았고, 각각의 문명은 고유의 건축물과 문화적 유산을 남겼다. (d) 이로 인해 나폴리는 448곳의 유서 깊은 교회를 비롯하여 수많은 역사적 유물로 가득찬 아름다운 도시가 되었다.

해법 (c)에서 each left는 앞에 접속사가 없으므로 분사구문이다. 분사구문의 주어(each)가 주절의 주어(the city)와 일치하지 않으므로 주어를 남겨 둔 형태이다. 따라서 left는 분사 형태가 되어야 하는데, 주어인 each (civilization)과 능동의 관계에 있으므로 현재분사인 leaving으로 고쳐야 한다.

a multitude of 수많은 **legacy** 유산 **monument** 기념물, 유적

정답 (c) each left → each leaving

50

(a) Cancer research has taken a new direction after data showed that some cancers disappear or shrink on their own. (b) This changes the thinking that cancers are a linear process, where cancer cells grow little by little by acquiring more and more mutations. (c) Researchers are starting to conclude that cancers have been required more than mutations to progress, and the whole body is involved. (d) They now suspect cancers need the cooperation of surrounding cells and even a person's immune system or hormones to grow.

번역 (a) 일부 암은 스스로 사라지거나 줄어든다는 것을 보여주는 자료가 나온 뒤 암 연구는 새로운 국면을 맞게 되었다. (b) 이는 암이 일직선적인 과정이라는, 즉 암세포가 점점 더 변이를 얻음으로써 조금씩 자라난다는 생각을 바꾸고 있다. (c) 연구자들은 암이 진행하기 위해서는 변이 이상을 필요로 하며, 신체 전부가 관련된다는 결론을 내리기 시작하고 있다. (d) 현재 그들은 암이 성장하기 위해 주변 세포와 나아가 한 사람의 면역 체계나 호르몬의 협조를 필요로하는 게 아닌지 의문을 품고 있다.

해법 (c)에서 required 다음에 목적어 역할을 하는 more than mutations라는 명사구가 나오고 있으므로 수동태로 쓴 것이 어색하다. 또한 일반적 사실을 말하고 있으므로 현재완료 시제도 어울리지 않는다. 따라서 능동태 현재시제인 require를 써야 알맞다.

shrink 줄어들다 **on one's own** 혼자서, 단독으로 **linear** 직선의 **mutation** 변화, 돌연변이 **cooperation** 협조 **immune system** 면역 체계

정답 (c) have been required → require

🔊 Vocabulary

1

A This physics book is hard to understand.
B I know. It's pretty _____.

(a) tangled
(b) suspicious
✔ (c) complicated
(d) supplementary

번역 A 이 물리학 책은 이해하기 어려워요.
B 맞아요. 정말 복잡해요.

(a) 뒤얽힌
(b) 의심스러운
(c) 복잡한
(d) 보충의

해법 B가 A의 말에 동의하고 있으므로 hard to understand와 뜻이 통하는 어구가 들어가야 한다. 따라서 '복잡한'이라는 뜻인 (c) complicated가 정답이다.
tangled 뒤얽힌 **supplementary** 보충의

2

A Did the sellers bring down their house price?
B No, they're _____ and refuse to do that.

(a) altruistic
(b) undeniable
(c) submissive
✔ (d) intransigent

번역 A 판매자가 주택 가격을 낮췄나요?
B 아니요. 그들은 비타협적이라 그러길 거부해요.

(a) 이타적인
(b) 명백한
(c) 순종적인
(d) 비타협적인

해법 협상을 거부한 것과 어울리는 단어는 '비타협적인, 고집스러운'이란 뜻인 (d) intransigent이다. (b) undeniable은 '부인할 수 없는, 명백한'이란 뜻이다.
bring down ~를 하락시키다 **altruistic** 이타적인 **submissive** 순종적인

3

A Hi Stacy, is your cold better today?
B Oh, yes. I'm feeling _____. Thanks.

(a) lower
✔ (b) terrific
(c) naughty
(d) reduced

번역 A 안녕하세요 스테이시, 오늘은 감기가 좀 나았나요?
B 아, 네. 아주 좋아요. 고마워요.

(a) 더 기운이 없는
(b) 아주 좋은
(c) 장난스러운
(d) 줄어든

해법 감기가 나았냐는 질문에 yes라고 답했으므로 상태가 좋다는 의미가 자연스럽다. (b) terrific이 '아주 좋은'이란 뜻으로 정답이다.
cold 감기 **low** 기운이 없는, 활기가 없는 **naughty** 장난스러운

4

A When I booked this suite, I thought it'd be larger.
B Don't _____ about it. It'll do fine.

✔ (a) fret
(b) peruse
(c) deform
(d) disappoint

번역 A 이 스위트룸을 예약할 때는 더 클 거라고 생각했어요.
B 그건 걱정하지 말아요. 괜찮을 거예요.

(a) 걱정하다
(b) 정독하다
(c) 변형시키다
(d) 실망시키다

해법 예약한 방 크기가 생각보다 작은 것에 대해 아쉬워하자 '걱정하지 마'라는 뜻인 Don't fret이라고 응답해야 알맞다. 따라서 정답은 (a)이다. (d) disappoint는 '실망시키다'라는 뜻의 타동사이므로 '실망하지 마'라는 뜻이 되려면 Don't be disappointed라고 해야 한다.
suite (호텔의) 스위트룸, 여러 개 붙은 방 **peruse** 정독하다 **deform** 변형시키다

5

A Are you interested in seeing a movie tonight?
B I can't. I'm _____ with homework.

(a) dispelled
✔ (b) inundated
(c) broached
(d) contracted

번역 A 오늘 저녁에 영화 볼래요?
B 안 돼요. 숙제가 엄청나게 많아요.

(a) 떨쳐 버리다
(b) 쇄도하다
(c) (말을) 꺼내다
(d) 계약하다

해법 문맥상 숙제가 많다는 뜻이 되어야 자연스럽다. be inundated with가 '…이 쇄도하다, 밀려들다'라는 뜻이므로 (b) inundated가 정답이다.
dispel 떨쳐 버리다 **broach** (말을) 꺼내다

6

A Excuse me, is the Baxter Building located around here?
B It is in the _____, but I can't say where exactly.

(a) locus
(b) terrain
✔ (c) vicinity
(d) expanse

A 실례합니다. 이 근처에 백스터 빌딩이 있나요?
B 근처에 있는데, 정확히 어디라고는 이야기 못하겠어요.

(a) 현장
(b) 지형
(c) 부근
(d) 광활한 공간

해법 문맥상 정확히 어디인지는 모르겠지만 근처에 있다는 말이다. around here와 같은 의미로 '근처에'라는 뜻인 in the vicinity가 가장 적절하다. 따라서 정답은 (c) vicinity이다.
be located ~에 위치하다 **terrain** 지형 **expanse** 광활한 공간

7

A Can you clean up your room today?
B OK, I'll make sure it's _____.

(a) plain
✔ (b) tidy
(c) sour
(d) real

번역 A 오늘 네 방 청소할 수 있니?
B 네, 반드시 깔끔하게 해 놓을게요.

(a) 분명한
(b) 깔끔한
(c) 시큼한
(d) 진짜의

해법 clean up과 가장 의미가 통하는 형용사는 '깔끔한, 정돈된'이란 뜻인 (b) tidy이다. (a) plain은 '분명한, 소박한, 무늬 없는' 등 다양한 뜻으로 쓰인다.
clean up 청소하다 **make sure (that)** 반드시 ~하다 **plain** 분명한; 소박한 **sour** 시큼한

8

A What do you think of this drawing I did?
B I like it. It's quite _____.

(a) raw
(b) loose
✔ (c) pretty
(d) shining

번역 A 제가 그린 이 그림 어때요?
B 좋아요. 꽤 예쁜데요.

(a) 날 것의
(b) 느슨한
(c) 예쁜
(d) 빛나는

해법 그림에 대해 쓸 수 있는 표현으로는 (c) pretty가 정답이다. (b) loose는 '느슨한'이라는 뜻 외에 '엉성한, 허술한'이라는 뜻으로도 쓰인다.
drawing (색칠하지 않은) 그림, 데생 **raw** 날 것의, 가공하지 않은

9

A Nancy says some really silly things.
B I know. I try not to _____ to her.

(a) ear
(b) mind
✔ (c) listen
(d) notice

번역 A 낸시는 정말 어이없는 말을 해요.
B 맞아요. 그녀의 말은 귀담아 듣지 않으려고 해요.

(a) 이삭이 되다
(b) 신경 쓰다
(c) 경청하다
(d) 주의하다

해법 빈칸에 들어갈 동사는 빈칸 뒤의 전치사 to와 호응할 수 있는 것이어야 한다. listen to가 '…을 경청하다, 주의깊게 듣다'라는 뜻이므로 (c) listen이 정답이다.
mind 신경 쓰다, 염려하다 **notice** 주의하다, …에게 통지하다

10

A I can't believe the panel chose that job applicant.
B Yes, they did so despite all of my _____ not to.

(a) auditions
✔ (b) entreaties
(c) reversals
(d) sequestrations

번역 A 심사단이 그 구직자를 선정했다니 믿을 수가 없어요.
B 네, 그러지 말라는 저의 간청에도 불구하고 그렇게 했어요.

(a) 오디션
(b) 간청
(c) 반전
(d) 격리

해법 not to 뒤에 choose that job applicant가 생략된 것이다. 그 구직자를 선정하지 말라는 '간청'에도 불구하고라는 뜻이 되어야 자연스러우므로 (b) entreaties가 정답이다.
panel 심사단, 토론단 **job applicant** 구직자 **entreaty** 간청, 탄원 **reversal** 반전 **sequestration** 격리, 추방

11

A I regret not having prepared more sandwiches for the picnic.

B Yeah, we're going to _____ by the look of it.

(a) eat up

✔ (b) run out

(c) finish up

(d) empty out

번역 A 피크닉에 샌드위치를 더 많이 준비하지 못한 게 후회돼요.
B 네, 딱 봐도 부족할 것 같아요.

(a) 다 먹어치우다

(b) 부족하다

(c) 다 끝내다

(d) 다 비우다

해법 샌드위치를 더 많이 준비하지 못한 게 아쉽다는 말에 동의하고 있으므로, 샌드위치가 부족할 거라는 뜻이 되어야 알맞다. 따라서 '부족하다, 다 떨어지고 없다'라는 뜻인 (b) run out이 정답이다.
regret not -ing …하지 않은 것을 후회하다 **prepare** 준비하다

12

A Diplomatic relations are taking a turn for the worse.

B We must _____ more talks as soon as possible.

✔ (a) initiate

(b) chasten

(c) eulogize

(d) comprise

번역 A 외교 관계가 악화되고 있어요.
B 가능한 한 조속히 우리가 더 많은 회담에 착수해야 돼요.

(a) 착수하다

(b) 징벌하다

(c) 칭찬하다

(d) 포함하다

해법 빈칸 뒤의 talks와 어울리는 동사가 필요하다. '회담에 착수하다'라는 뜻으로 initiate talks가 가장 어울리는 표현이다. 따라서 정답은 (a) initiate이다.
diplomatic 외교의 **take a turn for the worse[better]** 악화되다[좋아지다]
talk 회담 **chasten** 징벌하다 **eulogize** 칭찬하다 **comprise** 포함하다

13

A I can't see where we collect our baggage.

B Check the flight numbers on the _____.

(a) roundabouts

(b) terminals

✔ (c) carrousels

(d) lineages

번역 A 짐을 어디서 회수하는지 모르겠어요.
B 수하물 컨베이어 벨트에서 비행기 번호를 확인해 보세요.

(a) 회전목마

(b) 공항 터미널

(c) (공항) 수하물 컨베이어 벨트

(d) 혈통

해법 flight number를 확인해 보라는 말에서 비행기에서 내린 후 공항에서 짐을 찾는 상황임을 알 수 있다. (c) carrousels가 수하물 컨베이어 벨트를 뜻하므로 정답이다. '(공항) 수하물 찾는 곳'은 baggage claim이라고 한다.
roundabout 회전목마 **carrousel** (공항) 수하물 컨베이어 벨트; 회전목마
lineage 혈통

14

A Why weren't you at work yesterday?

B I was feeling _____.

(a) dull

✔ (b) sick

(c) barren

(d) undone

번역 A 어제 왜 출근 안 했어요?
B 아팠어요.

(a) 둔한

(b) 아픈

(c) 황폐한

(d) 끝나지 않은

해법 회사에 출근하지 않은 이유를 말하고 있으므로 '아팠다'고 하는 것이 가장 어울린다. 따라서 정답은 (b) sick이다. (a)를 써서 feel dull은 '나른하다'라는 뜻으로 문맥에 어울리지 않는다.
barren 황폐한

15

A The teacher doesn't seem happy today.

B I know. He's in a bad _____.

(a) fog

(b) look

(c) style

✔ (d) mood

번역 A 오늘 선생님 표정이 안 좋아 보여요.
B 맞아요. 기분이 안 좋으셔요.

(a) 안개

(b) 표정

(c) 스타일

(d) 기분

해법 문맥상 B의 말도 A가 말한 not happy와 비슷한 뜻이 됨을 알 수 있다. 따라서 '기분이 좋지 않다'라는 뜻이 되어야 하므로 (d) mood가 정답이다.
look 표정, 눈빛 **mood** 기분

16

A That jacket doesn't look very warm.
B No, it doesn't have a very thick _____.

  (a) baring
✔ (b) lining
  (c) heating
  (d) bulge

번역 A 저 재킷은 별로 따뜻해 보이지 않아요.
B 네, 안감이 별로 두껍지 않거든요.

(a) 벌거벗은
(b) 안감
(c) 난방 (장치)
(d) 불룩한 부분

해법 선택지 중에서 jacket과 관련이 있는 정답은 '안감'이라는 뜻인 (b) lining이다.
baring 벌거벗은, 드러난 **lining** 안감 **bulge** 불룩한 부분

17

A Do you still do a lot of photography these days?
B No. I just _____ in it.

  (a) batter
  (b) nibble
  (c) rattle
✔ (d) dabble

번역 A 요즘도 여전히 사진 많이 찍나요?
B 아니요, 그냥 취미 삼아 할 뿐이에요.

(a) 두드리다
(b) 약간 관심을 보이다
(c) 달가닥거리다
(d) 취미 삼아 해보다

해법 사진을 많이 찍는 것은 아니라고 했으므로 '취미 삼아 조금 해보다'라는 뜻인
(d) dabble이 정답이다.
batter 두드리다 **nibble** 약간 관심을 보이다 **rattle** 달가닥거리다 **dabble
in** (취미 삼아) 잠깐 손을 대다

18

A I'm learning the guitar quite quickly.
B Maybe you have a _____ for it.

  (a) rate
  (b) peer
✔ (c) talent
  (d) handle

번역 A 저는 기타 배우는 속도가 아주 빨라요.
B 아마도 재능이 있나 봐요.

(a) 속도
(b) 동료
(c) 재능
(d) 다루기

해법 기타를 빨리 배우는 사람에게 기타에 '재능'이 있다는 말이 되어야 가장 자연스
러우므로 (c) talent가 정답이다.
have a talent for ~에 재능이 있다 **rate** 속도 **handle** 다루기

19

A Denise is late for our appointment.
B Yeah, she is not always _____.

  (a) liable
  (b) evident
✔ (c) punctual
  (d) convenient

번역 A 데니스가 약속에 늦네요.
B 네, 시간을 언제나 지키는 편은 아니죠.

(a) 책임이 있는
(b) 명백한
(c) 시간을 지키는
(d) 편리한

해법 약속에 늦는 사람에 대해서 하는 말이므로 이와 관련이 있는 것은 '시간을 지키
는'이라는 뜻인 (c) punctual이다. (a) liable은 for를 수반하여 '…에 대한 법적
책임이 있는', to를 수반하여 '…을 당하기 쉬운'이라는 뜻으로 쓰인다.
appointment (시간) 약속 **evident** 명백한 **convenient** 편리한

20

A Why don't you like going to work functions?
B Because invariably people just _____.

  (a) cry wolf
✔ (b) talk shop
  (c) beat the rap
  (d) drop the ball

번역 A 직장 행사에 가는 걸 왜 안 좋아해요?
B 항상 사람들이 일 얘기만 하니까요.

(a) 도와 달라고 소란을 피우다
(b) 일 얘기를 하다
(c) 벌을 모면하다
(d) 큰 실수를 하다

해법 관용적인 표현을 묻는 문제이다. (b) talk shop은 '직장 사람들끼리 모여 특히
직장 밖에서 일 얘기를 하다'라는 뜻으로 정답이다.
function 행사, 의식 **invariably** 항상, 변함없이 **cry wolf** 도와 달라고 소란
을 피우다, 거짓 경고하다 **talk shop** (때와 장소를 가리지 않고) 자신의 직업에
관해 말하다 **beat the rap** 벌을 모면하다

21

A Hi, this is Tom. I'm calling to apologize to Karen.
B I'm afraid she's _____ to speak to you at the moment.

(a) inverted
(b) unbidden
✔ (c) disinclined
(d) emboldened

번역 A 안녕하세요, 톰이에요. 캐런에게 사과하려고 전화했어요.
B 캐런이 지금은 당신과 이야기하고 싶지 않은 것 같아요.

(a) 거꾸로 된
(b) 초대받지 않은
(c) 거절하는
(d) 대담한

해법 사과하겠다는 말에 대해 I'm afraid로 말문을 열고 있으므로, 사과해도 소용없을 거라는 부정적인 의미가 이어져야 어울린다. (c) disinclined가 to부정사를 수반하여 '…하고 싶지 않은, 내키지 않는'이라는 뜻이므로 정답이다.
inverted 거꾸로 된 unbidden 초대받지 않은, 자발적인 emboldened 대담한

22

A The other driver caused the accident.
B I agree. It was his _____.

✔ (a) fault
(b) pressure
(c) result
(d) blame

번역 A 상대편 운전자가 사고를 유발했어요.
B 맞아요. 그의 잘못이에요.

(a) 잘못
(b) 압박
(c) 결과
(d) 책임

해법 상대편 운전자 때문에 차 사고가 났다는 말에 동의하고 있으므로, 그의 '잘못'이라는 말이 되어야 알맞다. 따라서 (a) fault가 정답이다.
pressure 압박

23

A You chose a really good apartment.
B Yes, it's in a(n) _____ location.

(a) base
✔ (b) ideal
(c) passionate
(d) applied

번역 A 정말 좋은 아파트를 골랐군요.
B 네, 최상의 장소예요.

(a) 비열한
(b) 이상적인
(c) 열정적인
(d) 적용된

해법 빈칸 뒤의 location을 수식하여 의미가 통하는 어구가 들어가야 한다. '이상적인, 가장 알맞은' 장소라고 하는 것이 적절하므로 (b) ideal이 정답이다.
location 장소, 위치 base 기본; 비열한 passionate 열정적인 applied 적용된

24

A Did you like my sandwich?
B Oh, yes, it was very _____.

(a) fit
(b) drab
✔ (c) tasty
(d) bleak

번역 A 제가 만든 샌드위치 괜찮았어요?
B 아, 네, 정말 맛있었어요.

(a) 적당한
(b) 칙칙한
(c) 맛있는
(d) 음산한

해법 음식에 대해 쓸 수 있는 표현을 고르면 된다. (c) tasty가 '맛있는'이라는 뜻이므로 정답이다.
drab 칙칙한 bleak 음산한

25

A I didn't like that action movie.
B Me, neither. It was too _____.

(a) sharp
(b) melodic
(c) dominant
✔ (d) unrealistic

번역 A 서 액션 영화 별로였어요.
B 저도 그래요. 너무 비현실적이었어요.

(a) 신랄한
(b) 듣기 좋은
(c) 우세한
(d) 비현실적인

해법 영화가 마음에 들지 않았다는 말에 동의하고 있으므로, 부정적인 평가에 해당하는 어구를 골라야 어울린다. '비현실적'이라는 (d) unrealistic이 정답이다.
action movie 액션 영화 melodic 듣기 좋은 dominant 우세한

Vocabulary

26

Slaves had to endure horrible _____ on ships that took them from Africa to the New World.

(a) filters
(b) articles
(c) patterns
✔ (d) conditions

번역 노예들은 그들을 아프리카에서 신세계로 싣고 가는 배 위에서 끔찍한 환경을 견뎌야만 했다.

(a) 여과기
(b) 조항
(c) 도안
(d) 환경

해법 빈칸은 동사 endure의 목적어이면서 horrible의 수식을 받고 있으므로 의미상 가장 자연스럽게 연결되는 것은 '상태, 조건, 환경'이라는 뜻인 (d) conditions 이다.

slave 노예 **endure** 견뎌내다 **horrible** 혹독한 **the New World** 신세계, 아메리카 대륙 **article** (합의서 · 계약서의) 조항

27

Introducing your children to good books can _____ a love of reading and greatly contribute to their education.

(a) embalm
✔ (b) cultivate
(c) inoculate
(d) pursue

번역 아이들에게 좋은 책을 소개해주는 것은 독서애를 길러줄 수 있어서 아이들 교육에 큰 도움이 된다.

(a) 오래 기억에 남기다
(b) 촉진하다
(c) 접종하다
(d) 추구하다

해법 빈칸 뒤의 a love of reading을 목적어로 하여 뜻이 통하는 것은 '촉진하다, 장려하다'라는 뜻인 (b) cultivate이다.

contribute to …에 기여하다, 도움이 되다 **embalm** 오래 기억에 남기다 **inoculate** 접종하다

28

Australia gave women the _____ to vote in 1902, while the USA, Britain, and Canada gave women the vote after the First World War.

(a) toll
✔ (b) right
(c) notion
(d) attitude

번역 호주는 1902년에 여성에게 투표권을 준 반면, 미국, 영국 그리고 캐나다는 제1차 세계대전 후에 여성에게 투표권을 주었다.

(a) 통행료
(b) 권리
(c) 개념
(d) 태도

해법 무맥상 투표할 '권리'라는 뜻이 되어야 가장 자연스러우므로 (b) right이 정답이다. vote는 동사로 '투표하다' 외에, 명사로 '투표권'을 의미한다.

vote 투표하다; 투표(권) **the First World War** 제1차 세계대전(World War I) **toll** 통행료

29

The return of the bodies of the three servicemen killed in action was an occasion marked by a(n) _____ ceremony at the airbase.

✔ (a) solemn
(b) gallant
(c) proprietary
(d) ostentatious

번역 전투 중 사망한 군인 세 명의 시신 귀환은 공군기지에서 엄숙한 의식으로 치러지는 행사였다.

(a) 엄숙한
(b) 용감한
(c) 독점의
(d) 과시하는

해법 전투에서 사망한 군인을 위해 치러지는 의식을 나타내는 표현으로 가장 적절한 단어를 찾아야 한다. 따라서 '엄숙한'이란 뜻인 (a) solemn이 정답이다.

serviceman 군인 **be killed in action** 전투 중 사망하다, 전사하다 **occasion** 행사 **mark** 나타내다, 보이다 **airbase** 공군기지

30

Anyone who uses _____ or offensive language at any time on these forums will be banned.

✔ (a) rude
(b) tame
(c) rusty
(d) gradual

번역 이 토론회에서 언제라도 무례하거나 모욕적인 언어 사용하는 사람은 누구든지 금지될 것입니다.

(a) 무례한
(b) 줏대없는
(c) 무디어진
(d) 점진적인

해법 빈칸 뒤의 offensive와 함께 language를 수식하는 말에 해당하므로 offensive의 뜻에 가까운 단어가 어울린다. 따라서 '무례한'이라는 뜻인 (a) rude가 정답이다.

offensive 모욕적인, 불쾌한 **forum** 토론회 **ban** 금지하다 **tame** 줏대없는 **rusty** 무디어진

31

The British car industry is in decline and as _____ as some of its secondhand vehicles at the back of used car lots.

(a) stagnant
✔ (b) neglected
(c) remorseful
(d) quantified

번역 영국의 자동차 산업은 사양길에 놓여 있으며 중고차 매장 뒤쪽에 처박힌 일부 중고 차량만큼이나 무시되고 있다.

(a) 부진한
(b) 무시된
(c) 후회하는
(d) 수량화된

해법 사양길에 놓인 자동차 산업에 가장 어울리는 표현은 '무시된'이라는 뜻인 (b) neglected이다. (a) stagnant를 쓰면 '부진한 자동차 산업'이라는 뜻으로 car industry와 어울릴 수는 있지만, 중고 차량을 수식하기에는 알맞지 않다.
decline 쇠퇴 **secondhand** 중고의 **vehicle** 차량 **used car lots** 중고차 전시장 **remorseful** 후회하는 **quantified** 수량화된

32

A _____ on dodgy debt-management firms looks likely after the Government published a report saying that the firms need to be regulated.

(a) checkmate
(b) crossbreed
(c) countersink
✔ (d) clampdown

번역 부채 관리 회사들에 대한 규제가 필요하다는 정부의 보도 발표 이후에 부실한 부채 관리 회사들에 대한 단속이 있을 것으로 보인다.

(a) 좌절
(b) 잡종
(c) 구멍 위쪽을 넓히는 송곳
(d) 단속

해법 정부에서 규제 필요성을 발표한 이후에 있을 만한 일이라면 dodgy와 어울리며 '단속'이란 의미인 (d) clampdown이 정답이다.
dodgy 부실한, 위태로운 **debt-management firm** 부채 관리 회사 **regulate** 규제하다 **checkmate** 좌절, 대실패

33

If you need financial assistance, our team of _____ can give you the very best advice.

(a) drills
(b) subsets
✔ (c) experts
(d) concepts

번역 재정적인 도움이 필요하다면 저희 전문가팀이 딱 맞는 최상의 조언을 드릴 수 있습니다.

(a) 훈련
(b) 부분 집합
(c) 전문가
(d) 개념

해법 팀을 이루어 조언을 줄 수 있는 사람들을 가리키기에 가장 적절한 단어는 '전문가들'을 뜻하는 (c) experts이다.
assistance 도움 **drill** 훈련

34

Global warming will threaten many wildlife _____ by increasing the risk of flooding in the winter and drought in the summer.

(a) resorts
✔ (b) habitats
(c) bioethics
(d) obituaries

번역 지구 온난화는 겨울 홍수와 여름 가뭄의 위험성을 높여 많은 야생동물들의 서식지에 위협이 될 것이다.

(a) 휴양지
(b) 서식지
(c) 생명 윤리학
(d) 부고

해법 홍수와 가뭄으로 야생동물들이 위협받게 될 것은 그들이 사는 곳이므로 동물의 '서식지'를 뜻하는 (b) habitats가 정답이다.
global warming 지구 온난화 **threaten** 위협하다 **wildlife** 야생동물 **flooding** 홍수 **drought** 가뭄 **obituary** 부고

35

Although writer James Joyce spent his adult life outside Ireland, his fictions were _____ on his native Dublin, where he grew up.

(a) filled
✔ (b) based
(c) landed
(d) floored

번역 작가 제임스 조이스는 성인이 되어서는 아일랜드를 벗어나 지냈지만, 그의 소설은 그가 자란 고향 더블린에 기반을 두었다.

(a) 가득 찬
(b) 기반을 둔
(c) (부담이) 지워진
(d) 깔린

해설 문맥상 소설가의 소설이 그가 태어나고 자란 고향에 '기반하고 있다'라는 뜻이 되어야 가장 자연스럽다. (b) based가 빈칸 뒤의 전치사 on을 수반하여 '…에 기반한, 기초한'이라는 뜻이므로 정답이다.
native 모국의, 출생지의 **landed** (부담이) 지워진 **floored** 깔린 **grow up** 성장하다

Vocabulary

36

The Chinese have known about the health _____ of green tea for at least 4,000 years.

(a) forms
(b) senses
✔ (c) benefits
(d) customs

번역 중국인들은 적어도 4,000년 전부터 녹차의 건강상 이점에 대해서 알았다.
(a) 형태
(b) 감각
(c) 이점
(d) 관습

해법 빈칸 앞의 health와 이어지기에 가장 적절한 정답은 (c) benefits로 '이점'이라는 뜻이다.
green tea 녹차 **custom** 관습, 습관

37

The hardness of a diamond is due to the strong _____ forces between the carbon atoms of which it is made.

(a) phobic
(b) hooligan
✔ (c) cohesive
(d) glutinous

번역 다이아몬드의 경도는 그것을 이루고 있는 탄소 원자 간의 강한 응집력에 기인한다.
(a) 공포증이 있는
(b) 무뢰한
(c) 응집성의
(d) 끈적끈적한

해법 다이아몬드의 단단한 정도와 관계가 있는 것이라면 구성 원자들이 얼마나 단단히 붙어 있는가를 의미하는 '응집력'이 가장 알맞다. 따라서 정답은 (c) cohesive이다.
hardness 경도, 굳기 **phobic** 공포증이 있는 **cohesive force** 응집력

38

Image-stabilization technologies are used to _____ for and overcome the shake and jitter common to digital camcorders and cameras.

(a) substitute
(b) neutralize
✔ (c) compensate
(d) recompense

번역 이미지 안정화 기술은 디지털 캠코더나 카메라에 흔한 떨림이나 흔들림을 보정하고 극복하기 위해 사용된다.
(a) 대체하다
(b) 중화하다
(c) 보정하다
(d) 보답하다

해법 문맥상 overcome과 대구를 이루며, 카메라의 떨림이나 흔들림 현상을 보정한다는 뜻으로 (c) compensate가 진치사 for를 수반하여 '부족한 것을 보상하다, 보정하다'라는 뜻으로 쓰이므로 정답이다.
stabilization 안정화 **jitter** 흔들림 **substitute** 대체하다 **neutralize** 중화하다 **recompense** 보답하다

39

Shakespeare's *Romeo and Juliet* has become forever _____ with the classic idea of romantic love.

(a) proven
(b) reacted
(c) bordered
✔ (d) associated

번역 셰익스피어의 〈로미오와 줄리엣〉은 낭만적 사랑이라는 고전적 주제와 항상 연관됐다.
(a) 증명된
(b) 반응된
(c) 경계 지어진
(d) 연관된

해법 빈칸 뒤의 전치사 with에서 힌트를 얻을 수 있다. '…와 연관된'이라는 뜻으로 쓰이는 associated with가 가장 알맞으므로 정답은 (d) associated이다.
classic 고전적인 **proven** 증명된 **bordered** 경계 지어진, 접한

40

It is clear the government needs to _____ the laws, especially in relation to discrimination against women in the workplace.

(a) flip
✔ (b) alter
(c) charge
(d) demean

번역 정부가 특히 직장에서 여성에 대한 차별과 관련된 법률을 반드시 수정할 필요가 있다는 것은 분명하다.
(a) 확 던지다
(b) 고치다
(c) 청구하다
(d) 품위를 떨어뜨리다

해법 여성을 차별하는 법은 고쳐야 한다는 말이 되어야 가장 어울린다. 따라서 '고치다, 변경하다'라는 뜻인 (b) alter가 정답이다.
in relation to ~와 관련된 **discrimination** 차별 **workplace** 직장 **charge** 청구하다; 고소하다 **demean** 품위를 떨어뜨리다

41

Because of cuts to education funding students have to put up with _____ facilities and poor learning environments.

(a) null
(b) intense
(c) stubborn
✔ (d) inadequate

번역 교육 기금 삭감으로 인해 학생들은 불충분한 시설과 열악한 학습 환경을 견뎌야만 한다.

(a) 하찮은
(b) 격렬한
(c) 완고한
(d) 불충분한

해법 facilities를 수식하는 말로 의미상 적절하고 뒤에 나오는 poor와도 문맥이 통하는 단어가 필요하므로 '불충분한'이라는 (d) inadequate이 정답이다.
cut (예산) 삭감 **put up with** …을 견디다 **null** 무효의; 하찮은 **stubborn** 완고한

42

According to the UN Environment Program, more than a million seabirds are killed every year because of plastic _____ in the ocean.

✔ (a) debris
(b) caches
(c) shingles
(d) ancillaries

번역 UN 환경 프로그램에 따르면, 바닷속 플라스틱 잔해 때문에 매년 백만 마리 이상의 바닷새가 죽는다고 한다.

(a) 잔해
(b) 저장물
(c) 조약돌
(d) 보조물

해법 바닷새의 생명을 앗아갈 만큼 환경에 해가 되는 것으로 plastic과 어울릴 수 있는 단어가 적당하다. 따라서 '잔해, 파편'이라는 뜻인 (a) debris가 정답이다.
debris 잔해, 파편 **cache** 저장물 **shingle** 조약돌

43

In the United States, _____ poverty is still a problem on small family farms and in remote country communities.

✔ (a) rural
(b) range
(c) nation
(d) novice

번역 미국에서는 농촌 지역의 빈곤이 가족이 꾸리는 소규모 농장이나 외딴 시골 마을에서 여전히 문제가 되고 있다.

(a) 시골의
(b) 방목장의
(c) 국가
(d) 초보자

해법 farms와 remote country에서 짐작할 수 있는 단어는 '시골의'라는 뜻인 (a) rural이다.
poverty 가난 **remote** 외딴, 먼 **community** 마을 **range** 방목장의; 범위 **novice** 초보자

44

A man was hurt in the car accident and was taken to Boston Medical Center to be treated for his _____.

(a) routes
✔ (b) injuries
(c) sandals
(d) regards

번역 한 남자가 차 사고로 다쳐서 부상을 치료받기 위해 보스턴 의료 센터로 옮겨졌다.

(a) 길
(b) 부상
(c) 샌들
(d) 주의

해법 문맥상 car accident, treated와 어울리는 단어는 '부상, 상처'라는 뜻인 (b) injuries이다.
treat 치료하다 **regard** 주의; 경의

45

A man who confessed to trying to help terrorists was _____ by a federal judge Thursday to more than eight years in prison.

(a) carted
(b) ridged
(c) ingested
✔ (d) sentenced

번역 테러리스트를 도우려 했다고 자백한 남자는 목요일에 연방 판사로부터 8년 이상의 형을 선고받았다.

(a) 수레로 나르다
(b) 이랑을 만들다
(c) 받아들이다
(d) 선고하다

해법 빈칸 뒤에 행위자가 판사이고 다음에 판결 내용이 나오고 있으므로 '판결을 내리다, 선고하다'라는 뜻인 sentence가 정답이다. 주로 be sentenced to (…라는 선고를 받다)의 형태로 쓰인다.
confess 자백하다 **federal** 연방 정부의 **judge** 판사; 심판 **ridge** 이랑을 만들다 **ingest** (사상 따위를) 받아들이다, 습득하다

46

Older people can _____ hypothermia even after experiencing relatively mild cold weather or a small drop in temperature.

(a) retry
(b) strike
(c) abstain
✔ (d) develop

번역 나이 든 사람들은 비교적 심하게 춥지 않은 날씨나 기온이 약간 내려간 후에도 저체온증에 걸릴 수 있다.

(a) 다시 시도하다
(b) (병·죽음이) 급습하다
(c) 삼가다
(d) (병에) 걸리다

해법 빈칸 뒤의 hypothermia처럼 질병을 목적어로 취해 '…에 걸리다'라는 뜻으로 쓰이는 동사는 (d) develop이다. develop a habit처럼 '습관을 들이다'라는 뜻으로도 쓰인다.
hypothermia 저체온증 **strike** (병·죽음이) 급습하다 **abstain** 삼가다

47

The third-ranked Thunder football team lost its first _____ of the season on Saturday with a 27-7 defeat.

(a) rack
(b) brush
✔ (c) contest
(d) platoon

번역 3위를 차지하고 있는 썬더 풋볼팀이 토요일에 27대 7로 시즌 첫 시합에 패배했다.

(a) 선반
(b) 솔
(c) 시합
(d) (군대의) 소대

해법 빈칸 앞의 lost는 '승리를 놓치다. 지다'라는 뜻이므로 의미상 목적어로 알맞은 정답은 '시합'이란 뜻인 (c) contest이다.
-ranked ~위인 **season** (스포츠의) 시즌, 시기 **defeat** 패배

48

Exercise can give people a real sense of accomplishment and pride at having _____ a certain goal.

(a) tricked
(b) befallen
✔ (c) achieved
(d) summoned

번역 운동은 정해진 목표를 달성했다는 것에서 진정한 성취감과 자부심을 줄 수 있다.

(a) 속이다
(b) (나쁜 일이) 일어나다
(c) 달성하다
(d) 소환하다

해법 빈칸 뒤의 goal을 목적어로 취해서 뜻이 통하는 동사가 들어가야 한다. '목표를 달성하다'라는 의미인 achieved가 정답이다.
accomplishment 성취, 완성 **goal** 목표 **befall** (나쁜 일이) 일어나다, 닥치다 **summon** 소환하다

49

Computer Evolution is a very good book and would make a valuable _____ to any computer enthusiast's bookshelf.

(a) pinch
(b) sauce
(c) model
✔ (d) addition

번역 〈컴퓨터 혁명〉은 매우 훌륭한 책으로 컴퓨터광의 책장에 가치 있는 도서가 될 것이다.

(a) 압박
(b) 재미
(c) 모범
(d) 추가

해법 컴퓨터광이라면 책장에 꽂아둘 만한 가치 있는 책이라는 뜻이다. 책장에 있는 다른 책들에 '추가'한다는 의미로 (d) addition이 정답이다.
enthusiast 열광자 **bookshelf** 책장, 서가 **sauce** 재미

50

The excavation of the Great Temple at Petra by Brown University was _____ from 1993 through 1999.

(a) sown
(b) deluded
(c) trampled
✔ (d) conducted

번역 브라운 대학의 페트라 대신전 발굴은 1993년부터 1999년까지 행해졌다.

(a) 씨를 뿌리다
(b) 속이다
(c) 짓밟다
(d) 행하다

해법 빈칸에 들어갈 동사는 주어인 excavation을 대상으로 하므로 '(발굴을) 행하다'라는 뜻으로 conducted가 정답이다. conduct a research(연구를 행하다), conduct an experiment(실험을 행하다) 등으로 쓰인다.
excavation 발굴 **delude** 속이다 **trample** 짓밟다, 무시하다

1 At Total Jeans you can forget the jargon and the hype. You don't need to know the meaning of low rise flares, slightly frayed, wide yoke, signature flap pockets. You don't need to worry what everyone else is wearing or squeeze into the latest skinny-girl styles. It's what suits you that counts. A perfect pair of jeans is what fits for your body type, size, and personal style. So let the staff at Total Jeans help you find the jeans that make you look great! It's a matter of _____. Visit Total Jeans for the right fit today!

(a) durable quality jeans for a good price
✔ (b) what is best for you, not what is in fashion
(c) looking good while dressed in the latest style
(d) combining your jeans with the right accessories

번역 '토탈 진'에서는 전문 용어나 과대 광고는 잊어버리셔도 좋습니다. 골반 나팔바지나 약간 해진 와이드 요크, 디자이너 로고가 들어간 플랩 포켓의 의미를 모르셔도 됩니다. 다른 사람들이 무엇을 입는지 걱정하거나 최신 스키니 스타일에 억지로 끼워 맞출 필요도 없습니다. 중요한 것은 여러분에게 어울리는 것이 무엇이냐입니다. 완벽한 바지란 여러분의 체형과 사이즈, 개인적인 스타일에 꼭 들어맞는 것입니다. 그래서 '토탈 진' 직원이 여러분을 근사해 보이도록 해줄 바지 찾는 걸 도와드리겠습니다. 중요한 것은 무엇이 유행하느냐가 아니라 무엇이 여러분에게 가장 어울리는지입니다. 오늘 '토탈 진'을 방문해서 딱 맞는 착용감을 느껴 보십시오!

(a) 좋은 가격의 내구성 있고 품질 좋은 바지
(b) 무엇이 유행하느냐가 아니라 무엇이 여러분에게 가장 어울리는지
(c) 최신 스타일을 입었을 때 멋지게 보이는
(d) 바지와 어울리는 액세서리를 함께하는

해법 바지 전문 매장의 광고문이다. 다른 사람들이 무엇을 입는지 걱정하지 말라며 It's what suits you that counts라고 한 것과 맥락이 통하는 정답은 유행이 아니라 자신에게 어울리는 것이 중요하다는 (b)이다.

jargon 전문 용어 **hype** 과대 광고 **low rise flares** 골반 나팔바지 **frayed** 닳아 해진 **flap pocket** 덮개 달린 주머니 **squeeze into** 억지로 밀어넣다

2 The Battle of Dien Bien Phu in 1954 was a decisive battle at the end of the First Indochina War (1946-1954) between the French and the Viet Minh. It took place at the town of Dien Bien in northwestern Vietnam, where the French had foolishly garrisoned in a bowl-shaped valley surrounded by hills. They thought it impossible for the Viet Minh to put artillery in the hills and did not prepare for it. But the Viet Minh did just that, and on March 13, 1954, they attacked the French and eventually defeated them on May 7, 1954. To say the least, it was _____.

✔ (a) a terrible defeat for the French due to inept planning
(b) a victory for the Viet Minh despite their tactical blunder
(c) nothing like the operational failure previously imagined
(d) a way for the French to gain control of the surrounding region

번역 1954년의 디엔비엔푸 전투는 프랑스와 베트민 간의 제1차 인도차이나 전쟁(1946-1954년) 말기에 결정적인 전투였다. 이는 베트남 북서부에 있는 디엔비엔 시에서 벌어졌는데, 그곳에서 프랑스는 어리석게도 언덕으로 둘러싸인 사발 모양의 계곡에 주둔해 있었다. 그들은 베트민이 언덕에 포병을 두는 것은 불가능하다고 여겨서 이에 대비하지 않았다. 그러나 베트민은 바로 그것을 감행했고, 1954년 3월 13일에 프랑스를 공격하여 1954년 5월 7일에 마침내 프랑스에 승리를 거두었다. 조금도 과장하지 않고, 그것은 서투른 계획으로 인한 프랑스의 처참한 패배였다.

(a) 서투른 계획으로 인한 프랑스의 처참한 패배
(b) 전술상의 대실책에도 불구하고 베트민의 승리
(c) 이전에 생각했던 작전상의 실패가 전혀 아닌
(d) 프랑스가 주변 지역을 장악한 방법

해법 프랑스와 베트민 간의 전쟁을 한 마디로 적절하게 표현한 것이 빈칸에 들어가야 하는데, 바로 앞 문장에서 they attacked the French and eventually defeated them이라고 했다. 베트민이 프랑스를 이겼고 이는 전술상의 승리라고 했으므로 (a)가 정답이다.

decisive 결정적인 **garrison** 주둔하다 **artillery** 포병 **to say the least** 조금도 과장하지 않고 **inept** 서투른 **tactical** 전술상의 **blunder** 대실책

3 Scientists led by a former co-chair of the Intergovernmental Panel on Climate Change (IPCC) have warned in a report that UN negotiations aimed at tackling climate change are flawed because of miscalculations. The UN is basing its negotiations on substantial underestimates of the cost of adapting to climate change, while the real costs are 2-3 times greater than estimates, says Professor Geoffrey Lance, one of the report's authors. The report adds that the UN did not account for critical sectors, such as energy, manufacturing, retailing, mining, tourism, and eco systems. According to Professor Lance, the UN has _____.

(a) not seen the extent to which its report was wrong
✔ (b) substantially misjudged the scale of the funds required
(c) recognized finance as the key to negotiating a climate deal
(d) failed to even consider the costs of adapting to climate change

번역 정부간 기후 변화 협의체(IPCC)의 전직 공동 의장이 이끄는 과학자들이 한 보고서에서 기후 변화 해결을 목표로 하는 UN 협상단이 계산 착오로 인해 잘못을 저지르고 있다고 경고했다. UN은 기후 변화에 적응하는 데 드는 비용을 상당히 낮게 산정하여 협상하고 있는데, 반면 실제 비용은 추정치보다 두세 배 더 많다고 보고서 작성자 중 한 명인 제프리 랜스 교수는 밝히고 있다. 보고서에서는 UN이 에너지나 제조업, 소매업, 광산업, 관광업, 생태계 등의 중요 부문을 설명하지 않았다고 덧붙이고 있다. 랜스 교수에 따르면, UN은 필요한 자금의 규모를 상당히 잘못 판단했다고 한다.

(a) 보고서가 어느 정도까지 잘못되었는지 알지 못했다
(b) 필요한 자금의 규모를 상당히 잘못 판단했다
(c) 경제가 기후 정책을 협상하는 중요한 열쇠임을 깨달았다
(d) 기후 변화에 적응하는 데 드는 비용조차 고려하지 못했다

해법 UN에서 계산 착오로 인해 기후 변화 문제에 소요되는 비용을 잘못 산정했다는 내용이다. 따라서 이러한 문맥에 어울리는 정답은 (b)이다. (d)는 기후 변화 적응 비용을 고려하지 않은 게 아니라 비용 책정 과정에 오류가 있었다는 것이므로 알맞지 않다.

former 전~, 전직의 **co-chair** 공동 회장 **panel** 전문 위원회 **tackle** (문제와) 씨름하다 **flaw** 흠을 내다 **miscalculation** 계산 착오 **base** 근거로 하다 **substantial** 상당한 **underestimate** 과소평가 **account for** ~을 설명하다

59

4 Most older Americans have weathered the financial crisis relatively well, according to a University of Michigan study released today. However, many now expect to work longer before retirement than they did a year ago. The chances of working past 62 went up from 60 to 65 percent. The finding was based on data collected from 4,412 older Americans, many of whom said they were adversely affected by a decline in the stock market and home values. These factors were mainly what _____. The study also showed that the crisis took a psychological toll on older Americans.

(a) caused depression in some older Americans
✔ (b) drove them to reassess their work expectations
(c) resulted in a sense of revived optimism for the future
(d) led many Americans to question government motives

번역 오늘 발표된 미시간 대학 연구에 따르면 대부분의 미국 노년층은 경제 위기를 비교적 잘 견뎌냈다고 한다. 그러나 일 년 전의 예상에 비해 현재 많은 이들이 은퇴 전에 더 오래 일할 것으로 예상한다. 62세 이후까지 일할 가능성이 60퍼센트에서 65퍼센트로 상승했다. 이 결과는 4,412명의 미국 노인들로부터 수집한 자료에 기초했는데, 이들 중 대다수가 주식 시장과 주택 가치 하락으로 피해를 입었다고 밝혔다. 이것이 그들로 하여금 예상 근무 기간을 재평가하게 만든 주된 요인이었다. 이 연구는 또한 경제 위기가 미국 노년층에게 심리적 타격을 주었음을 보여주었다.

(a) 일부 미국 노년층에 우울증을 야기했다
(b) 그들로 하여금 예상 근무 기간을 재평가하게 만들었다
(c) 미래에 대한 낙관론을 되살아나게 만들었다
(d) 많은 미국인들이 정부의 취지에 의문을 갖도록 만들었다

해법 경제 위기를 겪은 후에 예상 은퇴 연령이 늘어났다는 내용이다. 따라서 빈칸 앞 문장에서 설명한 경제적 요인들 때문에 은퇴 연령을 다시 고려해보게 되었다는 내용인 (b)가 정답이다. (a)는 빈칸 다음 문장과는 뜻이 통하지만 앞 내용과 연결이 자연스럽지 않으므로 오답이다.
weather 견디다, 무사히 헤쳐 나가다 **release** 발표하다 **retirement** 은퇴 **adversely** 불리하게, 역으로 **take a toll on** ⋯에 타격을 입히다 **reassess** 재평가하다 **expectation** 기대값 **optimism** 낙관론

5 Everyone procrastinates sometimes. We put things off because we don't want to do them, or because we have too many other things on our plates. However, when your procrastination leaves you feeling discouraged and overburdened, it is time to take action because it may have developed into a habit. But as you struggle to develop a different work habit, be gentle with yourself. Punishing yourself every time you realize you have put something off won't help you change. Change your habit gradually and be patient. You need to _____.

(a) avoid being too critical about people around you
(b) first learn why you took so long to do the essays
✔ (c) slowly develop a more proactive mind-set over time
(d) get assistance from someone else if it is a big burden

번역 누구나 가끔은 일을 미룰 때가 있다. 하고 싶지 않아서 또는 해야 할 다른 일들이 너무 많아서 우리는 일을 미룬다. 하지만 일을 미루는 것 때문에 낙심하거나 과중한 부담을 느끼게 되면, 습관으로 발전할 수 있기 때문에 조치를 취해야 한다. 그러나 다른 방식의 일하는 습관을 들이려고 애쓸 때는 자신에게 부드럽게 대해야 한다. 뭔가를 미룬다는 것을 깨달을 때마다 스스로를 혼내는 것은 변화하는 데 도움이 되지 않는다. 점진적으로 습관을 바꾸면서 인내심을 가져야 한다. 시간의 흐름에 따라 서서히 더 주도적인 사고방식을 길러야 한다.

(a) 주변 사람들에게 지나치게 비판적이지 않도록 한다
(b) 에세이를 쓰는 데 왜 그렇게 시간이 오래 걸렸는지를 먼저 깨닫는다
(c) 시간의 흐름에 따라 서서히 더 주도적인 사고방식을 기른다
(d) 과중한 부담이 된다면 누군가로부터 도움을 얻는다

해법 일을 미루는 습관을 바꾸는 것에 대해서 말하고 있다. 습관을 점차 바꿔가면서 인내심을 가지라는 빈칸 앞문장과 자연스럽게 연결되는 정답은 시간을 갖고 서서히 긍정적 습관을 기르라는 (c)이다.
procrastinate (일을) 미루다, 질질 끌다(put off) **on one's plate** (일 따위를) 해야 할 의무가 있는 **overburden** 과중한 부담을 주다 **take action** 조치를 취하다 **proactive** 주도적인 **mind-set** (굳어진) 사고방식

6 In the late 1920s, people intentionally introduced birds known as Japanese white-eyes into Hawaiian agricultural lands and gardens for purposes of bug control. Unfortunately, that decision has led to native bird species having too little to eat, according to research published in *Biology Today*. The white-eye is a member of a bird family famous for expanding its range and consuming new types of prey. That has meant that native Hawaiian songbirds cannot rear normal-size offspring because of food shortages, and it is stunting their growth. The outcome is a classic example of _____.

✔ (a) the threat that introduced species can pose
(b) mismanagement of Hawaii's farming resources
(c) why the white-eyes are now in serious decline
(d) a problem that previous generations handled better

번역 1920년대 후반에 사람들은 해충 제거를 목적으로 일본 동박새라고 알려진 새를 하와이의 농경지와 정원에 일부러 들여왔다. 〈현대 생물학〉지에 게재된 연구에 따르면, 안타깝게도 그 결정으로 인해 토종 새들은 먹이가 심하게 줄어들었다. 동박새는 영역을 넓히면서 새로운 종류의 먹이를 잡아먹는 것으로 유명한 새 과에 속한다. 이는 곧 하와이 명금들이 먹이 부족 때문에 보통 크기의 자손들을 기를 수 없으며, 따라서 그들의 발육을 방해한다는 것을 뜻한다. 이 결과는 외래종이 야기할 수 있는 위협을 보여주는 전형적인 예이다.

(a) 외래종이 야기할 수 있는 위협
(b) 하와이 농업 자원의 잘못된 관리
(c) 동박새가 현재 심각하게 감소한 원인
(d) 이전 세대가 더 잘 처리했던 문제

해법 앞에서 설명한 내용을 한마디로 요약할 수 있는 것이어야 한다. 다른 환경에서 들여온 외래종 때문에 토종 생물이 위협을 받는다는 것이므로 (a)가 정답이다.
intentionally 일부러, 고의로 **white-eye** 동박새 **bug control** 해충 제거 **prey** 먹이 **songbird** 명금 **rear** 기르다 **offspring** 자손 **stunt** 발육을 방해하다 **classic** 전형적인 **introduced species** 외래종

7 Most anyone who listens to Illinois Public Radio has probably heard Laura Argent on the airwaves. She is an advocate and educator, an expert on culture and aesthetics, someone who can speak on anything from climate change to love sonnets to natural aphrodisiacs. Now, Argent has turned her craft to a memoir called *A Broadcasting Life* in which she traces her own life and work through a collection of personal vignettes. The book is written in the style you expect from someone with her background. She has a _____.

(a) style that is without doubt rugged and durable
(b) special admiration for the country folk in Illinois
(c) gift for radio talk shows that few others can match
✔ (d) calm and literate voice that can inform on any topic

번역 일리노이의 공영 라디오를 청취하는 사람이라면 대부분 방송 전파에서 로라 아전트를 들어본 적이 있을 것입니다. 그녀는 변호사이자 교육자이며, 문화 및 미학 전문가로서 기후 변화에서부터 연애 시나 천연 최음제에 이르기까지 어떤 주제에 대해서도 말할 수 있는 사람입니다. 요즘 아전트는 〈방송 인생〉이라는 회고록에 몰두해 왔는데, 이 책에서 그녀는 개인적인 단편글 모음을 통해서 자신의 삶과 일의 궤적을 돌아보고 있습니다. 이 책은 그녀의 이력에 어울리는 스타일로 쓰여져 있습니다. 그녀는 어떤 주제에 대해서도 정보를 줄 수 있는 차분하고 학식 있는 목소리를 가지고 있습니다.

(a) 의심할 여지없이 단호하고 오래 가는 스타일
(b) 일리노이 민초들에 대한 특별한 경외심
(c) 라디오 토크쇼에 있어서는 대적할 사람이 거의 없을 정도의 자질
(d) 어떤 주제에 대해서도 정보를 줄 수 있는 차분하고 학식 있는 목소리

해법 로라 아전트의 특징에 부합하는 내용이 들어가야 한다. someone who can speak on anything에서 힌트를 얻을 수 있는데, 폭넓은 지식을 지닌 사람이라고 할 수 있으므로 (d)가 정답이다.
airwaves 라디오·TV 방송 **advocate** 변호사; 지지자 **aesthetics** 미학 **sonnet** 소네트 **aphrodisiac** 최음제 **craft** 솜씨 **memoir** 회고록 **vignette** 짧막한 글 **rugged** 단호한 **durable** 오래 가는 **literate** 학식 있는; 글을 읽고 쓸 줄 아는

---

8 Dear Customer Service,
I'm writing this letter because I wanted to express my opinion regarding some changes you've made recently to Value Mart's membership. First of all, I think your increased membership fee is excessive. For many years Value Mart has offered unbeatable prices. However, over the last few years, your prices have crept upward so that you are no longer competitive. What is the use of being a member? In addition, you've recently cut one of your main membership benefits. I'm speaking of your tire department's free flat-tire repair for members. In light of these aforementioned issues, _____.

(a) I want to extend my membership to six months
✔ (b) it's just not an advantage to be a member any longer
(c) I believe members should get a refund on these tires
(d) it is clearly your obligation to reinstate me as a member

번역 고객 서비스 센터 앞
제가 이 편지를 쓰는 이유는 최근 귀사가 밸류 마트의 회원제에 단행했던 일부 변경 사항에 대한 의견을 말하고 싶어서입니다. 우선 회비 인상이 과도하다고 생각합니다. 수년간 밸류 마트는 다른 곳과 비교가 안 될 정도로 좋은 가격으로 공급했습니다. 그런데 지난 몇 년간 가격이 조금씩 올라 이제 더 이상 경쟁력이 없어졌습니다. 회원이 되는 것이 무슨 소용이 있습니까? 게다가 최근에는 회원에게 주는 주요한 혜택 중 한 가지를 없애버렸습니다. 타이어 판매부의 회원을 위한 무료 타이어 수리를 말하는 것입니다. 앞서 말한 문제점들로 보아, 회원 가입을 하는 것이 더 이상 이익이 되지 않습니다.

(a) 제 회원 기간을 6개월 연장하고 싶습니다
(b) 회원 가입을 하는 것이 더 이상 이익이 되지 않습니다
(c) 회원들이 이러한 타이어를 환불받아야 한다고 생각합니다
(d) 분명히 귀사에게 제 회원 자격을 복귀시켜 줄 의무가 있습니다

해법 고객이 불만을 제기하는 편지로 회비가 과도하고 가격이 비싸졌다고 하고 있다. 앞에서 말한 What is the use of being a member?와 같은 맥락인 (b)가 정답이다. (a)나 (d)는 회원 가입해도 아무 소용이 없다는 취지에 오히려 상반된다.
unbeatable 타의 추종을 불허하는 **creep** 느릿느릿 움직이다 **flat-tire** 펑크 난 타이어의 **aforementioned** 앞서 말한 **reinstate** 복귀[회복]시키다

---

9 One educational problem of public schools is the larger school size and student population. That means students of public schools receive less individual attention than private school students. Another problem is that public school curricula may not be as refined as those of private schools. On the other hand, public school education offers certain advantages. For example, you have people from different socio-economic backgrounds, which teaches students to get along with others irrespective of their social status. Parents therefore should _____.

(a) send their children to a private school if at all possible
(b) be more active in the planning of their children's education
✔ (c) analyze the pros and cons of both private and public schools
(d) think about what is best for the career their child wants

번역 공립학교의 교육상 한 가지 문제점은 학교 규모가 더 크고 학생 수가 더 많다는 것이다. 이는 공립학교 학생들이 사립학교 학생들에 비해 개인적으로 관심을 덜 받는다는 것을 의미한다. 또 다른 문제점은 공립학교의 교과과정이 사립학교만큼 훌륭하지 않다는 것이다. 반면에 공립학교의 교육도 몇 가지 장점은 갖고 있다. 예를 들어 다양한 사회 경제적 배경을 가진 사람들을 접할 수 있는데, 이는 학생들에게 사회적 지위에 상관없이 다른 사람들과 어울려 지내는 것을 가르쳐 준다. 그러므로 학부모는 사립학교와 공립학교 양쪽의 찬반 양론을 검토해 보아야 한다.

(a) 가능하면 자녀를 사립학교에 보내다
(b) 자녀 교육 계획에 있어서 좀 더 적극적이다
(c) 사립학교와 공립학교 양쪽의 찬반 양론을 검토하다
(d) 자녀가 원하는 직업을 위해 무엇이 최선인지에 대해 생각하다

해법 On the other hand 앞뒤로 공립학교의 단점과 장점을 설명하고 있다. 빈칸 문장은 therefore로 시작하여 결론에 해당하므로 이러한 장단점을 잘 고려해 보라는 (c)가 정답이다.
curricula 교과과정 **refined** 정제된, 세련된 **socio-economic** 사회 경제적인 **irrespective of** …에 관계 없이 **pros and cons** 찬반 양론

10 The board of directors of Computech Holdings Limited announces that Mr. Fung Pak Chow has resigned as compliance officer of the company effective January 18, 2010. This is due to his other business commitments. Mr. Fung confirmed that there is no disagreement with the Board and that there are no matters relating to his resignation that should be brought to the attention of the Stock Exchange of Hong Kong Limited and the shareholders of the company. The Board would like to express its appreciation to Mr. Fung for his _____.

✔ (a) contributions to the company during his period of service
(b) professionalism and guidance as the company's director
(c) provision of this opportunity and assistance in the community
(d) ongoing outstanding cooperation and commitment to the company

번역 컴퓨테크 지주 회사의 이사회는 풍팍쵸우 씨가 2010년 1월 18일자로 회사의 특별 감사 책임직을 사퇴했음을 알려드립니다. 사퇴 이유는 그가 다른 일에 전념하기 위해서입니다. 풍 씨는 이사진과 의견 다툼은 전혀 없었으며 따라서 그의 사퇴와 관련해 홍콩 증권거래소나 회사 주주들의 관심을 끌 만한 사안은 전혀 없음을 확인해 주었습니다. 이사회는 재직 기간 동안 회사에 대한 헌신에 대해 풍 씨에게 감사를 전하고 싶습니다.

(a) 재직 기간 동안 회사에 대한 헌신
(b) 회사 이사로서 직업 정신과 가르침
(c) 지역사회에 이러한 기회와 지원을 제공한 것
(d) 지속적으로 회사에 대한 남다른 협조와 헌신

해법 회사 직원의 사퇴 사실을 주주들에게 공지하는 내용이다. 빈칸은 회사를 그만두는 직원에게 감사하는 내용에 해당하므로 (a)가 정답이다. 그만두는 직원이 director가 아니므로 (b)는 오답이고, 사퇴하는 상황이므로 (d)에서 ongoing도 알맞지 않다.

board of directors 이사회 **holding** 지주; 자회사 **limited** 주식회사 **resign** 사퇴하다 **compliance officer** 특별 감사 책임자 **effective** 시행되는 **commitment** 전념 **relating to** …에 관하여 **shareholder** 주주 **appreciation** 감사 **provision** 제공; 대비

11 My buddy Joel has helped me out a lot in life. He used to say that when something is bothering you and you can't figure it out, you should write it down. But this was the opposite of my philosophy. I thought it was a waste of time. Life's too short for writing about my problems—that's what I'd say to him. You just make a decision and stick with it. You take the good with the bad and keep on going. But as time went on I changed. I kept messing things up. So, I tried what he said. That's when I learned _____.

(a) that what I thought was right all along
✔ (b) it really does pay to work things out on paper
(c) it was actually the reason I was messing things up
(d) that I really could improve my writing by practicing

번역 내 친구 조엘은 내 삶에 많은 도움을 주었다. 그가 자주 하던 말은 무언가가 너를 괴롭히는데 그걸 파악하지 못할 때는 적어봐야 한다는 것이다. 하지만 이것은 내 생각과는 정반대였다. 내 생각에 그것은 시간 낭비였다. 문제점들에 대해 쓰기에는 인생이 너무 짧다는 것이 내가 그에게 하고 싶은 말이었다. 결정을 내리고 그것을 밀고 나가야 한다. 좋은 일이든 나쁜 일이든 감수하면서 계속 나아가야 한다. 하지만 시간이 지나면서 내 생각은 바뀌었다. 나는 일들을 계속 망치고 있었다. 그래서 그가 말한 대로 해보았다. 그때서야 나는 종이 위에 적어보는 것이 정말 효과가 있다는 것을 깨달았다.

(a) 내 생각이 언제나 옳았다는 것을
(b) 종이 위에 적어보는 것이 정말 효과가 있다는 것을
(c) 그것이 실은 내가 일을 망치고 있었던 이유라는 것을
(d) 연습을 통해 실제로 글짓기 실력을 향상시킬 수 있었다는 것을

해법 문제가 생겼을 때 대응 방식에 대해 자신과 친구의 방법을 설명하고 있다. 자신의 방법이 통하지 않자 친구의 방법을 써보았는데, 빈칸은 그 결과에 해당하는 내용이다. 결국 친구의 방법이 효과가 있었다는 (b)가 정답이다.

buddy 친구 **figure out** 알아내다 **stick with** …에 충실하다 **mess up** 망치다, 엉망으로 만들다 **pay** 도움을 가져다 주다

12 Some animal behaviors and skills have more genetic or instinctive determinants than learned ones, while for other behaviors the opposite is true. Sometimes a mix of innate and learned influences determines behavior. A curious example of this is imprinting, which was first scientifically studied by one of the founders of animal behavior, Konrad Lorenz. Lorenz showed that for some young animals repeated exposure to an environmental stimulus establishes social behavior. Ducklings and chicks are an example, as they will follow and become socially bonded to the first moving object they encounter after hatching. This can be considered _____.

(a) a perverted individual and social behavior trait
✔ (b) a kind of learning with a very strong innate element
(c) an innate pattern with similarities to human development
(d) an opposite pattern to what might have occurred in nature

번역 동물의 어떤 행동이나 능력은 학습에 의한 것보다 유전이나 선천적인 결정 인자를 더 많이 갖고 있다. 반면에 다른 행동들은 그 반대에 해당한다. 때로는 선천적인 것과 학습된 영향이 섞여서 행동을 결정짓기도 한다. 이에 대한 한 가지 흥미로운 예가 각인인데, 동물 행동의 창시자 중 한 명인 콘래드 로렌즈가 최초로 이에 대한 학문적인 연구를 하였다. 로렌즈는 일부 동물의 새끼들에게는 어떤 환경적 자극에 반복적으로 노출시키는 것이 사회적 행동을 취하게 한다는 것을 보여주었다. 새끼 오리나 병아리가 그러한 예이다. 그들은 부화 후 첫 번째로 마주치는 움직이는 대상을 따라다니며 사회적 유대감을 갖게 된다. 이는 매우 강한 선천적 요인을 지닌 일종의 학습으로 간주할 수 있다.

(a) 개인적 또는 사회적인 이상 행동 특성
(b) 매우 강한 선천적 요인을 지닌 일종의 학습
(c) 인간의 발달과 유사한 선천적 방식
(d) 자연 발생적일지도 모르는 것과 정반대 방식

해법 빈칸은 로렌즈의 연구가 시사하는 바가 무엇인지를 묻는 것이다. 앞에서 A curious example of this에서 this에 해당하는 내용이라고 할 수 있는데, 그 바로 앞 문장에서 선천적인 것과 학습된 것이 함께 영향을 끼치는 사례에 해당하므로 (b)가 정답이다.

instinctive 본능적인, 천성의 **determinant** 결정 인자 **innate** 선천적인 **imprinting** 각인 **stimulus** 자극 **duckling** 새끼 오리 **hatch** 부화하다 **perverted** 이상의

13 A Bristol University study finds that police are inaccurately assessing injuries because they lack medical expertise. Dr. Janice Munroe, who headed the study, said that police data on the severity of injuries suffered in vehicle crashes often differed significantly from injuries recorded in hospital discharge information. Fifteen percent of injuries recorded as minor by police at crash sites were actually life-threatening, while 48 percent of injuries recorded as serious did not meet hospital standards of serious injury. This then makes police traffic incident statistics highly inaccurate. Dr. Munroe said police consistently _____.

(a) record witnesses' statements inaccurately at accidents
✔ (b) underestimate and overestimate the severity of injuries
(c) made mistakes while entering her statistical figures
(d) failed in medical programs they took at the university

번역 브리스틀 대학 조사에 따르면 경찰은 의학 전문 지식이 부족하기 때문에 부상 정도를 평가하는 것이 부정확하다고 한다. 조사를 이끈 제니스 먼로 박사는 차량 사고에서 입은 부상의 심각성에 관한 경찰 자료가 병원 퇴원 기록에 적힌 부상과 현저히 다른 경우가 종종 있다고 말했다. 사고 현장에서 경찰이 경미하다고 기록한 부상의 15퍼센트는 실제로 생명이 위험한 것이었으며, 반면에 심각하다고 기록한 부상의 48퍼센트는 심각한 부상이라는 병원 기준치에 미치지 못하는 것이었다. 그렇기에 경찰의 교통사고 통계는 매우 부정확하다는 것이다. 먼로 박사는 경찰이 늘상 부상의 심각성을 과소평가하거나 과대평가하고 있다고 말한다.

(a) 목격자의 사고 진술을 부정확하게 기록한다
(b) 부상의 심각성을 과소평가하거나 과대평가한다
(c) 통계 수치를 기록할 때 실수를 했다
(d) 대학에서 수강한 의학 강의에 낙제했다

해법 경찰이 교통사고 부상자들의 부상 정도를 제대로 평가하지 못한다는 내용으로 앞에서 잘못된 사례와 문맥상 통하는 것은 (b)이다.
inaccurately 부정확하게 **assess** 평가하다 **expertise** 전문 지식 **crash** 충돌 (사고) **discharge** 방출; 퇴원 **consistently** 시종일관
underestimate 과소평가하다 **overestimate** 과대평가하다

14 The lives of art thieves and traffickers will be harder now thanks to the international police organization Interpol. It has created a database of stolen artworks online and is making it available to the public. The database represents Interpol's latest move in the fight against the trade of stolen property worldwide. By making the sale of stolen cultural objects more difficult, it creates a barrier to art thieves. The database contains information on some 34,000 stolen art works and is updated continually. Access is granted via application. The art world has enthusiastically greeted the initiative as important _____.

(a) for the dissemination of art in a saturated market
✔ (b) to effectively counter the traffic in cultural property
(c) for policing the forgery of artworks around the world
(d) to educate the public about various great works of art

번역 미술품 도둑이나 밀매업자는 국제 경찰 조직인 인터폴 덕분에 이제 인생이 힘들어질 것이다. 인터폴은 도둑맞은 미술품에 대한 데이터베이스를 인터넷에 신설하여 일반 대중이 열람할 수 있게 하고 있다. 이 데이터베이스는 세계적으로 도둑맞은 소유물 거래에 맞서 싸우는 인터폴의 최근 행보를 대변하고 있다. 도둑맞은 문화재 판매를 한층 어렵게 함으로써, 미술품 도둑에게 장애물을 설치한 것이다. 이 데이터베이스에는 도둑맞은 미술품 34,000점에 대한 정보가 담겨 있으며 지속적으로 업데이트된다. 접속은 신청을 통해 승인된다. 미술계는 문화재 밀거래에 효과적으로 대응하는 데 중요하다고 여기고 이 결정을 열렬히 환영하였다.

(a) 포화 상태에 이른 시장에서 미술품 유포에 대해
(b) 문화재 밀거래에 효과적으로 대응하는 데
(c) 전세계적으로 미술품 위조를 단속하는 데
(d) 다양한 미술 걸작품들을 일반 대중에게 교육시키는 데

해법 인터폴이 데이터베이스 구축을 통해 art thieves and traffickers를 단속하므로 (b)가 정답이다. forgery는 언급되지 않았으므로 (c)는 오답이다.
trafficker 밀매업자 **interpol** 국제 형사 경찰 기구 **property** 소유물, 재산 **barrier** 장애물 **grant** 승인하다, 허가하다 **enthusiastically** 열렬히 **initiative** 결정; 개시 **dissemination** 유포 **saturated** 포화 상태에 이른 **counter** 대응하다 **traffic** 밀거래 **forgery** 위조

15 In academic or intellectual discourse, whether in science or in humanities, disagreeing with a conclusion, or pointing out its implausibility, does not disprove that conclusion. _____, it is necessary to look at the steps taken in an argument or thesis and question their validity and relevance. When an invalid step is discovered in an argument, we can then argue that the conclusion is invalid. In other words, one has to look for invalid, irrelevant or weakly supported steps taken by the speaker or writer that lead to his conclusion rather than focus on the conclusion itself.

✔ (a) Instead
(b) However
(c) Likewise
(d) Regardless

번역 과학 분야이건 인문학 분야이건 간에 학술 담론이나 지적 담론에서 결론에 동의하지 않거나 결론이 타당하지 않음을 지적하는 것이 그 결론이 틀렸음을 입증하는 것은 아니다. 그보다는 논쟁이나 논제에서 거쳐 간 과정을 살펴보고 그 타당성과 적절성을 의심해보는 것이 필요하다. 논쟁에서 타당성 없는 과정을 발견하게 되면, 그때는 결론도 타당하지 않다고 주장할 수 있다. 다시 말하면, 결론 자체에 초점을 맞추기보다는 화자나 필자가 결론에 이르기까지 거쳐 간 과정 중에서 타당성이 없고 부적절하며 근거가 부족한 과정을 찾아야 하는 것이다.

(a) 그보다는
(b) 그러나
(c) 마찬가지로
(d) 개의치 않고

해법 빈칸 앞에서는 결론이 타당성 여부를 지적하는 것 자체가 결론이 틀렸음을 입증하는 것은 아니라고 했고, 빈칸 뒤에서는 결론이 틀렸음을 입증하기 위한 방법을 말하고 있다. 앞 내용과 반대되는 내용을 통해서 보충 설명할 때 쓸 수 있는 연결어는 '그보다는, 그 대신에'라는 뜻인 (a) Instead이다.
discourse 담론 **humanities** 인문학 **implausibility** 믿기 어려움, 타당해 보이지 않음 **disprove** 오류를 입증하다 **thesis** 논지 **validity** 타당성 **relevance** 관련, 적절성 **invalid** 무효의, 근거 없는

16 In reviewing Frithjof Brauer's new album *Eternity*, one critic compared Brauer's playing to Rob Costlow. Well, there is nothing in common between Costlow's kitsch and Brauer's proficient improvisations. Maybe the romantic feel of *Eternity*'s first two tracks resembles Costlow's works, but only slightly. Brauer has more of a sensual touch and a greater emotional range than anything Costlow can produce. _____, it must be conceded that this album contains many derivative tracks. It is as if Brauer set out to emulate not Costlow but Keith Jarrett rather than develop his own style.

(a) Notably
(b) As a result
✔ (c) Nevertheless
(d) On the contrary

번역 프리초프 브라우어의 새 앨범 〈영원〉을 평가하면서 한 비평가는 브라우어의 연주를 롭 코스트로와 비교했다. 그러나 코스트로의 저속한 연주와 브라우어의 숙달된 즉흥 연주 간에는 공통점이 전혀 없다. 〈영원〉에 실린 첫 두 곡의 낭만적 분위기가 코스트로 작품과 비슷할지도 모르지만, 그렇다 하더라도 아주 약간일 뿐이다. 브라우어는 코스트로가 만들어내는 어떤 것보다 더 감각적인 터치와 더 큰 감정 폭을 가지고 있다. 그럼에도 불구하고 이 앨범에는 모방한 곡들이 많이 담겨 있음을 인정해야만 하겠다. 이는 마치 브라우어가 애초부터 자신만의 스타일을 개발하기보다는 코스트로가 아니라 키스 재럿을 모방하려 한 것 같다.

(a) 특히
(b) 결과적으로
(c) 그럼에도 불구하고
(d) 반대로

해법 뮤지션의 새로운 앨범에 대한 비평이다. 빈칸 앞에서는 뮤지션의 독창적인 특징을 강조하였고, 빈칸 뒤에서는 다른 뮤지션들에 대한 모방성을 언급하고 있다. 따라서 대조적인 내용을 양보의 연결어로 연결하고 있으므로 정답은 (c) Nevertheless이다.

kitsch 저속한 예술품 **proficient** 능숙한 **improvisation** 즉흥 연주 **sensual** 감각적인 **concede** 인정하다 **derivative** 모방한 **emulate** 모방하다, 견주다

---

17 For your pasta business to succeed, you need to produce a wholesome product that tastes like homemade pasta. At Roma Machines, we will help you achieve that with our free guide to starting and running a pasta business. Our sales personnel will counsel you in the choice of shop location. Our engineers will develop the floor plans for the layout of all of the equipment you select and purchase. Then, following installation, we will give you a 10-day course on making pasta and using and maintaining the machinery. So for a successful pasta business, call Roma Machines today!

Q: What is the advertisement mainly about?
(a) Working at Roma Machines selling homemade pasta
✔ (b) Setting up a pasta-making business with Roma Machines
(c) Using the expertise of Roma Machines to sell a business
(d) Fitting Roma Machines equipment in your business premises

번역 파스타 사업이 성공하기 위해서는 집에서 만든 파스타 같은 맛을 내는 건강에 좋은 음식을 만들어야 합니다. 로마 머신에서 파스타 사업 창업과 운영을 하는 무료 가이드를 제공하여 여러분의 목표 달성을 도와드리겠습니다. 저희 영업직원이 점포 위치 선정에 대한 조언을 해드립니다. 기사는 여러분이 선택해서 구매하는 모든 장비의 배치에 대해 설계를 해드릴 것입니다. 그리고 설치 후에 파스타 요리와 기계 사용 및 유지관리에 관해서 열흘간 강습을 제공해 드립니다. 그러므로 파스타 사업 성공을 원하신다면 오늘 로마 머신으로 전화주세요!

Q: 광고의 주된 내용은?
(a) 집에서 만든 파스타를 판매하는 로마 머신에서 일하기
(b) 로마 머신과 함께 파스타 사업 시작하기
(c) 사업을 위해 로마 머신 기술 이용하기
(d) 사업장에 로마 머신 장비 설치하기

해법 Roma Machines라는 업체에서 파스타 음식점 창업에 필요한 서비스 전반을 제공한다는 내용의 광고이므로 (b)가 정답이다. Roma Machines는 파스타 사업을 전문으로 하고 있으므로 이에 대한 언급이 빠져 있는 (c)나 (d)는 알맞지 않다.

wholesome 건강에 좋은 **pasta** 파스타; 스파게티 등 면류 **personnel** 직원 **layout** 배치 **installation** 설치 **maintain** 유지관리하다 **machinery** 기계장치 **expertise** 전문적 기술 **premise** 점포

---

18 Gordon Holbrook's novels, with their corny prose, cliffhangers, chase sequences, and conspiracies, are not what you would call literary. But millions of readers love them. His latest effort, however, may lose him some fans. *Deadly Symbols* is almost a rearranged version of his last effort. And on top of the sense of déjà vu, Holbrook fails to develop a tight plot and the novel wanders for pages before the action starts. Then when it does, it all descends into confusion. As far as Holbrook's thrillers go, it is no classic and fails to make the grade.

Q: What is the main idea about Gordon Holbrook's new novel in the review?
(a) It fails to reach the standards of classic literature.
(b) Its storyline is the same as one in a previous book.
✔ (c) It lacks originality and suffers from a directionless plot.
(d) Its action sequences are unlikely to thrill Holbrook's fans.

번역 뻔한 스토리와 아슬아슬한 상황, 자동차 추격 장면들, 음모를 담고 있는 고든 홀브룩의 소설은 소위 말해서 문학적이지는 않다. 그러나 수백만 독자들은 그의 소설을 사랑한다. 하지만 그의 최신작은 일부 팬을 잃게 만들지도 모르겠다. 〈치명적 상징〉은 전작을 배열만 바꾼 것에 가깝다. 어디서 본 것 같은 느낌이 드는데다가, 홀브룩은 치밀한 구성 전개에 실패하여 소설은 액션이 시작하기 전에 한동안 길을 잃고 헤맨다. 그리고 액션이 시작되자 온통 혼란에 빠지기 시작한다. 홀브룩의 스릴러 소설로서 볼 때, 이것은 뛰어난 작품이 아니며 기대에 미치지 못한다.

Q: 서평에서 고든 홀브룩의 신간 소설에 대한 요지는?
(a) 전형적인 문학의 기준에 미치지 못한다.
(b) 줄거리가 이전 책 중 하나와 똑같다.
(c) 독창성이 결여되어 있고 구성은 방향을 잃었다.
(d) 액션 장면들은 홀브룩의 팬들에게 감흥을 주지 못할 것 같다.

해법 신간 서평의 요지는 And on top of the sense of déjà vu, Holbrook fails to develop a tight plot에서 가장 잘 드러나 있다. 어디서 본 것 같은 내용은 독창성의 결여를 뜻하고, 치밀한 구성 전개에 실패했다고 했으므로 (c)가 정답이다. (a)는 작가의 소설 전반에 대한 일반적인 평가로 언급되었을 뿐이다.

corny 진부한 **cliffhanger** 손에 땀을 쥐게 하는 상황 **sequence** 연속적인 사건들 **conspiracy** 음모 **déjà vu** 이미 본 것 **descend into** 서서히 빠져들다 **classic** 최고 작품 **make the grade** 기준에 이르다

19 Dear Editor, The article called "Overseas Calls to Make You Pay Up," about the Pakistani call center making collections, shows what is wrong with America today. So many hardworking Americans are in debt because they lost their jobs when their companies relocated jobs overseas. Now those same Americans are being harassed by a collection agency that is also located overseas, in Pakistan! Sadly, this is yet another example of how American companies have sold out the American worker and the future of our country in exchange for short-term financial gains. It is a disgrace.

Q: What is the letter mainly about?
(a) The repercussions of job losses for the American economy
(b) The loss of call center jobs to a company located in Pakistan
✔ (c) The betrayal by American companies in relocating jobs overseas
(d) The difference in the quality of services in Pakistan and America

번역 편집자 귀하,
파키스탄의 추심 전문 콜센터에 관한 〈돈을 갚게 만드는 국제 전화〉라는 제목의 기사는 오늘날 미국에 무엇이 문제인가를 보여주고 있습니다. 그렇게 많은 성실한 미국인들이 빚더미에 앉게 된 이유는 회사가 해외로 일자리를 이전해서 일자리를 잃었기 때문입니다. 이제 바로 그 미국인들이 역시 해외에, 바로 파키스탄에 위치한 추심 회사로부터 괴롭힘을 당하고 있습니다! 애석하게도 이는 미국 회사들이 눈앞의 경제적 이익을 위해 어떻게 미국인 근로자와 우리나라의 미래를 팔아치웠는지를 보여주는 또 다른 예에 불과합니다. 이것은 수치입니다.

Q: 편지의 주된 내용은?
(a) 실직이 미국 경제에 간접적으로 미치는 영향
(b) 파키스탄 소재 회사로 콜센터 일자리 실직
(c) 해외로 일자리를 이전하는 미국 회사들의 배신
(d) 파키스탄과 미국의 서비스 질 차이

해법 미국 회사들이 해외로 이전해서 미국인들이 일자리를 잃고 빚을 지게 된 마당에 빚을 독촉하는 추심 회사마저 해외에 있는 상황을 비판하는 글이다. 결국 해외로 회사를 이전하는 미국 회사를 탓하는 (c)가 정답이다.
pay up …을 완전히 갚다 **collection** 수거, 추심 **relocate** 이전하다
harass 괴롭히다 **disgrace** 불명예 **repercussion** 반동, 간접적인 영향

20 For this report we examined the emissions at the Botnia Free Trade Zone, Uruguay, over the first year of operations. Our findings disagree with an earlier study conducted by EcoSure, dated December 2008, and at the request of the International Finance Corporation. Contrary to opinions expressed in that study, it is clear that Botnia has discharged great quantities of dangerous solid, liquid, and gaseous pollutants into the Uruguay River and into the atmosphere. Our more accurate assessment points to this pollution load causing serious and irreversible damage to the flora, fauna, and health of the inhabitants of the area within a few years.

Q: What is the main idea of the passage?
(a) People near Botnia are suffering from ongoing pollution.
(b) EcoSure's report on Botnia's pollution levels was fraudulent.
(c) Pollution at Botnia is detrimental to the Uruguay River's wildlife.
✔ (d) Adverse pollution findings for Botnia contradict an earlier report.

번역 이번 보고를 위해 우리는 보트니아 자유무역 지대에서 시행 첫해 동안 배기가스 방출을 조사했습니다. 우리의 조사 결과는 2008년 12월에 국제금융공사의 요청에 의해 에코슈어에서 시행한 이전의 조사 결과와 달랐습니다. 그 조사에서 발표된 의견과 반대로, 보트니아는 엄청난 양의 고체 및 액체, 기체 형태의 위험한 오염물질을 우루과이 강과 대기로 내보냈습니다. 좀 더 정밀한 사정을 통해 이 오염물질의 양은 수년 내에 이 지역의 동식물계와 주민들의 건강에 돌이킬 수 없는 심각한 피해를 초래할 것으로 드러났습니다.

Q: 지문의 주제는?
(a) 보트니아 부근의 사람들은 계속되는 오염으로 고통받고 있다.
(b) 보트니아의 오염 수준에 대한 에코슈어의 보고서는 조작된 것이었다.
(c) 보트니아의 오염은 우루과이 강의 야생동물에게 해롭다.
(d) 보트니아에 대한 상반된 오염 조사 결과는 이전의 보고와 상충된다.

해법 이전에 에코슈어가 시행한 조사와 다르게 이번 보고는 보트니아의 오염 물질이 심각함을 보여주므로 정답은 (d)이다. (b)는 지문에서 언급되지 않았고, (a)와 (c)는 지엽적인 내용이므로 주제로 알맞지 않다.
emission 배기가스; 배출 **discharge** 방출하다 **pollutant** 오염물질
irreversible 되돌릴 수 없는 **flora** (특정 장소의) 식물군 **fauna** (특정 장소의) 동물군 **fraudulent** 부정한 **detrimental** 유해한 **adverse** 상반된, 해로운
contradict 모순되다

21 Abolishing patent and copyright law sounds radical, but two economists at Washington University see it as a key to reviving the economy. Michael Stack and Alex Richards believe the current patent and copyright system is one of intellectual monopolizing that hinders rather than helps a competitive free market. It is comparable, they say, to medieval trade monopolies that were once so economically ruinous. They argue that license fees, regulations, and patents are now so misused that they drive up the cost of creation and slow down innovation, thus preventing inventions from entering the marketplace.

Q: What is the main idea in the passage?
(a) Free market excesses will eventually do harm to the economy.
(b) Intellectual monopolizing is a surer way to guarantee innovation.
✔ (c) Economic progress depends on eliminating intellectual monopolies.
(d) Fees and regulations are weighing down the current patenting system.

번역 특허 및 저작권 폐지 법안은 급진적으로 들릴 수 있지만, 워싱턴 대학의 경제학자 두 명은 이것이 경제를 회생시킬 수 있는 열쇠라고 본다. 마이클 스택과 앨릭스 리처즈는 현재의 특허 및 저작권 제도는 자유 경쟁 시장에 도움이 되기보다는 오히려 방해가 되는 하나의 지적 독점이라고 생각한다. 그들의 말을 빌리면, 이는 한때 경제를 파탄시켰던 중세시대의 무역 독점에 비견될 수 있는 것이라고 한다. 그들은 특허 수수료와 규정, 특허권이 현재 너무 오용되고 있어서 창작 비용은 끌어올리면서 혁신은 더디게 만들어 새로운 창작물이 시장에 진입하는 것을 막고 있다고 주장한다.

Q: 지문의 주제는?
(a) 사유 시장 과열은 결국 경제에 해가 될 것이다.
(b) 지적 독점은 혁신을 보장하는 더 확실한 방법이다.
(c) 경제 발전은 지적 독점을 없애는 데 달려 있다.
(d) 수수료와 규정이 현재의 특허 제도를 짓누르고 있다.

해법 특허 및 저작권을 폐지하는 것이 경제 회생에 도움이 된다는 경제학자들의 주장을 소개하고 있으므로 (c)가 정답이다. (b)는 주장하는 내용과 오히려 상반되며, (d)는 언급되고는 있으나 주된 내용으로 보기는 어렵다.
abolish 폐지하다 **patent** 특허(권) **copyright** 저작권 **radical** 과격한, 급진적인 **monopolize** 독점하다 **hinder** 방해하다 **comparable** 필적하는
medieval 중세의 **ruinous** 파괴적인 **eliminate** 제거하다, 없애다 **weigh down** ~을 내리누르다, 압박하다

22 The modern Goth culture movement is often criticized because its followers focus on melancholy and morbid subjects. But that does not make them evil. They are not Satanists, as is commonly thought, but instead encompass a wide range of religions, from Christianity to Buddhism. And though their fashions—dark clothes, hairstyles, pale skin, silver jewelry, and alternative music—attract negative associations, Goths are pacifists, tolerant of others, and simply believe in self-expression. If fact, members of the Gothic community like to define themselves as free thinkers.

Q: What is the main idea in the passage?
(a) Goths are deservedly objected to in most societies.
✔ (b) Goth culture is far from being oriented towards evil.
(c) Goths rely on the dark side of life to express identity.
(d) Goth followers are to blame for their social alienation.

번역 현대의 고스 문화 운동은 그의 추종자들이 음울하고 병적인 주제에 초점을 맞춘다는 이유로 종종 비난받는다. 그러나 그렇다고 해서 그들이 악마적인 것은 아니다. 그들은 흔히 생각하듯이 악마 숭배자들도 아니며, 오히려 기독교에서부터 불교에 이르기까지 광대한 영역의 종교를 망라하고 있다. 그리고 검은 의상, 헤어스타일, 창백한 피부, 은제 장신구, 올터너티브 음악 같은 패션이 부정적인 연상을 이끌어낸다고 해도 고스족은 평화주의자로 다른 사람들을 인정할 줄 알고 단지 자기표현을 신봉할 뿐이다. 사실 고스족 사람들은 스스로를 자유로운 사상가로 정의하고 싶어 한다.

Q: 글의 주제는?
(a) 고스족은 대부분 사회에서 배척받아 마땅하다.
(b) 고스 문화는 악마를 추종하는 것과는 거리가 멀다.
(c) 고스족은 정체성을 표현하기 위해서 삶의 어두운 측면에 의지한다.
(d) 고스 추종자들은 자신들의 사회적 소외에 책임이 있다.

해법 고스 문화에 대한 잘못된 인식을 바로잡는 데 초점을 두고 있는 글이다. 악마를 숭배한다는 등의 부정적인 인식과 달리 평화를 사랑하는 자유주의자라고 했으므로 (b)가 정답이다.
melancholy 우울한 morbid 병적인, 음침한 Satanist 악마 숭배자
encompass 포함[망라]하다 pale 창백한 association 연상 pacifist
평화주의자 alienation 소외

23 Researchers have found that many parents misinterpret common baby behaviors as milk intolerance and needlessly switch formulas from standard to hydrolyzed cow milk formula. The researchers from the Mead Nutrition Institute found that up to half of formula-fed infants experience a formula change during the first six months of life. Researchers said that parents are likely mistaking normal infant behaviors as signs of formula intolerance. They advised that parents should realize that while regurgitation, crying, fussiness, and colic can be signs of intolerances, similar episodes are also normal during early infancy.

Q: What is the best title for the article?
✔ (a) Anxious Parents Misdiagnose Milk Formula Intolerance
(b) Parents Endanger Children with Improper Formulas
(c) Researchers Find Milk Formula Intolerance a Myth
(d) Infants with Formula Intolerances Confuse Parents

번역 연구자들에 의해 밝혀진 바에 따르면 대다수 부모가 일반적인 아기의 행동을 우유불증으로 잘못 이해하고 쓸데없이 우유를 일반 우유에서 가수 분해 우유로 바꾼다고 한다. 미드 영양협회의 연구에서 우유를 먹는 유아의 최대 절반가량이 생후 6개월 동안 우유를 바꾼 적이 있다고 밝혀졌다. 연구에 따르면 부모들은 유아의 정상적인 행동을 우유불증의 증상으로 오인하는 것 같다고 한다. 우유를 토해내거나 울면서 보채거나 배앓이를 하는 것이 우유불증의 증상일 수도 있지만, 유아기 초기에는 유사한 경우가 정상적인 것일 수도 있음을 부모가 알아야 한다고 조언했다.

Q: 기사에 가장 어울리는 제목은?
(a) 불안한 부모들이 우유불증으로 잘못 진단하다
(b) 부모들이 부적당한 우유로 아이를 위험에 처하게 하다
(c) 연구 결과 우유불증은 근거 없는 통념임이 밝혀지다
(d) 우유불증을 가진 유아들이 부모를 당황시키다

해법 부모들이 아기들의 일반적인 행동을 milk intolerance(우유불증) 증상으로 오인하는 경우가 많다는 내용이므로 (a)가 정답이다.
misinterpret 잘못 해석하다 intolerance 과민증; 편협 formula 유아용
조제분유 hydrolyzed 가수 분해된 regurgitation 토하기 fussiness
까다로움 colic 배앓이 misdiagnose 오진하다 myth 근거 없는 통념, 신화

24 All students should adhere to our class cancellation policy. Due to the high demand for the many classes we offer, and out of respect for the commitments of our educators, it is important you let us know ahead of time if you have to cancel a class. In the event that you need to cancel your enrollment, you should give at least seven days notice before a class begins. No refund or credit will be given for any cancellation with less than one week's notice. Of course, if we need to cancel a class, we will extend a full refund to all who have signed up for it.

Q: Which of the following is correct according to the instructions?
(a) Restrictions on cancellation policies have been lifted.
(b) No cancellations are possible once a student is enrolled.
(c) Refunds are paid seven days after notice is given to cancel.
✔ (d) Less than one week's notice leads to the forfeiture of a refund.

번역 모든 학생들은 우리 학교 수강 취소 규정을 따라야 합니다. 학교에서 마련한 대다수 강좌의 높은 수요 때문에 그리고 헌신적인 교수들에 대한 존경심에서 수강을 취소해야 할 경우 반드시 미리 알려주시기 바랍니다. 등록을 취소해야 할 경우, 강의가 시작되기 최소한 7일 전에 통고해야 합니다. 일주일이 안 남은 시점에서 통고할 경우 어떤 취소에 대해서도 환불은 되지 않습니다. 물론 학교에서 강의를 취소해야 할 경우에는 등록한 학생들 모두에게 전액 환불해 드립니다.

Q: 안내문의 내용과 일치하는 것은?
(a) 취소 규정 제약이 없어졌다.
(b) 학생이 일단 등록하고 나면 취소는 절대 불가하다.
(c) 환불은 취소 통고를 하고 나서 7일 후에 지불된다.
(d) 일주일이 안 남은 시점에서 통고를 하면 환불은 전혀 없다.

해법 학교의 수강 취소 규정을 알리는 내용이다. No refund or credit will be given for any cancellation with less than one week's notice에서 (d)가 정답임을 확인할 수 있다. 등록 후 취소 규정에 대해 언급하고 있으므로 (b)는 알맞지 않고, (c)는 언급되지 않은 내용이다.
adhere to …을 고수하다 cancellation 취소 commitment 헌신
enrollment 등록 extend 베풀다 sign up for ~에 등록하다 lift 해제하다 forfeiture 상실, 몰수

25 Don't miss out on our Gallons of Fun Getaway package! Now at San Diego Country Inn you can receive a $20 gas card to fill up your tank each night you stay with us. Don't let high gas prices spoil your holiday! Come and have some fun in the sun on us. We've got 70 miles of pristine coastline, attractions, and quaint beach communities. Experience it all! As always, at Country Inn you can also count on a complimentary hot buffet breakfast, outdoor heated pool, spa and fitness facility, and an on-site laundry service. Book now at 1-800-611-5575.

Q: Which of the following is correct according to the advertisement?
(a) Country Inn is offering a package tour discount.
(b) Gas in San Diego is more expensive than elsewhere.
(c) Guests at Country Inn will get $20 off their room rates.
✔ (d) Accommodation at Country Inn includes a daily gas quota.

26 Observations of galaxy NGC 4945 suggest that it is a spiral galaxy much like our own Milky Way, with swirling arms and a bar-shaped central region. The galaxy is about 13 million light-years away in the constellation of Centaurus and it is thought to have at its center a supermassive black hole, which is devouring matter and blasting energy out into space. Observations revealed that NGC 4945's central bulge emits far more energy than calmer galaxies like our Milky Way, and astronomers suspect that the black hole is responsible for these high energy emissions.

Q: Which of the following is correct according to the passage?
✔ (a) The Milky Way has a central region resembling that of NGC 4945.
(b) NGC 4945 is purported to be more massive than the Milky Way.
(c) NGC 4945 shows signs of harboring an inactive black hole.
(d) The Milky Way emits far more energy than galaxy NGC 4945.

27 According to a Blackstone Consulting Group study, the first worldwide contraction in assets under management in nearly a decade occurred as a result of the 2008 global recession. The study found that managed assets dropped 11.7 percent to $92.4 trillion. The U.S. was the region hardest hit, with a 21.8 percent decline in assets under management to $29.3 trillion. Also affected were offshore wealth centers, like Switzerland and the Caribbean, where assets declined to $6.7 trillion in 2008 from $7.3 trillion in 2007, an 8 percent drop. It is expected that a return even to 2007 levels of wealth will take around six years.

Q: Which of the following is correct about managed assets according to the report?
(a) They surged worldwide following a global recession.
(b) They have declined to a total of $21.8 trillion in the U.S.
(c) They had reached $29.3 trillion in the U.S. at the end of 2007.
✔ (d) They were reduced by 8 percent in offshore wealth centers.

28 Born in Paris in 1905, Jean-Paul Sartre became one of the twentieth-century's most influential philosophers. He received a doctorate in philosophy in 1929 and took up teaching. This was interrupted by World War II, and then after the war he devoted all of his time to writing. Sartre's philosophy was that of existentialism, which regards human life as having no purpose and puts all importance on an individual's choices. Such ideas are set forth in his most famous work, *Being and Nothingness*. Sartre was awarded the Nobel Prize in 1964 but rejected it. He died in Paris in 1980.

Q: Which of the following is correct according to the biography?
(a) Sartre's philosophical work suffered due to World War II.
(b) Following World War II, Sartre sought to resume teaching.
(c) While working as a teacher, Sartre completed his doctorate.
✔ (d) Sartre rejected the notion that life had an ultimate purpose.

번역 1905년 파리에서 태어난 장 폴 사르트르는 21세기에 가장 영향력 있는 철학자로 꼽혔다. 그는 1929년에 철학 박사학위를 받고 교편을 잡기 시작했다. 이는 제2차 세계대전으로 중단되었고, 전쟁이 끝난 후에는 오로지 글쓰기에만 몰두했다. 사르트르의 철학은 실존주의로서 인간의 삶을 아무런 목적이 없는 것으로 간주하고 오로지 개인의 선택에만 중요성을 부여하는 것이었다. 그러한 사상은 그의 가장 유명한 작품 〈존재와 무〉에 드러나 있다. 사르트르는 1964년에 노벨상을 수여받았지만 이를 거부했다. 그는 1980년에 파리에서 사망했다.

Q: 전기문의 내용과 일치하는 것은?
(a) 사르트르의 철학 연구는 제2차 세계대전 때문에 고충을 겪었다.
(b) 제2차 세계대전 이후에 사르트르는 교직을 다시 시작할 길을 모색했다.
(c) 사르트르는 교직에 종사하면서 박사학위를 이수했다.
(d) 사르트르는 인생에 궁극적인 목적이 있다는 생각을 부정했다.

해법 (d)가 본문의 regards human life as having no purpose에서 설명하고 있는 사르트르의 실존주의 사상에 해당하는 것이므로 정답이다. (a)는 언급되지 않은 내용이며, (b)와 (c)는 본문 내용에 어긋난다.
influential 영향력 있는 **doctorate** 박사 학위 **take up** ~에 착수하다
existentialism 실존주의 **set forth** 제시[발표]하다 **resume** 다시 시작하다
ultimate 궁극적인

29 I would like to take an opportunity to offer a formal recommendation for Alice Grinspoon. As the Senior Coordinator for EconTech, I have known Alice for three years and feel that she is a deserving candidate for your business school program. Alice joined EconTech as customer service representative. Demonstrating an incredible initiative and a strong dedication, she was soon promoted to team leader. It is my belief that Alice exhibits many of the qualities that are essential to business managers. So, I highly recommend Alice for your college program and hope that you will carefully consider her admission application.   Sincerely, Max Field

Q: Which of the following is correct according to the letter?
(a) Alice is being recommended for a job at EconTech.
(b) EconTech initially hired Alice to work as a team leader.
✔ (c) Initiative was among Alice's qualities that Max Field observed.
(d) Max Field supports Alice's application for a managerial position.

번역 저는 기꺼이 앨리스 그린스푼을 정식으로 추천하는 바입니다. 에콘테크의 수석 코디네이터로서 저는 3년 동안 앨리스를 알아왔으며 귀하의 경영대학 프로그램에 적합한 후보자라고 생각합니다. 앨리스는 고객 관리 담당자로서 에콘테크에 입사하였습니다. 놀랄 만한 진취성과 일에 대한 강도 높은 헌신을 보여주어서 앨리스는 곧 팀장으로 승진했습니다. 앨리스는 경영 관리자에게 필수적인 여러 자질들을 갖추고 있습니다. 그래서 저는 앨리스를 귀하의 대학 프로그램에 적극 추천하며 그녀의 입학 지원서를 신중히 고려해 주시기를 바랍니다.

Q: 편지 내용과 일치하는 것은?
(a) 앨리스를 에콘테크의 일자리에 추천하고 있다.
(b) 에콘테크는 처음에 앨리스를 팀장직에 채용했다.
(c) 진취성은 맥스 필드가 앨리스의 자질 중 하나로 알게 된 것이었다.
(d) 맥스 필드는 앨리스의 매니저직 지원서를 지지하고 있다.

해법 직장 상사가 경영 대학에 지원하는 직원을 위해 써준 추천서이다. Alice의 자질로 initiative를 꼽고 있으므로 (c)가 정답이다. Alice는 처음에 customer service representative로 입사했다고 했으므로 (b)는 오답이다.
deserving 자격을 갖춘 **candidate** 지원자 **representative** 담당 직원
demonstrate (능력을) 보여주다; 증명하다 **initiative** 진취성 **dedication** 헌신

30 Forty years ago, a soybean field in the northwestern part of Shelby County, Indiana, became the site of the worst air disaster in Indiana's history. At 3:31 p.m. on September 9, 1969, DC-9 Flight 853 from Cincinnati, carrying 78 passengers and a crew of four, was on its landing approach. At the same time, a pilot in a single-engine Piper Cherokee was flying south to Columbus. The planes collided in midair. The tail of the DC-9 was sheared off and the single-engine plane was cut in half. Both planes plunged to the ground with the loss of 82 lives.

Q: Which of the following is correct according to the passage?
(a) Shelby County was the scene of an air disaster in the 1940s.
(b) Flight 853 collided with another plane when headed for Cincinnati.
(c) Seventy-eight people were on Flight 853 at the time of the accident.
✔ (d) Flight 853 was brought down in a field by the loss of its tail section.

번역 40년 전에 인디애나 주, 셸비 카운티 북서쪽에 있는 한 콩밭이 인디애나 역사상 최악의 항공기 사고 현장이 되었다. 1969년 9월 9일 오후 3시 31분에 DC-9 853편 비행기가 신시내티에서 78명의 승객과 네 명의 승무원을 태우고 착륙을 위해 하강하고 있었다. 이와 같은 시간에 싱글 엔진 파이퍼 체로키에 탄 조종사가 콜럼버스 남쪽을 비행하고 있었다. 두 비행기는 공중에서 충돌했다. DC-9은 꼬리가 잘렸고 싱글 엔진 비행기는 두 동강이 났다. 비행기 두 대 모두 땅으로 곤두박질쳤고 83명의 목숨을 앗아갔다.

Q: 지문 내용과 일치하는 것은?
(a) 셸비 카운티는 1940년대에 항공기 사고가 일어난 곳이다.
(b) 853편 비행기는 신시내티를 향해 가다가 다른 비행기와 충돌했다.
(c) 사고 당시에 853편 비행기에는 78명이 타고 있었다.
(d) 853편 비행기는 꼬리 부분이 없어지면서 땅으로 추락했다.

해법 40년 전의 항공기 참사를 다룬 내용이다. The tail of the DC-9 was sheared off ... Both planes plunged to the ground에서 (d)가 정답임을 알 수 있다. 853편 비행기에는 승무원까지 합해서 82명이 타고 있었으므로 (c)는 오답이다.
soybean 콩 **crew** 승무원 **collide** 충돌하다 **midair** 공중 **shear off** 잘라내다 **plunge** 뛰어들다 **air disaster** 항공기 사고

31 In the Russian town of Kraskino, archaeologists unearthed a large "ondol" heating system dating back to the 10th century Balhae Kingdom. This confirms that the kingdom was in fact a Korean settlement. The ondol under-floor heating system, where flues carry hot air below a living space, is a distinct feature of Korean dwellings. It is not found in the remains of Chinese or Mongolian dwellings. This find therefore conclusively disproves China's claims to Balhae as an ancient Chinese district. It clearly indicates that Balhae was a successor to Korea's Koguryo Kingdom.

Q: Which of the following is correct according to the passage?
(a) Kraskino was founded in the Balhae Kingdom during the 10th century.
(b) Remains of Mongol dwellings were found in the old Balhae Kingdom.
(c) Ancient Chinese tribes were known for the use of ondol systems.
✔ (d) China no longer has grounds to insist on Balhae heritable links.

번역 러시아의 크라스키노 지방에서 고고학자들이 10세기 발해 왕조의 온돌 난방 장치를 발굴했다. 이로 인해 발해 왕조가 사실상 한국의 개척지였음이 확인되었다. 연통이 주거 공간 아래로 뜨거운 공기를 나르는 바닥 아래에 설치하는 온돌 난방 장치는 한국식 주거지의 뚜렷한 특징이다. 이는 중국이나 몽골의 주거지 유적에서는 발견되지 않는다. 그러므로 이 발견은 결론적으로 발해가 고대 중국에 속한 지역이었다는 중국의 주장이 틀렸음을 보여준다. 이는 발해가 한국의 고구려 왕조를 계승하였음을 분명히 보여주는 것이다.

Q: 지문 내용과 일치하는 것은?
(a) 크라스키노는 10세기에 발해 왕국에 세워졌다.
(b) 몽골의 주거지 유적이 고대 발해 왕국에서 발견되었다.
(c) 고대 중국의 부족은 온돌 장치를 사용한 것으로 알려졌다.
(d) 중국은 발해의 후손임을 주장할 근거가 더 이상 없다.

해법 유적지에서 발견된 온돌을 통해 발해가 중국이 아닌 한국의 왕조였음이 증명 되었다는 내용이다. 따라서 This find ... disproves China's claims to Balhae as an ancient Chinese district에서도 알 수 있듯이 (d)가 정답이다.
archaeologist 고고학자 **unearth** 발굴하다 **date back to** (시기가) …까지 거슬러 올라가다 **settlement** 정착(지), 개척지 **under-floor** 바닥 아래에 설치하는 **flue** (굴뚝) 연통 **distinct** 뚜렷한 **dwelling** 주거(지) **remains** 유적, 유물 **successor** 계승자 **heritable** 상속 가능한

---

32 Buildit modeling and simulation software offers you a practical way to dynamically visualize and communicate complex systems and ideas. Easy to use, Buildit lets you build models, create environments, run simulations, test research, and learn by doing. It supports diverse learning styles and a range of storytelling features. Diagrams, charts, and animation help you discover or show relationships between variables in countless scenarios. Thousands of educators and researchers have made Buildit the gold standard, using it to study everything from economics to physics, literature to calculus, chemistry to public policy. Download a trial copy of Buildit now.

Q: Which of the following is correct about Buildit according to the passage?
(a) It is used by researchers to control robotic models.
(b) It is able to automatically generate teaching lessons.
✔ (c) It is designed to simulate scenarios in numerous fields.
(d) It is currently the standard at thousands of universities.

번역 빌드잇 모형 제작 및 시뮬레이션 프로그램은 복잡한 시스템과 개념을 역동적으로 시각화하고 전달하는 효과적인 방법을 제시해 드립니다. 사용이 간편한 빌드 잇은 모형 제작과 환경 구축, 시뮬레이션 실시, 연구 테스트, 체험을 통한 학습을 가능하게 해드립니다. 그것은 다양한 학습 방법과 광범위한 스토리텔링 특징을 지원합니다. 도형 및 도표, 애니메이션이 셀 수 없이 많은 시나리오에서 변수들 간의 관계를 발견하고 보여주는 데 도움을 줍니다. 수천 명의 교육자와 연구자들이 빌드잇을 본보기로 삼아 경제학에서 물리학, 문학에서 미적분학, 화학에서 공공 정책에 이르기까지 모든 학습에 이용해 왔습니다. 지금 빌드잇 무료 체험본을 다운로드 받으세요.

Q: 빌드잇에 대해 지문 내용과 일치하는 것은?
(a) 연구자들이 로봇 모형을 통제하기 위해 사용한다.
(b) 자동적으로 수업을 만들 수 있다.
(c) 수많은 분야에서 시나리오를 시뮬레이션하기 위해 고안된 것이다.
(d) 현재 수천 개 대학에서 표준으로 삼고 있다.

해법 Buildit이라는 컴퓨터 프로그램을 홍보하는 글이다. simulation software, run simulations 등의 어구에서 알 수 있듯이 시뮬레이션을 위한 프로그램이므로 (c)가 정답이다. 로봇에만 국한된 것이 아니므로 (a)는 알맞지 않고, (b)나 (d)에 대한 언급은 없다.
visualize 시각화하다 **diverse** 다양한 **variable** 변수 **calculus** 미적분학

---

33 Four satirical "playlets" by writer P.G. Wodehouse, recently rediscovered after being archived for 100 years, prove that Wodehouse was highly attuned to political nuances as a young man, despite often being regarded as apolitical. Wodehouse, best known for his comic creations— the all-knowing Jeeves and his egregious boss, Bertie Wooster—parodies debates in British politics in the satires. However, critics point out that while he was politically astute, Wodehouse was a very accommodating writer. He would deliver a piece to suit the political position of anyone who commissioned him.

Q: What can be inferred about P.G. Wodehouse from the passage?
(a) He was staunchly apolitical despite what critics think.
✔ (b) His stance on politics was second to his writing goals.
(c) He loathed the conservatism of British politics at the time.
(d) His finest writing came as a result of well-paid commissions.

번역 우드하우스는 흔히 정치에 관심이 없는 것으로 간주되었지만, 100년 동안 기록 보관소에 보관되어 오다가 최근 재발견된 작가 P.G. 우드하우스가 쓴 네 편의 풍자적인 '촌극'은 그가 젊은 시절 정치 상황에 매우 민감했음을 증명한다. 만물 박사 지브스와 그의 지독한 상사인 버티 우스터 같은 희극적인 배역 인물들로 가장 잘 알려져 있는 우드하우스는 풍자를 통해 영국의 정치 논쟁을 패러디하고 있다. 그러나 비평가들은 그가 정치적으로 영악한 반면에 매우 상대하기 쉬운 작가였다고 지적한다. 그는 자신에게 의뢰하는 누구에게라도 그의 정치적 입장에 맞게 글을 써주었다.

Q: 지문에서 P.G. 우드하우스에 대해 추론할 수 있는 것은?
(a) 비평가들의 생각과 달리 철저히 정치에 관심이 없었다.
(b) 작가로서의 목적 의식이 정치적 입장보다 우선했다.
(c) 당시 영국 정치의 보수적 성향을 싫어했다.
(d) 그의 최고의 작품은 넉넉한 보수의 결과물이었다.

해법 P.G. Wodehouse라는 작가의 개인적인 정치적 성향과 작가로서의 성향을 설명하고 있다. 마지막 문장에서 자신의 정치적 성향을 떠나 의뢰하는 사람에 맞추어 글을 썼다고 했으므로 (b)가 정답이다. (a)는 글의 내용과 오히려 상반 되며 (c)나 (d)에 대한 근거는 찾아볼 수 없다.
playlet 촌극, 짧은 연극 **satirical** 풍자적인 **attune to** …에 맞추다 **apolitical** 정치에 관심 없는 **egregious** 지독한 **astute** 영악한 **accommodating** 상대하기 쉬운; (나쁜 뜻으로) 융통성 있는 **commission** 의뢰하다 **staunchly** 충실하게 **loathe** 몹시 싫어하다

69

34 The Large Hadron Collider, a science experiment designed to study proton collisions, has two data recorders that measure the particles created in the collisions. These detectors generate huge amounts of data, which is only going to increase. So far, the analysis system has been able to keep up. That will change when the collider increases collision rates. Data loads will simply be too large to collect, distribute, and analyze as before. Also, there is still work to do. Physicists have to make sure the detector is properly aligned and calibrated.

Q: What can be inferred about the Large Hadron Collider?
✔ (a) It might generate data that is beyond understanding.
(b) It is unlikely to challenge any current views on physics.
(c) It will not reveal new discoveries in physics any time soon.
(d) It is going to be more costly to operate than physicists realize.

번역 거대 강입자 충돌기는 양자 충돌을 연구하기 위해 고안된 과학 실험으로 두 대의 데이터 기록기를 가지고 충돌에서 생성되는 입자들을 측정한다. 이 탐지기는 엄청난 양의 데이터를 만들어내는데 지금도 늘어나고 있다. 이제까지는 분석 체계가 따라갈 수 있었다. 충돌기가 충돌 속도를 높이면 상황이 바뀔 것이다. 데이터 분량이 엄청나게 방대해져 이전처럼 한데 모아 분류하고 분석하기 힘들 것이다. 게다가 해야 할 일이 또 있다. 물리학자들은 탐지기가 올바르게 정렬되고 조정되어 있는지 확인해야 한다.

Q: 거대 강입자 충돌기에 대해서 추론할 수 있는 것은?
(a) 이해를 초월한 데이터를 생산해낼 수도 있다.
(b) 물리학의 현재 관점에 문제를 제기할 것 같지 않다.
(c) 조만간 물리학에 새로운 발견을 제시하지 않을 것이다.
(d) 물리학자들이 알고 있는 것보다 가동하는 데 비용이 더 많이 들 것이다.

해법 Data loads will simply be too large to collect, distribute, and analyze에서 데이터가 너무 많아져 분류하고 분석하는 것이 불가능해질 수도 있다고 했으므로 (a)가 정답이다. 비용에 대한 언급은 없으므로 (d)는 오답이다.
hadron 하드론 collider 충돌형 가속기 proton 양자 collision 충돌 particle 입자 detector 탐지기 align 정렬시키다 calibrate 조정하다

---

35 The most inventive moment in *The Detective* comes during the opening sequence. From there on, it is all humdrum. The movie misses the mark as a big-screen adaptation of a once-popular 60s TV series. Despite all the prerelease hype, it is formulaic and sophomoric. *The Detective* attempts to be funny, but most of its gags lack sophistication. There are the mandatory flatulence jokes and toilet humor—a good sign the script writers ran out of ideas. If there is any redeeming feature, the movie's zaniness and special effects will probably appeal to middle-schoolers.

Q: What can be inferred about *The Detective* according to the review?
(a) Its humor is liable to go over many people's heads.
(b) The movie is not a success on account of bad acting.
✔ (c) People who anticipated it will be sorely disappointed.
(d) There is something in it for the whole family to enjoy.

번역 〈탐정〉에서 가장 독창적인 장면은 첫 장면에서 나온다. 거기서부터는 내내 따분하다. 이 영화는 한때 인기 있었던 60년대 TV 시리즈를 대형 화면의 영화로 각색한 것으로 기대에 미치지 못한다. 상영 전 대대적인 광고에도 불구하고, 영화는 도식적이고 뭔가 부족하다. 〈탐정〉은 유머를 시도하고 있으나 대부분의 유머가 세련되지 못하다. 강박적으로 과장된 농담과 저급한 음담패설은 작가의 아이디어가 고갈되었음을 여실히 보여주는 것이다. 그래도 혹시 장점이 있다고 한다면, 기발함과 특수 효과가 중학생들의 흥미를 끌지도 모르겠다.

Q: 영화평에서 〈탐정〉에 대해서 추론할 수 있는 것은?
(a) 영화의 유머는 대다수 사람들이 이해하지 못할 것 같다.
(b) 연기가 안 좋아서 성공하지 못한다.
(c) 기대했던 사람들은 매우 실망할 것이다.
(d) 가족 전체가 즐길 만한 뭔가가 있다.

해법 영화에 대해 부정적인 평가를 내리고 있는데, The movie misses the mark에서 단적으로 드러난다. 따라서 (c)가 정답이다. 유머의 문제는 세련되지 못했다는 것이므로 (a)는 알맞지 않고, 영화가 성공하지 못한 이유로 연기력 부족은 언급하지 않았으므로 (b) 역시 오답이다.
sequence 일련의 화면 humdrum 단조로운, 따분한 miss the mark 목표 달성에 실패하다 prerelease 시사회 hype 판촉 활동 formulaic 정형화된 sophomoric 아는 체하지만 미숙한 sophistication 세련됨 mandatory 의무적인 flatulence 허세 redeeming 벌충하는 zaniness 엉뚱함 go over one's head 이해하지 못하다

36 In the village of Gambatesa, Italy, where I grew up, people are particularly sensitive to ignorance or backwardness. It is deeply connected to our peasant origins and identity, and there are unique expressions in our dialect against ignorance or for criticizing ignorant people. These expressions strongly implied the need for education, which for people in Gambatesa, was a kind of medicine against ignorance. I believed the same thing, but when I got to university and lived among academics and scholars, I learned another truth, which was that ignorance has nothing necessarily to do with education.

Q: What can be inferred about the author?
(a) He has a low opinion of the education system in Italy.
(b) He is embarrassed about having grown up in Gambatesa.
(c) He thought his village generally had a lot of ignorant people.
✔ (d) He encountered educated people he considered to be ignorant.

번역 내가 자란 이탈리아의 감바테사 마을에서는 사람들이 특히 무식함이나 낙후성에 민감하다. 이것은 우리의 촌사람 태생이나 정체성과 깊은 관계가 있는 것으로 우리 지역 사투리에는 무식함에 반감을 표현하거나 무식한 사람들을 비난하는 독특한 표현들이 있다. 이러한 표현들은 교육에 대한 필요성을 강하게 담고 있는데, 교육은 감바테사 사람들에게 무식함에 대한 일종의 치료약이었다. 나도 역시 그렇게 믿고 있었지만, 대학에 가서 대학생이나 교수들과 살게 되면서 또 다른 진실을 알게 되었는데, 무식함은 반드시 교육과 관계가 있는 것은 아니라는 것이다.

Q: 필자에 대해서 추론할 수 있는 것은?
(a) 이탈리아의 교육제도를 낮게 평가하고 있다.
(b) 감바테사에서 성장한 것에 대해 부끄러워한다.
(c) 자신의 고향 마을에 대체로 무식한 사람들이 많다고 생각했다.
(d) 교육을 받았지만 무식하다고 여겨지는 사람들을 만나보았다.

해법 필자의 경험을 토대로 무식함과 교육의 상관관계에 대해 말하고 있다. 끝부분에서 대학에 가서 무식함과 교육이 반드시 관련 있는 것은 아님을 알게 되었다고 했으므로 (d)가 정답이다.
backwardness 낙후, 후진성 **peasant** 농부, 촌사람 **academic** 대학생, 배운 사람 **have nothing to do with** …와 전혀 관계가 없다

37 Spiro's Cafe is tucked away in Stonebridge—an area with an abundance of lunching places, but almost none this reviewer feels more than lukewarm about. Most insist on up-market prices for down-market food and service. Spiro's is the exception: there's a fixed selection of excellent Italian sandwiches and a couple of soups and salads of the day. Everything is simple, made from fresh ingredients, and is completely honest. You can just tell that the owners know and care about food. Drop into Spiro's at 37 St. Stephen's Street and see for yourself.

Q: What can be inferred about Spiro's Cafe?
(a) It is not well known because of its location.
(b) It serves lunch but does not open for dinner.
✔ (c) It can be relied upon to provide value for money.
(d) It is run by an expert in traditional Italian cuisine.

번역 스피로 카페는 스톤브리지의 한적한 곳에 자리잡고 있다. 이곳은 점심식사를 할 만한 곳이 넘쳐나는 지역이지만 본 비평가에게는 거의 모든 곳이 다 그저 그렇게 여겨질 뿐이다. 대다수는 그저 그런 음식과 서비스에 높은 가격을 고집한다. 스피로는 예외이다. 고정 메뉴로 맛이 뛰어난 이탈리아 샌드위치들이 있으며 두서너 가지 오늘의 수프와 샐러드가 있다. 모든 것이 신선한 재료로 만들어져 담백하며 정직한 맛 그대로이다. 식당 주인이 음식에 대해 알고 다루는 사람이라는 것을 바로 알 수 있다. 성 스티븐 가 37번지에 있는 스피로에 들러서 직접 확인해 보시길.

Q: 스피로 카페에 대해서 추론할 수 있는 것은?
(a) 위치 때문에 잘 알려져 있지 않다.
(b) 점심에는 영업하지만 저녁에는 문을 열지 않는다.
(c) 돈의 값어치를 한다고 믿을 만하다.
(d) 정통 이탈리아 요리 전문가가 운영한다.

해법 비평 전문가가 좋아하는 식당을 소개하는 글이다. 스톤브리지 지역 대부분의 식당이 음식에 비해 값이 비싸지만 Spiro's는 예외라고 했으므로 (c)가 정답이다. 한적한 곳에 있다고 했지만 (a)라고 단정지을 수는 없으며, (b)나 (d)에 대한 근거도 찾을 수 없으므로 오답이다.
be tucked away 한적한 곳에 위치하다 **abundance** 풍부 **reviewer** 비평가 **lukewarm** 미온적인 **up-market** 고급의 **down-market** 저가의, 내숭적인

38 Art Deco was a popular art design movement between 1920 and 1939, predominantly associated with architecture. (a) Buildings designed in Art Deco style were futuristic and embraced the machine age with their geometric, streamlined structures and decorations. (b) Furniture design, film, sculpture, clothing, jewelry, and graphic design were all influenced by the Art Deco style. (c) Yet Art Deco structures owed much to influences from many early cultures and historic periods too, especially to ancient Egypt. (d) Shapes and patterns in ancient monuments and art were borrowed by architects to reflect opulence, prosperity, and grandeur.

번역 아르 데코는 1920년에서 1939년 사이에 인기 있었던 미술 디자인 사조로서, 특히 건축과 관계가 있었다. (a) 아르 데코 양식으로 설계된 건물은 미래 지향적이었으며 기하학적이고 간결한 구조와 장식으로 기계 시대를 포용했다. (b) 가구 디자인, 영화, 조각, 의류, 장신구, 그래픽 디자인이 모두 아르 데코 양식의 영향을 받은 것들이다. (c) 하지만 아르 데코 건축물들이 주로 영향을 받은 대상은 여러 초기 문화와 역사적 사건들로 특히 고대 이집트의 영향을 받았다. (d) 고대 기념물과 예술품의 형태와 패턴은 풍부함과 번영, 위엄을 나타내기 위해서 건축가들이 차용한 것들이다.

해법 아르 데코 건물과 건축 양식에 대해 설명하는 글이다. (a)에서 아르 데코와 건축의 관계를 설명하고 (c)와 (d)에서는 아르 데코 건축물들이 고대 이집트에서 영향을 받았다는 것을 설명하므로 (b)가 전체적인 흐름에서 벗어난다.
movement 흐름, 동향 predominantly 현저히 futuristic 미래 지향적인 embrace 받아들이다 geometric 기하학적인 streamlined 간결한, 유선형의 monument 기념물 opulence 풍부, 부유 prosperity 번영 grandeur 위엄

39 The writer Isaac Babel was born in 1894 in the Russian city of Odessa. (a) As such, he grew up in an atmosphere of persecution because he came from an openly Jewish family. (b) He began to write as a teenager and met Maxim Gorky, another Russian writer, who published several of Babel's stories in a periodical. (c) Throughout his career he ran into problems with Russian authorities for his controversial writing and opinions. (d) Babel still wrote while Stalin was in power, but in 1939 he was arrested and shot under false charges of being a spy.

번역 작가 아이작 바벨은 1894년 러시아의 오데사라는 도시에서 태어났다. (a) 그는 공공연하게 유태인 가정 출신이었기 때문에 박해받는 환경에서 자랐다. (b) 십대에 글을 쓰기 시작해서 또 다른 러시아 작가인 막심 고리키를 만났는데, 그가 바벨의 소설 몇 편을 잡지에 실어 주었다. (c) 작가로서 활동 기간 내내 그는 논란을 일으키는 글과 사상 때문에 러시아 당국과의 문제에 부딪혔다. (d) 바벨은 스탈린이 집권하는 동안에도 글을 썼지만, 1939년에 스파이라는 누명을 쓰고 체포되어 처형되었다.

해법 작가 아이작 바벨의 저작 활동에 초점을 두고 설명하는 글이므로 성장 배경에 대해 언급하는 (a)는 글의 흐름에서 벗어난다.
persecution 박해 periodical 정기간행물, 잡지 controversial 논란의 여지가 많은 in power 정권을 잡아

40 Forming a concept involves organizing important characteristics of our experiences. (a) The degree to which we can do this effectively is a defining trait of human intelligence. (b) However, little is known about how the regions of the brain organize the world into separate concepts and use them for decision making. (c) Scientists have indeed pinpointed the regions responsible for our sense of personal space. (d) It is only known that the hippocampus region creates and stores concepts and passes the information onto the prefrontal cortex.

번역 개념 형성은 우리 경험의 중요한 특징을 체계화하는 데 관여한다. (a) 우리가 이를 어느 정도까지 효과적으로 하느냐가 인간의 지능을 결정짓는 특성이다. (b) 하지만 뇌의 영역들이 어떻게 세계를 개별적인 개념으로 체계화하고 이를 이용하여 결정을 내리는지에 대해서는 알려진 바가 거의 없다. (c) 과학자들은 실제로 개인 공간이라는 우리의 감각을 담당하는 영역의 위치를 정확히 짚어내기도 했다. (d) 해마 영역이 개념을 형성하고 저장하며 전전두엽 피질로 정보를 전달한다는 것만 알려져 있을 뿐이다.

해법 (c)에서 과학자들이 두뇌에서 작용하는 영역의 위치를 정확히 짚어냈다는 것은 뇌의 작용에 대해 알려진 바가 거의 없다(little is known)는 (b)의 내용이나 단편적인 내용만 알려져 있다(only known)고 한 (d)의 내용과 어긋난다. 따라서 (c)가 전체적인 글의 흐름에서 벗어난다.
pinpoint …의 위치를 정확히 말하다 hippocampus (대뇌의) 해마 prefrontal cortex 전전두엽 피질

Answer Keys

🎧 **Listening** Comprehension

1	(b)	7	(b)	13	(b)	19	(c)	25	(d)	31	(d)	37	(b)	43	(a)	49	(c)	55	(b)
2	(a)	8	(d)	14	(a)	20	(b)	26	(b)	32	(d)	38	(d)	44	(c)	50	(d)	56	(b)
3	(d)	9	(a)	15	(c)	21	(b)	27	(b)	33	(b)	39	(a)	45	(b)	51	(c)	57	(c)
4	(b)	10	(c)	16	(c)	22	(b)	28	(c)	34	(c)	40	(c)	46	(c)	52	(b)	58	(c)
5	(c)	11	(d)	17	(d)	23	(b)	29	(a)	35	(d)	41	(b)	47	(d)	53	(d)	59	(a)
6	(b)	12	(d)	18	(b)	24	(c)	30	(c)	36	(a)	42	(c)	48	(c)	54	(c)	60	(b)

📝 **Grammar**

1	(a)	6	(a)	11	(c)	16	(a)	21	(a)	26	(c)	31	(d)	36	(a)	41	(d)	46	(d)
2	(a)	7	(b)	12	(b)	17	(c)	22	(b)	27	(d)	32	(b)	37	(b)	42	(d)	47	(b)
3	(c)	8	(c)	13	(b)	18	(c)	23	(b)	28	(b)	33	(b)	38	(a)	43	(d)	48	(b)
4	(c)	9	(d)	14	(c)	19	(b)	24	(a)	29	(c)	34	(b)	39	(b)	44	(b)	49	(c)
5	(b)	10	(a)	15	(a)	20	(b)	25	(a)	30	(a)	35	(c)	40	(b)	45	(d)	50	(c)

✏️ **Vocabulary**

1	(c)	6	(c)	11	(b)	16	(b)	21	(c)	26	(d)	31	(b)	36	(c)	41	(d)	46	(d)
2	(d)	7	(b)	12	(a)	17	(d)	22	(a)	27	(b)	32	(d)	37	(c)	42	(a)	47	(c)
3	(b)	8	(c)	13	(c)	18	(c)	23	(b)	28	(b)	33	(c)	38	(c)	43	(a)	48	(c)
4	(a)	9	(c)	14	(b)	19	(c)	24	(c)	29	(a)	34	(b)	39	(d)	44	(b)	49	(d)
5	(b)	10	(b)	15	(d)	20	(b)	25	(d)	30	(a)	35	(b)	40	(b)	45	(d)	50	(d)

✒️ **Reading** Comprehension

1	(b)	5	(c)	9	(c)	13	(b)	17	(b)	21	(c)	25	(d)	29	(c)	33	(b)	37	(c)
2	(a)	6	(a)	10	(a)	14	(b)	18	(c)	22	(b)	26	(a)	30	(d)	34	(a)	38	(b)
3	(b)	7	(d)	11	(b)	15	(a)	19	(c)	23	(a)	27	(d)	31	(d)	35	(c)	39	(a)
4	(b)	8	(b)	12	(b)	16	(c)	20	(d)	24	(d)	28	(d)	32	(c)	36	(d)	40	(c)

1

M The front of your car is damaged. What happened?

W _____

(a) My friends and I parked it here.
✔ (b) I rear-ended another car yesterday.
(c) That's too bad. Go to a body shop.
(d) Don't worry. I can drive you there.

번역 M 당신의 차 앞부분이 망가졌네요. 무슨 일이에요?

W _____

(a) 저와 제 친구들은 이곳에 주차했어요.
(b) 어제 다른 차와 추돌했어요.
(c) 정말 안됐네요. 정비소에 가보세요.
(d) 걱정 마세요. 제가 거기까지 태워 드릴게요.

해법 차가 망가졌다며 무슨 일이 있었는지 묻고 있으므로 추돌 사고가 있었다고 답하는 (b)가 가장 적절한 대답이다. (c)는 여자의 대답을 들은 후 다시 남자가 할 수 있는 말이다.
park 주차하다 **rear-end** (다른 차의 뒷부분을) 추돌하다 **body shop** 자동차 정비소

2

W Is it likely that we'll be able to get to Denver today?

M _____

(a) Next week should be fine.
✔ (b) Almost certain!
(c) Go quickly!
(d) Maybe it will.

번역 W 우리가 오늘 안에 덴버에 도착할 수 있을 것 같나요?

M _____

(a) 다음 주가 좋을 것 같아요.
(b) 거의 확실해요!
(c) 서둘러 가요!
(d) 아마 그럴 거예요.

해법 가능성을 묻고 있으므로 확실히 그럴 거라고 자신하는 (b)가 가장 적절한 대답이다. 얼핏 들으면 (d)도 정답 같지만 Maybe we will이라고 해야 옳다.
likely …할 것 같은 **able** …할 수 있는 **almost** 거의 **certain** 확실한

3

M It was fortunate you stopped me backing my car up too far!

W _____

✔ (a) I was worried you'd have an accident.
(b) Thank you. That could have been scary.
(c) I was wondering when you'd get here.
(d) Well, next time we'll get a better result.

번역 M 제가 차를 너무 멀리 후진 시키는 걸 당신이 막아 줘서 다행이었어요!

W _____

(a) 당신이 사고 낼까 봐 걱정했어요.
(b) 고마워요. 끔찍할 뻔했어요.
(c) 당신이 언제 도착할지 궁금했어요.
(d) 글쎄, 다음 번에는 좀 더 나은 결과를 얻을 거예요.

해법 남자의 말은 사고 날 뻔한 걸 막아 줘서 고맙다는 뜻이므로 역시 사고 가능성에 대해 언급하는 (a)가 가장 적절한 대답이다. (b)는 사고를 낼 뻔한 남자가 할 수 있는 말이다.
fortunate 다행한 **back up** (차를) 후진 시키다 **scary** 무서운 **result** 결과

4

W Russia is upset with recent U.S. military exercises.

M _____

(a) I wouldn't worry if it's Russian.
(b) The UN really is a big problem.
(c) The U.S. shouldn't complain so much.
✔ (d) I hope the situation doesn't escalate.

번역 W 러시아가 최근 미국의 군사 훈련에 동요하고 있어요.

M _____

(a) 러시아가 그런다면 걱정 안 할 텐데요.
(b) UN은 정말 큰 문제예요.
(c) 미국은 너무 불평하지 말아야 해요.
(d) 상황이 악화되지 않았으면 좋겠네요.

해법 세계 정세를 걱정하는 말에 대해 상황이 악화되지 않기를 바란다는 (d)가 가장 적절한 대답이다. 여자가 언급한 단어가 다시 등장한다고 해서 (a)나 (c)를 고르지 않도록 한다.
upset 마음이 동요한 **military** 군사의 **exercise** 훈련 **escalate** 악화되다

5

M　Dad bought me a stuffed animal for my birthday.

W　_____

✔ (a) That's an odd present for a 17 year old.
　(b) I'm stuffed, too. I ate too much.
　(c) But you already have it.
　(d) Birthdays can be really fun.

Actual Test 2

번역　M 아버지가 생일 선물로 봉제 동물 인형을 사주셨어요.

　W _____

　(a) 열일곱 살짜리에게는 뜻밖의 선물이네요.
　(b) 저도 배불러요. 너무 많이 먹었어요.
　(c) 하지만 당신은 이미 가지고 있잖아요.
　(d) 생일은 정말 즐거울 수 있어요.

해법　생일 선물 받은 것을 말하고 있으므로 선물에 대해 적절한 언급을 하고 있는 (a)가 정답이다. (b)의 stuffed는 '배가 부르다'라는 뜻으로 남자가 말한 의미와는 전혀 다르다.

　stuffed animal (속을 솜으로 채운) 봉제 동물 인형　**odd** 뜻밖의　**stuff** 채우다

6

W　How do you like your new motorcycle?

M　_____

✔ (a) It's a pretty powerful machine.
　(b) I've been riding since I was 16.
　(c) I have three motorcycles now.
　(d) It didn't seem like it was.

번역　W 새로 산 오토바이 어때요?

　M _____

　(a) 제법 강력한 기계에요.
　(b) 전 열여섯 살 때부터 탔어요.
　(c) 전 지금 오토바이가 세 대 있어요.
　(d) 그렇게 보이지 않던데요.

해법　How do you like...?는 무언가에 대한 평가나 느낌을 묻는 표현이므로 새로 산 오토바이에 대해 말하는 (a)가 가장 적절하다. (d)는 질문에 나온 like를 이용한 오답이다.

　powerful 강력한　**machine** 기계　**since** …으로부터 지금까지

7

M　Are you nervous about moving for your new job?

W　_____

　(a) No, I've been in this position for years now.
✔ (b) Not really. I'm ready for the challenge.
　(c) Naturally, it's a big investment.
　(d) Yes, I feel very confident.

번역　M 새로운 일자리로 옮기는 게 긴장돼요?

　W _____

　(a) 아니요, 이 자리에 있은 지 수년 됐는걸요.
　(b) 그다지요. 도전할 준비가 돼 있어요.
　(c) 물론이죠, 그건 큰 투자니까요.
　(d) 네, 정말 자신 있어요.

해법　Are you로 시작하는 질문에 대해 얼핏 Yes/ No로 시작하는 (a)나 (d)가 답으로 들릴 수 있지만, 이어지는 내용이 둘 다 맞지 않다. 사실상 No라는 뜻을 담은 (b)가 가장 적절한 대답이다.

　position 자리　**challenge** 도전　**naturally** 물론　**investment** 투자
　confident 자신이 있는

8

W　You're driving too fast. You should slow down.

M　_____

　(a) OK, let's stop for lunch soon.
　(b) I disagree. You're a great driver.
✔ (c) But I'm well within the speed limit.
　(d) The driving school is around the corner.

번역　W 운전을 너무 빨리 하시네요. 속도를 좀 늦추세요.

　M _____

　(a) 알았어요, 조금만 있다 점심 먹게 멈춥시다.
　(b) 전 그렇게 생각하지 않아요. 당신은 정말 운전을 잘해요.
　(c) 하지만 제한 속도를 잘 지키고 있는걸요.
　(d) 모퉁이만 돌면 운전 학원이에요.

해법　운전 속도를 늦추라는 권고의 말에 대해 이를 받아들이거나 (c)처럼 이유를 대며 거절하는 말이 올 수 있다. (a)는 OK만 들으면 답으로 착각할 수 있지만 이어지는 말이 알맞지 않다.

　slow down 속도를 늦추다　**disagree** 동의하지 않다　**within** …의 범위 내에서　**speed limit** 제한 속도　**around the corner** 모퉁이를 돈 곳에; 아주 가까운

9

M Would you like to have American or Korean food for lunch?

W _____

✔ (a) I'd prefer Korean. American food is greasy.
(b) Americans and Koreans have a lot in common.
(c) American, please. I don't speak Korean.
(d) Yes, please. I like that kind of food!

번역 M 점심 식사로 양식을 드실래요, 아니면 한식을 드실래요?

W _____

(a) 전 한식이 좋아요. 양식은 기름져요.
(b) 미국인과 한국인은 공통점이 많아요.
(c) 양식으로 주세요. 전 한국어를 못해요.
(d) 네. 전 그런 음식을 좋아하거든요!

해법 or를 이용한 선택 의문문이므로 둘 중 하나를 고르는 (a)가 가장 적절한 응답이다. (c)는 American, please까지는 어울리는 대답이지만 이어지는 내용이 알맞지 않고, (d)는 질문을 Would you like to have까지만 들었을 때 고르기 쉬운 오답이다.
prefer …을 좋아하다 **greasy** 기름진 **have ... in common** (특징 등을) 공통적으로 지니다

10

W When do you think you'll get this apartment painted?

M _____

(a) You're right. I'm glad we're done!
(b) I'm glad you enjoyed the painting.
✔ (c) I'll probably do it next weekend.
(d) My apartment is right next door.

번역 W 이 아파트 칠을 언제 할 것 같아요?

M _____

(a) 당신 말이 맞아요. 우리가 다 끝내서 기뻐요!
(b) 페인트칠이 즐거웠다니 기쁘네요.
(c) 다음 주말에 할까 봐요.
(d) 제 아파트는 바로 옆 건물이에요.

해법 질문에 나온 When이라는 의문사만 놓치지 않으면 쉽게 풀 수 있는 문제이다. 선택지 중에서 유일하게 때를 언급한 (c)가 정답이다.
glad 기쁜 **enjoy** …을 즐기다 **probably** 아마도

11

M Don't you think English is a good major for me?

W _____

(a) Only if you have the talent.
(b) You were right to choose one.
✔ (c) It depends if you want to do it.
(d) My English is not the best, either.

번역 M 영어가 제게 맞는 전공인 것 같지 않나요?

W _____

(a) 당신한테 재능만 있다면요.
(b) 하나를 선택해야 한다는 당신 말이 맞았어요.
(c) 당신이 그걸 하기를 원하느냐에 달렸죠.
(d) 제 영어도 아주 훌륭하지는 않아요.

해법 질문의 의미를 정확히 이해하지 못하면 오답을 고르기 쉽다. 자신이 영어를 전공해도 괜찮을지 상대방의 의견을 묻고 있으므로 (c)가 가장 적절한 응답이다. 영어를 전공하는 것은 재능과 관련 있는 것이 아니므로 (a)는 알맞지 않다.
major 전공 **talent** 재능 **choose** 선택하다 **It depends** …에 달려 있다

12

W Is this all of the mail that came while I was on vacation?

M _____

✔ (a) That's everything I collected.
(b) I think that the mailman is sick.
(c) There will be more next week.
(d) Mail delivery can be slow.

번역 W 이게 내가 휴가 간 동안 온 우편물 전부예요?

M _____

(a) 제가 모아둔 건 그게 전부예요.
(b) 우체부가 아픈가 봐요.
(c) 다음 주에는 더 많을 거예요.
(d) 우편 배달이 늦어질 수도 있어요.

해법 여자는 우편물이 더 있는지를 묻고 있으므로 더 이상 없다는 뜻인 (a)가 가장 적절한 응답이다. (c)는 앞부분만 들으면 맞는 응답 같지만 next week가 질문 내용과 어울리지 않는다.
mail 우편물 **be on vacation** 휴가 중이다 **collect** 모으다 **mailman** 우체부

13

M   The deadline for this project passed two weeks ago!

W   _____

(a) I was glad to get it to you on time.
(b) Missing the project was unfortunate.
(c) You're right. The deadline is coming up.
✔ (d) I'm sorry. Just give me two more days.

번역 M 이 프로젝트 마감일이 2주 전에 지났잖아요!

W   _____

(a) 당신한테 그걸 제시간에 갖다줄 수 있어서 기뻤어요.
(b) 그 프로젝트를 놓친 건 유감이었어요.
(c) 당신 말이 맞아요. 마감일이 다가오고 있어요.
(d) 죄송합니다. 이틀만 더 주세요.

해법 마감일을 어긴 것에 대해서 질책하는 말이므로 응답으로 사과나 변명의 말이 와야 알맞다. 따라서 사과하며 마감일 연장을 부탁하는 (d)가 가장 적절하다.
deadline 마감일 **miss** 놓치다 **come up** 다가오다

14

W   How do you feel about nuclear power?

M   _____

(a) It isn't something I felt recently.
(b) I distrust people who want power.
✔ (c) I think that it is a necessary evil.
(d) We should abolish nuclear weapons.

번역 W 원자력에 대해서 어떻게 생각해요?

M   _____

(a) 그건 내가 최근에 느낀 게 아니에요.
(b) 난 권력을 원하는 사람들을 믿지 않아요.
(c) 그건 필요악이라고 생각해요.
(d) 핵무기를 없애야 해요.

해법 How do you feel...?은 무언가에 대한 느낌이나 의견을 묻는 말이다. 따라서 I think로 시작해 자신의 생각을 밝힌 (c)가 정답이다. (d)는 질문에 나온 nuclear power를 제대로 듣지 못했을 때 고를 수 있는 오답이다.
nuclear power 원자력 **distrust** 불신하다 **necessary evil** 필요악
abolish 없애다 **nuclear weapon** 핵무기

15

M   May I send you the document via email?

W   _____

(a) Yes, we need some sign.
(b) No, we need it quickly.
(c) Only last Thursday.
✔ (d) That will be fine.

번역 M 이메일로 문서를 보내드려도 될까요?

W   _____

(a) 네, 우리는 신호가 필요해요.
(b) 아뇨, 우리는 그게 빨리 필요해요.
(c) 지난주 목요일만이요.
(d) 그게 좋겠군요.

해법 May I...?는 상대방의 허락이나 양해를 구하는 표현이다. 따라서 허락을 뜻하는 (d)가 가장 적절한 응답이다. Yes/ No 응답이 가능하지만, (a)와 (b)는 Yes와 No가 바뀌어야 이어지는 내용과 의미가 자연스럽다.
document 문서 **via** …을 통하여 **sign** 신호 **quickly** 빨리

16

M   You must be the new accountant.

W   Yes, Mr. Lee. Today is my first day.

M   Have you had a chance to get oriented yet?

W   _____

✔ (a) I think I'm getting a sense of the job.
(b) Yes, I've been doing nothing all day.
(c) No, everything's going fine.
(d) I figured it all out last week.

번역 M 새로 온 회계사인가 보군요.

W 네, 미스터 리. 오늘이 근무 첫날이에요.

M 업무에 익숙해질 기회가 있었어요?

W   _____

(a) 업무를 익혀 가고 있는 것 같아요.
(b) 네, 하루 종일 아무 것도 안 했어요.
(c) 아뇨, 다 잘되고 있어요.
(d) 지난주에 그걸 전부 계산했어요.

해법 신입 직원에게 묻는 질문이므로 업무를 익히는 중이라는 (a)가 가장 적절한 응답이다. (c)는 No 대신 Yes라고 답하면 정답이 될 수 있다.
accountant 회계사 **orient** (새로운 상황에) 익숙해지다 **fine** 괜찮은, 좋은
figure out 계산하다

17

W I've never seen your car look so filthy!
M It's because there was a sudden thunderstorm.
W But how did the car get so dirty?
M _____

(a) It rained pretty hard I heard.
✔ (b) I had to drive through some mud.
(c) I tried, but the car wash was closed.
(d) It was the strangest thing I've ever seen.

번역 W 당신 차가 그렇게 지저분해 보이는 거 처음 봤어요!
M 왜냐하면 갑자기 뇌우가 있었거든요.
W 그렇더라도 어떻게 차가 그렇게 더러워졌어요?
M _____

(a) 제가 듣기로는 비가 정말 심하게 내렸다는데.
(b) 진흙탕을 뚫고 운전해야 했거든요.
(c) 하려고 했는데, 세차장이 문을 닫았어요.
(d) 그건 내가 이제까지 본 것 중 제일 이상한 것이었어요.

해법 차가 더러운 이유를 묻고 있으므로 진흙탕 속에서 운전했다는 (b)가 가장 적절한 응답이다. (c)는 왜 세차를 하지 않았냐고 물었을 때 가능한 응답이다.
filthy 더러운 **sudden** 갑작스러운 **thunderstorm** 뇌우 **dirty** 더러운 **mud** 진창

18

M Where would you like to retire to?
W Well, I've always wanted to live in Tahiti.
M But it'd be expensive to live there, wouldn't it?
W _____

✔ (a) I hope to be wealthy in my old age.
(b) I agree. It's too early for me to retire.
(c) It's an ideal place for a holiday.
(d) Sure, I'd love to go there with you!

번역 M 은퇴해서 어디서 살고 싶어요?
W 글쎄요, 항상 타히티에서 살고 싶었어요.
M 하지만 거기는 생활비가 비싸지 않을까요?
W _____

(a) 나이 들어 돈이 많기를 소원해야죠.
(b) 나도 그렇게 생각해요. 은퇴하기에는 너무 이르죠.
(c) 그곳은 휴양지로는 이상적이죠.
(d) 물론이에요, 당신과 거기에 함께 가고 싶어요!

해법 생활비가 많이 들 거라는 남자의 말에 대해 그럴 수 있을 만큼 부자가 되어 있기를 바란다는 (a)가 가장 적절한 응답이다. (b)는 남자의 말에 나온 I agree 만 듣고 고르기 쉬운 오답이다.
retire 은퇴하다 **expensive** 값비싼 **wealthy** 부유한 **ideal** 이상적인

19

M Will you confirm your user name, please?
W Yes, it's "junebug1984."
M OK, I have your details on my screen. How may I assist you?
W _____

(a) I appreciate that. Talk to you soon.
(b) Yes, please. I would like that.
(c) That's not really necessary.
✔ (d) I can't log on to the site.

번역 M 사용자 이름을 말씀해 주시겠습니까?
W 네, "junebug1984"입니다.
M 네, 화면에 고객님의 정보가 떴습니다. 무엇을 도와드릴까요?
W _____

(a) 감사합니다. 곧 연락 드리죠.
(b) 네, 그게 좋겠군요.
(c) 그건 그다지 필요 없어요.
(d) 사이트 접속이 안 돼요.

해법 원격으로 전문가가 컴퓨터상의 문제를 해결해 주는 상황이다. 남자의 마지막 질문 How may I assist you?는 무엇이 문제인지를 묻는 것이므로 문제점을 알려주는 (d)가 적절한 응답이다.
confirm 확인하다 **detail** 세부, 항목 **assist** 돕다 **appreciate** 감사하다 **log on to** ~에 로그인하다

20

W Hello, Dr. Kim. It's good to see you!
M Thank you for meeting me on such short notice.
W It's my pleasure. Let's go to my office.
M _____

✔ (a) Certainly. Please lead the way.
(b) Yes, I'll meet you in the office.
(c) No, you shouldn't even be here.
(d) Well, I'll be happy to see them.

번역 W 안녕하세요, 김 박사님. 만나 뵙게 돼 반갑습니다!
M 급하게 연락을 드렸는데도 만나주셔서 감사합니다.
W 아니에요. 제 사무실로 가시죠.
M _____

(a) 그러죠. 먼저 가세요.
(b) 네, 사무실에서 뵐게요.
(c) 아뇨, 여기 계셔서도 안 돼요.
(d) 뭐, 그들을 보게 되면 기쁠 거예요.

해법 두 사람이 미리 약속을 하고 만난 상황으로, 여자의 마지막 말이 Let's go to my office이므로 여자보고 먼저 앞서가라는 (a)가 가장 적절한 응답이다.
short notice 급한 통보 **my pleasure** 도움이 되어 저도 기뻐요 **lead the way** 앞장 서다

21

M Sorry, Susan. I didn't realize my printer was out of ink.

W That's all right. My term paper isn't due for a couple of hours.

M What will you do about printing it out?

W _____

(a) Don't worry. You can buy a new printer.

✔ (b) I'll just go to the campus computer lab.

(c) You're so kind to do that for me.

(d) That's OK. We can go together.

번역 M 미안해요, 수전. 내 프린터에 잉크가 떨어졌는지 미처 몰랐어요.

W 괜찮아요. 기말 보고서 마감 시간까지 두어 시간 남았어요.

M 어떻게 출력할 거예요?

W _____

(a) 걱정 마요. 프린터를 새로 살 수 있을 거예요.

(b) 학교 컴퓨터실에 갈 거예요.

(c) 그렇게 해준다니 정말 고마워요.

(d) 괜찮아요. 우린 같이 갈 수 있어요.

해법 프린터를 당장 사용해야 하는데 잉크가 떨어진 상황이므로 이에 대해 알맞은 대안이 응답으로 나와야 알맞다. 따라서 다른 곳에 가서 프린터를 사용하겠다는 (b)가 가장 적절하다.

realize 깨닫다 **be out of** ~이 다 떨어지다 **term paper** 학기말 리포트 **due** 마감인 **kind** 친절한

22

W Are you ready for the dinner at the CEO's house?

M Ready? What do you mean?

W Well, everyone brings a gift or some kind of wine or dessert.

M _____

(a) It should be a wonderful dinner.

(b) I see. Then, I'd like a dessert, please.

(c) You can pick up something on the way.

✔ (d) I wish I'd known sooner. No one told me.

번역 W 사장님 댁에서 있을 만찬에 갈 준비됐어요?

M 준비라니요? 무슨 말이에요?

W 그게, 다들 선물이나 와인, 또는 디저트를 가져간대요.

M _____

(a) 멋진 만찬이 될 것 같군요.

(b) 그렇군. 그럼 디저트를 주세요.

(c) 가는 길에 뭘 좀 사가면 돼요.

(d) 진작에 알았더라면 좋았을 텐데. 아무도 말해주지 않았어요.

해법 남자는 무슨 준비를 하냐며 의아해하고 있으므로 만찬에 가져갈 선물 등에 대해 전혀 모르는 (d)가 가장 적절한 응답이다. (c)는 주어를 You가 아닌 I로 바꾸면 가능한 응답이다.

pick up (물건을) 사다 **soon** 일찍, 일찌감치

23

M There is a lot of pollen in the air, don't you think?

W Really? It seems fine to me.

M Hmm… I think my allergies make me more sensitive.

W _____

(a) We must have the same allergies, then.

✔ (b) You should see a doctor about that.

(c) Yesterday, I felt even worse.

(d) I hate days like this.

번역 M 대기 중에 꽃가루가 많지 않아요?

W 그래요? 난 괜찮은데요.

M 흠… 알레르기 때문에 더 민감한 것 같아요.

W _____

(a) 그렇다면 우린 분명 같은 알레르기를 갖고 있겠네요.

(b) 의사한테 진찰을 받아보세요.

(c) 어제는 훨씬 더 심했어요.

(d) 난 이런 날씨가 싫어요.

해법 알레르기 때문에 힘들다는 말에 대한 응답이므로 진찰을 받아보라는 (b)가 가장 적절하다. 여자가 앞에서 자신은 괜찮다고 했으므로 (c)나 (d)는 알맞지 않다.

pollen 꽃가루 **sensitive** 민감한

24

W How did James do in the essay contest?

M He got second prize. He's really disappointed.

W Why? At least he got a prize.

M _____

(a) Well, at least he's still satisfied.

(b) There's no money for first prize.

(c) True, but there's always next time.

✔ (d) He likes to be first at everything.

번역 W 제임스가 글짓기 대회에서 잘했나요?

M 2등 했어요. 정말 실망했나 봐요.

W 왜요? 최소한 상은 받았잖아요.

M _____

(a) 글쎄요, 적어도 아식은 만족하고 있어요.

(b) 1등에게는 상금이 전혀 없어요.

(c) 그렇긴 하지만, 항상 다음 기회가 있으니까요.

(d) 그는 무슨 일에서든지 1등이고 싶어 하거든요.

해법 2등을 했는데도 실망한 이유에 대해 항상 1등을 원한다는 (d)가 가장 적절한 응답이다. (b)는 first 대신 second를 써서 2등 상금이 없다고 해야 알맞다.

essay 글 **second prize** 2등상 **first** 1등의

25

M You're still investing in the stock market?
W Of course! This is the best possible time.
M Everyone's afraid to invest right now. Aren't you?
W _____

(a) I am because our time has run out.
✔ (b) Not while I can still make a profit.
(c) I'm biding my time for the moment.
(d) Investing requires patience and skill.

번역 M 아직도 주식에 투자하세요?
W 물론이죠! 지금이 최적기예요.
M 모두들 지금 당장은 투자하기를 겁내던데요. 당신은 안 그래요?
W _____

(a) 시간이 다 돼서 저도 그래요.
(b) 이익을 낼 수 있는 동안은 안 그래요.
(c) 지금은 때를 기다리고 있어요.
(d) 투자에는 끈기와 요령이 필요해요.

해법 남자의 마지막 말은 Aren't you afraid to invest?라는 뜻이므로, Yes/ No 를 뜻하는 응답이 필요하다. 따라서 No의 의미를 담은 (b)가 가장 적절하다. (a)는 Yes의 의미이지만 because 이하가 질문의 내용과 관계없으므로 알맞지 않다.
invest 투자하다 **run out** 다 되다 **bide one's time** 때를 기다리다

26

W How long have you been at the University?
M This is my first semester.
W What are you studying?
M _____

(a) Next year I'm applying for it.
(b) Philosophy was of interest once.
(c) I've decided not to take any courses.
✔ (d) I'm doing a major in engineering.

번역 W 대학 다닌 지 얼마나 됐어요?
M 이번이 첫 학기예요.
W 뭘 전공하는데요?
M _____

(a) 내년에 그것에 지원할 거예요.
(b) 한때는 철학에 흥미가 있었어요.
(c) 어떤 강의도 듣지 않기로 결심했어요.
(d) 공학을 전공하고 있어요.

해법 여자의 마지막 질문은 전공을 묻는 것이므로 (d)가 가장 적절한 응답이다. (b)는 Philosophy 때문에 답으로 착각할 수 있지만 이어지는 내용이 질문에 맞지 않다.
semester 학기 **apply for** …에 지원하다 **philosophy** 철학 **of interest** 흥미 있는(interesting) **course** 강좌 **major** 전공 **engineering** 공학

27

M This new refrigerator is giving us a lot of trouble.
W Yes, I know. I really don't understand it.
M What made you pick this model over others?
W _____

(a) As you know, I bought it last week.
(b) It wasn't much cheaper than the others.
✔ (c) I'm sorry, I just made a poor choice.
(d) Well, I should have done it more quickly.

번역 M 이 새 냉장고 때문에 문제가 많아요.
W 그러게요. 도무지 이해할 수가 없어요.
M 다른 것들 두고 왜 이 모델을 고른 거예요?
W _____

(a) 당신도 알다시피, 지난주에 샀잖아요.
(b) 그게 다른 것들보다 그렇게 싸지도 않았어요.
(c) 미안해요, 선택을 잘못한 거죠.
(d) 그게, 더 빨리 끝냈어야 했는데요.

해법 남자의 마지막 말은 정말로 이유를 묻는다기보다 왜 하필 이걸 골랐느냐는 일종의 질책이므로 사과하며 실수를 인정하는 (c)가 가장 적절한 응답이다. (b)는 wasn't가 아니라 was를 써야 가격 때문에 골랐다는 의미가 가능하다.
trouble 문제 **pick** 고르다 **poor** 좋지 못한 **choice** 선택

28

W I'd really like to see a movie tonight.
M That sounds good. Which one shall we see?
W That new romantic comedy looks like fun.
M _____

(a) OK, let's have dinner there.
(b) I can't believe it was that good.
(c) No. We could see a movie instead.
✔ (d) I'd really rather see an action movie.

번역 W 오늘 저녁에는 정말 영화를 보고 싶어요.
M 그거 좋겠는데요. 어떤 영화를 볼까요?
W 새로 나온 로맨틱 코미디가 재미있을 것 같아요.
M _____

(a) 좋아요, 거기서 저녁을 먹읍시다.
(b) 그게 그렇게 좋았다니 믿을 수가 없어요.
(c) 아니요. 대신 영화를 보면 되겠네요.
(d) 저는 차라리 액션 영화를 보고 싶은데요.

해법 일단 영화 보기로 합의하고 영화 장르를 놓고 얘기하는 것이므로 남자 자신이 좋아하는 장르를 말하는 (d)가 가장 적절한 응답이다. (a)와 (c)는 이미 영화 보기로 한 상황에 어울리지 않는다.
instead 대신에 **rather** 차라리

29

M   Good morning, Mrs. Johnson.
W   How have you been, Mr. Hanson?
M   I had the flu, but now I'm fine. And you?
W   _____

(a) It's better than nothing.
(b) Help is on the way.
✔ (c) Can't complain.
(d) See you later!

번역 M 안녕하세요, 존슨 씨.
W 어떻게 지내셨어요, 핸슨 씨?
M 독감에 걸렸었는데, 지금은 괜찮아요. 당신은요?
W _____

(a) 안 하는 것보다는 나아요.
(b) 원조가 오는 중이에요.
(c) 더 바랄 게 없어요.
(d) 다음에 봐요!

해법 서로 안부를 묻는 인사말을 주고받는 상황이다. (c)가 정답으로 주어인 I가 생략되어 직역하면 '불만이 없다', 즉 '더 바랄 게 없다'라는 뜻이다. (d)는 헤어질 때 하는 인사말이다.
flu 독감   **on the way** …하는 중에, 도중에   **complain** 불평하다

30

W   How about helping us jump-start Ben's car?
M   Sure. How can I help?
W   Just hold these cables and attach them to the battery.
M   _____

✔ (a) All right. That sounds easy.
(b) Sorry, but the battery is flat.
(c) It took some time to fix it.
(d) I'll need to drive my car.

번역 W 벤의 자동차에 시동 거는 것 좀 도와줄래요?
M 그러죠. 어떻게 하면 되죠?
W 이 케이블을 잡고 배터리에 연결시키기만 하면 돼요.
M _____

(a) 알았어요. 쉬울 것 같네요.
(b) 미안하지만 배터리가 나갔어요.
(c) 고치는 데 시간이 좀 걸렸어요.
(d) 제 차를 운전해야 돼요.

해법 남자가 도움을 주는 상황인데 여자가 어떻게 도우면 되는지 구체적으로 설명했으므로 여자의 설명을 알아들었다는 (a)가 가장 적절한 응답이다.
jump-start (다른 차의 배터리에 연결해서) 시동 걸다   **attach** 부착하다
flat (배터리가) 떨어진, 나간

31

W   Hi, Walter. Is that a new MP3 player?
M   Yes, I just bought it on sale.
W   Where did you buy it?
M   Electromart, in the digital complex.
W   I think I'll go buy one after work.
M   I recommend it. It's a great model.

Q: What is the conversation mainly about?
(a) Going to the Electromart store.
(b) Recommending some music.
✔ (c) Buying a new MP3 player.
(d) Playing MP3s after work.

번역 W 안녕하세요, 월터 씨. 그게 새로 산 MP3 플레이어에요?
M 네, 세일할 때 샀어요.
W 어디서 샀어요?
M 디지털 단지에 있는 일렉트로마트에서요.
W 퇴근하고 나도 하나 사러 갈까 봐요.
M 이걸 추천해요. 진짜 괜찮은 모델이에요.

Q: 대화의 주된 내용은?
(a) 일렉트로마트 상점에 가기.
(b) 음악 추천하기.
(c) 새로 MP3 플레이어 구입하기.
(d) 퇴근 후에 MP3 듣기.

해법 대화의 발단은 남자가 새로 산 MP3 플레이어이며, 여자도 MP3 플레이어를 사겠다며 자세한 정보를 묻고 있으므로 (c)가 주된 대화 내용이다.
on sale 세일 중인   **complex** 단지   **recommend** 추천하다

32

M Hi, I hope you can give me some gift ideas.

W Yes, what sort of thing are you looking for?

M It's for my daughter who is graduating from high school.

W What kinds of things does your daughter like?

M Well, she loves to sing along with her favorite pop stars.

W Why not get this mini-karaoke machine for only $75?

M That sounds great. I'll take it.

Q: What does the man want to do?

(a) Get help with his daughter's graduation party.

✔ (b) Purchase a present for his daughter.

(c) Teach his daughter about karaoke.

(d) Sing along to a karaoke machine.

번역 M 안녕하세요, 선물 사는 데 조언을 좀 주셨으면 하는데요.
W 네, 어떤 종류를 찾고 계시죠?
M 고등학교를 졸업하는 딸에게 줄 거예요.
W 따님이 어떤 종류를 좋아하나요?
M 글쎄요, 좋아하는 팝스타를 따라 노래 부르는 걸 좋아합니다.
W 단 75달러에 이 소형 노래방 기계를 사는 건 어떠세요?
M 그거 좋을 것 같군요. 그걸로 하겠습니다.

Q: 남자가 원하는 것은?
(a) 딸의 졸업 파티에 대해 도움 받기.
(b) 딸에게 줄 선물 구입하기.
(c) 딸에게 노래방에 대해 가르치기.
(d) 노래방 기계에 맞추어 노래 부르기.

해법 남자의 첫 번째와 두 번째 말을 들으면 정답을 고를 수 있다. 선물을 사려는데 딸에게 줄 것이라고 했으므로 (b)가 정답이다.
look for …을 찾다 **graduate** 졸업하다 **sing along** …와 함께 노래하다 **karaoke** 노래방

33

M Next, please!

W This is very embarrassing, but I can't find my passport.

M I'm sorry, but I can't let you through immigration without a passport.

W I understand completely, but what can I do?

M Search your belongings again or visit the immigration office for help.

W OK. I'll search my carry-on luggage.

Q: What happened to the woman?

(a) She wants immigration information.

✔ (b) She has misplaced her passport.

(c) Her luggage has gone missing.

(d) Her passport was confiscated.

번역 M 다음 분이요!
W 이거 정말 당황스러운데, 여권을 찾을 수가 없네요.
M 죄송하지만, 여권이 없으면 입국 심사를 통과시켜 드릴 수가 없습니다.
W 충분히 이해해요. 그런데 어떡해야 하죠?
M 소지품을 다시 살펴보시든가 아니면 출입국 관리소에 가서 도움을 요청하세요.
W 알겠어요. 휴대 수하물을 살펴볼게요.

Q: 여자에게 일어난 일은?
(a) 입국 심사 정보를 원한다.
(b) 여권을 둔 곳을 잊어버렸다.
(c) 짐이 없어졌다.
(d) 여권을 압수당했다.

해법 공항에서 입국 심사를 하는 상황이다. I can't find my passport와 I'll search my carry-on luggage 등의 여자의 말을 통해 여권을 못 찾고 있는 상황임을 알 수 있으므로 (b)가 정답이다.
embarrassing 곤혹스러운, 당황스러운 **immigration** 입국 심사 **carry-on luggage** 기내 휴대 수화물 **misplace** 잘못 놓다; 어디에 두었는지 잊어버리다 **confiscate** 압수하다

34

W Jack, have you heard about the conference next week?

M Sure. I heard that you and Rachel were going.

W That's right, but Rachel broke her leg skiing and can't go.

M I'm very sorry to hear that.

W She'll be fine, but are you available to go in her place?

M I'd be delighted to attend.

Q: What is the woman doing?

(a) Planning a ski trip with the man.

(b) Inquiring about Rachel's broken leg.

(c) Telling the man about an upcoming conference.

✔ (d) Finding a replacement for an injured colleague.

번역 W 잭, 다음 주에 있을 학회에 대해서 들었어요?
M 그럼요, 당신과 레이첼이 갈 거라고 하던대요.
W 맞아요, 그런데 레이첼이 스키를 타다 다리가 부러져서 갈 수가 없어요.
M 정말 유감이네요.
W 그녀는 괜찮을 거예요. 그런데 그녀 대신에 갈 수 있겠어요?
M 참석하게 된다면 정말 좋죠.

Q: 여자가 지금 하고 있는 일은?
(a) 남자와 함께 스키 여행 계획하기.
(b) 레이첼의 부러진 다리에 대해 묻기.
(c) 남자에게 곧 있을 학회에 대해 말하기.
(d) 다친 동료를 대신할 사람 찾기.

해법 대화 대부분이 Rachel이라는 동료를 두고 이루어지고 있지만, 사실상 여자가 하고 싶은 말은 마지막 질문으로 다친 Rachel 대신 학회에 참석할 사람을 찾는 것이다. 따라서 (d)가 정답이다.
available (사람이) 시간이 있는 **delighted** 기뻐하는 **attend** 참석하다 **inquire** 묻다 **upcoming** 다가오는 **replacement** 대리인 **colleague** 동료

35

W Thank you for calling Jacque's Restaurant. How may I help you?

M Hello, I left without my briefcase after lunch today.

W I see. Can you describe the missing article, sir?

M It is a brown leather briefcase with two metal buckles.

W Yes, sir, one of our waiters turned that in about an hour ago.

M Good. I'll be there as soon as possible.

Q: What is the purpose of the man's phone call?
(a) To make a lunch reservation.
(b) To describe a briefcase he likes.
(c) To get directions to the restaurant.
✔ (d) To inquire about a lost briefcase.

Actual Test 2

번역 W 자크 식당에 전화 주셔서 감사합니다. 무엇을 도와드릴까요?
M 여보세요, 오늘 점심 먹고 서류 가방을 두고 왔습니다.
W 알겠습니다. 분실물에 대해 설명해 주시겠어요, 손님?
M 갈색 가죽 가방으로 2개의 금속 버클이 있습니다.
W 네, 손님, 저희 종업원 중 한 명이 한 시간 정도 전에 가져 왔네요.
M 다행이군요. 가능한 한 빨리 가겠습니다.

Q: 남자가 전화한 목적은?
(a) 점심 예약을 하려고.
(b) 자신이 좋아하는 서류 가방의 모양을 설명하려고.
(c) 식당에 가는 길을 알려고.
(d) 잃어버린 서류 가방에 대해 묻기 위해서.

해법 전화 건 용건은 대부분 처음에 밝힌다. 여기서도 남자의 첫 번째 말에서 식당에 놓고 간 가방을 찾으려고 전화했음을 알 수 있으므로 (d)가 정답이다.
briefcase 서류 가방 describe 설명하다 article 물품 buckle 버클, 금속 장식품 turn in 되돌려 주다, 제출하다

36

M Good morning. Is Ms. Williams available?

W I'm sorry, but she's in a meeting.

M Well, I must speak to her directly. What can I do?

W If you leave your name and phone number, I will pass them on to her.

M But I really want to see her in person. I'll wait for her here.

W As you wish, but you may be waiting for a while.

Q: What is the main idea of the conversation?
(a) The man is scheduling a time to see Ms. Williams.
✔ (b) The man needs to see Ms. Williams face to face.
(c) The man is asking to attend Ms. Williams' meeting.
(d) The man wants to leave a message for Ms. Williams.

번역 M 안녕하세요. 윌리엄즈 씨를 만나 뵐 수 있을까요?
W 죄송하지만, 지금 회의 중이십니다.
M 저, 직접 말씀 드려야 하는데, 어떻게 하면 될까요?
W 성함과 전화번호를 남기시면 전해 드릴게요.
M 하지만 정말 직접 만나 뵙고 싶어요. 여기서 기다릴게요.
W 좋으실 대로 하세요. 하지만 꽤 기다릴지도 몰라요.

Q: 대화의 주제는?
(a) 남자는 윌리엄즈 씨를 만날 시간을 잡고 있다.
(b) 남자는 윌리엄즈 씨를 직접 만날 필요가 있다.
(c) 남자는 윌리엄즈 씨의 회의에 참석하기를 요청하고 있다.
(d) 남자는 윌리엄즈 씨에게 메시지를 남기고 싶어 한다.

해법 남자의 첫 번째 말에서 Ms. Williams를 만나러 왔다는 용건을 알 수 있는데, speak to her directly, see her in person 등의 반복되는 어구에서 반드시 직접 만나야 할 필요성을 강조하고 있으므로 (b)가 정답이다.
directly 직접적으로 leave 남기다 pass A on to B A를 B에게 전해 주다 in person 직접, 몸소 schedule 일정을 정하다 face to face 대면하여

37

W Welcome to Heathrow Airport. May I assist you with anything?

M Yes, I've just arrived from New York, and I need to get to the city.

W If you have limited time, a taxi would be best.

M I'm not in a hurry, so I don't need to take a taxi.

W Then take a train into London. The station is directly ahead.

M That sounds fine. Thanks for your help!

Q: What is the main topic of the conversation?
(a) Taking a taxi to a London airport.
(b) Booking seats on a train to London.
✔ (c) Getting transportation into London.
(d) Checking flights going to New York.

번역 W 히드로 공항에 오신 걸 환영합니다. 제가 도와드릴 일이 있나요?
M 네, 뉴욕에서 방금 도착했는데, 시내로 가야 해서요.
W 시간이 많지 않다면 택시를 타시는 것이 가장 좋을 거예요.
M 급하지 않아서 택시를 탈 필요는 없습니다.
W 그렇다면 런던으로 가는 열차를 타세요. 역은 바로 앞에 있습니다.
M 그러면 되겠네요. 도와주셔서 고맙습니다!

Q: 대화의 주된 화제는?
(a) 런던 공항까지 택시 타기.
(b) 런던행 열자 좌석 예약하기.
(c) 런던행 교통편 이용.
(d) 뉴욕행 비행편 확인하기.

해법 공항 안내소 직원과 여행객 사이의 내화이다. 남자가 시내로 가는 교통편을 묻자 여자가 택시와 런던행 열차를 차례로 권하고 있으므로 (c)가 정답이다.
assist 도와주다 arrive 도착하다 limited 제한된 book 예약하다 transportation 교통편 flight 비행편

38

W Where should we go on our next trip?

M I really enjoyed Singapore. How about a return visit?

W That would be great, but I would also like to go to Beijing.

M Well, I don't think we can afford to go to both.

W That's true, so I guess I'll go for Beijing.

M OK, let's do that, since we haven't been there yet.

Q: Which is correct according to the conversation?

(a) The woman has organized her next trip.

(b) The man has no desire to go to Singapore.

✔ (c) The woman is keen on visiting Beijing.

(d) The man would prefer not to go on a trip.

번역 W 다음 여행은 어디로 갈까요?
M 싱가포르가 정말 좋았어요. 재방문은 어때요?
W 그것도 좋겠지만, 베이징도 가보고 싶어요.
M 글쎄, 두 곳 다 갈 형편은 안 될 것 같은데요.
W 맞아요, 그럼 난 베이징을 택할래요.
M 좋아요, 그렇게 해요, 거긴 아직 가보지 못했으니까요.

Q: 대화 내용과 일치하는 것은?
(a) 여자는 다음 여행을 이미 준비했다.
(b) 남자는 싱가포르에 가보고 싶은 마음이 전혀 없다.
(c) 여자는 베이징에 가보고 싶어 한다.
(d) 남자는 여행을 가지 않는 것을 더 좋아할 것이다.

해법 여행 장소를 상의하는 내용인데, 여자가 like to go to Beijing, go for Beijing이라고 거듭 베이징에 가고 싶다는 의사를 밝히고 있으므로 (c)가 정답이다. 남자가 싱가포르 재방문을 제안하고 있으므로 (b)는 알맞지 않다.
trip 여행 **return visit** 재방문 **afford** …을 할 수 있다 **guess** …일 것 같다 **go for** …을 택하다 **organize** 준비하다 **desire** 바람 **be keen on** ~을 열망하다

39

W I'm already having problems with our new au pair.

M Really? She seems fine to me.

W She's not. She leaves the baby alone for hours at a time.

M Well, that really does sound serious. Let's get a new au pair.

W You mean we can just trade Josephine in for a new girl?

M I don't see why not. I'll call the agency right now.

Q: What does the man intend to do?

✔ (a) Get a replacement for his current au pair.

(b) Look to see where Josephine left the baby.

(c) Arrange for Josephine to be his new au pair.

(d) Find a new au pair agency as soon as he can.

번역 W 새로 온 입주 가정부와 벌써 문제가 생겼어요.
M 그래요? 내가 보기에는 괜찮던데요.
W 그렇지 않아요. 한번에 몇 시간씩 아기를 혼자 둬요.
M 그럼, 그건 정말 심각한 것 같군요. 새로운 가정부를 구합시다.
W 조세핀을 새로운 아가씨로 바로 대체할 수 있다는 거예요?
M 안 될 이유가 없잖아요. 당장 중개소에 연락할게요.

Q: 남자가 하려고 하는 일은?
(a) 현재 입주 가정부를 대신할 사람을 구하기.
(b) 조세핀이 아기를 어디에 두었는지 알아보기.
(c) 조세핀을 새로운 입주 가정부로 삼기.
(d) 가능한 한 빨리 새로운 입주 가정부 중개소를 알아보기.

해법 입주 가정부에 문제가 있다는 여자의 얘기를 듣고 남자가 Let's get a new au pair라고 했으므로 새로운 입주 가정부를 구할 것임을 알 수 있다. 따라서 (a)가 정답이다. 중개소에 당장 연락하겠다는 남자의 마지막 말로 보아 이미 알고 있는 중개소를 이용하려는 것이므로 (d)는 알맞지 않다.
au pair 입주 가정부(외국 가정에 입주하여 아이 돌보기 등의 집안일을 하고 약간의 보수를 받으며 언어를 배우는 젊은 여성) **agency** 알선소 **replacement** 대신할 사람 **current** 현재의

40

M Hello, June. It's Darren calling. Do you have a minute to talk?

W Sure, is something wrong? You don't sound so good.

M I just found out my job interview is tomorrow, not next week.

W Wow, that's a sudden change. Are you ready for it?

M No, I'm not. That's the problem.

W Don't worry, I'll come over and help you prepare.

Q: Which is correct about the man according to the conversation?

(a) He changed the date of his job interview.

(b) He will interview the woman for a new job.

✔ (c) He needs help with interview preparation.

(d) He is going to come over to the woman's home.

번역 M 여보세요, 준. 저 대런이에요. 잠깐 얘기할 시간 있어요?
W 그럼요, 무슨 일 있어요? 목소리가 별로 안 좋네요.
M 입사 면접이 다음 주가 아니라 내일이라는 것을 방금 알았거든요.
W 와, 갑작스런 변경이네요. 준비는 됐어요?
M 아뇨, 안 됐어요. 그게 문제에요.
W 걱정 말아요, 내가 가서 준비하는 걸 도와줄게요.

Q: 남자에 대해 대화 내용과 일치하는 것은?
(a) 입사 면접 일자를 변경했다.
(b) 새로운 일자리를 놓고 여자를 면접할 예정이다.
(c) 면접 준비에 도움을 필요로한다.
(d) 여자네 집에 가려고 한다.

해법 갑작스럽게 잡힌 면접 때문에 남자가 당황스러워하는 상황이다. 여자가 도와주겠다는 마지막 말로 보아 남자가 전화 건 목적은 도움을 청하기 위해서라고 볼 수 있으므로 (c)가 정답이다. 남자가 면접 일자를 변경한 것은 아니므로 (a)는 알맞지 않다.
come over 찾아오다 **preparation** 준비

41

W Excuse me. Can you direct me to 5th Avenue and Central Park South?

M Oh, that's very easy. You must be from out of town.

W Yes, and I'm trying to find the law office where my brother works.

M Well, just follow this street north and it'll take you to Central Park South.

W OK, that sounds simple enough so far.

M Then turn right and keep going till you get to 5th Avenue.

Q: Which is correct about the woman according to the conversation?

(a) Her brother is now working in a store.

(b) Her office is located near Central Park.

(c) She is going to the corner of 4th Avenue.

✔ (d) She needs to walk north and turn right.

번역
W 실례합니다. 5번가와 센트럴 파크 남쪽 교차로로 가는 길 좀 알려 주시겠어요?
M 아, 그건 정말 간단해요. 다른 도시에서 오셨나 보군요.
W 네, 오빠가 일하는 법률 사무소를 찾고 있는 중이에요.
M 음, 북쪽으로 이 길을 따라가기만 하면 센트럴 파크 남쪽이 나올 거예요.
W 알겠습니다. 지금까지는 아주 간단한 것 같네요.
M 그리고 난 뒤 우회전해서 5번가가 나올 때까지 계속 가세요.

Q: 여자에 대해 대화 내용과 일치하는 것은?
(a) 오빠가 현재 가게에서 일하고 있다.
(b) 그녀의 사무실이 센트럴 파크 근처에 위치해 있다.
(c) 4번가 모퉁이로 가고 있는 중이다.
(d) 북쪽으로 걸어가다 우회전해야 한다.

해법 길을 묻는 상황인데, 남자의 지시를 잘 들어야 정답을 고를 수 있다. 여자는 follow this street north와 turn right라는 지시를 따라야 하므로 (d)가 정답이다. (b)는 Her brother's office라고 해야 옳다.

direct 길을 안내하다 **avenue** …가 **out of town** 다른 도시의 **law office** 법률 사무소 **follow** 따라가다 **so far** 지금까지 **locate** 위치하다 **corner** 모퉁이

42

M Hello? This is Carlo speaking.

W Hi, Carlo. It's Anna. Are we still having lunch today?

M My goodness, it's Tuesday, isn't it? I totally forgot.

W Well, I've been waiting in the lobby for ten minutes.

M I'm so sorry. I'll be right down.

W OK, but you're paying this time!

Q: What will the man likely do next?

(a) Reschedule his lunch appointment.

(b) Pay for his and the woman's lunch.

✔ (c) Go to the lobby to meet the woman.

(d) Apologize for forgetting it was Tuesday.

번역
M 여보세요. 카를로입니다.
W 안녕하세요, 카를로 씨. 저 안나예요. 우리 오늘 점심 먹기로 한 거 맞죠?
M 맙소사, 오늘이 화요일이죠? 까맣게 잊어버렸네요.
W 저기, 저 로비에서 10분째 기다리고 있는데.
M 정말 미안해요. 바로 내려갈게요.
W 알았어요. 하지만 이번에는 당신이 내야 해요!

Q: 남자가 다음에 할 일로 가장 알맞은 것은?
(a) 점심 약속을 다시 정한다.
(b) 자신과 여자의 점심 식사값을 낸다.
(c) 여자를 만나러 로비에 간다.
(d) 오늘이 화요일인 것을 잊어버린 것에 대해 사과한다.

해법 남자가 여자와의 약속을 깜박 잊고 여자를 기다리게 한 상황이다. 남자가 I'll be right down이라고 했으므로 여자를 만나러 간다는 (c)가 정답이다. (b)는 우선 여자를 만난 다음에 점심을 먹고 나서 할 일이므로 알맞지 않다.

My goodness 맙소사 **pay** 내다 **reschedule** 예정을 다시 세우다 **lunch appointment** 점심 약속 **apologize for** …에 대해 사과하다

43

W Eugene, I really enjoyed your class talk on Shakespeare.

M It's very kind of you to say so, Professor Sutton.

W Well, I was impressed with your insight.

M Thank you. I've been enjoying this English literature class.

W Have you ever considered becoming an English major?

M Not really. I'm planning to go to medical school.

Q: Which is correct according to the conversation?

(a) The man put on a play by Shakespeare.

(b) The woman is critical of the man's talk.

(c) The woman is a student in the man's class.

✔ (d) The man is currently not at medical school.

번역
W 유진, 셰익스피어에 관한 발표는 정말 좋았다.
M 그렇게 말씀해 주시니 정말 감사합니다. 서튼 교수님.
W 그리고, 너의 통찰력도 인상적이었어.
M 감사합니다. 이 영문학 수업이 재미있어요.
W 영어 전공할 생각해 본 적 있니?
M 별로요. 의과 대학에 갈 계획이거든요.

Q: 대화 내용과 일치하는 것은?
(a) 남자는 셰익스피어의 희곡을 공연했다.
(b) 여자는 남자의 발표에 대해 비판적이다.
(c) 여자는 남자가 하는 강의를 듣는 학생이다.
(d) 남자는 현재 의과 대학에 다니고 있지 않다.

해법 교수와 학생의 대화이다. 남자의 마지막 말로 보아 남자는 아직 의과 대학에 다니는 것이 아니므로 (d)가 정답이다. 교수인 여자가 남자의 발표를 칭찬하고 있으므로 (b)와 (c)는 둘 다 맞지 않다.

talk 발표 **impressed** 감명을 받은 **insight** 통찰력 **consider** 고려하다 **medical school** 의과 대학 **put on a play** 희곡을 공연하다 **critical** 비판적인 **currently** 현재

44

M Good evening, how many are dining this evening?
W Three adults and one child.
M Would you like to be seated near a window?
W Actually, we'd prefer a more private table.
M Very good, ma'am. Follow me, please.
W Oh, this is nice, a booth in the corner.

Q: What can be inferred from this conversation?
(a) The man is the restaurant's owner.
(b) The restaurant has few vacant tables.
(c) The woman is at a fast food restaurant.
✔ (d) The booth does not have an outside view.

번역 M 안녕하세요. 오늘 저녁에 몇 분이 식사하세요?
W 어른 세 명과 아이 한 명이요.
M 창가쪽으로 앉고 싶으세요?
W 실은 따로 조용히 있을 수 있는 테이블이면 더 좋겠어요.
M 잘 알겠습니다, 손님. 저를 따라오세요.
W 아, 여기가 좋겠군요. 구석에 칸막이 된 자리요.

Q: 대화로부터 추론할 수 있는 것은?
(a) 남자는 식당 주인이다.
(b) 식당에는 빈 테이블이 거의 없다.
(c) 여자는 패스트푸드점에 있다.
(d) 칸막이 된 자리에서는 바깥 전경을 볼 수 없다.

해법 식당에서 손님에게 자리를 안내하는 상황이다. 여자가 마지막에 고른 칸막이 된 자리는 구석에 있으므로 바깥 전경을 볼 수 없을 것임을 짐작할 수 있다. 따라서 (d)가 정답이다. 남자가 주인인지 종업원인지 알 수 없으며, 자리 안내를 하는 것으로 보아 패스트푸드점은 아니므로 (a)와 (c)는 둘 다 맞지 않다.
dine 식사하다 **adult** 어른 **seated** 앉은 **private** 조용히 있을 수 있는
booth 칸막이 된 자리 **owner** 주인 **vacant** 비어 있는 **view** 전망

45

W I'm afraid there's a problem with your train ticket, sir.
M Really? What's wrong?
W Your ticket is for Chicago, but this is the train for Cleveland.
M Oh no! How could I have made such a mistake!
W I'm afraid you'll have to disembark at the next station.
M I can't believe I got on the wrong train!

Q: What can be inferred about the man?
✔ (a) He is upset at himself.
(b) He often travels by train.
(c) He is angry at the woman.
(d) He wants to go to Cleveland.

번역 W 죄송하지만 기차표에 문제가 있습니다, 손님.
M 그래요? 뭐가 잘못됐나요?
W 손님 표는 시카고행인데, 이 기차는 클리블랜드행이거든요.
M 아 이런! 어떻게 이런 실수를 할 수가 있담!
W 다음 역에서 내리셔야 할 것 같네요.
M 기차를 잘못 타다니 믿을 수가 없군!

Q: 남자에 대해서 추론할 수 있는 것은?
(a) 자기 자신에게 화를 내고 있다.
(b) 종종 기차를 타고 여행한다.
(c) 여자에게 화를 내고 있다.
(d) 클리블랜드에 가기를 원한다.

해법 남자가 기차를 잘못 탄 상황이다. 얼핏 들으면 (c)처럼 남자가 여자에게 화를 내고 있다고 생각할 수 있지만, 자신의 실수이지 차장인 여자에게 잘못이 있는 것이 아니므로 실수한 자신에게 화를 내고 있다고 보는 것이 더 알맞다. 따라서 (a)가 정답이다.
for …행의 **mistake** 실수 **disembark** (배·비행기에서) 내리다 **get on** …에 타다 **wrong** 잘못된 **upset** 당황한; 화가 난 **be angry at** …에 대하여 화가 나다

46

Although best known for the story of his flying a kite during a lightning storm, Benjamin Franklin distinguished himself in many ways throughout a lengthy career as an inventor, scientist, publisher, and diplomat. His most lasting legacy is "Poor Richard's Almanac," which Franklin founded and which is still published yearly as a storehouse of wit, whimsy, and remarkably accurate weather predictions. Franklin is also the only non-President to appear on American paper currency.

Q: What is the main topic of the talk?
✔ (a) The career of Benjamin Franklin.
(b) Benjamin Franklin's popular almanac.
(c) Benjamin Franklin's last accomplishment.
(d) Weather predictions of Benjamin Franklin.

번역 번개를 동반한 폭풍이 칠 때 연을 날린 일화로 가장 잘 알려져 있긴 하지만, 벤저민 프랭클린은 발명가, 과학자, 출판인, 그리고 외교관으로서의 수많은 경력을 통해 여러 방면에서 명성을 떨쳤다. 그의 가장 오래된 유산은 〈가난한 리처드의 연감〉인데, 프랭클린이 기초를 세웠고 지혜와 기발한 생각, 매우 정확한 날씨 예보가 담긴 보고로서 여전히 해마다 출간되고 있다. 프랭클린은 또한 대통령 출신이 아니면서 미국 지폐에 등장하는 유일한 인물이다.

Q: 담화의 주된 화제는?
(a) 벤저민 프랭클린의 경력.
(b) 벤저민 프랭클린의 유명한 연감.
(c) 벤저민 프랭클린의 마지막 업적.
(d) 벤저민 프랭클린의 날씨 예보.

해법 벤저민 프랭클린이 여러 방면에서 뛰어난 업적을 남겼음을 설명하는 글이다. (a)가 글 전체의 내용을 아우르는 것으로 가장 적절하다. (b)는 글의 일부에만 해당하고, (c)나 (d)에 대한 내용은 언급되지 않았다.
lightning 번개 **storm** 폭풍 **distinguish oneself** ~에서 명성을 떨치다 **lengthy** 긴 **legacy** 유산 **almanac** 연감 **storehouse** 보고 **whimsy** 기발한 생각 **remarkably** 매우 **prediction** 예보, 예언 **currency** 통화, 지폐 **accomplishment** 업적

47

Hi, Terry, it's Marjorie. I was really hoping that you'd be home. Anyway, we're all heading downtown to go dancing, and I wanted to see if you were interested in coming along. If you want to join us, you'll find us at one of the places we went last time. Thanks. Hope to see you!

Q: What is the caller's purpose for calling?
(a) To turn down an invitation to go dancing.
✔ (b) To invite a friend to go out with a group.
(c) To ask her boyfriend to pick her up downtown.
(d) To see if someone wants to go dancing tomorrow.

번역 안녕, 테리. 나 마조리야. 네가 집에 있었으면 했는데. 어쨌든 우리는 모두 춤추러 시내로 가고 있는데, 너도 같이 가고 싶은지 알고 싶어서. 우리랑 합류하고 싶다면, 지난번에 우리가 갔던 장소들 중 한 곳에 있을 거야. 고마워. 볼 수 있으면 좋겠다!

Q: 전화를 건 목적은?
(a) 춤추러 가자는 초대를 거절하기 위해서.
(b) 일행과 함께 외출하자고 친구를 부르기 위해서.
(c) 남자친구에게 시내로 태우러 오라고 부탁하기 위해서.
(d) 누군가가 내일 춤추러 가고 싶은지 알아보기 위해서.

해법 전화 응답기에 녹음된 메시지이다. I wanted to see if you were interested in coming along. If you want to join us에서 (b)가 전화 건 목적임을 알 수 있다.

hope 바라다 **head** …로 향하다 **come along** 함께 어울리다 **join** 함께 하다 **turn down** 거절하다 **invitation** 초대 **go out with** ~와 외출하다

48

Recruiting enough young people to keep the military up to its authorized strength has proven to be a challenge, though a manageable one. Increased enlistment bonuses, greater educational benefits, and higher salaries with better benefits have gone a long way toward forestalling feared shortfalls in manpower. This particular battle is not yet won, however. As more young people choose college over a stint in the military after high school, recruiters anticipate even greater challenges in the future.

Q: What is the talk mainly about?
(a) Preparing for a future military conflict.
(b) Promoting the military as a good career.
(c) College as a better option than the military.
✔ (d) Present difficulties of military recruitment.

번역 공인받은 군사력을 유지할 만큼 청년들을 모집하는 것은 비록 달성 가능한 일이라 하더라도 어려운 일임이 드러났다. 입대 보너스 인상과 교육 혜택 확대, 그리고 복지 혜택 향상과 더불어 봉급 인상이 우려했던 인력 부족을 미연에 방지하는 데 큰 도움이 되었다. 하지만 이 까다로운 전쟁이 아직 승리를 거둔 것은 아니다. 점점 더 많은 청년들이 고교 졸업 후에 군복무 대신 대학 진학을 선택함에 따라, 신병 모집자들은 앞으로 훨씬 더 큰 어려움을 겪을 것을 예상한다.

Q: 담화의 주된 내용은?
(a) 장래의 군사 충돌에 대한 대비.
(b) 군대를 훌륭한 경력으로서 홍보하는 것.
(c) 군대보다 더 나은 선택으로서의 대학.
(d) 현재 군인 모집의 어려움.

해법 처음과 마지막 문장을 주의 깊게 들으면 주제를 파악하는 데 도움이 된다. Recruiting enough young people ... be a challenge와 recruiters anticipate ... in the future에서 비슷한 의미가 반복되고 있는데 모두 군인 모집이 어렵다는 내용이므로 (d)가 정답이다.

recruit 모집하다 **manageable** 감당[처리]할 수 있는 **enlistment** 입대 **go a long way** …에 많은 도움이 되다 **forestall** 미연에 방지하다 **shortfall** 부족 **manpower** 인력 **stint** 일정 기간 동안의 일, 활동

49

Promoting healthful living is not limited to adults. Children are educated in government schools from a young age in making good food and lifestyle choices. Due to the promotion of early instruction in this crucial area, it is hoped that future generations will enjoy longer, healthier lives and put less strain on our health care system.

Q: What is the main idea of the talk?
(a) Health education is given to the general public.
✔ (b) Teaching children healthy habits is essential.
(c) A longer, healthier life is easier nowadays.
(d) Children are not eating enough healthy foods.

번역 건강한 생활을 권장하는 것은 어른에 국한되는 일이 아니다. 아이들은 공립학교에서 어릴 때부터 좋은 음식과 생활방식을 선택하는 것을 교육받는다. 이렇게 중요한 부분에 있어서 조기 교육 장려 덕분에 앞으로의 세대는 더 오래, 더 건강한 삶을 즐기며 의료 제도에 대한 부담도 줄어들 것이라고 기대된다.

Q: 담화의 주된 요지는?
(a) 건강 교육이 일반 대중에게 주어진다.
(b) 아이들에게 건강한 습관을 가르치는 것은 필수적이다.
(c) 요즘에는 더 오래, 건강하게 사는 것이 전보다 쉽다.
(d) 아이들이 건강에 좋은 음식을 충분히 먹고 있지 않다.

해법 어릴 때부터 건강한 생활방식을 익히도록 교육시키면 개인에게 이로울 뿐만 아니라 국가적으로도 의료 부담이 줄어들 것이라는 내용이므로 (b)가 가장 적절한 유지이다.

promote 장려하다 **healthful** 건강한 **lifestyle** 생활방식 **instruction** 교육 **crucial** 중대한 **put a strain on** …에 부담을 주다 **essential** 필수적인 **nowadays** 요즘

50

The legitimate functions of government are limited to protecting us from internal threats and external threats. This means that the government may, and indeed must, be authorized to have a police force, a well-regulated military, and courts of law. When the government begins to extend its tendrils into other areas to which it is ill-suited, one begins to see the erosion of liberty and the encroachment of an overreaching, all-powerful State.

Q: What is the speaker's view of the proper role of government?
(a) It should do whatever the people ask it to do.
✔ (b) It must be limited to clearly defined areas.
(c) It should determine for itself what role to play.
(d) It must be given more powers to govern better.

번역 합법적인 정부의 기능은 내부와 외부의 위협으로부터 우리를 보호하는 데 국한된다. 이는 곧 정부가 경찰과 잘 정비된 군대, 그리고 재판소를 가질 권리가 있으며, 사실상 가져야만 한다는 것을 의미한다. 정부가 범위를 벗어나 부적절하게 다른 영역으로 권력을 확장시키기 시작할 때, 자유가 침해되고 도를 지나치는, 전능한 국가의 침해가 시작된다.

Q: 정부의 적절한 역할에 대한 화자의 견해는?
(a) 국민이 요구하는 것이라면 뭐든지 해야 한다.
(b) 명확히 정해진 영역에 국한되어야 한다.
(c) 자신의 역할을 스스로 규정해야 한다.
(d) 더 잘 통치하기 위해서 더 많은 권력이 주어져야 한다.

해법 정부의 역할이 어디까지인가를 논하는 내용이다. 마지막 문장에서 정부가 권력을 남용할 때 일어나는 폐해를 설명하는 것으로 보아 화자는 정부가 정해진 영역 내에서만 기능해야 한다고 생각하고 있음을 알 수 있다. 따라서 (b)가 정답이다.
legitimate 합법적인 **function** 기능 **internal** 내부의 **external** 외부의 **authorize** 권한을 부여하다 **court of law** 재판소 **extend** 확장하다 **tendril** 덩굴손 **ill-suited** 부적당한 **erosion** 침식 **encroachment** 침해 **overreach** 도를 넘다 **all-powerful** 전능의

51

Good morning. It must be hard for all of you to see a new face standing at this podium. I know that it is hard for me to step into this position following Captain Harris' tragic shooting death. I can't replace Captain Harris, so I won't try to. What I will do, and the commitment that I will make to all of the police officers under my command, is to be a fair commander with a sympathetic ear.

Q: What is the talk mainly about?
✔ (a) A new captain's self-introduction.
(b) The excellent skills of Captain Harris.
(c) An explanation for Captain Harris' death.
(d) The promise to command everyone fairly.

번역 안녕하세요. 여러분 모두 새 얼굴이 이 연단에 서 있는 것을 보고 있기가 힘드실 겁니다. 저로서도 충격으로 인한 해리스 경찰서장의 비극적인 사망에 이어 이 자리를 맡는 것이 힘듭니다. 저는 해리스 서장님을 대신할 수 없기에 그러려고 하지 않겠습니다. 앞으로 제가 할 일과 제 지휘 하에 있는 모든 경찰관들에게 드릴 약속은 공감대를 나누는 공정한 경찰서장이 되겠다는 것입니다.

Q: 담화의 주된 내용은?
(a) 신임 경찰서장의 자기 소개.
(b) 해리스 경찰서장의 뛰어난 능력.
(c) 해리스 경찰서장의 사망에 대한 설명.
(d) 모든 사람을 공평하게 지휘하겠다는 약속.

해법 following Captain Harris' tragic shooting death와 replace Captain Harris에서 화자가 Captain Harris의 후임임을 알 수 있다. 따라서 (a)가 정답이며, (c)나 (d)는 부분적으로 언급된 내용일 뿐이다.
podium 연단 **step into** ~을 시작하다 **tragic** 비극적인 **shooting** 총격 **replace** 대신하다 **commitment** 약속 **commander** 경찰서장 **sympathetic** 공감하는 **self-introduction** 자기 소개

52

The American Southwest is a geographic enigma. The bleak, forbidding landscapes of Death Valley contrast strongly with the bright colors of the equally dangerous Painted Desert. The lush woodlands of Coconino Forest give way to the vast, eye-popping expanses of the nearby Grand Canyon. Lake Powell offers an oasis in the midst of what was once a barren desert. Whatever one thinks of this unique part of the world, it defies quick, easy description.

Q: What is the main idea about the American Southwest?
(a) The various reasons to visit it.
✔ (b) The unique diversity of its terrain.
(c) Its harsh and unforgiving landscape.
(d) Its most popular tourists destinations.

번역 미국 남서부는 지리적으로 수수께끼같은 지역이다. 데스 밸리의 황량하고 으스스한 풍경은 마찬가지로 위험한 페인티드 사막의 밝은 색채와 강한 대조를 보인다. 코코니노 숲의 무성한 삼림은 인근의 깜짝 놀랄 만하게 펼쳐진 그랜드캐니언의 광활함에 못 미친다. 파월 호는 한때 불모의 사막이었던 곳의 한가운데에 오아시스를 제공한다. 세계에서 유일무이한 이 지역을 어떻게 생각하든지간에, 신속하고 쉬운 설명으로 다할 수 없다.

Q: 미국 남서부와 관련된 주제는?
(a) 그곳을 방문해야 하는 다양한 이유.
(b) 그 지역의 독특한 다양성.
(c) 혹독하고 힘든 풍경.
(d) 가장 인기 있는 관광지.

해법 American Southwest를 설명하는 데 있어서, Death Valley, Painted Desert, Coconino Forest, Grand Canyon, Lake Powell 등을 소개하며 각 지역의 독특한 다양성을 설명하고 있으므로 (b)가 정답이다.
enigma 수수께끼 (같은 것) **bleak** 황량한 **forbidding** 으스스한 **lush** 무성한 **eye-popping** 깜짝 놀랄 만한 **in the midst of** ~의 한가운데에 **barren** (땅이) 불모인 **defy** ~를 거부하다 **diversity** 다양성 **terrain** 지대; 영역 **harsh** 혹독한 **destination** (여행의) 목적지

53

The animal breeding industry is coming under increased scrutiny, following the release of a report condemning allegedly rampant abuse at many facilities. "These places are nothing but 'puppy factories' and 'kitten mills,'" claims Martha Mitchell, a leading animal rights advocate. "Many animals suffer all kinds of mistreatment. These places should be shut down." Congress is currently considering legislation to increase penalties for animal mistreatment.

Q: Which is correct according to the news report?
(a) Congress has reported on animal breeders.
(b) Puppies are being raised on factory farms.
✔ (c) Animal breeders are accused of abuses.
(d) Penalties for animal abuse have increased.

Actual Test 2

번역 동물 사육 사업에 대해 보다 정밀한 조사가 진행되고 있는데, 들리는 바에 의하면 대다수 시설에서 학대가 만연하고 있음을 비판하는 주장을 담은 보도 발표에 따른 것이다. "이런 곳들은 '강아지 공장'이나 '고양이 공장'에 불과하다"고 동물 권리 옹호에 앞장서고 있는 마서 미첼은 주장한다. "많은 동물들이 온갖 학대로 고통받고 있습니다. 이런 곳들은 폐쇄되어야 합니다." 의회는 현재 동물 학대에 대한 처벌을 강화하는 법안을 고려 중이다.

Q: 뉴스 보도 내용과 일치하는 것은?
(a) 의회에서 동물 사육업체들에 대해 보고했다.
(b) 강아지들이 공장식 축산 농장에서 사육되고 있다.
(c) 동물 사육업체들은 학대 혐의로 기소된다.
(d) 동물 학대에 대한 처벌이 강화되었다.

해법 동물 사육 업체들에 대한 조사가 이루어지고 있으며 마지막 문장에서 처벌 강화를 고려 중이라고 했으므로, 동물 학대 혐의가 있으면 기소된다는 (c)가 일치하는 내용이다. (b)의 factory farms에 대해서는 구체적으로 언급되지 않았고, (d)는 아직 고려 중인 사항이므로 알맞지 않다.

breeding 사육, 보육 scrutiny 정밀 조사 release 발표 condemn 비판하다 allegedly 들리는 바에 의하면 rampant 만연하는 abuse 학대 mill 공장 advocate 옹호하다 mistreatment 학대 shut down 폐쇄시키다 legislation 제정법 penalty 처벌

54

Ladies and Gentlemen, we are preparing to board Flight H452 to Tangiers. At this time, those holding First and Business Class seating assignments, travelers with disabilities, and those with young children are invited to board. All passengers will be able to board in a few minutes, but are asked to remain clear of the boarding area at this time. Please have your boarding passes and passports out and ready for inspection. Thank you for your cooperation.

Q: Who can board at this time, according to the announcement?
(a) Those with boarding passes and passports.
✔ (b) Passengers with physical handicaps.
(c) All economy class ticket holders.
(d) The flight crew of Flight H452.

번역 여러분, 우리는 현재 탠지어행 H452편 탑승 대기 중입니다. 지금은 일등석과 비즈니스석 표를 소지하고 계신 분들과 몸이 불편하신 여행객들, 그리고 어린이를 동반하신 분들이 탑승하십시오. 모든 승객들은 잠시 후에 탑승하실 수 있지만, 지금은 탑승 지역에서 물러나 주시기 바랍니다. 검사를 위해 탑승권과 여권을 꺼내 준비해 주십시오. 협조해 주셔서 감사합니다.

Q: 안내방송에 따르면 지금 탑승할 수 있는 사람은?
(a) 탑승권과 여권을 소지한 사람들.
(b) 신체 장애가 있는 승객들.
(c) 일반석 표를 소지한 모든 사람들.
(d) H452편 승무원들.

해법 비행기 탑승 안내방송이다. At this time 뒤에서 지금 탑승할 수 있는 사람들을 언급하고 있는데, 이에 포함되는 대상은 travelers with disabilities에 해당하는 (b)이다.

seating assignment 좌석 배정 disability 장애 clear of …에서 떨어져, 피하여 boarding pass 탑승권 passport 여권 inspection 점검 cooperation 협조 physical handicap 신체 장애

55

World environmental conditions are improving generally, according to a new report sponsored by a consortium of international organizations. Despite heavy pollution and a worsening environmental situation in some rapidly industrializing areas, the overall health of the planet is better now than it was five years ago. The results surprised most analysts, who expected a continuation of the long-standing pattern of ongoing environmental degradation. The reasons for this unexpectedly rosy outcome will no doubt be the subject of further research.

Q: Which is correct about environmental conditions according to the report?
(a) They have uniformly improved in all areas.
✔ (b) They are worse in some parts of the world.
(c) Their status is still unclear according to the report.
(d) Their improvement will depend on further research.

번역 국제 기구 협력단이 후원한 새로운 보고에 따르면 세계 환경 상태가 대체로 개선되고 있다고 한다. 급속도로 산업화가 이루어지는 일부 지역의 심각한 공해와 악화되는 환경 상태에도 불구하고, 지구의 전반적인 건강 상태는 5년 전보다 낫다. 이 결과는 계속되는 환경 악화라는 오래된 패턴이 지속될 것으로 예상했던 대부분의 분석가들을 놀라게 했다. 예기치 못했던 이런 희망적인 결과가 나오게 된 원인은 틀림없이 추후 연구 주제가 될 것이다.

Q: 환경 상태에 대해서 보고 내용과 일치하는 것은?
(a) 모든 지역에서 균등하게 향상되었다.
(b) 세계 일부 지역에서는 더 심각하다.
(c) 보고에 따르면 환경 상태는 아직 불분명하다.
(d) 향상될지는 추후 연구에 달려 있다.

해법 세계 환경 상태가 개선되고 있다는 보고 결과를 소개하는 글이다. 하지만 Despite heavy pollution and a worsening environmental situation in some rapidly industrializing areas에서 일부 지역에서는 오히려 악화되고 있다고 했으므로 (b)가 일치하는 내용이다.

consortium (특정 사업 수행 목적의) 협력단 pollution 공해 industrialize 산업화하다 planet 지구 analyst 분석가 long-standing 오래된 ongoing 계속 진행 중인 degradation 악화 rosy 희망적인 no doubt 틀림없는 uniformly 균등하게 status 상태

56

There are many ways in which ordinary citizens can protect themselves from being the victims of a crime. First, always be aware of your surroundings. Knowing where you are and who's around you is critical. Second, make sure to secure your valuables, including your home and vehicle. Third, consider taking a self-defense class to protect yourself from bodily harm. The police can't be everywhere, so you should all take a proactive stance in personal crime prevention.

Q: Which is correct according to the instructions?
(a) Citizens need not be responsible for crime prevention.
✔ (b) Everyone can take steps to guard against crime.
(c) Not all valuables are safe if kept in your home.
(d) Crime prevention is best left to the police.

번역 일반 시민들이 범죄의 희생자가 되지 않도록 스스로를 보호할 수 있는 여러 가지 방법들이 있다. 우선 항상 주변 환경을 인식해야 한다. 자신이 어디에 있는지, 누가 주변에 있는지를 아는 것은 대단히 중요하다. 둘째, 집이나 차량을 포함해서 귀중품은 반드시 안전하게 두어야 한다. 셋째, 신체적 위해로부터 스스로를 보호하기 위해서 호신술 강좌 수강을 고려해 보아야 한다. 모든 곳에 경찰이 있을 수는 없으므로, 개인적인 범죄 예방 차원에서 모두가 사전 대책을 강구하는 자세를 취해야 한다.

Q: 지침의 내용과 일치하는 것은?
(a) 시민들은 범죄 예방에 대한 책임을 질 필요가 없다.
(b) 모든 사람이 범죄로부터 보호하기 위한 조치를 취할 수 있다.
(c) 집안에 보관한다 하더라도 모든 귀중품이 안전한 것은 아니다.
(d) 범죄 예방은 경찰에 맡기는 것이 최선이다.

해법 첫 번째 문장이 주제문으로 개인이 범죄로부터 스스로를 보호할 수 있는 방법들을 차례로 설명하고 있기 때문에 (b)가 정답이다. (a)와 (d)는 이러한 주제에 오히려 상반되는 내용이며, (c)에 대한 언급은 없다.
ordinary 보통의 **victim** 희생자 **crime** 범죄 **surrounding** 주위(의 상황) **secure** 안전하게 하다 **valuables** 귀중품 **self-defense** 자기 방어 **take a stance** 자세를 취하다 **proactive** 사전 대책을 강구하는 **prevention** 예방

57

The city of Fes is the unofficial "capital" of Morocco's trades. Silver, leather, and intricately woven Berber rugs are staples of the city's commerce. Although Fes' goods are shipped internationally on a fairly extensive scale, a large percentage of merchants' sales come from individual purchases by visiting foreigners. Often tour guides will steer their customers to a particular vendor, and in turn will receive a percentage of whatever profit the vendors make.

Q: Which is correct according to the speaker?
(a) Fes' merchants are known for selling gold jewelry.
(b) Fes' commerce relies entirely on purchases by tourists.
✔ (c) Foreign trade is a significant part of Fes' commerce.
(d) Tour guides in Fes do not receive any sales commissions.

번역 페스 시는 모로코 무역의 비공식적인 "중심지"입니다. 은, 가죽, 정교하게 짜여진 베르베르 카펫이 이 도시의 주요 무역 상품들입니다. 비록 페스의 상품들은 매우 방대한 규모로 국제적으로 운송되지만, 상인들의 판매에서는 외국 방문객들의 개인적인 구매가 큰 비율을 차지합니다. 종종 관광 가이드들은 특정 상인에게 손님들을 끌어다 주고, 대신에 상인이 얻는 수익의 일정 부분을 받습니다.

Q: 화자가 말한 내용과 일치하는 것은?
(a) 페스의 상인들은 금으로 된 장신구를 팔기로 유명하다.
(b) 페스의 상업은 전적으로 관광객의 구매에 의존한다.
(c) 해외 무역은 페스 상업에서 중요한 부분을 이룬다.
(d) 페스의 관광 가이드는 판매 수수료를 전혀 받지 않는다.

해법 Fes' goods are shipped internationally on a fairly extensive scale 에서 피스에서는 해외 무역이 주로 이루어진다는 것을 알 수 있으므로 (c)가 일치하는 내용이다. 관광객의 구매도 상당 부분 차지한다고 했지만 전적으로 이것에만 의지하는 것은 아니므로 (b)는 옳지 않다.
intricately 복잡하게 **weave** 짜다 **staple** 주요 산물 **on a extensive scale** 방대한 규모로 **steer** 이끌다 **vendor** 상인 **in turn** 다음에는, …에도 또한 **profit** 수익 **rely on** …에 의존하다

58

Arthur may have been an actual King of England, but the legends and exploits that grew up around this larger-than-life figure are almost certainly composites from a number of different historical and mythical characters. Arthur's life is rich in Celtic mythology despite often being associated with Christian symbolism and tradition. For example, he reputedly owes his crown to the pagan Merlin, and is the half-brother of a witch, by whom he had a son.

Q: What can be inferred about King Arthur from this talk?
(a) He was not a leader of the Celts.
✔ (b) His story is more myth than truth.
(c) He could not have been a real historical figure.
(d) His life was based around Christian teachings.

번역 아더가 실제로 영국의 왕이었을지는 모르지만, 이 과장된 인물을 둘러싸고 자라난 전설과 위업은 갖가지 서로 다른 역사적, 신화적 인물들을 합쳐놓은 것임에 거의 틀림없다. 아더의 삶은 기독교적인 상징 및 전통과 자주 연관지어짐에도 불구하고 켈트 신화의 요소가 풍부하다. 예를 들어, 그는 통설에 의하면 이교도인 메를린 덕분에 왕위에 올랐고, 마녀의 의붓형제이며, 이 마녀를 통해 아들을 얻었다.

Q: 이 담화로부터 아더 왕에 대해서 추론할 수 있는 것은?
(a) 켈트 족의 지도자가 아니었다.
(b) 그에 대한 이야기는 사실이기보다는 신화이다.
(c) 그는 실제 역사적 인물이었을 리가 없다.
(d) 그의 삶은 기독교적 교리에 기반했다.

해법 아더 왕 이야기에 담긴 여러 요소를 분석하는 내용이다. mythical characters, Celtic mythology 등에서 신화적인 요소가 강하다는 것을 짐작할 수 있으므로 (b)가 정답이다. 첫머리에서 실존 인물일 가능성을 언급하고 있으므로 (c)는 알맞지 않다.
exploits 위업 **larger-than-life** 실지보다 과장된 **figure** 인물 **composite** 합성물 **mythology** 신화 **associate with** …와 연관짓다 **reputedly** 통설로는, 평판으로는 **pagan** 이교도 **half-brother** 의붓형제

59

Martin Heidegger joined the Nazi Party in 1933 and was an enthusiastic, and seemingly loyal, member who used his position as a world-renowned philosopher to give the movement much-needed intellectual support. Heidegger left the Nazi Party in 1945, at the end of World War II, but he never repudiated his prior statements praising Hitler and National Socialism. Because of Heidegger's past sympathies with Nazism, some philosophers still refuse to study or teach his work.

Q: Which can be inferred about Heidegger from the talk?
(a) Most scholars do not believe he supported Nazism.
✔ (b) He was in the Nazi Party during World War II.
(c) Scholars think Nazism influenced his philosophy.
(d) He did not repudiate Nazism for fear of reprisal.

번역 마틴 하이데거는 1933년에 나치당에 가입해서 나치 운동이 몹시 필요로하는 지적인 지원을 제공하기 위해 세계적으로 유명한 철학자라는 자신의 지위를 이용해 열렬하고, 외견상으로는 충성스러운 당원이었다. 하이데거는 제2차 세계대전이 끝날 무렵인 1945년에 나치당을 탈퇴했지만, 히틀러와 국가 사회주의를 찬양한 자신의 이전 발언들을 공식적으로 부인하지 않았다. 하이데거가 과거에 나치즘에 동조했다는 이유로, 일부 철학자들은 여전히 그의 연구를 배우거나 가르치는 것을 거부한다.

Q: 담화로부터 하이데거에 대해서 추론할 수 있는 것은?
(a) 대부분의 학자들은 그가 나치즘을 지지했다는 것을 믿지 않는다.
(b) 그는 제2차 세계대전 당시 나치당 일원이었다.
(c) 학자들은 나치즘이 그의 철학에 영향을 끼쳤다고 여긴다.
(d) 그는 보복이 두려워 나치즘을 공식적으로 부인하지 않았다.

해법 Heidegger left the Nazi Party in 1945, at the end of World War II에서 제2차 세계대전 중에는 하이데거가 나치당에 소속되어 있었다고 보여지므로 (b)가 정답이다. 하이데거의 나치 지지는 알려진 사실이므로 (a)는 알맞지 않고, (c)나 (d)에 대한 근거는 언급되지 않았다.
enthusiastic 열렬한 **seemingly** 외견상으로는 **loyal** 충성스러운 **repudiate** (공식적으로) 부인하다 **praise** 찬양하다 **reprisal** 보복

60

Writer Truman Capote was renowned both for his literary activity and his famous parties. The man who said of another writer's work, "That's not writing; that's typing!" was known for his critical and acerbic wit and, perhaps paradoxically, his hospitality. A social magnet in the New York City society scene, Capote once described a lavish get-together as "an intimate gathering of my one hundred closest friends." Invitations to his soirees were highly sought-after validations of high social standing.

Q: What can be inferred about Truman Capote from the talk?
(a) He had no respect for any other writers.
(b) He was the most quoted writer in his day.
✔ (c) His fame was based on more than his writing.
(d) His friends used him to further their writing careers.

번역 작가 트루먼 카포트는 문학 활동뿐만 아니라 그가 연 유명한 파티로도 유명했다. 다른 작가의 작품에 대해 "그건 글쓰기가 아니라 타이핑이다!"라고 말한 이 사람은 비판적이고 신랄한 위트, 그리고 어쩌면 역설적이지만 후한 대접으로 유명했다. 뉴욕의 사교계에서 인기를 끄는 인물이었던 카포트는 한 호화로운 사교 모임을 '가장 가까운 친구들 백 명의 사적인 모임'이라고 묘사한 적이 있었다. 그의 파티 초대장은 사회적으로 높은 위치를 입증하려는 사람들이 가장 원하는 것이었다.

Q: 담화로부터 트루먼 카포트에 대해서 추론할 수 있는 것은?
(a) 다른 작가들에 대한 존경심이 전혀 없다.
(b) 당대에 가장 많이 인용되는 작가였다.
(c) 그의 명성은 문학 작품에만 국한되지 않았다.
(d) 그의 친구들은 자신들의 저술 활동 경력을 발전시키기 위해서 그를 이용했다.

해법 작가 트루먼 카포트의 문학 활동보다 사교계 활동에 더 중점을 두고 있는 담화이다. 첫 문장의 his famous parties나 his hospitality로 유명했다는 언급 등에서 (c)를 짐작할 수 있다. 다른 작가를 비판했다고 해서 (a)라고 보기는 어렵다.
renowned 유명한 **acerbic** 신랄한 **paradoxically** 역설적으로 **hospitality** 후한 대접 **magnet** 사람을 끄는 물건[사람] **lavish** 후한, 호화로운 **get-together** 사교 모임 **soiree** 파티 **sought-after** 많은 사람들이 원하는, 인기 있는 **validation** 입증 **quote** 인용하다

Grammar

25 minutes

1

A How do you always get the copier fixed so quickly?
B The key is _____ nicely to the company technician.

(a) speak
✔ (b) to speak
(c) to have spoken
(d) having spoken

번역 A 어떻게 항상 복사기 수리를 그렇게 빨리 받아요?
B 비결은 회사 기술자에게 친절하게 말하는 거예요.

해법 빈칸에는 is의 보어가 필요하므로 명사 역할을 하는 to+동사원형이나 -ing가 들어갈 수 있다. 과거의 일을 나타내는 완료형인 (c)나 (d)는 의미상 알맞지 않으므로 (b)가 정답이다.
copier 복사기 **fix** 수리하다 **technician** 기술자

2

A _____ getting your visa at the immigration office?
B Unfortunately, I didn't. The line was just too long.

(a) You succeed
(b) Were you able
✔ (c) Did you succeed in
(d) Have you been able to

번역 A 이민국에서 비자 받는 데 성공했어요?
B 안타깝게도 못했어요. 줄이 너무 길었거든요.

해법 의문문이므로 주어로 시작하는 (a)는 일단 제외된다. 빈칸 뒤의 getting과 연결될 수 있는 것은 (c)의 전치사 in이다. (b)나 (d)의 able은 be able to do로 쓰이므로 형태상 알맞지 않다.
immigration office 이민국 **succeed in -ing** …하는 데 성공하다

3

A I'm sorry for my mistake. _____ the application?
B Just follow the instructions on the second page.

✔ (a) How should I have filled out
(b) I should have how filled out
(c) How is this I fill out
(d) This how do I fill out

번역 A 실수해서 미안해요. 신청서를 어떻게 작성했어야 했나요?
B 두 번째 페이지에 나온 설명서대로만 따라하면 돼요.

해법 의문문이므로 의문사로 시작하는 (a)나 (c)가 정답 가능성이 있다. '의문사+조동사+주어+동사'의 어순인 (a)가 정답이다. should have p.p.(…했어야 했다)에서 조동사 should와 주어 I가 도치된 형태이다.
application 신청서 **instructions** 설명서 **fill out** …에 기입하다

4

A You've worked at this company for a few years, right?
B Next month, I _____ here for five years.

✔ (a) will have been
(b) have been
(c) will be
(d) am

번역 A 이 회사에서 일한 지 몇 년 됐죠?
B 다음 달이면 여기 있은 지 5년 돼요.

해법 질문은 현재완료(have worked)로 묻고 있지만, 대답은 미래 시점(Next month)을 기준으로 하고 있다는 것에 주의한다. '다음 달이면 5년 동안 있은 셈이 된다'는 뜻으로 미래 한 시점까지의 계속되는 일을 말한다. 따라서 미래완료인 (a)가 정답이다.

5

A Did you like your birthday party?
B I loved it! I wish you _____.

(a) come
(b) have come
✔ (c) had come
(d) were coming

번역 A 생일 파티는 좋았어요?
B 정말 좋았어요! 당신도 왔더라면 좋았을 텐데요.

해법 I wish 가정법 구문을 묻는 문제이다. 과거의 일에 대한 아쉬움 내지 바람을 나타내므로 I wish 다음에 가정법 과거완료를 써야 한다. 따라서 had p.p. 형태인 (c)가 정답이다.

6

A What were you doing when the boss yelled at Jim?
B I was seated at my desk, _____ to a coworker.

(a) talk
(b) to talk
✔ (c) talking
(d) talked

Actual Test 2

번역 A 상사가 짐에게 소리 지를 때 당신은 뭐 하고 있었어요?
B 자리에 앉아서 동료와 얘기하고 있었어요.

해법 빈칸은 앞문장과 접속사 없이 이어지면서 동사로 시작하고 있으므로 분사구문임을 알 수 있다. 생략된 주어인 I가 talk의 주체가 되므로 능동을 나타내는 현재분사로 시작하는 (c)가 정답이다.
boss 상사 **yell at** ~에게 소리 지르다 **be seated** …에 앉다 **coworker** 동료

7

A Why do you like _____ specific kind of MP3 player?
B The color and shape is what appeals to me.

(a) any
✔ (b) this
(c) more
(d) every

번역 A 왜 특히 이 MP3 플레이어를 좋아하죠?
B 색상과 모양이 마음에 들거든요.

해법 빈칸 뒤의 명사구를 수식하기에 알맞은 형용사를 고르는 문제이다. 의미상 '특정한 종류의 MP3 플레이어'라는 정해진 대상을 지칭하므로 지시 형용사인 (b)가 정답이다.
specific 특정한 **kind** 종류 **appeal to** ~의 마음에 들다

8

A Is there _____ the application?
B Yes, you can pay an additional fee for expedited processing.

(a) I can do to speed up anything of
(b) to speed up anything I can do for
✔ (c) anything I can do to speed up
(d) anything can I do to speed up

번역 A 신청을 빨리 하기 위해서 제가 할 수 있는 일이 없나요?
B 네, 신속한 처리를 위해 추가 요금을 지불하시면 됩니다.

해법 올바른 어순을 묻는 문제이다. 빈칸 맨 처음에는 Is there 구문의 주어 역할을 하는 명사가 나와야 하므로 (c)나 (d) 중에서 고를 수 있다. anything 다음에는 관계대명사가 생략되어 있으므로 주어+동사의 어순으로 쓰인 (c)가 알맞다.
additional 추가의 **fee** 수수료, 요금 **expedite** 더 신속히 처리하다 **speed up** 속도를 빨리 하다

9

A Didn't your boss _____ you last week?
B Yes, but then he started to see how valuable I was to him.

(a) threaten firing
✔ (b) threaten to fire
(c) fire threateningly
(d) firing threaten

번역 A 지난주에 상사가 해고한다고 으름장을 놓지 않았어요?
B 네, 하지만 그리고 나서 그는 내가 자신에게 얼마나 쓸모 있는지를 알아보기 시작했어요.

해법 동사 threaten이 이루는 구문을 묻는 문제이다. threaten은 '…하겠다고 위협하다'라고 할 때, to+동사원형을 취하므로 (b)가 정답이다.
valuable 매우 쓸모 있는 **threaten** 위협하다 **fire** 해고시키다

10

A I can't believe _____ her driver's license at age 60.
B Well, it's never too late to try something new!

(a) for her to finally get
(b) at her finally get
✔ (c) that she finally got
(d) that finally got

번역 A 그녀가 60세에 마침내 운전면허를 땄다니 믿어지지가 않아요.
B 그게, 새로운 뭔가를 시도하기에 너무 늦은 법이라고는 결코 없으니까요!

해법 believe의 목적어 형태를 묻는 문제이다. believe는 '…라고 믿다'라는 뜻으로 쓰일 때 that절을 목적어로 취하므로 (c)가 정답이다.
driver's license 운전면허

11

A How did you know that Nancy _____ on time?
B It wasn't hard. She's always late.

✔ (a) would not be
(b) not be
(c) is not being
(d) isn't

번역 A 낸시가 제시간에 오지 않을 거라는 걸 어떻게 알았어요?
B 어려운 일도 아니에요. 항상 늦거든요.

해법 시제 및 동사의 형태를 묻는 문제이다. 문맥상 과거 시점에서 미래의 일을 나타내므로 미래를 나타내는 조동사 will의 과거형인 would를 쓴 (a)가 정답이다.
on time 제시간에

12

A Susan, why don't we meet at the movie theater at 8 tonight?
B OK, _____!

(a) You later catch
(b) Later you catch
(c) Catch later you
✔ (d) Catch you later

번역 A 수잔, 우리 오늘 저녁 8시에 극장에서 만나지 않을래요?
B 좋아요, 이따가 봐요!

해법 관용적으로 쓰이는 인사말을 묻는 문제이다. '동사+목적어+부사'로 이루어진 (d)가 정답으로, 앞에 I'll이 생략되어 있다. See you later!와 같은 의미로 문장 구조를 따지기보다 통째로 익혀두는 것이 효과적이다.
Catch you later. 안녕, 자 그럼 다음에.

13

A Shouldn't you just tell your boyfriend what happened?
B I'd really _____ that, but I'm afraid he'll never talk to me again.

(a) prefer to doing
(b) preferring doing
✔ (c) prefer to do
(d) to prefer do

번역 A 남자친구에게 무슨 일이 있었는지 말해야 되지 않아요?
B 정말 그러고 싶지만, 다시는 나랑 말하지 않을 것 같아 걱정이에요.

해법 동사 prefer가 이루는 문장 형태를 묻는 문제이다. prefer는 목적어로 동명사나 to+동사원형을 모두 취할 수 있다. 선택지 중에서 이에 맞는 형태는 (b)와 (c)인데, 빈칸 앞에 조동사 would가 있으므로 동사원형 prefer를 쓴 (c)가 정답이다.
prefer …을 좋게 여기다

14

A Where did Jill and Kevin first see each other?
B They _____ at our last party.

✔ (a) met
(b) were met
(c) are meeting
(d) had been met

번역 A 질과 케빈은 어디서 처음 만난 거예요?
B 지난번 우리 파티에서 만났어요.

해법 시제를 묻는 문제이다. 과거시제(did)로 묻고 있으며, 대답 내용도 과거에 일어났던 일을 얘기하는 것이므로 과거시제인 (a)가 정답이다.

15

A Be careful on the staircase. It's slippery.
B I appreciate the warning. I _____ notice.

(a) can't
(b) shouldn't
(c) oughtn't
✔ (d) didn't

번역 A 계단 조심해요. 미끄러워요.
B 알려줘서 고마워요. 미처 몰랐어요.

해법 문맥상 '알아차리지 못했다'는 뜻이 되어야 알맞으므로 not을 써서 부정문으로 나타내야 한다. (a)는 '알아차릴 수 없다', (b)와 (c)는 '알아차려서는 안 된다'는 뜻이 되어 의미상 어색하다. 따라서 (d)가 정답이다.
staircase 계단 **slippery** 미끄러운 **appreciate** 고마워하다 **warning** 경고 **notice** 알아차리다

16

A So, what is it that you really want to do?
B I'd like to quit engineering school _____ become an artist.

(a) because
(b) since
(c) but
✔ (d) and

번역 A 그래서, 당신이 정말로 하고 싶은 일이 뭐예요?
B 공대를 그만두고 화가가 되고 싶어요.

해법 알맞은 접속사를 고르는 문제이다. 동일한 주어를 생략하고 동사로 이어지고 있으므로 등위접속사인 (c)나 (d)가 들어갈 수 있다. 그러나 의미상 (d) and가 정답이다.
quit 그만두다   engineering 공학

17

A You really don't recall _____ me out tonight?
B Now that you mention it, I remember that I did.

✔ (a) promising to take
(b) to take a promise
(c) taking a promise
(d) promising taking

번역 A 오늘 밤에 나랑 데이트하기로 약속한 거 정말 기억 안 나요?
B 당신이 말하니까, 그랬던 게 기억나네요.

해법 recall과 promise의 목적어 형태를 동시에 묻고 있다. recall은 -ing를, promise는 to+동사원형을 목적어로 취하므로 (a)가 정답이다. (c)는 얼핏 정답처럼 보일 수 있지만 빈칸 뒤의 me out과 연결되지 않으므로 알맞지 않다.
recall 기억해 내다   take out 데이트하다; 외출하다   now that (이제) …이니까   mention 언급하다

18

A That's a cool new computer. I'll bet it's got a huge hard drive.
B It sure does. It's _____ my old one.

(a) as four times bigger than
(b) bigger than four times as
✔ (c) four times as big as
(d) as four times big as

번역 A 그 새 컴퓨터 정말 멋지네요. 틀림없이 하드 드라이브 용량도 엄청나겠다.
B 정말 그래요. 예전 것보다 네 배는 더 커요.

해법 원급 형용사를 이용해서 비교급을 나타내는 구문을 묻는 문제이다. '…배 더 …한'이라는 뜻을 나타낼 때 '서수+times+as+형용사+as' 구문을 쓰므로 (c)가 정답이다. (a)는 as를 빼면 정답이 될 수 있다.
cool 멋진, 근사한   bet …이 틀림없다   times …배가 되는

19

A How did you vote in the last election?
B I voted for _____ candidates my parents did.

✔ (a) whichever
(b) what
(c) that
(d) whom

번역 A 지난번 선거에서 어떻게 투표했어요?
B 어느 후보자든 부모님이 하신 대로 투표했어요.

해법 선택지로 보아 관계사를 고르는 문제이다. 복합관계대명사 whichever가 들어가 양보의 뜻을 나타내는 부사절을 이끌 수 있으므로 정답은 (a) whichever 이다.
vote 투표하다   election 선거   vote for …에 투표하다   candidate 후보(자)

20

A Did you hear that the out-of-town conference has been cancelled?
B Yes, _____ last week, I could have made other plans.

(a) have I known
(b) I knew
✔ (c) had I known
(d) known was it

번역 A 다른 도시에서 열리는 회의가 취소됐다는 소식 들었어요?
B 네, 시난주에 알았더라면 다른 계획을 세웠을 텐데요.

해법 가정법을 묻는 문제이다. 과거의 일에 대한 가정으로 주절에도 가정법 과거완료가 쓰이고 있으므로 조건절에도 가정법 과거완료인 had p.p.가 들어가야 알맞다. 접속사 if를 생략하고 조동사의 주어를 도치시킨 (c)가 정답이다.
out-of-town 다른 도시의   conference 회의   cancel 취소하다   make plans 계획을 세우다

21

_____ the lecturer's idea was tenable, the student did not agree with it.

✔ (a) Although
(b) Once
(c) Because
(d) Since

번역 강사의 생각은 쉽게 옹호될 수 있었지만, 학생들은 그에 동의하지 않았다.

해법 접속사를 고르는 문제이다. 문맥상 '~함에도 불구하고'라는 뜻인 양보를 나타내는 (a) Although가 정답이다.
lecturer 강사 **tenable** 쉽게 옹호될 수 있는 **agree** 동의하다

22

Doctors cannot determine _____.

(a) certainty of the patient lives how long
(b) how with certainty the patient will live long
✔ (c) with certainty how long the patient will live
(d) that the patient with certainty will long live

번역 의사들은 환자가 얼마나 오래 생존할지 확신을 가지고 결론을 내릴 수 없다.

해법 목적절의 어순과 부사구의 위치를 묻는 문제이다. with certainty는 determine을 수식하는 부사구이므로 동사 바로 뒤에 와야 한다. 목적어가 되는 절은 how long으로 시작하는 간접의문문으로 주어와 동사가 이어져 나오는 (c)가 정답이다.
determine 결정짓다 **with certainty** 확신을 가지고 **patient** 환자

23

The key to telling good from bad politicians is _____.

(a) into their backgrounds to delve
✔ (b) delving into their backgrounds
(c) their delving of their backgrounds
(d) from into their backgrounds delved

번역 좋은 정치인과 나쁜 정치인을 구별하는 비결은 그들의 배경을 철저히 조사하는 것이다.

해법 빈칸 앞부분이 '주어(The key)+동사(is)'로 이루어져 있음을 파악해야 한다. 빈칸에는 is의 보어가 필요하므로 동명사 delving이 이끄는 (b)가 알맞다.
key 비결 **tell A from B** A와 B를 구별하다 **politician** 정치인 **delve into** 철저히 조사하다 **background** 배경

24

Had I believed that Jonathan were a thief, there is no doubt that I _____ the matter over to the police.

(a) will be turned
(b) can have turned
(c) should be turned
✔ (d) would have turned

번역 조나단이 도둑이라고 믿었다면, 틀림없이 나는 경찰에 그 사건을 넘겼을 것이다.

해법 Had I believed는 접속사 If가 생략된 가정법 과거완료 구문이다. 문맥상 주절도 과거의 일에 대한 가정이므로 역시 과거완료를 써야 알맞다. 따라서 '조동사+have p.p.'로 이루어진 (d)가 정답이다.
thief 도둑 **no doubt** 틀림없는 **turn over** …한테 넘기다, 양도하다

25

The shepherd knew that if he lost _____ to wolves, he would not make it through the season.

(a) few sheep
(b) more sheeps
✔ (c) any more sheep
(d) any one sheeps

번역 양치기는 늑대에게 양을 조금이라도 더 잃었다가는 그 계절을 무사히 보낼 수 없으리란 것을 알았다.

해법 수량 형용사와 명사의 복수형을 묻는 문제이다. sheep은 복수로 쓰여도 s를 붙이지 않고 그대로 sheep을 쓰는 명사이다. (a)는 '양을 거의 잃지 않는다면'이라는 부정의 뜻이 되므로 의미상 어색하다. 따라서 (c)가 정답이다.
shepherd 양치기, 목양자 **make it through** 끝까지 이겨내다 **season** 계절

26

The tourists were _____ that a new bus would soon arrive to replace the one that had broken down.

(a) to learn grateful
✔ (b) grateful to learn
(c) grateful to learn it
(d) to learn it grateful

번역 관광객들은 고장 난 버스를 대신할 새로운 버스가 곧 도착할 거라는 것을 알고 다행으로 여겼다.

해법 빈칸에는 were의 보어와 빈칸 뒤의 that절을 이끌 수 있는 어구가 필요하다. 보어가 되는 형용사 grateful과 이를 수식하는 to+동사원형으로 이루어진 (b)가 정답이다.
tourist 관광객 **replace** 대신하다 **break down** 고장 나다 **grateful** 반가운, 고마운

27

The professor said _____ about feeling overwhelmed during the first weeks of class.

(a) to worry not
(b) not worry
(c) worrying not
✔ (d) not to worry

번역 교수는 수업 첫 몇 주 동안에 위압감을 느끼는 것에 대해 걱정하지 말라고 말했다.

해법 say는 목적어로 to+동사원형이나 that절을 취한다. 그리고 to부정사의 부정은 바로 앞에 not을 붙이므로 (d)가 정답이다.
professor 교수 **overwhelmed** 압도된

28

During the Civil War, the Confederate Navy _____ to counter the Union blockade.

✔ (a) was hastily assembled
(b) hastily assembled
(c) was hastily assembling
(d) has been hastily assembled

번역 남북전쟁 동안, 남부동맹 해군은 북부연합의 봉쇄에 반격하기 위해 급히 소집되었다.

해법 시제와 태를 묻는 문제이다. 남북전쟁이라는 과거의 일에 대한 언급이므로 과거시제를 써야 알맞고, 주어인 the Confederate Navy는 '소집되는' 대상이므로 수동태가 되어야 한다. 따라서 수동태 과거시제인 (a)가 정답이다.
Confederate (남북전쟁 시) 남부연합 **counter** ~에 반격하다 **Union** 북부연합 **blockade** 봉쇄 **hastily** 급하게 **assemble** 소집하다, 모으다

29

The government announced today that it would need another week to determine whether _____ could be extended.

(a) other unemployment benefit
(b) the unemployment benefits
✔ (c) unemployment benefits
(d) an unemployment benefit

번역 정부는 실업 수당이 연장될 수 있는지 여부를 결정짓는 데 일주일이 더 소요될 것이라고 오늘 발표했다.

해법 benefit는 종종 복수형으로 쓰여 '수당, 복지혜택'이라는 뜻으로 실업 수당은 unemployment benefit이며 관사 없이 쓰인다. 따라서 (c)가 정답이다.
whether …인지 아닌지 **extend** 연장하다 **unemployment benefit** 실업 수당

30

_____ his fate at length, the convict began to weep.

(a) Ponders
✔ (b) Having pondered
(c) To ponder
(d) Pondered

번역 자신의 운명을 곰곰이 생각하다가 죄수는 눈물을 흘리기 시작했다.

해법 접속사와 주어 없이 동사 형태로 시작하는 분사구문이다. 형태상 현재분사나 과거분사로 시작하는 (b)와 (d)가 가능한데, 생략된 주어(the convict)와 능동의 관계에 있으므로 (b)가 정답이다.
fate 운명 **at length** 길게 **convict** 죄수 **weep** 눈물을 흘리다 **ponder** 곰곰이 생각하다

31

If the young boy continues down a reckless path, he will inevitably find himself in _____.

(a) a trouble
(b) troubles
✔ (c) trouble
(d) each trouble

번역 그 소년이 무모한 행로를 계속하다가는, 분명 곤경에 빠질 것이다.

해법 trouble은 '곤란'이라는 뜻으로 관사가 붙거나 복수형으로 쓰이기도 하지만, 여기서는 '곤경에 빠져서'라는 관용적인 표현으로 관사 없이 in trouble를 쓴다. 따라서 정답은 (c)이다.
continue 계속하다 **reckless** 무모한 **path** 길 **inevitably** 불가피하게 **in trouble** 곤경에 빠져서

32

Having experience is the best way to know _____ to expect in any given situation.

✔ (a) what
(b) for which
(c) of that
(d) that

번역 경험을 해보는 것이 어떤 주어진 상황에서라도 무엇을 기대해야 할지를 아는 최선의 방법이다.

해법 빈칸에는 know의 목적어가 되는 명사가 필요하며, 이어지는 to부정사와도 호응할 수 있어야 한다. '의문사+to+동사원형'은 명사구를 이루어 주어, 보어, 목적어로 쓰이므로 (a) what이 정답이다.
expect 기대하다 **any** 어떤 **given** 주어진 **situation** 상황

33

You must first purchase a ticket _____ admission to the amusement park.

(a) by
(b) with
✔ (c) for
(d) over

번역 놀이공원에 입장하기 위해서는 먼저 표를 사야 합니다.

해법 알맞은 전치사를 묻는 문제이다. '입장하기 위해서'라는 뜻으로 의미상 '목적, 목표'를 의미하므로 (c) for가 정답이다.
purchase 구입하다 **admission** 입장(료) **amusement park** 놀이공원

34

Before the change in the program requirements, five years _____ the average time it took to earn a Ph.D.

(a) were
(b) has been
(c) have been
✔ (d) was

번역 프로그램 요건이 변경되기 전에는, 박사 학위를 따는 데 평균 5년이 걸렸다.

해법 주어와 동사의 수 일치를 묻는 문제이다. 주어인 five years는 형태상으로는 복수지만, 의미상 5년이라는 기간을 한 덩어리로 보아 단수로 받는다. 뒤에 took라는 과거시제가 나오고 있으므로 역시 과거시제인 (d) was가 정답이다.
requirement 필요 요건 **average** 평균의 **earn** 얻다, 받다 **Ph.D.** 박사 학위

35

Had he not gotten a raise, the employee would not have remained _____ in his job for very long.

(a) satisfy
✔ (b) satisfied
(c) satisfying
(d) to be satisfied

번역 그가 급여 인상을 받지 못했더라면, 그 직원은 그렇게 오랫동안 자신의 직업에 만족하며 지내지 못했을 것이다.

해법 빈칸에는 주어의 상태를 보충 설명해주는 보어가 필요하다. 형용사 역할을 하는 분사 (b)나 (c)가 가능한데, 의미상 주어가 다른 무언가를 만족시키는 것이 아니라 '만족되는' 것이므로 수동을 나타내는 과거분사 (b) satisfied가 정답이다.
get a raise 급여가 인상되다 **employee** 직원 **remain** 남다 **satisfy** 만족시키다

36

Finishing all of my term papers _____ than I had anticipated.

(a) was easy
✔ (b) was easier
(c) were easy
(d) were easier

번역 학기말 리포트를 모두 끝내는 것은 예상했던 것보다 수월했다.

해법 주어와 동사의 수 일치에 관한 문제로, 동명사 주어는 단수로 받는다. 빈칸 뒤에 than이 나오므로 비교급을 쓴 (b)가 정답이다.
finish 끝내다　term paper 학기말 리포트　anticipate 예상하다

37

A land grant is a gift of immovable property that _____ certain rights and privileges.

(a) conveyed
(b) has conveyed
✔ (c) conveys
(d) has been conveying

번역 토지 공여는 특정한 권리 및 특권을 양도하는 부동산 증여이다.

해법 빈칸 앞에 that은 주격 관계대명사로 빈칸에 들어갈 동사의 주어는 선행사인 a gift of immovable property가 된다. 일반적인 사실을 진술하는 문장이므로 현재시제인 (c)가 알맞다.
land grant 토지 공여　gift 증여, 기증　immovable property 부동산
right 권리　privilege 특권　convey 양도하다

38

Due to widespread media attention, the relatively benign virus came _____ by millions worldwide.

(a) to feared be
(b) feared to be
(c) be to feared
✔ (d) to be feared

번역 널리 퍼진 매체의 관심 때문에, 비교적 양성의 바이러스는 전세계적으로 수백만 명이 두려워하는 대상이 되었다.

해법 빈칸 앞 came과 선택지로 보아 '…하게 되다'라는 뜻의 'come to+동사원형' 구문이 들어감을 알 수 있다. 의미상 주어인 virus는 두려워하는 것이 아니라 두려움의 대상이므로 수동태 부정사를 쓴 (d)가 알맞다.
widespread 널리 퍼진　media 매체　attention 주목, 관심　relatively
비교적　benign 양성의　fear 두려워하다　worldwide 전세계적인

39

The Renaissance _____ and continued on through to the end of the 16th century.

✔ (a) began in the 14th century
(b) by the 14th century began
(c) did begin 14th century
(d) in the 14th century begins

번역 르네상스는 14세기에 시작해서 16세기 말까지 지속됐다.

해법 빈칸 뒤에 and continued로 보아 빈칸에도 과거시제가 들어가야 알맞고 부사구는 동사 뒤에 놓이므로 (a)가 정답이다.
The Renaissance 르네상스　through …동안 내내　end of …의 말

40

As numerous studies show, U.S. schoolchildren _____ science and math skills.

✔ (a) trail other countries in
(b) trailing by other countries
(c) are trailed in countries of
(d) in other countries trail their

번역 수많은 연구가 나타내듯이, 미국 학생들은 과학과 수학 능력에 있어서 다른 나라들에 뒤처진다.

해법 빈칸에는 U.S. schoolchildren을 주어로 하는 동사가 필요한데, 선택지 중에서 문장 형태가 올바른 것은 (a)뿐이다. (b)에서 trailing 대신 are trailed를 쓰고 끝에 전치사 in을 넣으면 수동태 문장으로 가능하다.
numerous 많은　study 연구　show 나타내다　skill 뛰어난 능력　trail
뒤처지다

41

(a) A The experiment was a complete success!
(b) B Well, I'm still not so sure about that.
(c) A Why? We got most of the results we predicted.
✔ (d) B Even so, we better check the results again.

번역 (a) A 실험은 완벽히 성공했어요!
(b) B 글쎄, 전 아직 확신이 서지 않는데요.
(c) A 왜요? 우리가 예상했던 결과를 대부분 얻어냈잖아요.
(d) B 그렇기는 하지만, 결과를 다시 한번 확인해보는 게 좋겠어요.

해법 조동사에 관한 문제이다. (d)는 '…하는 게 좋겠다'라는 뜻으로 조동사 had better를 써야 알맞다.
experiment 실험 **sure** 확신하는 **result** 결과 **predict** 예측하다 **even so** 그렇기는 하지만 **had better** …하는 것이 좋다

정답 (d) we better → we had better

42

✔ (a) A I had been offered the job in Halifax! I'm so relieved.
(b) B Wow! That's great news, honey. It's a beautiful city.
(c) A I know, but I'm worried about getting our visas.
(d) B It will all work out. I can't wait to move there.

번역 (a) A 핼리팩스에서 일자리 제안을 받았어요! 정말 마음이 놓여요.
(b) B 왜! 정말 좋은 소식인데요, 여보. 멋진 도시잖아요.
(c) A 그러게요, 하지만 우리 비자 발급받는 게 걱정돼요.
(d) B 다 잘될 거예요. 어서 빨리 거기로 가고 싶은데요.

해법 (a)의 had been offered는 과거를 기준으로 더 이전의 일을 나타내므로 문맥상 어색하다. 현재 일자리 제안을 받은 상태이므로 현재완료나 과거 시제를 써야 알맞다.
offer 제안하다 **relieved** …에 안도한 **can't wait** 어서 빨리 …하고 싶어 하다 **move** 옮기다, 이동하다

정답 (a) I had been offered → I have been offered / I was offered

43

(a) A Hello, I'd like to confirm my flight reservation.
✔ (b) B What is full your name, please?
(c) A My name is Richard George Ellis.
(d) B Yes, Mr. Ellis. Your booking is confirmed.

번역 (a) A 여보세요, 비행기 예약을 확인하고 싶어서요.
(b) B 성함이 어떻게 되시나요?
(c) A 리처드 조지 엘리스입니다.
(d) B 네, 엘리스 씨. 예약이 확인되었습니다.

해법 (b)에서 full your name의 어순이 어색하다. 소유격은 형용사 앞에 위치하므로 your full name으로 써야 한다.
confirm …을 확인하다 **flight** 비행기 여행 **reservation** 예약 **full name** 성명 **booking** 예약

정답 (b) full your name → your full name

44

(a) A Will I need a root canal procedure, Dr. Anderson?
(b) B I'm afraid so. We'll do it at your next appointment.
✔ (c) A I see. Should we do it quickly, although can it wait?
(d) B Just make an appointment for some time next week.

번역 (a) A 신경 치료를 해야 할까요, 앤더슨 박사님?
(b) B 그럴 것 같습니다. 다음 예약 진료 때 하도록 하죠.
(c) A 알겠습니다. 서둘러 해야 하나요, 아니면 좀 있다 해도 되나요?
(d) B 다음 주 중으로 예약을 하시면 됩니다.

해법 (c)에서 접속사 although가 쓰여 의미가 어색하다. 문맥상 '서둘러 해야 하는지, 아니면 기다려도 되는지' 둘 중 선택을 나타내므로 접속사 or가 들어가야 알맞다.
root canal procedure (치아) 신경 치료 **I'm afraid so.** 유감스럽지만 그런 것 같습니다. **appointment** 예약 **quickly** 서둘러

정답 (c) although → or

45

(a) A During the next period, of what class will be coming to the library?

(b) B Mrs. Balmer's students will be here to do research for their geography projects.

(c) A I see. Do we have everything set up and ready for them?

(d) B Yes, I've already laid out the major books from our geography collection.

번역 (a) A 다음 시간 중에는, 어떤 수업을 도서관에서 하게 되나요?

(b) B 발머 교수님이 가르치는 학생들이 지리학 과제에 대한 조사를 하기 위해 올 거예요.

(c) A 그렇군요. 그들을 위해 모든 게 준비됐나요?

(d) B 네, 이미 지리학 서가에서 주요 서적들을 꺼내 놓았어요.

해법 (a)에서 of what class는 of를 보충해 주는 어구가 없으므로 쓰임이 어색하다. 의문문의 주어 역할을 하므로 of를 빼고 what class 또는 which class라고 해야 알맞다.

period 시간 **class** 수업 **research** 조사 **geography** 지리학 **lay out** …를 펼치다 **major** 주요한

정답 (a) of what → what / which

46

(a) Research into animal behavior has consistently revealed a clear biological basis for the parent-child bond. (b) In the majority of species, both parents are genetically predisposed to care for their young, at least indirectly. (c) In some species, however, the father actually attacks and even kills his own children. (d) Grizzly bears or polar bears are two species that share this odd behavioral trait.

번역 (a) 동물 행동에 관한 연구는 끊임없이 부모 자식 간 관계에 명확한 생물학적 근거가 있다고 밝혔다. (b) 대부분의 생물 종에서, 모계와 부계는 둘 다 최소한 간접적으로라도 자신의 새끼를 돌보도록 유전적으로 성향을 갖고 있다. (c) 그러나 일부 종에서 부계는 사실상 자신의 새끼들을 공격하고 심지어 죽이기까지 한다. (d) 회색곰과 북극곰이 이런 묘한 행동 특성을 공유하는 두 종이다.

해법 (d)에서 주어인 Grizzly bears와 polar bears 둘 다 앞에서 설명한 습성을 보이는 종류라고 해야 문맥상 자연스럽다. 따라서 접속사 or 대신 and를 써야 한다.

behavior 행동 **basis** 근거 **genetically** 유전학적으로 **predispose** …하는 성향을 미리 갖게 하다 **grizzly bear** 회색곰 **polar bear** 북극곰 **odd** 묘한 **behavioral** 행동의 **trait** 특성

정답 (d) or → and

47

(a) "Miracle Clean" is the only product you will ever need to keep your entire home sparkling! (b) You won't believe how she will get your dishes spotless and clean dirty windows. (c) "Miracle Clean" is backed by an unconditional 30-day guarantee. (d) So, if you are not completely satisfied, just contact us for a full refund.

번역 (a) 미러클 클린은 당신의 집안 전체를 반짝이게 유지하기 위해 필요한 단 하나의 제품입니다. (b) 접시를 얼룩 하나 없게 만들고 더러운 유리창을 깨끗이 만드는 과정이 믿어지지 않으실 겁니다. (c) 미러클 클린은 30일간의 보증 기간을 드립니다. (d) 그러므로 여러분께서 완전히 만족하지 않으실 경우, 전액 환불을 위해 연락만 해주세요.

해법 (b)에서 will get your dishes spotless and clean dirty windows의 주체는 앞 문장에서 소개한 Miracle Clean이라는 제품이다. 따라서 주어는 she가 아닌 사물을 가리키는 it을 써야 옳다.

entire 전체의 **sparkle** 반짝이다 **spotless** 얼룩이 없는 **back** 보증하다 **unconditional** 무조건의 **guarantee** 보증 **contact** 연락하다 **full refund** 전액 환불

정답 (b) she → it

48

(a) The Brandenburg Gate in Berlin is an iconic landmark at the center of Cold War history. (b) During the Cold War, it was located in the "no man's land" between the two barriers that made up the Berlin Wall. (c) It was the backdrop to a famous speech making by President Reagan to tear down the Berlin Wall. (d) Now that the Berlin Wall has been torn down, the Brandenburg Gate is once again open to the public.

번역 (a) 베를린의 브란덴부르크 문은 냉전 역사의 중심에 있는 상징적인 건물이다. (b) 냉전 당시, 그것은 베를린 장벽을 이루고 있는 두 장애물 사이의 "무인지대"에 위치해 있었다. (c) 이는 베를린 장벽을 무너뜨리려는 레이건 대통령의 유명한 연설 배경이었다. (d) 이제 베를린 장벽이 무너졌기 때문에, 브란덴부르크 문은 다시 한번 일반 대중에게 개방되고 있다.

해법 (c)에서 making 이하는 앞에 있는 speech를 수식하는 분사구이다. make a speech(연설하다)라는 표현에서 변형된 것으로 by President Reagan이 행위자를 나타내기 때문에 수동을 나타내는 과거분사 made가 되어야 옳다.

iconic 상징적인 **landmark** 건물 **Cold War** 냉전 **locate** …에 위치하다 **barrier** 장애물 **backdrop** 배경 **tear down** 허물다 **public** 대중

정답 (c) making → made

49

(a) International time is measured using the standard of "Greenwich Mean Time" (GMT). (b) "Greenwich" in this expression refers to the town of Greenwich, in England. (c) The various time zones throughout the world are expressed as a plus deviation or a minus deviation from Greenwich Mean Time. (d) For instance, without daylight savings, the time in New York City and Atlanta are GMT minus five hours.

번역 (a) 세계 시간은 그리니치 표준시(GMT) 기준을 사용하여 측정된다. (b) 이 표현에서 그리니치는 영국에 있는 그리니치라는 도시를 나타낸다. (c) 전세계적으로 다양한 시간대는 그리니치 표준시에서 더하거나 뺀 편차로 나타낸다. (d) 예를 들어, 서머 타임이 없다면 뉴욕과 애틀란타의 시간은 GMT에서 5시간을 뺀 시간이다.

해법 (d)에서 동사 are의 주어는 the time이므로 복수형이 아닌 단수형 동사 is로 받아야 한다.
measure 측정하다 **standard** 기준 **expression** 표현 **refer to** …을 나타내다 **time zone** 시간대 **deviation** 편차 **daylight saving** 서머 타임 (summer time)

정답 (d) are → is

50

(a) Most human societies in the past had some form of ritualized passage to manhood. (b) The rites were a major part of a young boy's life and often involved pain or physical challenges. (c) In the Apache tribe, for example, eligible boys were suspended above the ground using eagles' talons embedded in their chests. (d) In modern societies, however, such rites of passage are now subtle ceremonies, or disappears entirely.

번역 (a) 과거 대부분의 인간 사회에는 성인이 되는 통과의례 형태가 몇몇 있었다. (b) 이 의식은 소년의 일생에서 중대한 부분이었으며 종종 고통이나 육체적 도전이 뒤따랐다. (c) 예를 들어, 아파치 부족에서는 의식을 치를 때가 된 소년들은 가슴에 독수리의 발톱을 심어 땅 위에 매달렸다. (d) 그러나 현대 사회에서는 그러한 통과의례가 이제는 희미하게 남아 있는 의식이 되었거나 완전히 사라져버렸다.

해법 (d)에서 disappears는 앞에 현재 시제 are와 대구를 이루어 형태상 맞는 것처럼 보일 수도 있지만, 의미상 어색하다. 문맥상 '현재에는 이미 사라져버리고 없다'라는 뜻이 되므로 현재완료를 써야 알맞다.
ritualized passage 통과의례 **manhood** 성인 **rite** 의식 **eligible** 자격이 있는, 적당한 **suspend** 매달다 **talon** (맹금류) 발톱 **embed** …에 심다 **subtle** 희미한, 엷은

정답 (d) disappears → have disappeared

Vocabulary

1

A You look so sad. Is there anything I can do?
B No, I'll be _____.

(a) back
(b) over
✔ (c) fine
(d) sorry

번역 A 표정이 안 좋아 보이네요. 제가 뭐 해드릴 수 있는 일이 있나요?
B 아니에요. 전 괜찮을 거예요.

(a) 체납된
(b) 과도한
(c) 괜찮은
(d) 미안한

해법 상대방의 표정이 안 좋은 것을 걱정하며 묻고 있으므로 '괜찮은'이라는 뜻의 (c) fine이 가장 적절하다.
back 체납된 **over** 과도한

2

A Hi, John! I'm surprised to see you today!
B Why's that? I always come in on _____.

(a) notice
✔ (b) Saturdays
(c) purpose
(d) motorbike

번역 A 안녕하세요, 존 씨! 오늘 당신을 보게 되다니 놀랍네요!
B 왜요? 토요일엔 늘 오는걸요.

(a) 알림
(b) 토요일
(c) 목적
(d) 소형 오토바이

해법 뜻밖의 만남이 놀랍다는 말에 대해 그럴 이유가 없다며 덧붙이는 말이다. '토요일에는' 늘 온다는 뜻으로 (b)가 가장 적절하다.
surprise 놀라게 하다 **notice** 알림 **purpose** 목적

3

A It's late. Let's go and have a coffee!
B OK, I could use a _____.

(a) stop
(b) sitting
(c) vacation
✔ (d) break

번역 A 늦었네요. 커피 마시러 갑시다!
B 좋아요. 쉬는 시간을 좀 써도 되니까요.

(a) 중단
(b) 식사 시간
(c) 휴가
(d) 휴식 (시간)

해법 A의 말은 일하는 중에 잠깐 쉬면서 커피 마시자는 뜻으로 볼 수 있으므로 이와 가장 어울리는 것은 '휴식 시간'이라는 뜻의 (d) break이다.
sitting 식사 제공 시간 **vacation** 휴가

4

A Professor, when will we cover World War II?
B I'll be _____ that subject next time.

✔ (a) going over
(b) closing down
(c) making up
(d) stretching out

번역 A 교수님, 제2차 세계대전은 언제 다루나요?
B 다음 시간에 그 주제를 살펴볼 거예요.

(a) 검토하다
(b) 폐쇄하다
(c) 구성하다
(d) 펼치다

해법 이어 동사를 묻는 문제이다. 주제를 '검토하다'라는 뜻의 going over가 들어가야 가장 적절하다.
cover …을 다루다 **close down** 폐쇄하다 **make up** 구성하다 **stretch out** 펼치다 **subject** 주제

5

A Did you break up with Andy because he was always lying?
B Yes. He is such a(n) _____!

✔ (a) snake in the grass
(b) ax to grind
(c) real McCoy
(d) babe in the woods

번역 A 앤디가 항상 거짓말을 해서 그와 헤어진 건가요?
B 네. 그는 정말 믿을 수 없는 사람이에요!

(a) 믿을 수 없는 사람
(b) 딴 속셈
(c) 확실한 사람
(d) 순진한 사람

해법 이디엄을 묻는 문제로, 항상 거짓말을 하는 사람을 나타내기에 가장 알맞은 것은 (a)이다. snake in the grass는 표현에서 연상할 수 있듯이 풀숲에 숨었다가 갑자기 나타나는 뱀처럼 믿을 수 없는 사람을 뜻한다.
break up with …와 헤어지다 **ax to grind** 딴 속셈 **real McCoy** 확실한 사람 **babe in the woods** 순진한 사람

6

A What is the number for Johnson electronics?
B That number is 555-4312. Shall I _____ you?

(a) assist
(b) remind
✔ (c) connect
(d) repeat

번역 A 존슨 전자회사 전화 번호가 어떻게 되죠?
B 555-4312입니다. 연결해 드릴까요?

(a) 돕다
(b) 상기시키다
(c) 연결하다
(d) 되풀이하다

해법 전화 안내 센터에 전화 번호를 문의하는 상황이다. 안내 센터에서 전화 번호를 알려주고 바로 연결해 주기를 원하는지 묻는 말이므로 '연결하다'라는 뜻의 (c) connect가 가장 적절하다.
number 전화 번호 **assist** 돕다 **remind** 상기시키다 **repeat** 되풀이하다

7

A May I borrow your pen, please?
B I have several. So, you can _____ this one.

(a) write
(b) lend
(c) owe
✔ (d) keep

번역 A 펜 좀 빌릴 수 있을까요?
B 저는 몇 개 있으니, 이건 가지세요.

(a) 작성하다
(b) 빌려주다
(c) 빚지다
(d) 가지고 있다

해법 펜을 빌려줄 수 있느냐는 질문에 펜을 주면서 그냥 '가지라'는 뜻으로 답하고 있으므로 (d)가 가장 적절하다.
borrow 빌리다 **several** 몇 개의 **lend** 빌려주다 **owe** 빚지다

8

A I'm bored. What shall we do to pass the time today?
B I know! Let's go downtown and _____ a movie.

(a) feel
✔ (b) catch
(c) play
(d) browse

번역 A 지루해. 오늘 시간을 보내기 위해 뭘 할까?
B 난 알아! 시내에 가서 영화 보자.

(a) 만져 보다
(b) 보다
(c) 놀다
(d) 훑어보다

해법 '영화를 보다'라는 표현을 묻고 있다. '…을 놓치지 않고 보다'라는 뜻으로 catch를 쓴다. 이밖에 catch a cold(감기에 걸리다), catch a train(시간에 맞춰 기차를 타다) 등의 표현도 아울러 알아두자.
pass the time 시간을 보내다 **downtown** 시내에 **browse** 훑어보다

9

A How do I get to the stream?
B Just _____ a five minute walk down this dirt road.

(a) wander
(b) sprint
✔ (c) take
(d) rate

번역 A 시냇가에 어떻게 가죠?
B 이 흙길을 따라 5분만 걸어 내려가면 돼요.

(a) 거닐다
(b) 전력 질주하다
(c) (명사가 나타내는 동작·일 등을) 하다
(d) 평가하다

해법 목적어로 walk를 취할 수 있는 동사가 들어가야 한다. take a walk가 '산책하다, 걷다'라는 뜻으로 적절하다.
stream 시내 **dirt road** 흙길 **wander** 거닐다 **sprint** 전력 질주하다 **rate** 평가하다

10

A I can't believe Susan behaved so badly!
B Yes. It was so _____.

(a) admirable
(b) helpless
✔ (c) shameful
(d) beneath

번역 A 수잔이 그렇게 심한 행동을 했다니 믿을 수가 없어요!
B 네. 그건 정말 부끄러운 짓이었어요.

(a) 훌륭한
(b) 속수무책인
(c) 부끄러운
(d) 바로 아래에

해법 A의 말에 찬성하고 있으므로 behaved so badly라는 말에 어울리는 어구가 들어가야 한다. '부끄러운'이라는 뜻의 (c) shameful이 가장 적절하다.
behave 행동하다 **badly** 심하게 **admirable** 훌륭한 **helpless** 속수무책인 **beneath** 바로 아래에

11

A Would you like a bag for your groceries?
B No, thank you. I can just _____ them.

(a) handle
✔ (b) carry
(c) pack
(d) load

Actual Test 2

번역 A 식료품 담을 봉지 드릴까요?
  B 고맙지만 됐습니다. 그냥 들고 갈 수 있어요.

(a) 다루다
(b) 나르다
(c) 포장하다
(d) 싣다

해법 물건을 담을 봉지가 필요하냐는 말에 그냥 '들고 가겠다'는 뜻으로 (b) carry가 가장 적절하다. (a) handle은 문제나 상황을 '다루다'라는 뜻이다.
  grocery 식료품 **handle** 다루다 **pack** 포장하다 **load** 싣다

12

A Minister Smith, are you against the new federal budget?
B Yes. The government has made many _____ assumptions.

(a) idyllic
✔ (b) mistaken
(c) elongated
(d) stupendous

번역 A 스미스 장관님, 새로운 연방 예산에 반대하십니까?
  B 네. 정부의 예산안 책정에 오류가 많았습니다.

(a) 목가적인
(b) 잘못된
(c) 길쭉한
(d) 굉장한

해법 정부 정책에 반대하는 근거를 제시하고 있으므로, 정부 정책에 잘못이나 오류가 있었다는 뜻이다. 따라서 (b) mistaken이 들어가야 가장 적절하다.
  minister 장관 **federal** 연방의 **budget** 예산 **assumption** 추정 **idyllic** 목가적인 **elongated** 길쭉한 **stupendous** 굉장한

13

A Don't you just love Robert Frost's poetry?
B Actually, no. It's really not my _____.

(a) way
(b) path
✔ (c) style
(d) habit

번역 A 로버트 프로스트의 시는 정말 좋지 않아요?
  B 사실 안 좋아해요. 그건 정말 제 스타일이 아니거든요.

(a) 방식
(b) 방침
(c) 스타일
(d) 습관

해법 흔히 '내 스타일이다, 아니다'라고 말하는 것처럼 (c) style이 가장 적절하다.
  poetry 시 **actually** 사실은 **way** 방식 **path** 방침 **habit** 습관

14

A Your baby can already walk really well.
B Oh, yes! She can _____ the stairs, too.

✔ (a) crawl up
(b) wander down
(c) slip through
(d) run around

번역 A 아기가 벌써 꽤 잘 걷네요.
  B 아, 네! 계단도 기어서 올라갈 수 있는걸요.

(a) 기어오르다
(b) 걸어 내려가다
(c) 경계망을 빠져나가다
(d) 뛰어다니다

해법 걸음마를 익힌 아기를 두고 하는 말이므로 아기가 계단을 '기어오르다'라는 뜻으로 (a) crawl up이 가장 적절하다.
  crawl 기다 **wander** (이리저리) 거닐다 **slip through** 경계망을 빠져나가다 **run around** 뛰어다니다

15

A Excuse me. Can you direct me to the mall?
B Sure. Just take a sharp _____ over at the intersection.

(a) drive
(b) look
(c) steer
✔ (d) left

번역 A 실례합니다. 쇼핑몰에 가는 길 좀 알려 주시겠어요?
  B 그러죠. 교차로에서 바로 좌회전하시면 돼요.

(a) 운전
(b) 눈길
(c) 조언
(d) 좌회전

해법 길을 가르쳐 주는 표현으로 교차로에서 취할 수 있는 행동이라면 '좌회전하다'라는 뜻인 take a left를 쓰는 것이 가장 적절하다. 같은 의미로 turn left를 쓸 수도 있다.
  direct 알려 주다 **sharp** 급히 좌[우]회전을 하는 **intersection** 교차로 **steer** 조언

16

A   I like studying with a group. How about you?
B   No. I find it more _____ to work on my own.

(a) delicate
(b) gracious
✔ (c) advantageous
(d) celebratory

번역 A 저는 그룹 스터디가 좋아요. 당신은 어때요?
　　 B 아니요. 저는 혼자 하는 게 더 편해요.

(a) 까다로운
(b) 쾌적한
(c) 편리한
(d) 축하하는

해법 그룹으로 공부하는 것과 혼자 공부하는 것을 놓고 서로의 선호도를 묻고 있다. 혼자 하는 게 더 편하다는 뜻으로 (c)가 가장 적절하다.
find …라고 생각하다　**on one's own** 혼자서　**delicate** 까다로운　**gracious** 쾌적한　**celebratory** 축하하는

17

A   What do you think of Mrs. Sullivan, our new teacher?
B   She's not bad, but Ms. Ciccone was a better _____.

✔ (a) lecturer
(b) officer
(c) dealer
(d) resister

번역 A 새로 오신 우리 설리반 선생님을 어떻게 생각해요?
　　 B 별로 나쁘진 않지만, 치콘느 선생님이 더 잘 가르치셨어요.

(a) 강사
(b) 임원
(c) 중개인
(d) 저항자

해법 대화 내용으로 보아 Ms. Ciccone는 Mrs. Sullivan이 오기 전의 선생님이라는 것을 알 수 있으므로 teacher를 달리 표현한 (a)가 가장 적절하다.
What do you think of…? …에 대해 어떻게 생각하세요?　**officer** 임원　**dealer** 중개인　**resister** 저항자

18

A   Are you going to stop getting the newspaper home delivered?
B   Actually, I've already _____ my subscription.

(a) reviewed
(b) wagered
(c) threaded
✔ (d) cancelled

번역 A 신문 구독을 중지시킬 거예요?
　　 B 사실 이미 구독을 해지했어요.

(a) 재검토하다
(b) (돈을) 걸다
(c) 요리조리 빠져나가다
(d) 취소하다

해법 신문 배달을 중지시킬 거냐는 질문에 대해 이미 어떠한 조치를 취했다고 답하고 있다. 구독을 '해지하다'라는 뜻으로 (d)가 가장 적절하다.
deliver 배달하다　**subscription** 구독　**review** 재검토하다　**wager** (돈을) 걸다　**thread** 요리조리 빠져나가다

19

A   How much longer is it to the main highway?
B   There's not far to _____.

(a) move
✔ (b) go
(c) grab
(d) sow

번역 A 주요 고속도로까지 얼마나 더 가야 돼요?
　　 B 얼마 남지 않았어요.

(a) 이동하다
(b) 가다
(c) 움켜잡다
(d) (씨를) 뿌리다

해법 B의 말은 '가기에 멀지 않다'라는 뜻이므로 (b) go가 가장 적절하다. (a) move도 '이동하다'라는 비슷한 뜻이지만 여기서는 쓰임이 어색하다.
main 주된　**highway** 고속도로　**grab** 움켜잡다　**sow** (씨를) 뿌리다

20

A   You have such a magnificent dog! He seems well behaved, too.
B   Not always. He can be quite _____ sometimes.

✔ (a) naughty
(b) rigorous
(c) substantial
(d) argumentative

번역 A 정말 근사한 개를 가지고 있군요! 행동도 아주 얌전할 것 같은데요.
　　 B 항상 그렇진 않아요. 때론 아주 버릇이 없어요.

(a) 버릇 없는
(b) 엄격한
(c) 튼튼한
(d) 따지기 좋아하는

해법 빈칸 앞의 주어 He가 가리키는 것은 dog이므로, 개를 묘사하기에 적절한 형용사가 필요하다. (a) naughty가 '버릇 없는'이라는 뜻으로 가장 알맞다.
magnificent 근사한　**well behaved** 얌전한　**quite** 아주　**rigorous** 엄격한　**substantial** 튼튼한　**argumentative** 따지기 좋아하는

21

A　Your knee surgery was a complete success, Mr. Solomon.
B　Thank you, Doctor. How soon can I start _____ again?

(a) typing
(b) throwing
✔ (c) bicycling
(d) teaching

번역 A 무릎 수술은 대성공입니다, 솔로몬 씨.
B 감사합니다, 선생님. 언제쯤이면 다시 자전거를 탈 수 있을까요?

(a) 타자 치기
(b) 던지기
(c) 자전거 타기
(d) 가르치기

해법 무릎 수술을 마친 환자가 의사에게 뭔가를 다시 시작할 수 있냐고 질문하는 상황이므로 무릎과 관련된 행동임을 짐작할 수 있다. 따라서 (c) bicycling이 가장 적절하다.
success 성공(작)　**surgery** 수술　**throw** 던지다

22

A　How was the test?
B　No problem. It was a _____.

(a) doubting Thomas
(b) needle in a haystack
(c) stick in the mud
✔ (d) piece of cake

번역 A 시험은 어땠어요?
B 문제없었어요. 식은 죽 먹기였어요.

(a) 의심 많은 사람
(b) 헛수고
(c) 궁지에 몰린 일
(d) 쉬운 일

해법 시험이 어땠냐는 질문에 대해 No problem(아주 쉬웠다)이라고 답했으므로 우리말로 '누워서 떡 먹기'라는 (d)가 가장 적절하다. stick in the mud는 궁지에 몰려 꼼짝 못하게 된 상황을 말한다.
doubting Thomas 의심 많은 사람　**needle in a haystack** 헛수고

23

A　Hello, front desk? Our sink _____ is stuck. We can't get any water.
B　I'm sorry, Mrs. Habersham. We'll send up the plumber right away.

(a) cornice
✔ (b) faucet
(c) ladle
(d) draw

번역 A 여보세요, 프런트죠? 우리집 싱크대 수도꼭지가 막혔어요. 물이 전혀 안 나와요.
B 죄송합니다, 하버샴 부인. 즉시 배관공을 보내드리겠습니다.

(a) 처마 돌림띠
(b) 수도꼭지
(c) 국자
(d) 배수로

해법 싱크대에 문제가 생긴 상황인데, 물이 안 나오는 것은 (b) faucet(수도꼭지)과 관련이 있다고 보는 게 가장 적절하다.
stuck 막힌　**plumber** 배관공　**cornice** 처마 돌림띠　**ladle** 국자　**draw** 배수로

24

A　Doctor, how soon will I be _____?
B　Your arm is mending nicely, so maybe tomorrow.

✔ (a) discharged
(b) considered
(c) ousted
(d) admitted

번역 A 선생님, 전 언제쯤 퇴원하나요?
B 팔이 잘 낫고 있으니, 어쩌면 내일쯤이요.

(a) 퇴원시키다
(b) 고려하다
(c) 축출하다
(d) 입원시키다

해법 환자가 의사에게 하는 질문으로 의사의 답변으로 보아 퇴원 시기를 묻는 것임을 짐작할 수 있다. discharge는 '퇴원시키다'라는 타동사이므로 '퇴원하다'라는 뜻으로는 수동형으로 쓴다. 따라서 정답은 (a) discharged이다.
mend 호전되다　**consider** 고려하다　**oust** 축출하다　**admit** 입원시키다

25

A　I added up all the expenses. Does that look right?
B　Yes, your _____ looks correct.

(a) argument
(b) fiddle
✔ (c) tally
(d) position

번역 A 비용을 모두 합산했어요. 맞는 것 같아요?
B 네, 당신 계산이 맞는 것 같아요.

(a) 주장
(b) 속임수
(c) 계산
(d) 상황

해법 비용 합계를 내고 나서 틀린 데 없느냐고 묻고 있으므로 '계산'이라는 뜻의 (c) tally가 들어가야 알맞다.
add up 합산하다　**expense** 비용　**argument** 주장　**fiddle** 속임수
position 위치

26

Among many other teachings, Confucius _____ a simple, wholesome way of life.

(a) opposed
✔ (b) advocated
(c) retracted
(d) deluded

번역 여러 많은 교훈 중에서 공자는 소박하고 건강에 좋은 생활 방식을 지지했다.

(a) 반대하다
(b) 지지하다
(c) 취소하다
(d) 속이다

해법 빈칸 뒤는 공자가 주장한 가르침을 나타내므로 '지지하다'라는 의미인 (b) advocated가 알맞다.
teaching 교훈 **Confucius** 공자 **wholesome** 건강에 좋은 **oppose** 반대하다 **retract** 취소하다 **delude** 속이다

27

During the month of June, the B21 Bus will not _____ between Flatbush Avenue and Ocean Parkway due to road construction.

✔ (a) operate
(b) occur
(c) manifest
(d) saunter

번역 6월 한 달 동안, B21 버스는 도로 공사로 인하여 플랫부시 대로에서 오션 파크 웨이까지 운행하지 않습니다.

(a) 운행하다
(b) 발생하다
(c) 명시하다
(d) 산책하다

해법 버스가 '운행하다'라는 뜻으로 쓰이는 동사는 (a) operate이다. 같은 뜻으로 run을 쓸 수도 있다.
due to …때문에 **construction** 공사 **occur** 발생하다 **manifest** 명시하다 **saunter** 산책하다

28

According to a leading fashion magazine, this year's Academy Awards _____ the worst-dressed nominees ever.

(a) suggested
(b) grafted
✔ (c) featured
(d) hastened

번역 일류 패션 잡지에 의하면, 올해 아카데미 시상식은 역대 최악의 워스트 드레서 후보들이 나왔다고 한다.

(a) 제안하다
(b) 접목하다
(c) 등장시키다
(d) 서두르다

해법 올해 아카데미 시상식에 워스트 드레서 후보들이 등장했다는 뜻이므로 '등장시 키다'라는 뜻의 (c) featured가 적절하다.
according to …에 따르면 **leading** 일류의 **nominee** 후보 **suggest** 제안하다 **graft** 접목하다 **hasten** 서두르다

29

Inflation brings _____ to some people, since it reduces the value of savings.

✔ (a) misfortune
(b) falsehood
(c) posture
(d) salute

번역 인플레이션은 일부 사람들에게 역경을 초래하는데, 이는 저축의 가치를 떨어뜨 리기 때문이다.

(a) 역경
(b) 허위
(c) 자세
(d) 경례

해법 인플레이션이란 통화량이 팽창하여 화폐 가치가 떨어지고 물가가 계속적으로 오르는 현상이다. 그 결과, 일반 대중의 실질적 소득이 감소하기 때문에 역경을 유발한다는 (a) misfortune이 정답이다.
bring 초래하다 **reduce** 낮추다 **savings** 저축 **falsehood** 허위

30

Author D.H. Lawrence cynically _____ the journey through life as "a savage enough pilgrimage."

(a) vaunted
(b) paraded
✔ (c) described
(d) relived

번역 D.H. 로렌스 작가는 인생 여정을 '충분히 야만적인 순례'라고 냉소적으로 묘사 했다.

(a) 과시하다
(b) 행진하다
(c) 묘사하다
(d) 회상하다

해법 빈칸 뒤에 나오는 as와 호응하여 A를 B라고 '묘사하다'라는 뜻으로 describe A as B라는 표현이 되어야 알맞다.
cynically 냉소적으로 **journey** 여정 **savage** 야만적인 **pilgrimage** 순례 **vaunt** 과시하다 **parade** 행진하다 **relive** 회상하다

31

With our special seat properly _____, you never need to worry about your child's safety when you drive!

✔ (a) installed
(b) marked
(c) labored
(d) stuck

번역 저희 회사의 특별 좌석을 올바로 설치하시면, 운전 시 자녀의 안전에 대해서는 전혀 염려할 필요가 없습니다.

(a) 설치하다
(b) 표시하다
(c) 애쓰다
(d) 고정시키다

해법 빈칸에는 앞에 나온 명사 our special seat를 수식하는 분사가 필요하다. 선택지 모두 과거분사이므로 앞 명사와 수동의 관계에 있음을 알 수 있다. 따라서 our special seat를 목적어로 취해서 의미가 통하는 (a)가 적절하다.

properly 올바로 **mark** 표시하다 **labor** 애쓰다 **stick** 고정시키다

32

Director Xu of the Chinese Space Agency announced today the successful launch and _____ of a new communications satellite.

(a) filtering
✔ (b) orbiting
(c) maintenance
(d) capture

번역 중국 우주국의 쑤 국장은 오늘 새로운 통신 위성의 발사 및 궤도 진입이 성공적이라고 발표했다.

(a) 여과
(b) 궤도 진입
(c) 유지 관리
(d) 포획

해법 빈칸은 통신 위성과 관련하여 앞에 나온 명사 launch와 and로 이어지고 있으므로 발사에 이은 '궤도 진입'이라는 뜻인 (b)가 가장 알맞다.

director 국장 **announce** 발표하다 **launch** 발사 **communications satellite** 통신 위성 **maintenance** 유지 관리 **capture** 포획

33

After enduring his third bitter divorce, Brian began to wonder if he was really _____ for married life.

(a) fluked
(b) worried
(c) celebrated
✔ (d) suited

번역 세 번째 쓰라린 이혼을 견뎌낸 후에, 브라이언은 자신이 정말 결혼 생활에 적합한지에 의문을 갖기 시작했다.

(a) 우연히 들어맞는
(b) 걱정한
(c) 유명한
(d) 적합한

해법 문맥상 결혼 생활에 '적합하다'라는 뜻으로 be suited for가 되어야 알맞다.

endure 견디어 내다 **bitter** 쓰라린 **wonder** …이 아닐까라고 생각하다 **fluke** 우연히 들어맞다 **celebrated** …으로 유명한

34

The only wine _____ to the name "Champagne" comes from the French region of the same name.

✔ (a) entitled
(b) awarded
(c) likened
(d) situated

번역 '샴페인'이라는 자격이 주어지는 유일한 와인은 동명의 프랑스 지방에서 생산된다.

(a) 받을 자격이 있는
(b) 수여한
(c) 비유되는
(d) 위치해 있는

해법 be entitled to는 다음에 명사구를 수반하여 '…할 자격을 주다'라는 뜻으로 쓰인다. 여기서는 '샴페인'이라는 명칭으로 불릴 자격이 있다라는 뜻으로 쓰였다.

region 지방 **same** 동일한 **award** 수여하다 **liken** 비유하다 **situate** 위치시키다

35

A solar panel's wiring must run to an inverter, which changes the sun's energy into _____ electricity.

(a) correct
(b) dubious
✔ (c) usable
(d) amiable

번역 태양 전지판의 배선은 태양 에너지를 사용 가능한 전기로 전환하는 변환기를 거쳐야 한다.

(a) 올바른
(b) 의심스러운
(c) 사용 가능한
(d) 상냥한

해법 빈칸에는 이어지는 명사 electricity를 수식하여 뜻이 통하는 형용사가 들어가야 한다. '사용 가능한' 전기라고 해야 가장 어울리므로 (c)가 정답이다.

solar panel 태양 전지판 **wiring** 배선 **inverter** 변환 장치 **dubious** 의심스러운 **amiable** 상냥한

36

Many restaurants in the State of Maine _____ in serving lobster to tourists and natives alike.

(a) idolize
✔ (b) specialize
(c) aggrandize
(d) recognize

번역 메인 주의 대다수 식당들은 관광객과 현지인들 모두에게 바닷가재를 제공하는 것을 전문으로 한다.

(a) 우상화하다
(b) 전문으로 하다
(c) 확대하다
(d) 인정하다

해법 '…을 전문으로 하다'라는 뜻으로 (b) specialize를 쓴다. 뒤에 전문 분야를 언급할 때 전치사 in을 수반한다는 점도 알아 두자.
native 현지인 **alike** 둘 다, 똑같이 **idolize** 우상화하다 **aggrandize** 확대하다 **recognize** 인정하다

37

At most universities, it is still possible to _____ with a bachelor's degree in four years.

(a) complete
✔ (b) graduate
(c) score
(d) finalize

번역 대부분 대학에서는 4년 만에 학사 학위를 수료하는 것이 여전히 가능하다.

(a) 끝마치다
(b) 졸업하다
(c) 점수를 받다
(d) 마무리짓다

해법 '학사 학위를 따고 졸업하다'라는 뜻으로 (b)가 가장 적절하다. (a) complete는 '…을 끝마치다'라는 뜻의 타동사로 의미상 가능할 듯 보이지만, 빈칸 뒤에 목적어가 없으므로 알맞지 않다.
bachelor's degree 학사 학위 **score** 점수를 받다 **finalize** 마무리짓다

38

Regular blood pressure monitoring is vital in order to _____ good health.

(a) restrain
(b) endure
(c) presage
✔ (d) maintain

번역 정기적인 혈압 체크는 건강을 유지하기 위해 필수적이다.

(a) 제한하다
(b) 인내하다
(c) 예측하다
(d) 유지하다

해법 의미상 '건강을 유지하다'라는 뜻으로 (d) maintain이 가장 적절하다. keep good health, stay in good health도 같은 의미이다.
regular 정기적인 **blood pressure** 혈압 **monitor** 감시하다, 관찰하다 **vital** 긴요한 **in order to** …하기 위해 **restrain** 제한하다 **presage** 예측하다

39

The Battle of the Bulge effectively foreclosed the _____ of a negotiated peace in Europe during World War II.

✔ (a) possibility
(b) hilarity
(c) instability
(d) duplicity

번역 벌지 대전투는 제2차 세계대전 중에 유럽의 평화 협상 가능성을 효과적으로 배제했다.

(a) 가능성
(b) 환희
(c) 불안정성
(d) 이중성

해법 foreclose는 '배제하다'라는 뜻으로 foreclose the possibility는 '가능성을 배제하다'라는 뜻으로 자주 쓰이는 표현이다.
battle 전투 **effectively** 효과적으로 **foreclose** 배제하다 **negotiate** 협상하다 **hilarity** 환희 **instability** 불안정성 **duplicity** 이중성

40

When traveling, please _____ care with hand gestures, as those appropriate in one culture may be offensive in another.

(a) vary
(b) stray
(c) announce
✔ (d) exercise

번역 여행을 할 때는 손동작에 조심하십시오. 한 문화권에서는 적절한 것이 다른 문화권에서는 모욕적일 수 있기 때문입니다.

(a) 바꾸다
(b) 벗어나다
(c) 알리다
(d) 발휘하다

해법 문맥상 '조심하다'라는 뜻이 되어야 하는데 빈칸 뒤의 care와 어울려 이런 뜻을 이루는 어구는 (d) exercise이다. exercise는 '발휘하다'라는 뜻으로 exercise caution(유의하다), exercise restraint(자제하다) 등으로 쓰인다.
gesture 동작 **appropriate** 적절한 **offensive** 불쾌한 **vary** 바꾸다 **stray** 벗어나다

41

Burning trash in urban areas, especially those located in valleys and other low-lying areas, can _____ significant environmental damage.

(a) gamble
(b) put
(c) lead
✔ (d) cause

Actual Test 2

번역 도심 지역에서 쓰레기를 소각하는 것은, 특히 계곡이나 저지대에 위치해 있는 경우에는 심각한 환경 피해를 초래할 수 있다.

(a) 도박하다
(b) 처하게 하다
(c) 이끌다
(d) 초래하다

해법 문맥상 '위험을 초래하다'라는 뜻으로 (d) cause가 들어가야 가장 적절하다. (c)는 뒤에 전치사 to를 덧붙이면 가능하다.
urban 도시의 **valley** 계곡 **low-lying** 낮은 **significant** 중대한 **damage** 피해 **gamble** 도박하다

42

Virtual Private Network software allows you to work on your home computer from almost anywhere in the _____.

✔ (a) world
(b) terrain
(c) universe
(d) surrounds

번역 가상 사설망 소프트웨어는 당신이 세계 거의 어느 곳에서든 집에서 컴퓨터로 근무하는 것을 가능하게 한다.

(a) 세계
(b) 지역
(c) 우주
(d) 주위

해법 '세계 어느 곳에서든지'라는 뜻이므로 in the world가 되어야 알맞다.
Virtual Private Network 가상 사설망(인터넷과 같은 공중망을 마치 전용선처럼 사용할 수 있는 방식) **anywhere** 어디든 **terrain** 지역 **universe** 우주 **surround** 주위

43

Recent research in the development of antibiotics has uncovered a promising alternative to penicillin for drug _____ disease strains.

(a) denying
(b) enforcing
✔ (c) resistant
(d) insistent

번역 항생제 개발에 관한 최근 연구에서 약에 내성을 가진 질병 유형들에 대해 페니실린을 대체할 수 있는 전도 유망한 약물을 발견했다.

(a) 거부하는
(b) 시행하는
(c) 내성이 있는
(d) 계속되는

해법 빈칸은 앞에 있는 drug와 호응하여 disease strains(질병 유형)를 수식하고 있다. (c) resistant가 '저항하는'이라는 뜻으로 drug resistant는 '약에 내성이 있는'이라는 뜻이다.
antibiotic 항생제 **uncover** 알아내다 **alternative** 대체 가능한 **strain** (동·식물 질병 등의) 종류

44

The _____ Cindy Lauper, with her multi-colored hair and odd on-stage antics, was a singing sensation in the 1980's.

(a) obscure
(b) dire
(c) staid
✔ (d) eccentric

번역 괴짜 신디 로퍼는 현란한 머리 색과 익살맞은 무대 동작으로 1980년대에 가요계의 화젯거리였다.

(a) 모호한
(b) 무서운
(c) 진지한
(d) 괴짜인

해법 현란한 머리색과 익살맞은 무대 동작이라는 특징과 가장 관련 있는 어구는 (d) eccentric이다. eccentric은 '괴짜'라는 뜻의 명사로도 쓰인다.
on-stage 무대 위의 **antics** 익살맞은 짓 **sensation** 큰 이야깃거리 **obscure** 모호한 **dire** 무서운 **staid** 진지한

45

Lingering animosities and the politics of labor versus management _____ company negotiations.

(a) congealed
(b) clarified
(c) conceived
✔ (d) complicated

번역 노사간의 장기적인 적개심과 정략들이 회사의 협상을 곤란하게 했다.

(a) 경직시키다
(b) 명백히 하다
(c) 고안해 내다
(d) 복잡하게 하다

해법 노사간의 갈등이 회사 협상에 미치는 영향으로 알맞은 것은 '곤란하게 하다'라는 뜻의 (d) complicated이다.
lingering 오래 가는 **animosity** 적개심 **versus** …에 대하여 **congeal** 경직시키다 **clarify** 명백히 하다 **conceive** 상상하다

46

Our new computer monitor _____ 50% less power than our competitors' models.

✔ (a) consumes
(b) prevents
(c) commingles
(d) recoils

번역 우리 회사의 새로 나온 컴퓨터 모니터는 경쟁사 모델보다 전력을 50% 덜 소비합니다.

(a) 소비하다
(b) 방지하다
(c) 혼합하다
(d) 반동하다

해법 빈칸 뒤의 목적어 power(전력)를 목적어로 취해서 의미가 통하는 것은 '소비하다'라는 뜻의 (a) consumes이다.
competitor 경쟁업체 **prevent** 방지하다 **commingle** 혼합하다 **recoil** 반동하다

47

The new CEO _____ his reputation on improving profitability by 40% by the end of the first quarter.

(a) languished
(b) flowed
✔ (c) staked
(d) bereaved

번역 신임 CEO는 자신의 명예를 걸고 1분기 말까지 수익을 40% 향상시킬 것을 약속했다.

(a) 약해지다
(b) 진행되다
(c) (돈·명예를) 걸다
(d) 빼앗다

해법 빈칸 뒤의 reputation과 호응하여 '명예를 걸다'라는 뜻의 collocation(연어)을 묻고 있다. (c)가 정답으로 stake one's reputation on은 '…에 명예를 걸다, 명예를 걸고 …하다'라는 뜻이다.
reputation 명성, 평판 **improve** 향상시키다 **profitability** 수익성

48

The Dalai Lama was long ago _____ from his native Tibet and has never returned.

(a) struggled
✔ (b) exiled
(c) deformed
(d) revered

번역 달라이 라마는 오래 전에 고국인 티벳에서 추방당해 다시는 돌아가지 못했다.

(a) 투쟁하다
(b) 추방하다
(c) 변형시키다
(d) 숭배하다

해법 has never returned라는 이어지는 내용으로 보아, '추방당했다'라는 말이 들어가야 가장 자연스러우므로 (b) exiled가 정답이다.
native 태어난, 고국의 **return** 돌아가다 **struggle** 투쟁하다 **deform** 변형시키다 **revere** 숭배하다

49

Government and corporate corruption have a profoundly _____ effect on all levels of society.

(a) generous
(b) altruistic
✔ (c) corrosive
(d) vacuous

번역 정부와 기업의 부패는 사회 각계각층에 심각한 악영향을 끼친다.

(a) 관대한
(b) 이타적인
(c) 부식하는
(d) 무의미한

해법 부정부패가 사회에 끼치는 영향이라면 부정적인 것이 되어야 알맞다. 따라서 '좀먹는, 부식하는'이라는 뜻의 (c) corrosive가 가장 적절하다.
corporate 기업, 법인 **corruption** 부패 **profoundly** 깊이 **generous** 관대한 **altruistic** 이타적인 **vacuous** 무의미한

50

In breaking from the Catholic Church, King Henry VIII declared himself the chief _____ of the Church of England.

✔ (a) authority
(b) dichotomy
(c) apostate
(d) deviant

번역 가톨릭 교회로부터 분리해서, 헨리 8세는 스스로를 영국 국교회의 수장이라고 선언했다.

(a) 권위(자)
(b) 분열
(c) 배교자
(d) 변질자

해법 빈칸 앞의 chief는 '최고위자인'이라는 뜻이므로 이와 가장 자연스럽게 어울리는 것은 (a) authority이다. chief authority는 '최고 권력자, 수장'을 뜻한다.
declare 선언하다 **dichotomy** 분열 **apostate** 배교자 **deviant** 변질자

1 Despite his continuing personal popularity, the President's agenda is in trouble, just as we predicted. Increasing numbers of registered voters are voicing their objections to his attempts to nationalize industries, raise taxes, and deprive the people of their rightful place at the seat of political power. This is precisely what we said he would do on this blog. This is why we have repeatedly criticized the President. Finally, people _____.

(a) have someone new to vote for
(b) will benefit because of our efforts
✔ (c) now know what we warned about
(d) can see that he has changed his ways

번역 개인적인 인기가 지속되고 있음에도 불구하고, 대통령이 내놓은 안건은 우리가 예측한 바대로 곤경에 빠져 있습니다. 점점 더 많은 등록된 유권자들이 산업 국유화, 세금 인상, 그리고 정치 권력의 자리에서 국민의 정당한 자리 박탈을 시도하는 것에 대해 반대의 목소리를 내고 있습니다. 이것이 우리가 이 블로그에서 그가 할 것이라고 말했던 바로 그것입니다. 이것이 우리가 반복해서 대통령을 비판했던 이유입니다. 마침내 사람들은 우리가 경고했던 바가 무엇인지 이제 알게 되었습니다.

(a) 투표할 새로운 인물이 생기다
(b) 우리의 노력 덕분에 혜택을 보게 되다
(c) 이제 우리가 경고했던 바가 무엇인지 알다
(d) 그가 자신의 방식을 바꿨음을 알 수 있다

해법 대통령의 정책을 비판하는 내용을 담은 블로그이다. 대통령의 정책에 반대하는 사람들이 늘고 있다는 앞 내용과 어울리는 것은 이제 사람들이 자신들의 의견에 동조하게 되었다는 (c)이다.
popularity 인기 **agenda** 안건 **voice** …를 말로 표현하다 **attempt** 시도 **nationalize** 국유화하다 **deprive** 박탈하다 **precisely** 바로 **repeatedly** 되풀이하여 **benefit** 득을 보다 **warn** 경고하다

2 Everyone knows people who have no sense of direction, and others who never seem to get lost. What explains the difference? It has long been established that those with inner ear problems frequently suffer from vertigo (dizziness at extreme heights) and poor balance. Scientists now think that this is related to a sense of direction. What part the inner ear plays in this will not be clear without further studies. For the moment at least, it is certain that a correlation exists _____.

(a) among people who do not get dizzy
(b) despite a person's sense of direction
(c) in relation to vertigo and inner ear problems
✔ (d) between the inner ear and a sense of direction

번역 모두가 알다시피 방향 감각이 전혀 없는 사람들이 있고, 절대로 길을 잃지 않는 것처럼 보이는 사람들도 있다. 그 차이는 무엇으로 설명될까? 내이에 문제가 있는 사람들은 흔히 현기증(극도의 높이에서 겪는 어지러움)에 시달리고 균형 감각이 부족하다는 사실이 오래 전에 밝혀졌다. 오늘날 과학자들은 이것이 방향 감각과 관련 있다고 여긴다. 방향 감각에 있어서 내이가 어떤 역할을 하는지는 더 깊은 연구 없이는 불분명할 것이다. 현재로서는 적어도, 내이와 방향 감각 사이에 상관관계가 존재함이 틀림없다.

(a) 어지러워하지 않는 사람들 사이에
(b) 개인의 방향 감각에도 불구하고
(c) 현기증과 내이 질환과 관련하여
(d) 내이와 방향 감각 사이에

해법 사람들마다 방향 감각이 다른 이유를 설명하는 글로, 앞에서 내이 이상이 방향 감각과 관련 있는 것은 이미 밝혀진 사실이라고 말하고 있다. 따라서 이 둘 사이에 상관관계가 존재함이 분명하다는 (d)가 가장 알맞다.
establish 밝히다 **inner ear** 내이 **frequently** 흔히 **vertigo** 현기증 **dizziness** 어지러움 **balance** 균형 **related to** …와 관련 있는 **correlation** 상관관계

3 Internet product placement is an innovation that may revolutionize the way in which goods and services are advertised. Well-known products often appear in movies, as a subtle form of advertising. In a similar way, online videos may soon feature products chosen randomly from a bank of paying advertisers. For instance, a billboard that appears in a news story could be digitally altered to advertise products. In this way, different products _____.

(a) are chosen by viewers by pressing a button
✔ (b) could be seen every time it was viewed
(c) are advertised in movies at the cinema
(d) might be improved by consumers

번역 인터넷상 간접 광고는 제품과 서비스가 광고되는 방식에 혁명을 일으킬 수 있는 기술 혁신이다. 유명한 제품들은 미묘한 광고 형태로 영화에 등장하는 경우가 종종 있다. 비슷한 방식으로, 조만간 인터넷상의 비디오들에 돈을 지불한 광고주 무리로부터 임의로 선택된 제품들이 등장할지도 모른다. 예를 들어, 뉴스 기사에 등장하는 게시판이 제품을 광고하기 위해 디지털 방식으로 변환될 수도 있다. 이런 식으로, 서로 다른 제품들이 비디오가 상영될 때마다 보여질 수 있다.

(a) 시청자들이 버튼을 누름으로써 선택된다
(b) 비디오가 상영될 때마다 보여질 수 있다
(c) 영화관에서 상영되는 영화 속에서 광고된다
(d) 소비자들에 의해 향상될 수 있다

해법 인터넷상 간접 광고에 대한 글이다. 영화에서처럼 인터넷에서 상영하는 비디오에도 간접 광고가 등장하게 될 거라는 내용에 자연스럽게 이어지는 것은 비디오가 상영될 때마다 간접 광고로서 제품이 보여지게 되는 (b)이다.
Internet product placement 인터넷상 간접 광고 **innovation** 기술 혁신 **revolutionize** 혁명을 일으키다 **subtle** 미묘한, 교묘한 **advertise** 광고하다 **randomly** 임의로 **bank** 많이 모인 것 **billboard** 게시판 **alter** 바꾸다

4 National culture _____. For example, around the middle of the last century, movies like *In the Heat of the Night* helped to break stereotypes about African-Americans. More recently, serious films such as *Philadelphia* and lighter fare like *In and Out* have made the general public more receptive to gay rights. So, while some people might criticize the effect of movies on culture, sometimes movies can lead to moral progress and a better understanding of people within society.

✔ (a) is greatly influenced by the movie industry
(b) largely ignores the importance of movies
(c) could not exist without the film industry
(d) is criticized as superficial nowadays

번역 국민 문화는 영화 산업으로부터 지대한 영향을 받는다. 예를 들어, 지난 세기 중반 무렵 〈밤의 열기 속으로〉와 같은 영화는 아프리카계 미국인에 대한 고정 관념 타파에 일조했다. 좀 더 최근에는 〈필라델피아〉와 같은 딱딱한 영화들과 〈인 앤 아웃〉 같은 가벼운 상연물이 동성애자의 인권을 일반 대중이 좀 더 받아들이게 했다. 따라서 몇몇 사람들은 영화가 문화에 끼치는 영향을 비판할지라도, 영화는 때때로 사회 내에서 도덕적 진보와 사람들에 대한 더 깊은 이해를 이끌어 낼 수 있다.

(a) 영화 산업으로부터 지대한 영향을 받는다
(b) 영화의 중요성을 대부분 무시한다
(c) 영화 산업 없이 존재할 수 없다
(d) 오늘날 깊이가 없다고 비판받는다

해법 빈칸 뒤에 이어지는 예들은 영화가 사회적 인식에 끼치는 영향을 보여준다. 따라서 영화 산업의 지대한 영향을 받는다는 (a)가 이를 아우를 수 있는 주제이다. 영향력이 크긴 하지만 국민 문화가 영화 산업에 완전히 종속된 것은 아니므로 (c)는 알맞지 않다.

stereotype 고정 관념 **light** 가벼운 **fare** 상연물 **general public** 일반 대중 **receptive** 잘 받아들이는 **criticize** 비판하다 **moral** 도덕적인 **progress** 진보 **superficial** 표면적인, 실질적이 아닌

---

5 Grade inflation has been a problem for decades, but it remains a largely taboo topic in the minds of university administrators. The increasingly consumer-oriented approach to education, in which "students" are practically "clients," exerts pressure on administrators to encourage their professors to be less rigorous in their grading. Add to that the fact that professors are evaluated by their students. These factors make it difficult for institutions to _____.

(a) stop students from plagiarizing
(b) reverse the effect of past policies
✔ (c) enforce rigorous assessment standards
(d) force administrators to change grading policy

번역 학점 인플레이션 현상은 수십년간 문제가 되어 왔지만, 대학 행정관들에게는 여전히 대부분 금기시되는 주제이다. 교육에 있어서 '학생'이 실질적으로 '고객'이 되는 소비자 지향적인 접근 방식의 증가가 행정관들에게 압력을 가해 교수들로 하여금 덜 엄격하게 학점을 주도록 권장하고 있다. 교수가 자신이 가르치는 학생들의 평가를 받는다는 사실도 이에 가세하고 있다. 이러한 요인들 때문에 교육기관에서 엄격한 평가 기준을 시행하는 것이 어려운 형편이다.

(a) 학생들의 표절을 막는 데
(b) 과거 정책의 영향력을 뒤집는 데
(c) 엄격한 평가 기준을 시행하는 데
(d) 행정관이 학점 평가 규정을 바꾸도록 강요하는 데

해법 대학에서 교수들이 학생들에게 학점을 후하게 줄 수밖에 없는 현실적인 이유를 설명하고 있다. 빈칸은 앞에서 설명한 이러한 이유들 때문에 대학이 겪는 어려움에 해당하는데, 엄격한 평가를 하기 어렵다는 (c)가 가장 알맞다.

decade 십년간 **taboo** 금기 **administrator** 행정관 **consumer-oriented** 소비자 지향적인 **exert pressure on** 압력을 행사하다 **rigorous** 엄격한 **plagiarize** 표절하다 **reverse** 뒤집다 **enforce** 시행하다

---

6 The *Popular Scientist* makes the exciting world of science and technology _____. With quality writing by recognized experts in their field, the complex is made understandable for the lay reader. A one-year subscription to our magazine costs only $26, a mere 50 cents per week, and will expand your mind as it opens your eyes. If you are not satisfied, you may cancel your subscription at any time for a full refund of your remaining balance.

(a) available in several languages
✔ (b) accessible to the average person
(c) less expensive for you to learn about
(d) even more thorough and comprehensive

번역 〈대중 과학〉은 흥미로운 과학 및 기술의 세계를 일반 사람들이 접할 수 있도록 해드립니다. 각 분야의 권위 있는 전문가들이 집필하여 내용이 우수하며, 전문 지식이 없는 독자들도 어려운 내용을 쉽게 이해할 수 있도록 되어 있습니다. 우리 잡지의 일년 구독료는 26달러에 불과해, 일주일에 단돈 50센트이며, 여러분의 시야를 넓히고 사고방식을 확장시켜 드릴 것입니다. 불만족 시, 언제라도 구독을 취소하셔서 잔액 전부를 환불할 수 있습니다.

(a) 몇 개 국어로 구입 가능한
(b) 일반 사람들이 접할 수 있는
(c) 여러분이 배우기에 덜 비싼
(d) 훨씬 더 꼼꼼하고 포괄적인

해법 과학 잡지를 광고하는 글이다. 광고문의 특성상 광고하는 대상의 가장 큰 특징을 맨 앞에 내세우게 되는데, 다음 문장의 understandable for the lay reader에서 다시 한번 강조하고 있는 특징인 (b)가 가장 적절하다.

quality 우수한 **field** 분야 **lay** 전문 지식이 없는 **subscription** 정기 구독 **full refund** 전액 환불 **balance** 잔여분 **accessible** 접근 가능한 **comprehensive** 포괄적인

7 When Christopher Columbus explored a series of islands in what is now called the Caribbean Sea, he thought that he had in fact landed in India, which had been the goal of his famous voyage across the Atlantic Ocean. In reality, however, he had unknowingly landed close to the continents of North and South America and discovered a series of islands. _____, the islands came to be called the "West Indies" and their geography and culture "West Indian"— names that they bear to this day.

(a) Bowing to longstanding local tradition
(b) Owing to Columbus' expert navigation
(c) Notwithstanding evidence of where he was
✔ (d) Both despite and because of Columbus' error

번역 크리스토퍼 콜럼버스가 현재 카리브 해라고 불리는 일련의 섬들을 탐험했을 때, 그는 실제로 그의 유명한 대서양 횡단 항해의 목적지였던 인도에 도착했다고 생각했다. 하지만 실제로 그는 자신도 모르게 남북 아메리카 대륙 가까이에 상륙했고, 일련의 섬들을 발견했다. 콜럼버스의 실수에도 불구하고 그리고 그 이유 때문에, 이 섬들은 '서인도'라고 불리게 됐으며 그들의 지리와 문화를 칭하는 '서인도인'이라는 명칭도 오늘날까지 지니게 되었다.

(a) 오래된 지역 전통을 받아들여
(b) 콜럼버스의 노련한 항해술 덕분에
(c) 그가 있는 곳의 증거에도 불구하고
(d) 콜럼버스의 실수에도 불구하고 그리고 그 이유 때문에

해법 빈칸 앞에서는 콜럼버스가 자신이 발견한 섬들을 인도라고 착각했다는 내용이 나온다. 그리고 빈칸 뒤에서는 이 섬들을 서인도라고 부르게 되었다는 내용이 나오므로 콜럼버스의 착각이 이런 명칭을 얻게 된 원인이라고 볼 수 있다. 따라서 (d)가 빈칸에 가장 어울리는 내용이다.

land 도착하다 voyage 항해 in reality 실제로는 unknowingly 자신도 모르게 continent 대륙 bear 지니다 bow to 받아들이다 longstanding 오래된 notwithstanding ~에도 불구하고

8 Dear Mr. Savarese:
It has been brought to my attention that when you returned your most recently rented tool, a riding lawnmower, there was considerable damage to one of the blades. You are liable for this damage. As much as we value you as a long-standing customer with an excellent rental record, I am afraid that we will have to charge you for the damage done to our equipment. Please _____. We appreciate your continued patronage and look forward to seeing you again soon. Thank you very much.

✔ (a) remit the sum of $70.00 for the damaged blade
(b) consider this a friendly reminder to be more careful
(c) accept my sincere apology for the damage that was done
(d) find a check for $70.00 enclosed to cover the damage

번역 사바레스 씨 귀하:
귀하가 가장 최근에 대여하신 도구인 승차식 잔디깎기 기계를 반납하셨을 때 칼날 중 하나에 상당한 손상이 있는 것이 제 눈에 띄었습니다. 귀하는 이 손상에 대해 법적 책임이 있습니다. 우수한 대여 기록을 갖고 있는 오랜 고객으로서 귀하를 소중히 생각하는 만큼, 유감스럽지만 본사 장비의 손상에 대해 비용을 청구해야 할 것 같습니다. 손상된 칼날에 대해 70달러의 금액을 송금해 주시기 바랍니다. 귀하의 지속적인 애용을 감사드리며 조만간 다시 뵙기를 바랍니다. 감사합니다.

(a) 손상된 칼날에 대해 70달러의 금액을 송금하다
(b) 이 편지를 좀 더 신중하라는 호의적인 권고로 여기다
(c) 손해를 끼친 것에 대한 진심 어린 사과를 받아들이다
(d) 손해를 변상하기 위해 동봉한 70달러짜리 수표를 찾다

해법 대여업체에서 빌린 제품이 손상되어 반납된 것에 대해 고객에게 비용을 청구하는 편지글이다. 따라서 일정 비용을 송금해 달라는 (a)가 가장 어울리는 내용이다. (c)나 (d)는 오히려 대여업체에게 배상 책임이 있다는 내용이 되므로 앞뒤 문맥에 맞지 않는다.

lawnmower 잔디깎기 기계 considerable 상당한 be liable for 법적 책임이 있다 charge 청구하다 patronage 애용 remit 송금하다 enclose 동봉하다

9 Thomas More was a major literary, religious, and political figure during the late Middle Ages and early Renaissance. The famous author of *Utopia* was the Lord Chancellor of England under King Henry VIII. When Henry established The Church of England and named himself as its head, he demanded that More, a devout Roman Catholic, renounce his allegiance to the Pope. More famously refused, saying "I am the King's good servant, but God's first." Catholics and non-Catholics alike have praised Thomas More's _____.

(a) pragmatic approach to a difficult problem
✔ (b) unwavering faith in the face of opposition
(c) extensive religious, political, and literary works
(d) willingness to put duty to the King above conscience

번역 토마스 모어는 중세 시대 후반과 르네상스 초기에 문학, 종교, 그리고 정치적으로 중요한 인물이었다. 〈유토피아〉로 유명한 이 작가는 헨리 8세 치하에서 영국의 대법관을 지냈다. 헨리 왕은 영국 국교회를 세우고 스스로를 그 수장이라고 칭하고 나서, 독실한 로마 가톨릭교도였던 모어에게 교황에 대한 충성 포기를 선언하라고 요구했다. "나는 왕의 충실한 신하이지만, 하나님이 우선이다"라는 말로 거절한 것이 더 유명하다. 가톨릭교도와 비가톨릭 신자들은 모두 반대 세력 앞에 흔들림 없는 토마스 모어의 신념에 찬사를 보냈다.

(a) 까다로운 문제에 대한 실질적인 접근법
(b) 반대 세력 앞에 흔들림 없는 신념
(c) 종교적, 정치적, 문학적으로 방대한 작품
(d) 양심보다 왕에 대한 의무를 기꺼이 우선시하는 것

해법 빈칸에는 앞에서 설명한 일화를 통해 토마스 모어에 대해 판단할 수 있는 사실이 들어가야 한다. 대법관까지 지냈음에도 불구하고 송교를 포기하라는 왕의 요구를 거절한 것을 나타내는 것은 (b)이다.

Lord Chancellor (영국의) 대법관 devout 독실한 renounce 포기를 선언하다 allegiance 충성 Pope 교황 pragmatic 실질적인 unwavering 흔들리지 않는 willingness 기꺼이 하기

10 The societal role of children changed in the West after the Industrial Revolution. But for many children growing up during the Industrial Revolution, life was hard. They worked long hours for low wages and had little opportunity for education. With the advent of laws regulating child labor and mandating school attendance, the situation improved more and more. Today, children live lives and have opportunities that their forebears could scarcely have imagined. Conditions for children now are _____.

✔ (a) a marked improvement over the past
(b) still below the standards they used to have
(c) full of more study and less physical activities
(d) getting harder and harder because of competition

번역 서양에서 아이들의 사회적 역할은 산업혁명 이후 바뀌었다. 그러나 산업혁명 시기에 자라난 대다수 아이들의 삶은 고달팠다. 그들은 낮은 임금을 받고 장시간 일했으며 교육을 받을 기회도 거의 없었다. 아동 노동을 규제하고 학교 교육을 의무화하는 법률이 생기면서 상황은 점점 더 호전되었다. 오늘날 아이들은 그들의 선조들은 상상할 수도 없었던 삶을 살뿐만 아니라 기회도 가지고 있다. 현재 아이들의 환경은 과거에 비해 현저한 향상이다.

(a) 과거에 비해 현저한 향상
(b) 여전히 예전의 기준에 못 미치는
(c) 더 많은 공부와 더 적은 신체 활동으로 가득 찬
(d) 경쟁 때문에 점점 더 힘들어지는

해법 산업혁명을 계기로 아이들의 삶이 향상되었다는 내용의 글이다. 빈칸이 있는 마지막 문장은 바로 앞 문장에 대한 부연 설명이므로 오늘날 아이들은 예전에는 상상할 수도 없었던 삶을 살고 있다는 내용과 맥락이 같은 것은 (a)이다.
societal 사회의 **role** 역할 **Industrial Revolution** 산업혁명 **advent** 도래 **regulate** 규제하다 **mandate** 명령하다 **attendance** 출석, 참석 **forebear** 선조 **marked** 현저한

11 Although art is a fundamentally an individual endeavor, the cultural context in which it occurs is significant. To cite one example, Pablo Picasso's style has been accurately described as "unique," but his subject matter was drawn largely from the events of the day. Among Picasso's most famous works is "Guernica," an abstract painting inspired by the civil war in his native Spain. Had Picasso lived in another country, he might never have painted such a work. His expression would have had a different focus, _____.

(a) since cultural context determines style
(b) and he may not have supported the war
(c) because innovation is limited by culture
✔ (d) however similar his style might have been

번역 예술이 근본적으로는 개인의 노력이라 할지라도, 예술이 발생시키는 문화적 배경은 중요하다. 한 가지 예를 들자면, 파블로 피카소의 스타일은 정확히 '독특한'이라고 묘사되어 왔지만, 그의 작품 소재는 대부분 하루 중 일어난 일에서 얻은 것이다. 피카소의 가장 유명한 작품 중 하나인 〈게르니카〉는 그의 고국인 스페인 내전에서 영감을 얻은 추상화이다. 만약 피카소가 다른 나라에서 살았더라면, 결코 그와 같은 작품을 그리지 않았을 것이다. 그의 스타일이 아무리 유사했을지라도, 그의 표현은 다른 것에 초점을 맞췄을 것이다.

(a) 문화적 배경이 스타일을 결정하기 때문에
(b) 그리고 그는 전쟁을 지지하지 않았을 것이다
(c) 개혁은 문화의 제약을 받기 때문에
(d) 그의 스타일이 아무리 유사했을지라도

해법 예술가들이 선택하는 작품 주제는 그 예술가가 살고 있는 문화의 영향을 절대적으로 받는다는 내용의 글이다. 피카소를 예로 들어 설명하고 있는데, 둘째 문장에서 그만의 독특한 스타일이 있다고 한 것과 이어지는 내용인 (d)가 들어가야 가장 자연스럽다.
fundamentally 근본적으로는 **endeavor** 노력 **context** 배경 **accurately** 정확히 **draw** (결론·생각 등을) 얻다 **abstract** 추상 **inspire** 영감을 주다 **determine** …을 결정하다 **innovation** 혁신

12 The world marketplace engages in international business and trade, which is the engine of globalization. So called "Gunboat Diplomacy" opened Japan, and eventually most of Asia, two centuries ago to direct commerce with the West. However, Asian goods have been in Western marketplaces for thousands of years, thanks to the Silk Road connecting the Arab world to the Far East. Those who engage in global business today are part of an extensive tradition, _____.

(a) as modern day imperialists
(b) going back hundreds of years
✔ (c) with deep roots in world history
(d) despite the problems of globalization

번역 세계 시장은 국제 사업 및 무역에 관여하며, 세계화의 원동력이다. 소위 '군함 외교'는 2세기 전에 서양과의 무역을 총괄하기 위해 일본과 마침내 아시아 대부분을 개방시켰다. 하지만 아시아의 물품은 아랍 세계와 극동 지역을 연결하는 실크로드 덕분에 수천 년간 서양 시장에 존재해 왔다. 오늘날 국제 무역에 종사하는 사람들은 세계 역사에 깊은 뿌리를 둔 긴 전통의 일부분이다.

(a) 현대 제국주의자로서
(b) 수백 년을 거슬러 올라가
(c) 세계 역사에 깊은 뿌리를 둔
(d) 세계화의 문제점들에도 불구하고

해법 국가간 무역의 역사가 오래 되었다는 내용이므로, 역사적으로 뿌리가 깊다는 (c)가 가장 어울린다. (b)도 역사가 오래되었다는 말로 해석할 수는 있지만, 앞에서 실크로드가 수천 년간 존재했다는 내용에 비추어 볼 때 수백 년 전을 언급하는 것은 어울리지 않는다.
marketplace 시장 **engage in** …에 관여하다 **trade** 무역 **globalization** 세계화 **gunboat diplomacy** 군함 외교(다른 나라에 군함을 파견하여 무력을 통해 관계를 맺는 외교) **commerce** 무역 **goods** 물품 **imperialist** 제국주의자

13 Quentin Tarantino has come a long way from the video rental store where he was once employed. The former video clerk's first breakout movie, *Reservoir Dogs*, was followed a few years later by 1994's *Pulp Fiction*, which set a new standard for avant-garde and "alternative" films. Tarantino was soon popular the world over. More recent films, like *Grindhouse* and the *Kill Bill* have not been as successful either critically or financially. Nonetheless, his movies _____.

(a) are known for their excessive violence
✔ (b) still appeal to mainstream moviegoers
(c) have been universally panned by critics
(d) did not register strong box office numbers

번역 쿠엔틴 타란티노는 한때 자신이 근무하던 비디오 대여점에서 크게 출세했다. 전직 비디오 가게 직원의 첫 번째 히트작인 〈저수지의 개들〉에 이어 몇 년 후 1994년에 전위적인 사상과 '대안' 영화에 새로운 기준을 마련한 〈펄프 픽션〉이 나왔다. 타란티노는 곧 전세계적으로 인기를 얻었다. 좀더 최근작인 〈그라인드하우스〉와 〈킬빌〉은 예전만큼 비평적으로나 재정적으로 성공을 거두지는 못했다. 그렇지만 그의 영화는 여전히 주류 영화애호가들의 관심을 끌고 있다.

(a) 과도한 폭력으로 유명하다
(b) 여전히 주류 영화애호가들의 관심을 끈다
(c) 일반적으로 비평가들의 혹평을 받아왔다
(d) 높은 흥행 기록을 올리지 못했다.

해법 타란티노 감독의 작품들을 소개하고 있다. 앞부분에서 성공작들을, 그리고 빈칸바로 앞에서는 그만큼 성공적이지 못했던 작품들을 언급하고 나서 Nonetheless로 이어지고 있으므로, 성공 여부와 관계없이 여전히 관심을 끈다는 (b)가 자연스럽게 연결된다.

come a long way 출세하다 **rental** 대여 **breakout** 히트 **reservoir** 저수지 **avant-garde** 아방가르드(문학·예술에서 전위적인 사상) **alternative** 대안의 **nonetheless** 그럼에도 불구하고 **mainstream** 주류의 **pan** 혹평하다

14 The place of homework in middle and high schools has long been a bone of contention in the field of educational theory. On one hand, giving students no homework means that all work must be done during classroom hours, which is widely regarded as impractical. On the other hand, some say, too much homework stifles student drive and creativity. The new consensus among experts is that a bit of each method works best. In other words, educators should _____.

(a) punish those who do not do homework
(b) stop students from working too hard
(c) focus on education, not on sports
✔ (d) strike an appropriate balance

번역 중고등학교에서 숙제를 내주는 것은 교육 이론 분야에서 오랫동안 논란거리였다. 한편으로는 학생들에게 숙제를 전혀 내주지 않는 것은 모든 학습이 수업 시간 동안 이루어져야 한다는 것을 의미하는데, 이는 비현실적이라고 널리 평가된다. 또 다른 한편으로는 과도한 숙제가 학생들의 적극성과 창의성을 억압하는 것이라고 말한다. 전문가들 사이의 새로운 합의점은 각 방법을 조금씩 쓰는 것이 최선의 효과를 거둔다는 것이다. 다시 말해서 교육자들은 적절한 균형을 유지해야 한다.

(a) 숙제를 하지 않는 학생들을 벌주다
(b) 학생들이 너무 열심히 공부하지 않도록 하다
(c) 스포츠가 아닌 교육에 초점을 맞추다
(d) 적절한 균형을 유지하다

해법 마지막 문장의 In other words는 '즉, 다시 말해서'라는 뜻으로 앞 문장의 핵심을 다시 한번 강조할 때 쓰인다. 따라서 두 가지 방법을 조금씩 쓰는 것이 최선이라는 앞 문장 내용과 가장 통하는 것은 (d)이다.

a bone of contention 논란거리 **theory** 이론 **mean** …을 의미하다 **impractical** 비현실적인 **stifle** 억압하다 **drive** 적극성 **consensus** 의견 일치, 합의 **method** 방법 **punish** 벌주다 **strike a balance** 균형을 유지하다

15 With over 200 employees and 2,000 satisfied corporate clients, Waycross Services is the solution to your network challenges. Our trained consultants will work with you to customize the best approach to your company's particular situation. Size is no consideration. _____, we can outfit a small single-office company with a simple encrypted server, yet are also equipped to satisfy the more extensive and complex needs of a multi-national corporation. Please contact us for a free consultation.

(a) Despite this
✔ (b) For example
(c) Instead
(d) Moreover

번역 200명 이상의 직원을 두고 2,000명 이상의 기업 고객이 만족한 웨이크로스 서비스는 네트워크의 문제점들에 대한 해결책이 되어 드립니다. 당사의 훈련받은 상담원들이 여러분과 함께 일하며 귀사의 특정 환경에 가장 적합한 방식으로 맞춰 드립니다. 규모는 전혀 문제가 되지 않습니다. 예를 들어 사무실 하나짜리 소규모 회사에는 간단히 암호화한 서버를 갖추어 드리지만, 또한 다국적 기업의 보다 광범위하고 복잡한 요구를 충족시키기 위한 장비도 갖추고 있습니다. 연락 주셔서 무료 상담을 받아보세요.

(a) 이것에도 불구하고
(b) 예를 들어
(c) 대신에
(d) 게다가

해법 기업에 컴퓨터 서비스를 제공하는 업체의 홍보문이다. 빈칸 앞에 규모는 중요하지 않다는 말에 이어 빈칸 뒤에서 소규모와 대규모 회사의 경우를 각각 구체적으로 언급하고 있으므로, 앞 문장에 대한 예를 들고 있다고 보는 것이 가장 타당하다. 따라서 (b)가 정답이다.

corporate 기업의 **challenge** 과제, 난제 **train** 훈련하다 **customize** 사용자의 사정에 맞추다 **outfit** (특정 목적에 필요한 장비를) 갖추어 주다 **encrypt** 암호화하다 **extensive** 광범위한 **complex** 복잡한 **multi-national** 다국적 (기업)의

16 The International Society of Paranormal Researchers (ISPR) will hold its annual meeting from June 5-10 in Sydney, Australia. Despite many misconceptions about what paranormal researchers do, and misunderstandings on the part of the general public, there is nothing strange or occult about ISPR. There are some who describe ISPR as an insular group that shields itself from outside scrutiny. Nothing could be farther from the truth. _____, we welcome visitors at our conference and encourage questions from believers and skeptics alike. We hope that you'll join us!

✔ (a) Rather
(b) Otherwise
(c) Meanwhile
(d) Incidentally

번역 국제 초자연 현상 연구 협회는 호주 시드니에서 6월 5일부터 10일까지 연례회의를 개최합니다. 초자연 현상 연구자들이 하는 일에 대한 많은 오해와 일반 대중의 역할에 대한 오해에도 불구하고, ISPR에 대해서 이상하거나 불가사의한 것은 전혀 없습니다. 일부 사람들은 ISPR이 외부 조사로부터 스스로를 차단시키는 배타적인 단체라고 말하기도 합니다. 이보다 더 왜곡된 사실은 없을 것입니다. 오히려 우리는 회의의 방문객들을 환영하며 믿는 사람이나 의심하는 사람들 모두로부터 기꺼이 질문을 받고자 합니다. 저희와 함께해 주시기를 바랍니다!

(a) 오히려
(b) 그렇지 않으면
(c) 그 동안에
(d) 그건 그렇고

해법 한 협회의 회의 일정을 알리면서 동시에 협회를 소개하는 글이다. 앞에서 협회가 배타적이라는 대중의 오해를 언급하고 나서 빈칸 뒤에서 협회의 회의 참석을 환영한다고 했으므로 앞뒤가 상반되는 내용이라고 볼 수 있다. 따라서 (a)가 가장 어울린다.

paranormal 초자연적인 **annual** 연례의 **misconception** 오해
misunderstanding 오해 **occult** 불가사의한 **insular** 배타적인 **shield**
보호하다 **scrutiny** 정밀 조사 **skeptic** 의심 많은 사람

17 Recent health research has revealed a surprising fact: weight loss depends more on diet than on exercise. In a controlled experiment, people who both exercised daily and ate a prescribed fat-burning diet lost only slightly more weight than those who ate the same diet, but did not exercise. The unexpected results underscore a new, controversial finding: diet beats exercise for losing weight.

Q: What is the best title for the passage?
(a) Trying to Lose Weight? Exercise Does Matter
(b) Diet Alone is Most Effective Means of Weight Loss
(c) Weight Loss Study Confirms Conventional Wisdom
✔ (d) Study Proves Weight Loss More Dependent on Diet

번역 최근 건강에 관한 연구에서 놀라운 사실이 밝혀졌다. 체중 감량은 운동보다 식습관에 더 의존한다는 것이다. 대조 실험에서, 매일 운동을 하며 처방된 지방 연소 식단을 먹은 사람들은 같은 식단을 먹으며 운동을 하지 않은 사람들보다 단지 약간 더 체중이 줄었을 뿐이었다. 예상 밖의 이 결과는 체중 감량에 있어서는 식습관이 운동보다 우선이라는 논란의 여지가 있는 결과를 분명히 드러내고 있다.

Q: 지문의 가장 적절한 제목은?
(a) 체중을 감량하려 하십니까? 운동이 중요합니다
(b) 식습관만이 가장 효과적인 체중 감량 방법입니다
(c) 체중 감량 연구에서 전통적인 지혜를 확증하다
(d) 연구 결과 체중 감량은 식습관에 보다 좌우됨을 입증하다

해법 체중 감량과 운동, 식습관의 관련성에 대한 연구를 소개하고 있다. 첫 문장과 마지막 문장에 핵심 내용이 들어 있는데, 체중 감량에는 식습관이 운동보다 중요하다는 것이므로 (d)가 가장 적절하다.

reveal 밝히다 **diet** 식습관 **controlled experiment** 대조 실험
prescribe 처방하다 **underscore** …을 강조하다 **controversial** 논쟁의
여지가 있는 **beat** 능가하다 **conventional** 전통적인

18 Are you tired of the same old routine? Do the winter blues have you down? Then take a trip to the land down under: Australia! Melbourne and Sydney are two of our major cities, but don't forget to visit our glorious rural coastline, and make sure to check out the fascinating geography and geology of the outback, where kangaroos are as common as rabbits. With so much to do, you'll never run out of places to see and explore!

Q: What is mainly being advertised?
✔ (a) Australian vacation spots
(b) A travel agency in Australia
(c) Tourist packages to Australia
(d) Australian holidaying customs

번역 똑같은 오랜 일상에 지치셨나요? 겨울 우울증 때문에 우울하신가요? 그러시다면 지구촌 아래 호주로 여행을 떠나세요! 멜버른과 시드니가 주요 여행 도시 두 곳이지만, 눈부시게 아름다운 시골 해안가 방문도 잊지 마시고, 토끼만큼이나 캥거루를 흔히 볼 수 있는 흥미진진한 오지 탐험도 반드시 확인해 보세요. 할 일이 너무 많아 구경하고 탐험할 장소들이 바닥나는 일은 절대 없을 겁니다!

Q: 주로 광고하고 있는 것은?
(a) 호주의 휴양지
(b) 호주의 여행사
(c) 호주 관광 상품
(d) 호주의 휴가 보내는 관습

해법 휴양지로서 호주의 주요 도시 및 명소들을 홍보하는 글이다. 따라서 (a)가 정답이다. 얼핏 (c)라고 생각할 수도 있으나 여행사 등에서 판매하는 특정 관광 상품을 언급하고 있지는 않다.

routine 일상 **blues** 우울 **glorious** 눈부시게 아름다운 **rural** 시골
coastline 해안선 **outback** 오지 **run out of** …이 다 떨어지다 **vacation**
spot 휴양지 **travel agency** 여행사 **holiday** 휴가를 보내다

19 The study of English literature includes works dating back to ancient times. Beginning with a Scandinavian epic, *Beowulf*, students often move on to literature from the Middle Ages, such as Chaucer's *Canterbury Tales*, which can be difficult because of the old English they were written in. Then they might study William Shakespeare, who produced some of the greatest literature in world history, before moving on to John Milton's poetry and the works of other Renaissance writers.

Q: What is the passage mainly about?
(a) The Great Bard William Shakespeare
(b) English literature and its development
(c) Major influences on Modern English writers
✔ (d) Early works often studied in English literature

번역 영문학 연구에는 고대 시대까지 거슬러 올라가는 작품들도 포함합니다. 학생들은 스칸디나비아 서사시인 〈베오울프〉에서 시작해서, 주로 초서의 〈캔터베리 이야기〉 같은 중세 시대 문학으로 옮겨가는데, 이것들은 고대 영어로 쓰여져 있기 때문에 어려울 수 있습니다. 그리고 나서 존 밀턴의 시와 다른 르네상스 작가들의 작품들로 옮겨가기 전에 세계 역사상 가장 위대한 문학 작품들을 저술한 윌리엄 셰익스피어를 공부할 것입니다.

Q: 지문의 주된 내용은?
(a) 위대한 서정 시인 윌리엄 셰익스피어
(b) 영문학과 발전사
(c) 현대 영국 작가들에게 끼친 주요한 영향
(d) 영문학에서 주로 공부하는 초기 작품들

해법 영문학 연구라는 강의에서 앞으로 다루게 될 전반적인 내용을 소개하는 글이다. 고대 시대부터 시작해서 르네상스까지 주로 초기 작품들에 대해 언급하고 있으므로 (d)가 가장 알맞다.
work 작품 date back to …까지 거슬러 올라가다 ancient 고대의 epic 서사시 Middle Ages 중세 tale 이야기 produce (그림·시 따위를) 창작하다 bard 서정 시인

20 Please remember that on Friday the workday will end at noon, and an outdoor company party will be held at Anscombe Park, in order to celebrate the 20th anniversary of the founding of our company. Maps are available on the company website, and spouses and children are welcome to attend. There will be food and games. Attendance is mandatory until at least 4 pm, after which you are free to do as you wish. Those who return to work will be eligible for overtime pay.

Q: What is the announcement mainly about?
✔ (a) A company-wide event
(b) A new family-friendly policy
(c) A change in the work schedule
(d) A clarification of overtime rules

번역 금요일 근무는 정오에 끝나며, 회사 창립 20주년을 기념하기 위하여 앤스콤 공원에서 야유회가 열린다는 것을 잊지 마십시오. 지도는 회사 홈페이지에서 구하실 수 있으며, 배우자와 자녀 참석을 환영합니다. 음식과 게임이 마련될 것입니다. 적어도 오후 4시까지는 의무적으로 참석해야 하며, 이후에는 자유롭게 원하시는 대로 할 수 있습니다. 회사로 돌아오는 사람들은 초과 근무 수당을 받으실 수 있습니다.

Q: 안내문의 주요 내용은?
(a) 회사 전체 행사
(b) 가정 친화적인 새로운 규정
(c) 근무 일정 변경
(d) 초과 근무 규정 명시

해법 안내문의 요지는 대개 처음에 등장한다. 첫 문장에 나온 outdoor company party로 보아 회사 야유회에 대한 공지사항이므로 (a)가 정답이다. (c)는 부수적으로 언급된 내용이다.
outdoor 야외의 founding 창립 spouse 배우자 mandatory 의무적인 at least 최소한 be eligible for …할 수 있다 overtime 초과 근무 clarification 명시

21 Consolidated American Ventures (CAV) has a long history of corporate social responsibility. Throughout our 50 year history, we have strived to be a leader in our community. The most recent example of our many outreach projects is our newly opened homeless shelter and soup kitchen. Our shelter provides safe, free, temporary housing to over 50 individuals and 15 families, and our kitchen serves over 200 people per day. With our eyes on the bottom line and our hearts in our community, CAV is both a great investment and force working for the greater good.

Q: What is the passage mainly about?
(a) Reasons to invest money in a company
(b) A center to help hungry and homeless people
(c) Fostering corporate and community partnerships
✔ (d) A company that strives to improve its community

번역 미국 통합 벤처는 기업의 사회적 책임에 관한 오랜 역사를 가지고 있습니다. 50년 동안, 우리는 지역 사회의 지도자가 되기 위해 노력해 왔습니다. 우리의 많은 봉사 활동 중에 가장 최근의 예는 새로 문을 연 노숙자 쉼터와 무료 급식소입니다. 우리 쉼터는 50인의 개인과 15가구 이상에게 안전하고 자유로운 임시 주거지를 제공하며, 급식소에서는 하루에 200명 이상에게 음식을 제공합니다. 눈은 기업의 손익에, 가슴은 우리 지역 사회에 둔 채, CAV는 훌륭한 투자 대상일 뿐만 아니라 위대한 선을 위해 일하는 단체입니다.

Q: 지문의 주된 내용은?
(a) 회사에 돈을 투자해야 하는 이유
(b) 굶주리고 집 없는 사람들을 돕기 위한 센터
(c) 기업과 지역 사회 간 동반자 관계 조성
(d) 지역 사회 발전을 위해 노력하는 회사

해법 기업에서 자사가 지역 사회를 위해 펼치는 봉사 활동을 소개하며 이를 통해 기업을 홍보하는 글이다. 따라서 (d)가 지문 내용에 가장 부합한다. (b)는 기업의 봉사 활동이 일부로서 소개된 것이므로 전체 내용을 담기에는 지엽적이다.
consolidated 통합된 throughout …동안 내내 strive 노력하다 outreach 봉사 활동 shelter (노숙자 등을 위한) 쉼터 soup kitchen 무료 급식소 temporary 임시의 force 단체 invest 투자하다

22 As successful as Nazi Germany's propaganda efforts were, people often forget the role of Adolf Hitler in their success. Credit is appropriately given to those directly involved in crafting the lies told to the German people and to the world, but it was Hitler's famously tendentious oratory that gave credibility to such blatant untruths. It took a greatly skilled speaker like him to make the Nazis' unprovoked assaults on Poland and Russia, to cite only two examples, look like self-defense.

Q: What is the best title for the passage?
(a) Nazi Propaganda's Easy Success
(b) Two Targets of Nazi Propaganda
(c) How Nazi Aggression Was Planned by Hitler
✔ (d) How Hilter Helped Nazi Propaganda Succeed

번역 나치 독일의 선전 활동 성과만큼이나 성공적이었음에도 불구하고, 사람들은 흔히 그들의 성공에 있어서 아돌프 히틀러의 역할을 망각한다. 독일 국민과 전세계를 대상으로 한 거짓말을 교묘히 만들어내는 데 직접적으로 관여한 사람들에게 찬사가 적절히 보내지고 있지만, 그런 뻔한 거짓말에 진실성을 준 것은 잘 알려진 히틀러의 선전적인 웅변술이었다. 단지 두 가지 예를 들면 폴란드와 러시아에 대한 나치의 이유 없는 공격이 정당방위처럼 보이도록 하기 위해서 그처럼 고도로 숙련된 연설가가 필요했다.

Q: 지문의 가장 적합한 제목은?
(a) 나치 선전 활동이 거둔 손쉬운 성공
(b) 나치 선전 활동의 두 표적
(c) 히틀러가 나치 공격을 어떻게 계획했는가
(d) 히틀러가 나치 선전 활동이 성공하도록 어떻게 도왔는가

해법 나치가 침략 행위를 정당화하기 위해 사람들을 설득한 히틀러의 역할이 크다는 내용이다. 첫 문장의 role of Adolf Hitler in their success가 핵심이다. 따라서 (d)가 정답이다. 히틀러가 공격을 계획했다는 내용은 없으므로 (c)는 알맞지 않다.
propaganda 선전 활동 **craft** …을 교묘하게 만들다 **tendentious** 선전적인 **oratory** 웅변술 **credibility** 진실성 **blatant** 뻔한 **unprovoked** 정당한 이유가 없는 **assault** 공격 **aggression** 공격

23 George Washington remains a source of many legends, myths, and misunderstandings. On the one hand, many people do not know that he declined when asked to become King of America. On the other, many stories, like the one about his confessing to having cut down a cherry tree, simply have no basis in reality. In a slightly different vein, errors about his highest military rank prior to the Revolutionary War (Lieutenant Colonel), and claims he was not directly involved in the Constitutional Convention are either factual errors or simple confusions.

Q: Which of the following is correct about George Washington according to the passage?
✔ (a) He was offered the title of King, but refused it.
(b) He told everyone about cutting down a cherry tree.
(c) He served as Colonel during the Revolutionary War.
(d) He played little role in the crafting of the U.S. Constitution.

번역 조지 워싱턴은 많은 전설, 신화, 그리고 오해의 근원으로 남아 있다. 한편으로는, 다수의 사람들이 그가 미국의 왕이 되어 달라는 요청을 받았을 때 이를 거절했다는 사실을 모른다. 다른 한편으로는, 자신이 벚나무를 베었다고 고백했다는 이야기처럼 많은 이야기들이 실제로는 전혀 근거가 없다. 약간 다른 방식으로, 독립전쟁 이전에 그의 군대 최고 계급(중령)에 관한 오해와 그가 헌법 제정 회의에 직접 관여하지 않았다는 주장 둘 다 사실과 다른 오류이거나 단순한 혼동이다.

Q: 조지 워싱턴에 대해 지문 내용과 일치하는 것은?
(a) 왕의 자리를 제안받았지만 거절했다.
(b) 벚나무를 벤 것에 대해서 모든 사람들에게 말했다.
(c) 독립전쟁 중에 대령으로 복무했다.
(d) 미국 헌법 제정에 기여한 바가 거의 없다.

해법 조지 워싱턴에 대해 사실과 다른 얘기들이 떠돌고 있다는 내용이다. 둘째 문장에서 유일하게 사실인 얘기를 소개하고 있는데 (a)가 이에 해당한다. 나머지 선택지는 모두 사실과 다른 얘기들이라고 했다.
legend 전설 **myth** 신화 **decline** 거절하다 **confess** 고백하다 **in a different vein** 다른 방식으로 **Revolutionary War** 독립전쟁 **lieutenant colonel** 중령 **Constitutional Convention** 헌법 제정 회의

24 Grocers' boxes served as makeshift goals in the earliest examples of the game now called "basketball." They were often nailed to buildings and wooden poles. Some believe that the tendency of the grocers' boxes to break apart after extended play motivated the shift from square "box" to round "basket." Had that change had not been made, perhaps we would now be seeing millions of box-ball fans cheering for their favorite teams!

Q: Which of the following is correct, according to the passage?
(a) "Basketball" used to be called "boxball."
(b) Early basketball games were played by grocers.
(c) Baskets were used in the first basketball games.
✔ (d) Baskets replaced boxes as basketball developed.

번역 식료품 잡화점에서 쓰던 상자가 지금 '농구'라고 불리는 경기의 가장 초기 형태에서 일시적 방편의 골문으로 쓰였다. 그것들은 주로 건물이나 나무 기둥에 못으로 고정되었다. 어떤 이들은 식료품 잡화점 상자가 오랜 시간 경기에 사용된 후에 부서지는 경향이 있기 때문에 네모난 '상자'에서 둥그런 '바구니'로 바꾸는 원인이 되었다고 믿는다. 그런 변화가 없었다면, 아마 지금 우리는 수백만 명의 박스볼 팬들이 각자 좋아하는 팀을 응원하는 것을 보고 있을지도 모른다.

Q: 지문 내용과 일치하는 것은?
(a) '농구'는 예전에 '박스볼'이라고 불렸다.
(b) 초기 농구 경기는 식료품 잡화상이 했다.
(c) 최초의 농구 경기에서 바구니가 쓰였다.
(d) 농구가 발전되면서 바구니가 상자를 대체하였다.

해법 농구 골문이 예전에는 식료품 잡화점에서 쓰던 상자였다가 바구니로 바뀌었다는 유래를 소개하고 있다. 따라서 (d)가 본문의 내용과 일치한다. (a)는 boxball이라고 불렸었다는 말이 아니라 지금도 상자를 쓰고 있었다면 이렇게 불리지 않았을까 가정한 것이므로 알맞지 않다.
grocer 식료품 잡화점 **makeshift** 일시적 방편의 **early** 초기의 **nail** 못으로 박다 **tendency** 경향 **break apart** 부서지다 **motivate** 원인이 되다

25 Paula Cole began her transition from relative obscurity to brief stardom as a member of singer Peter Gabriel's tour. Before long, Cole had her own opening act for Gabriel, and shortly thereafter she emerged as a star in her own right. With hits like "Where Have All the Cowboys Gone?" and undeniable skill as a live performer, Cole was featured regularly on music programs and elsewhere. Unfortunately, Cole's promising debut did not lead to the lasting fame that many expected, although she is still part of the music scene.

Q: Which of the following is correct, according to the passage?
(a) Paula Cole left music after failing to achieve fame.
(b) Peter Gabriel is the reason for Paula Cole's success.
(c) Peter Gabriel sung "Where Have All the Cowboys Gone?"
✔ (d) Paula Cole is no longer prominent within the music scene.

번역 폴라 콜은 가수 피터 가브리엘의 투어 공연 일원으로 비교적 무명에서 단시간에 스타덤으로 그녀의 변신을 시작했다. 오래지 않아 콜은 가브리엘의 공연에서 자신만의 오프닝 공연을 가졌고, 그 후 이윽고 혼자 힘으로 스타로 부상했다. 〈카우 보이는 모두 어디 갔는가?〉와 같은 히트곡들과 라이브 가수로서 더할 나위 없는 솜씨로, 콜은 음악 프로그램 등에 정기적으로 출연했다. 콜은 여전히 음악계의 일부분이지만, 안타깝게도 그녀의 촉망되는 데뷔는 많은 사람들의 기대만큼 오랜 인기로 이어지지는 않았다.

Q: 지문의 내용과 일치하는 것은?
(a) 폴라 콜은 인기를 얻는 데 실패하자 음악계를 떠났다.
(b) 피터 가브리엘이 폴라 콜의 성공 요인이다.
(c) 피터 가브리엘은 〈카우 보이는 모두 어디 갔는가?〉를 불렀다.
(d) 폴라 콜은 음악계에서 더 이상 유명하지 않다.

해법 첫 문장의 brief stardom이나 마지막 문장에서 오랜 인기로 이어지지 못했다는 말에서 (d)가 맞는 내용임을 알 수 있다. 피터 가브리엘의 공연이 계기를 만들어 주기는 했지만 (b)처럼 성공 요인이라고 볼 만한 근거는 없다.
transition 변신 **obscurity** 무명 **brief** 단시간의 **before long** 오래지 않아 **thereafter** 그 후에 **emerge** 부상하다 **undeniable** 더할 나위 없는 **feature** 주연시키다 **promising** 촉망되는 **prominent** 유명한

26 For a limited time, Flagmore Dog Breeders is reducing prices on many breeds. Springer Spaniel puppies are only $250, and purebred Dobermans can be purchased for $300. Some excellent mixed breeds sell for as little as $75. This sale may end without notice, so please see us soon! We provide verifiable ancestries and family histories for every purebred dog we sell. We also guarantee the health of all of our dogs with a veterinarian's certificate.

Q: Which of the following is correct, according to the passage?
(a) The purebred dogs are all selling for a flat price of $250.
(b) The store guarantees the parentage of mixed breeds.
✔ (c) The prices are subject to change at any time.
(d) The sale will continue indefinitely.

번역 한정 기간 동안 플랙모어 애완견 분양업체에서 여러 종에 대해 가격을 인하합니다. 스프링거 스패니얼 강아지는 단지 250달러이고, 도베르만 순종은 300달러에 구매하실 수 있습니다. 일부 우수한 잡종견은 최저 75달러에 팝니다. 이번 세일은 사전 고지 없이 마감될 수 있으므로, 서둘러 보러 오시기 바랍니다! 저희는 판매하는 모든 순종견들에 대해 입증 가능한 혈통과 가족사를 제공합니다. 또한 수의사 증명서로 저희 모든 개들의 건강을 보증합니다.

Q: 지문 내용과 일치하는 것은?
(a) 순종견은 모두 250달러 균일가로 판매된다.
(b) 가게는 잡종견의 혈통을 보증한다.
(c) 가격은 언제라도 변경될 수 있다.
(d) 이 할인은 무기한 계속될 것이다.

해법 가게에서 가격 인하를 알리는 광고문으로, This sale may end without notice라는 구절에서 (c)가 정답임을 알 수 있다. 혈통 증명은 순종견들만 해당되므로 (b)는 어긋나는 내용이다.
breed 종 **purebred** 순종의 **mixed breed** 잡종견 **notice** 고지 **verifiable** 입증 가능한 **ancestry** 혈통 **veterinarian** 수의사 **certificate** 증명서 **flat price** 균일가 **parentage** 혈통 **indefinitely** 무기한으로

27 Ile de France literally means "The Island of France," but it does not refer to a French occupied island. Ile de France refers to the region surrounding the French capital of Paris, and includes the capital itself. As the cultural, political, and social center of France, it is, metaphorically speaking, an island of sorts, set apart from the rest of the country. The cultural life of Ile de France is also quite different from that in the smaller cities and provinces.

Q: Which of the following is correct about the Ile de France, according to the passage?
(a) It is an island that the French had colonized.
(b) It is an area outside and not including Paris.
(c) It lies in the southern region of France.
✔ (d) It has its own distinctive culture.

번역 일드프랑스는 문자 그대로 '프랑스의 섬'을 뜻하지만, 프랑스가 점유하고 있는 섬을 가리키는 것은 아니다. 일드프랑스는 프랑스의 수도인 파리 주변 지역을 가리키고, 수도 자체도 포함한다. 문화, 정치, 사회적으로 프랑스의 중심지로서 일드프랑스는, 비유적으로 말하자면 프랑스의 나머지 지역들과 구분되는 일종의 섬이다. 일드프랑스의 문화 생활 또한 소도시나 지방들과 전혀 다르다.

Q: 일드프랑스에 대해서 지문 내용과 일치하는 것은?
(a) 프랑스가 식민지로 삼은 섬이다.
(b) 파리를 제외한 파리 외곽 지역이다.
(c) 프랑스 남부 지역에 있다.
(d) 고유의 독특한 문화를 가지고 있다.

해법 마지막 문장에서 Ile de France는 문화가 다른 곳들과 전혀 다르다고 했으므로 (d)가 맞는 내용이다. includes the capital itself에서 수도인 파리도 이 지역에 포함된다고 했으므로 (b)는 옳지 않다.
literally 문자 그대로 **refer to** …을 가리키다 **occupy** 점유하다 **capital** 수도 **metaphorically** 비유적으로 **sort** 종류 **set apart from** …와 구별하다 **province** 지방 **colonize** …을 식민지로 하다

28 A debate has raged for years over the use of statistical sampling in conducting the U.S. Census. The U.S. Constitution calls for "an actual enumeration," which makes the use of statistical sampling questionable from a legal and constitutional standpoint. Advocates of sampling point out its efficiency and alleged accuracy. Opponents retort that the Constitution simply does not permit statistical sampling and that in the absence of an amendment to the Constitution, the next Census must be "an actual enumeration."

Q: Which of the following is correct about statistical sampling, according to the passage?
(a) It has not been the subject to debate for many years.
(b) It is no longer utilized for compiling the U.S. Census.
(c) It has no supporters because of alleged inaccuracies.
✔ (d) It is not the method prescribed by the Constitution.

번역 미국의 인구 조사 시행에 있어서 통계 표본 사용을 두고 수년간 논쟁이 벌어졌다. 미국 헌법에서는 '실측 조사'를 요구하고 있는데, 이 때문에 법률이나 헌법의 관점에서는 통계 표본의 사용이 의심스럽다. 표본 사용 지지자들은 효율성과 그들이 내세우는 정확성을 지적한다. 반대자들은 헌법이 정말 통계 표본을 허용하지 않으며 헌법 수정이 없는 한, 다음 인구 조사는 '실측 조사'가 되어야 한다고 반박한다.

Q: 통계 표본에 대하여 지문 내용과 일치하는 것은?
(a) 여러 해 동안 논란의 대상이 아니었다.
(b) 미국의 인구 조사 집계에 더 이상 사용되지 않는다.
(c) 정확하지 않다는 주장 때문에 지지자들이 없다.
(d) 헌법에서 규정한 방식이 아니다.

해법 둘째 문장에서 헌법에서는 통계 표본 조사가 아닌 실측 조사를 명시하고 있다고 했으므로, (d)가 맞는 내용이다. 마지막 문장에서 다음 인구 조사는 실측 조사여야 한다는 주장이 있는 것으로 보아 현재까지는 통계 표본이 사용되고 있는 것이므로 (b)는 맞지 않는 내용이다.

rage a debate 논쟁을 벌이다 **sampling** 표본 **census** 인구 조사 **enumeration** 열거 **standpoint** 관점 **advocate** 지지자 **alleged** 주장된 **retort** 반박하다 **amendment** 수정

---

29 Eugene Delacroix's most famous painting, *Liberty Guiding the People*, commemorates the Revolution of 1830, in which Charles X was removed from power in France. Delacroix regarded it as a patriotic effort, and deliberately included elements borrowed from the earlier French Revolution. While working on the painting, he declared to his brother, "if I haven't fought for my country, at least I'll paint for her." The French government purchased *Liberty* in 1831. Today, *Liberty* is one of the most famous exhibits in Paris' Louvre Museum.

Q: Which of the following is correct, according to the passage?
(a) Delacroix's *Liberty* honored the life of Charles X.
✔ (b) Delacroix did not fight in the Revolution of 1830.
(c) Delacroix refused his government's offer to buy *Liberty*.
(d) Delacroix donated *Liberty* to the Louvre Museum in 1831.

번역 유진 들라크루아의 가장 유명한 그림인 〈민중을 이끄는 자유의 여신〉은 프랑스의 샤를 10세를 퇴위시킨 1830년의 혁명을 기념한다. 들라크루아는 이를 애국적인 행위로 여기고 이전의 프랑스 혁명에서 차용한 요소들을 의도적으로 포함시켰다. 그림 작업을 하는 중에 그는 동생에게 "내가 조국을 위해 싸우지 못했다면, 적어도 조국을 위해 그림을 그리겠다"라고 언명했다. 프랑스 정부는 1831년에 〈자유의 여신〉을 매입했다. 오늘날 〈자유의 여신〉은 파리 루브르 박물관에서 가장 유명한 전시물 중 하나이다.

Q: 지문 내용과 일치하는 것은?
(a) 들라크루아의 〈자유의 여신〉은 샤를 10세의 삶을 기린 것이다.
(b) 들라크루아는 1830년의 혁명에 참전하지 않았다.
(c) 들라크루아는 〈자유의 여신〉을 사겠다는 정부의 제안을 거절했다.
(d) 들라크루아는 1831년에 〈자유의 여신〉을 루브르 박물관에 기부했다.

해법 동생에게 한 말로 미루어 들라크루아가 직접 혁명에 가담해 싸우지는 않았다고 볼 수 있으므로 (b)가 맞는 내용이다. 〈자유의 여신〉은 프랑스 정부가 매입해서 현재 루브르 박물관에 있으므로 (c), (d)는 모두 어긋나는 내용이다.

painting 그림 **commemorate** 기념하다 **patriotic** 애국적인 **deliberately** 의도적으로 **borrow** 차용하다 **exhibit** 전시품 **donate** 기부하다

---

30 Dear Tenant:
We are writing to inform you of new requirements regarding trash collection and removal. Beginning April 1, you will be required to put your trash in an approved animal-proof plastic or metal container, with a firmly closing and lockable lid. This change has been made due to ongoing problems with non-approved trash cans. These problems included vermin infestation and trash strewn across streets by heavy winds. We hope that the new regulations will put an end to these issues. We thank you for your cooperation as we try to keep our streets clean.

Q: Which of the following is correct, according to the passage?
(a) The new trash requirements begin in August.
✔ (b) The new bins must be impervious to animals.
(c) The spread of vermin has so far not been a problem.
(d) The new bin regulations will not solve all trash issues.

번역 세입자 귀하:
이 글의 목적은 여러분에게 쓰레기 수거 및 제거에 관련된 새로운 규정을 알려드리기 위함입니다. 4월 1일부터 쓰레기는 동물이 접근할 수 없도록 플라스틱이나 금속 용기에 담아야 하며 확실히 닫히고 잠글 수 있는 뚜껑이 달려 있어야 합니다. 이렇게 바꾸게 된 이유는 허가받지 않은 쓰레기통에 계속 문제가 발생하기 때문입니다. 해충이 들끓고 바람이 강하게 불면 거리에 온통 쓰레기가 날아다니는 등의 문제입니다. 새로운 규정으로 이런 문제가 종식되기를 바랍니다. 여러분의 협조에 감사드리며 거리를 깨끗이 유지하도록 노력합시다.

Q: 지문 내용과 일치하는 것은?
(a) 새로운 쓰레기 관련 규정은 8월에 시작한다.
(b) 새로운 쓰레기통은 동물에 의해 손상되지 않는 것이어야 한다.
(c) 해충 확산은 이제까지는 문제가 되지 않았다.
(d) 새로운 쓰레기통 규정이 모든 쓰레기 문제를 해결하지는 못할 것이다.

해법 쓰레기통에 관한 새로운 규정 중에 animal-proof라는 구절에서 (b)를 확인할 수 있다. 새로운 규정을 만들게 된 배경으로 해충이 들끓는 문제를 언급했으므로 (c)는 어긋나는 내용이며, (d)라고 결론 내릴 만한 근거는 찾아볼 수 없다.

requirement 요구 사항 **approved** 공인된 **firmly** 확고히 **ongoing** 계속 진행 중인 **vermin** 해충 **infestation** 들끓음 **strew** 흩뿌리다 **put an end to** …을 끝내다 **impervious** 손상받지 않는

31 The results of a new study designed to test the correlation between consumption of red meat and colon cancer have just been released. The researchers behind this five-year, double-blind project, which was conducted by The Rushmore Clinic, expected to be able to replicate the results of previous studies, which had found such a link. The correlation in this case, though not negligible, was insufficient to establish statistical significance that matched other studies. Further research is planned.

Q: Which of the following is correct, according to the passage?
(a) The results of the new study are expected soon.
(b) The colon cancer study was conducted over 10 years.
✔ (c) The results of the new study differed from previous studies.
(d) The Rushmore Clinic found no cancer linked with meat eating.

번역 육류 섭취와 대장암 간의 상관관계를 분석하기 위해 고안된 새로운 연구 결과가 막 발표되었다. 러쉬모어 병원에서 실시한 5년에 걸친 이번 이중 맹검법 프로젝트에 관여한 연구원들은 그러한 연관성을 발견한 이전의 연구 결과들을 똑같이 재현해낼 수 있을 것이라 예상했다. 이번 경우에 상관관계는 무시할 수 있을 정도는 아니지만, 다른 연구에 필적할 정도의 통계적 의의를 밝히기에는 불충분했다. 추후 연구가 계획되고 있다.

Q: 지문 내용과 일치하는 것은?
(a) 새로운 연구 결과가 조만간 나올 것이라 예상된다.
(b) 대장암 연구는 10년간 실시되었다.
(c) 새로운 연구 결과는 이전의 연구와 달랐다.
(d) 러쉬모어 병원은 육류 섭취와 관련 있는 암을 전혀 찾아내지 못했다.

해법 새로운 연구 결과는 이전의 다른 연구와 같다고 보기에 불충분하다고 했으므로, 결과가 다르게 나왔음을 알 수 있다. 따라서 (c)가 정답이다. 새로운 연구는 5년 걸렸다고 했으므로 (b)는 맞지 않다.
correlation 상관관계 red meat 육류 colon cancer 대장암 double-blind 이중 맹검법(의사와 환자에게 치료약과 위약의 구별을 알리지 않고 주어 약효를 검증하는 방법) replicate …을 반복하다 negligible 무시해도 좋은 insufficient 불충분한

32 Inspired by Konrad Lorenz's groundbreaking insights into animal behavior, and particularly the process of bonding between newborns and caregivers, three child psychologists have launched a massive, long-term infant research project. The project will test the extent to which early bonding between human babies and their primary caregivers causes what animal researchers like Lorenz have called "imprinting." The study will track the behavioral traits of subjects from birth to early adulthood, via yearly interviews and evaluations. The traits, attitudes, and behaviors of the subjects will be tracked and compared to those of their primary caregivers as infants.

Q: Which of the following is correct about the research project?
(a) Animal babies and human babies will take part in the study.
(b) The leading researcher is a scientist called Konrad Lorenz.
(c) Researchers will look at infants' genetic background.
✔ (d) Caregiver behavior traits will be scrutinized.

번역 동물 행동과 특히 신생아와 양육자 간의 유대감 형성 과정에 대한 콘래드 로렌츠의 획기적인 통찰력에 자극받아, 세 명의 아동 심리학자가 대규모의 장기적인 유아 연구 프로젝트에 착수했다. 이 프로젝트에서는 인간의 아기와 그들의 1차 양육자 간의 초기 유대감이 로렌츠 같은 동물 연구자들이 '각인'이라고 명명한 것을 어느 정도나 야기하는지를 시험한다. 이 연구는 해마다 인터뷰와 평가를 통해 실험 대상의 행동 특성을 출생부터 성인 초기까지 추적한다. 실험 대상의 특성, 태도, 행동을 추적하여 그들이 유아였을 때의 1차 양육자와 비교하게 된다.

Q: 연구 프로젝트에 대해서 지문 내용과 일치하는 것은?
(a) 동물과 인간의 아기 둘 다 연구에 참여할 것이다.
(b) 연구팀장은 콘래드 로렌츠라는 과학자이다.
(c) 연구자들은 유아의 유전적 배경을 살펴볼 것이다.
(d) 양육자의 행동 특성을 자세히 조사할 것이다.

해법 마지막 문장에서 실험 대상인 아이들의 행동 특성을 1차 양육자와 비교한다고 했으므로, 1차 양육자의 행동 특성도 조사할 것임을 알 수 있다. 따라서 (d)가 정답이다. 콘래드 로렌츠는 이 연구에 직접 관여하지 않으며, 유전적 배경은 연구 대상이 아니므로 (b), (c)는 둘 다 맞지 않다.
groundbreaking 획기적인 bonding 유대(감 형성) extent 정도 imprinting 각인 trait 특성 evaluation 평가 scrutinize 자세히 조사하다

33 To the Editor:
I read with dismay your newspaper's opinion piece yesterday, titled "What To Do about Government Spending." As much as I admired the truly thoughtful discussion of this serious problem, I was shocked and saddened by the final sentence: "In the end, though, we may have to put up with a certain amount of government inefficiency in order to get the services we so badly need." To highlight rampant government waste and then to simply excuse it is cowardly and unprincipled. Please cancel my subscription.

Sincerely,
Jennifer Dechene

Q: What can be inferred about the writer?
✔ (a) She is highly critical of the government spending.
(b) She has been a long-time newspaper subscriber.
(c) She disapproved of the entire opinion piece.
(d) She tolerates a little government waste.

번역 어제 〈정부 지출에 대해 무엇을 할 것인가〉라는 제목의 신문 사설을 읽으며 몹시 실망했습니다. 심각한 이번 문제에 대해 참으로 사려 깊은 토론을 높이 평가한 만큼, "하지만 결국 우리는 그토록 간절히 필요로 하는 서비스를 받기 위해 어느 정도 정부의 무능함을 참아야만 할지도 모른다"라는 마지막 문장에 경악하고 슬퍼졌습니다. 정부의 무분별한 지출을 강조한 뒤에 단순히 용서해주는 것은 비겁하고 줏대 없는 일입니다. 제 구독을 해지해 주십시오.

Q: 필자에 대해 추론할 수 있는 것은?
(a) 정부 지출에 대해 매우 비판적이다.
(b) 장기간 신문 구독자였다.
(c) 사설 전체 내용에 못마땅해했다.
(d) 정부가 약간 낭비하는 행위는 용인한다.

해법 필자는 정부를 두둔하는 신문 사설에 반박하고 있으며, 끝부분에서 rampant government waste라고 한 것으로 보아 (a)를 짐작할 수 있다. (b)는 이 글만으로는 알 수 없으며, (c)는 정부의 무분별한 지출을 강조한 내용에는 동의하는 것이므로 알맞지 않고, (d)는 필자가 아닌 편집자에 해당하는 내용이다.
dismay 실망 spending 지출 admire …을 높이 평가하다 put up with …을 참다 inefficiency 무능력 rampant 걷잡을 수 없는 cowardly 비겁한 unprincipled 절조 없는

34 A recent report comparing the mathematical problem solving abilities of humans and chimpanzees may give you pause. When set against first-year college students, chimpanzees performed relatively simple mathematical problems more quickly and accurately. Although chimpanzees did poorly when faced with more complex problems, their success in beating their human competitors in basic addition and subtraction surprised researchers. In the words of one project team member, "Either the chimps are a lot smarter than we suspected, or our educational system is even worse than often feared."

Q: What can be inferred from the passage?
(a) Students are not taught enough complex math in high schools.
(b) Chimpanzees may have better memories than some humans.
✔ (c) Humans outperformed chimpanzees on difficult problems.
(d) Chimpanzee intelligence has been consistently overrated.

번역 인간과 침팬지의 수학 문제 해결 능력을 비교한 최근의 보도는 당신을 진지하게 생각하도록 할 것이다. 대학 1학년생들과 비교했을 때, 침팬지는 비교적 간단한 수학 문제를 더 빠르고 정확하게 해결했다. 더 복잡한 문제를 직면했을 때는 침팬지가 저조했지만, 기본적인 덧셈과 뺄셈에서 그들이 경쟁자인 인간을 이긴 것은 연구자들을 놀라게 했다. 연구팀 일원 중 한 명의 말에 의하면, "침팬지가 우리 생각보다 훨씬 더 영리하거나 아니면 우리의 교육제도가 종종 우려했던 것보다 훨씬 형편없는 것이다"라고 한다.

Q: 이 글로부터 추론할 수 있는 것은?
(a) 학생들은 고등학교에서 복잡한 수학을 충분히 배우지 않는다.
(b) 침팬지가 일부 인간들보다 기억력이 더 좋을 수도 있다.
(c) 인간은 어려운 문제에서 침팬지를 능가했다.
(d) 침팬지의 지능은 항상 과대평가되어 왔다.

해법 침팬지가 간단한 계산 문제는 인간보다 더 잘할 수도 있다는 내용이다. 하지만 Although chimpanzees did poorly when faced with more complex problems에서 복잡한 문제는 잘하지 못한다고 했으므로 (c)라고 짐작할 수 있다.
mathematical 수학의 **give someone pause** …를 진지하게 생각하게 하다 **perform** 완수하다 **competitor** 경쟁자 **subtraction** 뺄셈 **outperform** 능가하다 **consistently** 항상 **overrate** 과대평가하다

35 The U.S. Department of the Treasury and The Federal Reserve have the difficult task of monitoring and balancing the supply of U.S. currency. As old bills are taken in by banks and other financial institutions, they are replaced with newer ones, and the old bills are destroyed. This is usually done on a one-to-one basis, but this system can also serve as a useful way of injecting additional cash into the money supply, or removing excess currency. The former has an inflationary effect, while the latter is a tool for curbing inflation.

Q: What can be inferred from the passage?
(a) Banks and financial institutions prefer old bills in circulation.
(b) Printing extra currency is a good way to reduce inflation.
(c) New bills have the same code numbers as old bills.
✔ (d) Removing currency has a deflationary effect.

번역 미 재무부와 연방 준비 은행은 미국 통화 공급을 감시하고 균형을 유지하는 어려운 임무를 맡고 있다. 구지폐는 은행이나 기타 금융기관에서 수거하면서, 새로운 지폐로 대체되고 구지폐는 폐기된다. 이는 보통 1대 1 상응 원칙에 의거해 이루어지지만, 이 시스템은 또한 자금 공급을 위해 추가로 현금을 유입하거나 과도한 통화량을 없애기 위한 유용한 방법이기도 하다. 전자는 인플레이션을 유발하는 효과가 있는 반면, 후자는 인플레이션을 억제하는 수단이다.

Q: 이 글로부터 추론할 수 있는 것은?
(a) 은행과 금융기관은 구지폐 통화를 선호한다.
(b) 여분의 통화를 발행하는 것은 인플레이션을 억제하기 위한 좋은 방법이다.
(c) 신지폐는 구지폐와 똑같은 일련번호를 가진다.
(d) 통화량을 줄이는 것은 디플레이션 유발 효과가 있다.

해법 통화 공급을 조절하여 균형을 유지하는 정책을 설명하고 있다. 마지막 문장에서 전자와 후자는 앞 문장에서 말한 추가 현금 유입과 과도한 통화량 제거를 각각 가리킨다. 후자인 통화량 제거가 인플레이션을 억제한다고 했는데, 이는 곧 디플레이션 효과라고 볼 수 있으므로 (d)가 정답이다.
treasury 재무부 **reserve** 예비; 준비금 **currency** 통화 **one-to-one** 1대 1로 상응하는 **inject** 유입하다 **the former[latter]** 전자[후자] **inflationary** 인플레이션을 유발하는 **curb** 억제하다 **circulation** 통화

36 A group of ornithologists have done the seemingly impossible. They have brought "dead" birds back to life. By selectively mating members of related species that share the dominant traits of the extinct species, these scientists were able to breed birds that share up to 99% of the original species' DNA. Now they will focus their efforts on persuading their colleagues worldwide to recognize the "new" species as a continuation of the "extinct" one. Without such recognition, they say, their groundbreaking work may come to nothing.

Q: What can be inferred about the project?
(a) It can only work with certain type of birds.
(b) It replicates what can actually occur in nature.
✔ (c) Its success depends on other scientists' opinions.
(d) It will lead the way to the breeding of dinosaur species.

번역 한 조류학자 단체가 겉보기에는 불가능한 일을 해냈다. '죽은' 새를 되살려낸 것이다. 멸종된 종의 우성 형질을 공유하는 관련 종들을 선택적으로 교미시킴으로써, 이 과학자들은 원래 종의 DNA를 최대 99%까지 공유하는 새를 번식시킬 수 있었다. 이제 그들은 전세계 동료 학자들에게 이 '새로운' 종을 '멸종된' 종의 연속체로서 인정해 달라고 설득하는 데 노력을 기울일 것이다. 그러한 인정이 없다면 그들의 획기적인 연구가 허사가 될 수도 있다고 그들은 말한다.

Q: 이 연구에 대해 추론할 수 있는 것은?
(a) 특정한 종류의 새들로만 효과가 있다.
(b) 실제 자연에서 일어날 수 있는 현상을 그대로 재현해낸다.
(c) 그들의 성공 여부는 다른 과학자들의 의견에 달려 있다.
(d) 이 연구는 공룡 번식으로 이어질 것이다.

해법 멸종된 조류 종을 유전자를 이용해 다시 살려낸 연구를 소개하고 있다. 마지막 문장에서 동료 학자들이 인정해주지 않으면 연구가 허사가 될 수도 있다고 했으므로 (c)가 정답이다. 선택적 교배를 통해 이뤄낸 결과이므로 (b)처럼 자연스러운 현상이라고 볼 수는 없다.
ornithologist 조류학자 seemingly 겉보기에는 selectively 선택적으로
mate 교미시키다 dominant trait 우성 형질 extinct 멸종된
groundbreaking 혁신적인, 창의의 come to nothing 허사가 되다
replicate 재현하다 breeding 번식, 품종 개량 dinosaur 공룡

37 "Politician" is a dirty word to many people. Politicians are regarded as crooks, liars, and cheats who live off of the labor of hardworking citizens. This only tells part of the story, however. Although it is true, sadly, that many politicians abuse their power and position for personal gain, many others do not. We do a disservice to those men and women who serve honestly and ably, often for little or no pay, when we paint the whole lot with the same broad brush of corruption.

Q: What can be inferred as the author's opinion?
(a) There are more good politicians than bad ones.
(b) Citizens are to blame for voting in bad politicians.
✔ (c) Stereotyping is unfair to politicians who are honest.
(d) Politicians do not deserve positive characterizations.

번역 '정치가'는 많은 사람들에게 추잡한 단어이다. 정치가는 성실한 시민들의 노동에 의지해서 사는 사기꾼이나 거짓말쟁이, 협잡꾼으로 여겨진다. 그러나 이는 전체의 일부에 불과한 얘기이다. 애석하게도 많은 정치가들이 개인의 이익을 위해서 자신의 권력과 위치를 남용하는 것이 사실이라 할지라도 그렇지 않은 사람들도 많다. 우리가 부정부패라는 똑같은 잣대로 전체를 판단해 버릴 때, 주로 거의 또는 전혀 보수를 받지 않고 정직하고 유능하게 봉사하는 사람들에게 몹쓸 짓을 하는 것이다.

Q: 필자의 의견으로 추론할 수 있는 것은?
(a) 나쁜 정치가들보다 좋은 정치가들이 더 많다.
(b) 나쁜 정치가들에게 투표하는 시민들은 비난받아야 된다.
(c) 고정 관념은 정직한 정치가들에게는 부당하다.
(d) 정치가는 긍정적인 평가를 받을 자격이 없다.

해법 마지막 문장에서 모든 정치가를 한 가지 관점으로만 보는 것을 경계하고 있으므로 (c)가 필자의 의견에 가장 가깝다. 필자는 (a)처럼 좋은 정치가와 나쁜 정치가로 구분해서 평가하고 있지 않으며, (d)는 필자가 경계하는 고정 관념에 해당한다.
crook 사기꾼 live off of ~에 의지해서 살다 hardworking 근면한
abuse 남용하다 do a disservice 몹쓸 짓을 하다 ably 능숙하게
corruption 부패 stereotype 고정화하다 characterization 평가; 성격 묘사

38 Recent medical advances have given new hope to the millions of people in impoverished regions who suffer from skin cancer. (a) This is welcome news to the world's most vulnerable populations. (b) However, lack of clinics and resources means that treatable skin cancer remains deadly for them. (c) "Doctors without Borders" is working to prevent that by implementing affordable treatment options. (d) Despite this, the mortality rate for those in industrialized nations has been historically low.

번역 최근의 의학 발전은 피부암으로 고통받는 수백 만의 빈민 지역 사람들에게 새로운 희망을 주었다. (a) 이 소식은 세계에서 가장 저항력이 없는 사람들에게 반가운 소식이다. (b) 하지만 병원과 채원 부족 때문에 치료 가능한 피부암이 그들의 생명을 앗아가도록 내버려 두고 있다. (c) '국경 없는 의사회'는 알맞은 가격의 치료 옵션을 이행해서 이를 막기 위해 애쓰고 있다. (d) 그럼에도 불구하고, 선진국 사람들의 사망률은 역사적으로 낮은 수준이었다.

해법 빈민 지역 피부암 환자들이 처한 실태와 이들을 돕기 위한 노력을 설명하는 글이다. 그런데 마지막 문장에서 이와 전혀 상관 없는 선진국의 사망률이 언급되고 있으므로 (d)는 글의 주제에서 벗어난다.
impoverished 빈곤한 skin cancer 피부암 vulnerable 저항력이 없는
treatable 치료할 수 있는 deadly 생명을 앗아가는 implement 이행하다
affordable (가격 등이) 알맞은 mortality rate 사망률

39 The Governor has ordered Interstate 5 closed for 30 miles north of Los Angeles due to wildfires. (a) The fires have caused heavy smoke to cross the roadway, leading to hazardous driving conditions in the region. (b) The Interstate system, which was instituted during the 1950's under President Eisenhower, rarely suffers closures. (c) Drivers are requested to find alternate routes to their destinations and stay off the Interstate. (d) State Police have blocked entrances, in order to ensure compliance and to protect public safety.

번역 주지사는 들불로 인해 5번 주간 고속도로를 로스앤젤레스 북부 30마일에 걸쳐 폐쇄 명령을 내렸다. (a) 불은 도로를 가로질러 짙은 연기를 유발해서, 이 지역의 운전 환경을 위험하게 만들었다. (b) 1950년대 아이젠하워 대통령 재임 동안 설치된 이 고속도로 시스템은 좀처럼 폐쇄되지 않는다. (c) 운전자들은 목적지까지 우회로를 찾아서 고속도로에서 벗어나도록 요청된다. (d) 주 경찰관들은 지시 사항을 준수하고 시민들의 안전을 지키기 위해서 입구를 차단했다.

해법 산불로 인해 일부 고속도로가 폐쇄되었다는 소식을 전하고 있다. 산불로 인한 고속도로 상황이나 운전자와 경찰의 대응을 전하고 있는데, (b)는 이 고속도로가 설치된 시기를 말하고 있으므로 전체적인 글의 흐름에서 벗어난다.
interstate (주와 주 사이의) 주간 고속도로 wildfire 들불 hazardous
위험한 institute 설립하다 closure 폐쇄 alternate route 우회로
destination 목적지 ensure 지키다 compliance 준수

40 The term "Generation Gap" entered common parlance in the U.S. during the 1960's. (a) Younger people used the term as a way of expressing their affection and respect for their elders. (b) The term epitomized the divergent perspectives on life of the generation from World War II and those of their children. (c) Because every generation differs from the one that preceded it, the term is now widely used. (d) It has entered into the language of common culture and is referred to everywhere from academic texts to advertising.

번역 '세대 차이'라는 용어는 미국에서 1960년대에 일반 용어가 되었다. (a) 젊은이들은 연장자에 대한 애정과 존경의 표시로 이 용어를 사용했다. (b) 이 용어는 제2차 세계대전 세대와 그들의 자녀들의 삶에 대해 서로 다른 시각을 전형적으로 보여주었다. (c) 모든 세대는 이전 세대와 다르기 때문에, 이 용어가 오늘날에는 널리 쓰이고 있다. (d) 이것은 일상적인 문화 언어가 되어서 학술 자료에서부터 광고에 이르기까지 도처에서 언급되고 있다.

해법 generation gap이라는 용어의 유래와 현재 쓰임을 설명하고 있다. (a)는 세대 차이가 기본적으로 앞 세대와 뒤 세대의 시각 차이를 보여주는 것이라는 (b), (c)의 내용과 다른 내용을 담고 있어 이어지는 글의 흐름에 맞지 않는다.
parlance 용어 term 용어 affection 애정 epitomize 전형적으로 보여주다 divergent 다른 perspective 시각 differ 다르다 precede …에 앞서다 academic 학문의

Answer Keys

🎧 **Listening** Comprehension

1	(b)	7	(b)	13	(d)	19	(d)	25	(b)	31	(c)	37	(c)	43	(d)	49	(b)	55	(b)
2	(b)	8	(c)	14	(c)	20	(a)	26	(d)	32	(b)	38	(c)	44	(d)	50	(b)	56	(b)
3	(a)	9	(a)	15	(d)	21	(b)	27	(c)	33	(b)	39	(a)	45	(a)	51	(a)	57	(c)
4	(d)	10	(c)	16	(a)	22	(d)	28	(d)	34	(d)	40	(c)	46	(a)	52	(b)	58	(b)
5	(a)	11	(c)	17	(b)	23	(b)	29	(c)	35	(d)	41	(d)	47	(b)	53	(c)	59	(b)
6	(a)	12	(a)	18	(a)	24	(d)	30	(a)	36	(b)	42	(c)	48	(d)	54	(b)	60	(c)

📝 **Grammar**

1	(b)	6	(c)	11	(a)	16	(d)	21	(a)	26	(b)	31	(c)	36	(b)	41	(d)	46	(d)
2	(c)	7	(b)	12	(d)	17	(a)	22	(c)	27	(d)	32	(a)	37	(c)	42	(a)	47	(b)
3	(a)	8	(c)	13	(c)	18	(c)	23	(b)	28	(a)	33	(c)	38	(d)	43	(b)	48	(c)
4	(a)	9	(b)	14	(a)	19	(a)	24	(d)	29	(c)	34	(d)	39	(a)	44	(c)	49	(d)
5	(c)	10	(c)	15	(d)	20	(c)	25	(c)	30	(b)	35	(b)	40	(a)	45	(a)	50	(d)

📖 **Vocabulary**

1	(c)	6	(c)	11	(b)	16	(c)	21	(c)	26	(b)	31	(a)	36	(b)	41	(d)	46	(a)
2	(b)	7	(d)	12	(b)	17	(a)	22	(d)	27	(a)	32	(b)	37	(b)	42	(a)	47	(c)
3	(d)	8	(b)	13	(c)	18	(d)	23	(b)	28	(c)	33	(d)	38	(d)	43	(c)	48	(b)
4	(a)	9	(c)	14	(a)	19	(b)	24	(a)	29	(a)	34	(a)	39	(a)	44	(d)	49	(c)
5	(a)	10	(c)	15	(d)	20	(a)	25	(c)	30	(c)	35	(c)	40	(d)	45	(d)	50	(a)

✏️ **Reading** Comprehension

1	(c)	5	(c)	9	(b)	13	(b)	17	(d)	21	(d)	25	(d)	29	(h)	33	(a)	37	(c)
2	(d)	6	(b)	10	(a)	14	(d)	18	(a)	22	(d)	26	(c)	30	(b)	34	(c)	38	(d)
3	(b)	7	(d)	11	(d)	15	(b)	19	(d)	23	(a)	27	(d)	31	(c)	35	(d)	39	(b)
4	(a)	8	(a)	12	(c)	16	(a)	20	(a)	24	(d)	28	(d)	32	(d)	36	(c)	40	(a)

1

W Don't you want to see the movie, *Star Trek: The Beginning*?

M _____

(a) It's still playing in the cinema.
(b) I think I'll go see a movie instead.
(c) Yes, I enjoy reading science fiction.
✔ (d) No, those kinds of movies leave me cold.

번역 W 영화 〈스타트렉: 더 비기닝〉을 보고 싶지 않아요?

M _____

(a) 아직 극장에서 상영 중이에요.
(b) 대신에 영화 보러 갈 생각이에요.
(c) 네, 공상 과학 소설을 읽는 것을 좋아해요.
(d) 아니오, 그런 종류의 영화는 감흥이 없어요.

해법 Don't you라는 부정문 형태의 질문에 대해 부정하는 대답은 No이다. 영화를 보고 싶지 않은 경우에 가능한 정답은 (d)이다. leave someone cold는 '감흥이 없다, 흥미롭지 못하다'는 표현이다.
cinema 극장 **instead** 대신에 **science fiction** 공상 과학 소설 **leave someone cold** 감흥이 없다

2

M Carole has been sick a lot lately.

W _____

(a) Times are tough these days.
✔ (b) She can't seem to get over the flu.
(c) Her daughter is down from Dakota.
(d) Her health insurance is comprehensive.

번역 M 캐롤은 최근에 많이 아팠어요.

W _____

(a) 지금은 힘든 시기예요.
(b) 그녀는 독감에서 회복된 것처럼 보이질 않아요.
(c) 그녀의 딸이 다코타에서 내려왔어요.
(d) 그녀의 건강 보험은 종합 보험이에요.

해법 최근에 많이 아팠고, 아직 회복된 것 같지가 않다는 (b)가 정답이다. get over는 '…에서 낫다, 회복하다'는 표현이다. (a)는 '요즘 살기가 힘들다'는 말이므로 부적절하다.
lately 최근에 **tough** 힘든, 고달픈 **get over** …에서 낫다 **health insurance** 건강 보험 **comprehensive** 종합 보험의

3

W How are you finding your new job?

M _____

(a) The company gym is down the hall.
✔ (b) It's not as challenging as I hoped.
(c) The subway trip is pleasant.
(d) I work from 9 to 5.

번역 W 새 직장은 어떤 것 같아요?

M _____

(a) 회사 헬스장은 홀 아래예요.
(b) 내가 바랐던 만큼 의욕을 불러일으키진 않아요.
(c) 지하철을 타고 다니는 것이 쾌적해요.
(d) 난 9시부터 5시까지 일해요.

해법 '…을 어떻게 생각하는가'라는 질문이 How do you find…?이다. 이것을 진행형으로 쓴 표현이 How are you finding…?이다. challenging은 일이 의욕을 불러일으키거나 도전해 볼 만하다는 의미이다. 의욕을 불러일으키지 않는다는 (b)가 정답이다.
How are you finding…? …을 어떻게 생각하니? **gym** 헬스장 **challenging** 의욕을 불러일으키는 **pleasant** 쾌적한

4

W I find it very inconvenient that the library closes so early.

M _____

(a) You can download books easily.
(b) Libraries provide a useful service.
(c) I like studying in the early morning.
✔ (d) Me, too. It really limits public access.

번역 W 도서관이 너무 일찍 닫아서 아주 불편해요.

M _____

(a) 책을 쉽게 다운로드할 수 있어요.
(b) 도서관은 유용한 서비스를 제공하지요.
(c) 저는 이른 아침에 공부하는 것을 좋아해요.
(d) 저도 그래요. 일반인들의 접근이 많이 제한되잖아요.

해법 I find it … that은 'that 이하를 …라고 느끼다, 생각하다'는 표현이다. 의견에 동의하면서 도서관이 일찍 닫아서 일반인들의 이용에 제한을 준다고 말하는 (d)가 정답이다.
inconvenient 불편한 **provide** 제공하다 **limit** 제한하다 **public access** 일반의 접근, 대중의 출입권

5

M   Do you know that man over there?

W   _____

✔ (a) That is the new surgeon, Dr. Williams.
   (b) I agree that he always dresses well.
   (c) We'll go and find out where he is.
   (d) Well, I'm not from this region.

번역 M 저기 있는 남자 알아요?

W   _____

(a) 그 사람은 새로 온 외과의사인 윌리엄스 선생님이에요.
(b) 그가 항상 옷을 잘 입는다는 거 인정해요.
(c) 가서 그가 어디 있는지 알아봅시다.
(d) 글쎄, 난 이 지역 출신이 아니에요.

해법 시야에 보이는 남자를 가리키며 아는지 물었으므로 그 남자가 누구라고 알려주
는 대답인 (a)가 정답이다. (c)는 그가 어디 있는지 모를 때 할 수 있는 말이며
(d)는 길을 물었을 때 모른다는 응답으로 가능한 대답이다.

surgeon 외과의사 **dress well** 옷차림이 좋다 **find out** 알아보다 **region**
지역

6

W   Who is going to be at the dance, tonight?

M   _____

✔ (a) My workmates will be there.
   (b) There will be plenty of food.
   (c) I plan to arrive late.
   (d) We'll meet at 8 p.m.

번역 W 오늘 밤 누가 댄스 파티에 올 거예요?

M   _____

(a) 직장 동료들이 거기로 올 거예요.
(b) 음식이 풍부할 거예요.
(c) 저는 늦게 도착할 예정이에요.
(d) 우리는 저녁 8시에 만날 거예요.

해법 의문사 Who를 놓치지 말아야 한다. be going to는 '…할 것이다'라는 뜻이며
dance는 '댄스 파티'라는 의미가 있다. 직장 동료들이 올 거라는 (a)가 정답이다.

dance 댄스 파티 **workmate** 직장 동료 **plenty of** 풍부한

7

M   What a beautiful house! Has it been on the market long?

W   _____

   (a) Yes, it's close to town.
✔ (b) No, only for a short time.
   (c) Yes, it has all the amenities.
   (d) No, it's near a shopping center.

번역 M 정말 아름다운 집이네요! 팔려고 내놓은 지 오래되었나요?

W   _____

(a) 네, 시내에서 가까워요.
(b) 아니요, 얼마 안 되었어요.
(c) 네, 모든 편의 시설이 있어요.
(d) 아니요, 쇼핑 센터에서 가까워요.

해법 be on the market은 '시장에 나와 있다'는 표현인데 주택에 대한 것이므로
매물로 나온 지 오래 되었냐는 질문이다. 이에 대한 응답으로 (b)가 정답이다.
(a)에서 close to와 (d)에서 near는 같은 의미이다.

be on the market 시장에 나와 있다 **close to** …에 가까운 **amenities**
편의 시설, 문화 시설

8

M   Tina, I got a pay increase today.

W   _____

✔ (a) Great, you must be feeling pleased.
   (b) There's so much more to do now.
   (c) Yes, the profit margin is higher.
   (d) Work has been getting better.

번역 M 티나 씨, 저 오늘 임금이 인상되었어요.

W   _____

(a) 잘됐군요, 아주 기쁘겠어요.
(b) 지금 할 일이 너무 많아요.
(c) 네, 마진율이 더 높아요.
(d) 일은 더 나아졌어요.

해법 get a pay increase는 '임금이 인상되다'는 표현이다. 축하의 말로 '아주 기쁘
겠구나'라는 의미인 (a)가 알맞은 응답이다. (c)에서 profit margin은 '마진율'을
가리키는 말이므로 어울리지 않는 내용이다.

pay increase 임금 인상 **must be** …임에 틀림없다 **profit margin** 마진율,
이윤 차액

9

W Oh, no. I left my computer on the bus.
M _____

(a) Don't worry, I turned it off.
(b) Let's get out at the next stop.
✔ (c) You'll need to call Lost Property.
(d) I use my notebook on the subway.

번역 W 이런, 버스에 컴퓨터를 두고 왔어요.
M _____

(a) 걱정 말아요, 제가 껐어요.
(b) 다음 정류장에서 내리도록 해요.
(c) 분실물 센터에 전화해야겠어요.
(d) 저는 지하철에서 노트북을 사용해요.

해법 need to do는 '…해야 할 필요가 있다'는 표현으로 조언할 때 많이 쓰인다. 두고 내린 컴퓨터를 찾기 위해 할 일을 말해 주는 (c)가 답이다. Lost Property는 Lost and Found와 같이 '분실물 센터'를 의미한다. 이미 버스에서 내린 상태이므로 (b)는 어울리는 말이 아니다.
turn off 끄다 **get out** 내리다 **stop** (버스 등의) 정거장 **Lost Property** 분실물 센터

10

W What can I do to help?
M _____

(a) Keep yourself active.
✔ (b) You can carry those boxes.
(c) Reliable help is hard to find.
(d) That would be good. Thanks.

번역 W 무엇을 도와드릴까요?
M _____

(a) 계속 움직이세요.
(b) 저 상자들을 옮겨 주세요.
(c) 믿을 만한 도움을 찾기가 힘들어요.
(d) 그거 좋겠네요. 고마워요.

해법 What can I do to help?와 비슷한 표현은 What can I do for you?/ How may I help you?/ Can I help you? 등이 있다. 상자를 옮겨 달라고 하는 응답인 (b)가 정답이다. (d)는 도움을 구체적으로 제안한 경우에 감사의 말로 적절하다.
carry 운반하다 **reliable** 믿을 만한 **That would be good.** 그러면 좋겠어요.

11

M Why does your mother take sleeping tablets?
W _____

(a) I also think it's necessary.
(b) She watches late night TV.
✔ (c) She suffers from insomnia.
(d) Because she can't stay awake.

번역 M 왜 어머니께서 수면제를 드시는 거예요?
W _____

(a) 저도 그게 필요하다고 생각해요.
(b) 밤 늦게까지 TV를 보세요.
(c) 불면증을 겪고 계세요.
(d) 깨어 있을 수가 없기 때문이지요.

해법 take은 '약을 복용하다'는 동사이다. 이유를 묻고 있으므로 불면증이 있다는 (c)가 정답이다. (d)는 Because로 시작하고 있어 답으로 고르기 쉬우나 내용이 반대임에 유의해야 한다.
sleeping tablet 수면제 **suffer from** …을 겪다 **insomnia** 불면증 **stay awake** 깨어 있다

12

W The economy is in crisis now. I'm worried about my investments.
M _____

(a) I think the problem is with the economy.
✔ (b) Discuss your portfolio with your broker.
(c) I agree. It's an excellent time to buy.
(d) It's not something to invest in.

번역 W 현재 경제가 위기 상태잖아요. 제 투자에 대해서 걱정이 돼요.
M _____

(a) 문제는 경제에 있다고 생각해요.
(b) 금융설계사와 투자 자산 구성을 상의해 봐요.
(c) 동감이에요. 매입하기에 아주 좋은 시점이에요.
(d) 그건 투자할 만한 곳이 아니에요.

해법 경제 상황이 좋지 않아 투자가 고민스럽다고 했으므로 설계사와 금융 상담을 받으라는 (b)의 조언이 정답이다. (c)는 투자하기 고민스러운 시기라는 말과 맞지 않는 내용이다.
crisis 위기 **investment** 투자 **portfolio** 투자 자산 구성 **broker** 금융 설계사, 금융 중개인

13

M Did you hear that the firm is laying people off?

W _____

(a) I hope I get one of those.
(b) Staff morale will be higher.
(c) Our firm always looks after us.
✔ (d) Well, I hope I don't get the sack.

번역 M 회사가 직원을 해고할 거라는 거 들었어요?

W _____

(a) 제가 그중 하나를 얻었으면 해요.
(b) 직원의 사기가 더 높아질 거예요.
(c) 우리 회사는 항상 우리를 보살펴 주지요.
(d) 음, 전 해고당하지 않았으면 해요.

해법 lay off는 '해고하다'는 표현이므로 해고당하지 않았으면 좋겠다는 (d)가 정답이다. get the sack은 '해고당하다, 퇴짜 맞다'라는 뜻이다.
firm 회사 lay off 해고하다 staff morale 직원의 사기 look after ~을 보살피다 get the sack 해고당하다

14

W What do you think of French Impressionist paintings?

M _____

(a) I've always enjoyed Renaissance art.
(b) One is struck by their realism.
(c) Their popularity is fleeting.
✔ (d) I like their vibrant colors.

번역 W 프랑스 인상주의 그림을 어떻게 생각하나요?

M _____

(a) 전 항상 르네상스 미술을 좋아했어요.
(b) 한 명은 그들의 사실주의에 감동을 받았어요.
(c) 그들의 인기는 잠깐 동안이었어요.
(d) 저는 그것들의 선명한 색채를 좋아해요.

해법 What do you think of...?는 의견을 묻는 말이므로 인상주의 그림의 색감을 좋아한다는 대답 (d)가 정답이다. (c)는 그림에 관한 것이 아니라서 부적절하다.
Renaissance art 르네상스 미술 be struck by …에 의해 감동을 받다
realism 사실주의 popularity 인기 fleeting 잠깐 동안의, 덧없는 vibrant (색채가) 선명한

15

W I couldn't pay for my groceries because I forgot my wallet.

M _____

(a) I use Internet shopping.
(b) You should pay by credit card.
(c) Prices were reasonable this week.
✔ (d) You must have felt so embarrassed.

번역 W 지갑을 잊어버려서 식료품을 지불할 수 없었어요.

M _____

(a) 저는 인터넷 쇼핑을 이용해요.
(b) 신용 카드로 계산해야 해요.
(c) 이번 주에는 가격이 적당했어요.
(d) 많이 당황했겠군요.

해법 계산을 하려는데 지갑이 없어서 하지 못했다는 얘기를 듣고 해주는 위로의 말을 골라야 한다. 많이 당황했을 것이라는 (d)가 정답이다.
grocery 식료품 wallet 지갑 credit card 신용 카드 reasonable (가격이) 적당한 embarrassed 당황한

16

W When shall we go to the movies?
M I'm free Tuesday. Where shall we meet?
W How about meeting at Café Neo at 6:30?
M _____

✔ (a) That'll be good. I like it there.
(b) I'll look forward to your dinner.
(c) Let's confirm the appointment.
(d) I like doing that after the movies.

번역 W 우리 언제 영화 보러 갈까요?
M 화요일에 시간이 나요. 어디서 만날까요?
W 6시 30분에 카페 네오에서 만나는 게 어때요?
M _____

(a) 그기 좋겠어요. 저는 거기가 좋아요.
(b) 당신의 저녁 식사를 기대할게요.
(c) 약속을 확정하도록 해요.
(d) 영화 보고 나서 그렇게 하는 게 좋아요.

해법 약속 시간과 장소를 제안하는 상대의 말에 동의하는 말로 That'll be good이 적절하므로 (a)가 정답이다. I'll look forward to는 '…를 고대하다'라는 표현이다. confirm the appointment는 약속을 확정하는 경우이다. 영화를 보려고 만나는 약속이므로 (d)는 맞지 않다.
That'll be good. 그거 좋겠다. look forward to …을 고대하다 confirm 확정하다 appointment 약속

17

W Letters on my keyboard are not working.
M Oh, that can be easily fixed.
W Can you fix it? I've got work to do.
M _____

✔ (a) Let me see what I can do.
(b) Your hard drive looks fine to me.
(c) You should use virus protection.
(d) Just type it up as quickly as you can.

번역 W 키보드 키가 작동하지 않아요.
M 아, 그건 쉽게 고칠 수 있어요.
W 고칠 수 있어요? 난 할 일이 있어서요.
M _____

(a) 제가 한번 해볼게요.
(b) 하드 드라이브가 좋아 보이는데요.
(c) 바이러스 예방 프로그램을 사용해야 해요.
(d) 가능한 빠르게 타자를 쳐보세요.

해법 work는 '(기계가) 작동하다'는 동사이다. 키보드를 고쳐 달라는 부탁에 대해 할 수 있을지 모르지만 한번 해보겠다는 응답이 가능하다. Let me see는 '내가 한번 보겠다'는 표현이므로 (a)가 정답이다.
keyboard 키보드 **work** 작동하다 **fix** 고치다, 수리하다 **hard drive** 하드 드라이브 **virus protection** 바이러스 예방 프로그램 **type up** 타자를 치다

18

M Excuse me. Where is the nearest drugstore from here?
W On Canyon Street, two blocks from here.
M Would it be open at this time of night?
W _____

(a) Anyone can enter through there.
✔ (b) It doesn't close till around 10 p.m.
(c) I think the people there are friendly.
(d) The convenience store is open, too.

번역 M 실례합니다. 여기서 가장 가까운 약국이 어디 있나요?
W 여기서 두 블록 떨어진, 캐니언 가에 있어요.
M 이 밤 시간에 열었을까요?
W _____

(a) 누구든 거기를 통해 들어갈 수 있어요.
(b) 오후 10시까지는 문을 닫지 않아요.
(c) 거기 사람들은 친절한 것 같아요.
(d) 편의점도 열려 있어요.

해법 Would it be open...?은 추측의 질문이다. 지금 문이 열려 있을지 물었고 답으로는 문 닫는 시간을 알려주는 (b)가 정답이다.
drugstore 약국, 잡화점 **till** …까지 **friendly** 친절한 **convenience store** 편의점

19

W How far is it to the nearest gas station?
M About five miles, according to a road sign.
W How about stopping there? I could do with a drink.
M _____

(a) No thanks. I'm fine.
(b) But I feel thirsty now.
✔ (c) Sure, you need a break.
(d) We've already got some gas.

번역 W 가장 가까운 주유소까지 얼마나 멀어요?
M 도로 표지판에 따르면 약 5마일이요.
W 거기 들르는 게 어때요? 음료수를 마시고 싶어요.
M _____

(a) 고맙지만 됐어요. 난 괜찮아요.
(b) 하지만 난 지금 목이 말라요.
(c) 물론이죠, 당신은 쉴 필요가 있어요.
(d) 우리 휘발유는 이미 넣었어요.

해법 How about -ing?는 '…하는 게 어때?'라고 제안하는 표현이고 이에 대해 동의하는 말로 적당한 것은 (c)이다. 동사 stop은 '…에 잠깐 들르다'라는 뜻으로 쓰였고 보통 전치사 at, in, by 등을 동반한다. could do with는 '…을 원하다, …할 필요가 있다'는 표현이다.
gas station 주유소 **road sign** 도로 표지판 **thirsty** 목마른 **break** 휴식

20

M How do you like my new sports car?
W Wow, it looks great. When did you get it?
M I bought it Monday after receiving my yearly bonus.
W _____

(a) Well, I really like sedans.
(b) Looks like a bargain to me.
✔ (c) I wish I could do the same.
(d) I didn't know your family was rich!

번역 M 새 스포츠 카 어때요?
W 와, 멋져 보여요. 언제 산 거예요?
M 연차 보너스를 받고 나서 월요일에 샀어요.
W _____

(a) 음, 전 세단이 정말 좋아요.
(b) 싸게 산 것 같아요.
(c) 저도 그럴 수 있다면 좋겠어요.
(d) 당신 가족이 부자인 줄 몰랐네요!

해법 보너스를 받아서 차를 샀다는 자랑에 대해 '나도 그랬으면 좋겠다'는 소망을 표현하는 (c)가 정답이다. I wish I could는 불가능한 소망을 말할 때 쓴다.
receive 받다 **yearly** 연례의 **bonus** 보너스, 상여금 **bargain** 싼 물건, 특가품 **I wish I could** …할 수 있다면 좋겠다

21

W Oh, by the way I saw Jennifer last night.

M I haven't seen her for years. Where was she?

W She was acting in a play at a downtown theater.

M _____

✔ (a) She has wanted to do that.
  (b) I didn't know she was in films.
  (c) It was playing at that theater.
  (d) I saw her in a play a month ago.

번역 W 저, 있잖아요 지난밤에 제니퍼를 봤어요.
     M 못 본 지 오래 되었는데, 어디 있었나요?
     W 시내 극장의 연극에서 연기를 하고 있었어요.
     M _____

     (a) 그녀는 그런 걸 하고 싶어 했어요.
     (b) 그녀가 영화에 출연했는지 몰랐어요.
     (c) 저 극장에서 공연 중이었어요.
     (d) 한 달 전에 연극에서 그녀를 봤어요.

해법 haven't seen ... for years는 '…을 오랫동안 못 봤다'는 표현이다. 소식을 모르던 그녀가 연극을 하고 있다고 했으므로 그런 일을 하고 싶어 했다는 (a)가 정답이다. do that은 연극에서 연기하는 것을 가리킨다.
     by the way 있잖아, 그런데 **for years** 오랫동안 **act** 연기하다 **theater** 극장 **film** 영화

22

M Can I visit you this weekend, Diane?

W Sure, Mike, but we're a bit out of town.

M How far? Does the subway go there?

W _____

  (a) I'll ask them if it will do.
  (b) I don't like traveling by bus.
  (c) It'll be good staying Thursday.
✔ (d) It does but it's a fairly long trip.

번역 M 이번 주말에 찾아가도 될까요, 다이앤?
     W 물론이지요, 마이크, 그런데 좀 외곽이에요.
     M 얼마나 먼데요? 지하철이 거기까지 가나요?
     W _____

     (a) 그들에게 괜찮을지 물어볼게요.
     (b) 버스를 타고 여행하는 걸 좋아하지 않아요.
     (c) 목요일에 묵는 게 좋을 것 같아요.
     (d) 다니긴 하는데 꽤 먼 여정이에요.

해법 Does the subway go there?는 지하철이 거기까지 가는지 묻는 말이다. (d)의 It은 the subway를 가리키는 것이고, fairly는 '상당히, 꽤'의 뜻이다. 따라서 (d)가 정답이다.
     a bit 약간 **out of town** 외곽의, 교외의 **travel** 여행하다 **fairly** 상당히 **trip** 여정, 여행

23

W Hey Joseph, any plans for the weekend?

M No, I think I will stay home. How about you?

W I might go to the Derby and bet on some horses.

M _____

✔ (a) Well, I hope you choose winners.
  (b) Buying horses is very expensive.
  (c) Should be a quiet weekend.
  (d) That is a successful method.

번역 W 이봐요 조셉, 주말에 계획 있어요?
     M 아니요, 집에 있을 것 같아요. 당신은요?
     W 저는 더비에 가서 경마에 돈을 걸 거예요.
     M _____

     (a) 음, 우승마를 고르길 바랄게요.
     (b) 말을 사는 건 아주 비싸지요.
     (c) 조용한 주말이 되겠군요.
     (d) 그건 성공적인 방법이에요.

해법 주말 계획을 묻는 말이 Any plans for the weekend?이다. 경마장에 간다는 말을 듣고 행운을 비는 (a)가 정답이다. 조용한 휴일 계획이 아니므로 (c)는 어울리지 않는다.
     bet on horses 경마에 돈을 걸다 **winner** 승리자 **expensive** 비싼 **quiet** 조용한

24

M Why do you think dorms should be mixed gender?

W It'd just make it more like normal life.

M But don't you think it'd create difficulties?

W _____

  (a) They need more discipline.
  (b) Studying is never a problem.
✔ (c) Not if everyone is mature about it.
  (d) Single sex dorms are just as good.

번역 M 왜 기숙사가 성별을 섞어야 한다고 생각하나요?
     W 그게 더 평범한 생활과 같은 것 같아요.
     M 하지만 그게 문제를 일으킨다고 생각하진 않나요?
     W _____

     (a) 그들은 더 많은 훈련이 필요해요.
     (b) 공부는 절대 문제가 아니에요.
     (c) 모든 사람이 그것에 대해 분별이 있다면 안 그렇겠지요.
     (d) 동성끼리만 지내는 기숙사도 그만큼 좋아요.

해법 it은 성별이 섞인 기숙사를 가리킨다. make it more like normal life '그래야 더 일상과 같게 된다'는 말이다. (c)에서 Not if는 It'd not create difficulties if의 의미로 모두 성숙한 태도를 가진다면 말썽이 생기지 않을 것이라는 말이므로 정답이다.
     dorm 기숙사(dormitory) **normal** 평범한, 정상의 **create** 발생시키다 **discipline** 훈련 **mature** 성숙한, 분별 있는 **single** 단일한

25

W　If you could study anywhere, where would you go?

M　I think I'd go to Stanford and study languages.

W　Why Stanford? What's so special about it?

M　_____

(a) I like traveling to other countries.

(b) Languages are where I have a talent.

✔ (c) It has a famous linguistics department.

(d) I'm finding my studies there interesting.

번역　W 어디에서든 공부할 수 있다면 어디로 갈 건가요?

M 언어를 공부하러 스탠퍼드에 가고 싶어요.

W 왜 스탠퍼드예요? 그곳의 특별한 점이 뭐예요?

M _____

(a) 다른 나라로 여행하는 걸 좋아해요.

(b) 언어는 제가 재능이 있는 분야예요.

(c) 거기 유명한 언어학과가 있어요.

(d) 거기서 공부하는 것이 흥미로운 것 같아요.

해법　If you could..., where would...?는 현재 불가능한 소망을 가정하는 가정법 표현이다. 스탠퍼드를 선택한 이유로 (c)와 같이 유명한 언어학과가 있다는 설명이 정답이다. What's so special about it?은 그곳의 어떤 점이 특별한지 묻는 말이므로 (d)는 답이 될 수 없다.

talent 재능　**linguistics** 언어학　**department** 학과

26

M　Where is the largest bell tower in Italy?

W　The guidebooks say it's in Cremona.

M　Where is Cremona? Have you been there?

W　_____

(a) The most famous tower is in Pisa.

(b) Bell towers are too difficult to climb.

✔ (c) Not yet, and I have no idea where it is.

(d) Well, it says Cremona is a beautiful city.

번역　M 이탈리아에 있는 가장 큰 종탑은 어디인가요?

W 가이드 책자에는 크레모나에 있다고 나와요.

M 크레모나가 어디예요? 가본 적 있어요?

W _____

(a) 가장 유명한 탑은 피사에 있어요.

(b) 종탑은 오르기가 너무 어려워요.

(c) 아직 못 가봐서 어디 있는지 몰라요.

(d) 음, 크레모나는 아름다운 도시라고 써 있어요.

해법　Have you been there?는 거기 가본 적이 있는지 묻는 말이다. (c)에서 Not yet은 I haven't been there yet이라는 말이므로 정답이다. I have no idea는 '전혀 모른다'는 표현이다.

guidebook 가이드 책자　**climb** 오르다

27

W　How do I get a visa for Shanghai?

M　Please fill in this form. Then come back on Friday.

W　Do I need to pay now?

M　_____

(a) Yes, you will receive the visa by mail.

(b) Yes, a Visa Card is useful for traveling.

✔ (c) Yes, but we only accept cash.

(d) Yes, you can pay in Beijing.

번역　W 상하이에 가는 비자를 어떻게 받아야 하나요?

M 이 신청서를 작성해 주세요. 그리고 금요일에 다시 오세요.

W 지금 돈을 내야 하나요?

M _____

(a) 네, 비자는 우편으로 받으실 거예요.

(b) 네, 비자 카드는 여행하는 데 유용하죠.

(c) 네, 하지만 현금만 받습니다.

(d) 네, 베이징에서 지불하시면 돼요.

해법　How do I get...?은 …하는 방법을 묻는 질문이다. 지금 지불해야 하는지 물었으므로 (d)는 오답이다. 금요일에 다시 오라고 했으므로 (a)도 오답이다. 현금만 받는다는 말로 We only accept cash를 쓰므로 (c)가 답이다.

form 신청서　**cash** 현금

28

M　Hi, Freda. Did you want to see me?

W　Yes, I need your help with this month's financial figures.

M　OK. I can spare an hour this afternoon.

W　_____

✔ (a) Great, mid-afternoon would be best.

(b) Sales were encouraging last month.

(c) I'm sure this afternoon will be filling up.

(d) Excellent, a couple of hours is all I need.

번역　M 안녕하세요, 프레다 씨. 절 만나고 싶어 하셨나요?

W 네, 이번 달 재무 계산을 하는 데 당신의 도움이 필요해요.

M 알았어요. 오늘 오후에 한 시간 낼 수 있어요.

W _____

(a) 좋아요, 오후 중반쯤이 가장 좋겠어요.

(b) 지난달 판매는 고무적이었어요.

(c) 오늘 오후에 자리가 찰 거라고 확신해요.

(d) 좋아요, 두어 시간이 내가 필요한 전부예요.

해법　약속을 정하는 대화 내용이다. 한 시간을 내주겠다고 했으므로 구체적인 때를 정하는 (a)가 정답이며, 두어 시간을 원한다는 (d)는 어울리지 않는다.

spare (시간이나 돈을) 내다, 주다　**fill up** 자리가 차다

29

M Excuse me. Do you have an apartment to rent?
W For how many people?
M Four: my wife, myself and our two sons.
W _____

(a) This is quite an old house.
✔ (b) We have a lovely villa available.
(c) We don't do short-period rentals.
(d) Numerous apartments are for sale.

Actual Test 3

번역 M 실례합니다. 세놓은 아파트가 있나요?
　　W 몇 명이 살 거죠?
　　M 아내와 저, 두 아들로 네 명이네요.
　　W _____

(a) 이 집은 상당히 오래된 집이에요.
(b) 비어 있는 아름다운 빌라가 있습니다.
(c) 단기 임대는 취급하지 않습니다.
(d) 매매로 나온 아파트가 아주 많아요.

해법 집을 구하는 사람과 부동산 중개인의 대화이다. 인원 네 명이 쓸 만한 좋은 빌라를 추천하는 (b)의 응답이 정답이다. available은 '쓸 수 있는, 비어 있는' 이라는 뜻을 나타낸다. 남자가 rent를 원했으므로 매매를 언급한 (d)는 오답이다.
rent 세놓다 available 이용할 수 있는 short-period 단기의 rental 임대 numerous 수많은 for sale 팔려고 내놓은

30

M I need the day off tomorrow. I have a hospital appointment.
W I'm sorry to hear that. What's the problem?
M I've been having dizzy spells. I need a check-up.
W _____

(a) I'd call a doctor if I were you.
(b) I understand. Appendicitis can be painful.
✔ (c) Take all the time you need. It could be serious.
(d) We can make an appointment for you tomorrow.

번역 M 내일 하루 휴가를 내야겠어요. 병원 예약이 있어서요.
　　W 그거 유감이군요. 무슨 문제가 있어요?
　　M 계속 현기증이 나요. 검진을 받아야겠어요.
　　W _____

(a) 나라면 의사를 부르겠어요.
(b) 이해해요. 맹장염은 고통스러울 수 있어요.
(c) 필요한 만큼 시간을 쓰세요. 그건 심각할 수 있어요.
(d) 내일 진료 예약을 해드릴 수 있어요.

해법 휴가를 내는 상황의 대화이다. have a day off는 '하루를 쉬다'는 표현이고 need the day off tomorrow는 '내일 하루 휴가가 필요하다'는 말이다. 건강 문제를 듣고 심각할 수가 있으니 필요한 만큼 쉬라는 응답인 (c)가 정답이다.
off (일에서) 벗어나 I'm sorry to hear that. 그거 유감이네요. dizzy spell 현기증 appendicitis 맹장염 painful 고통스러운 serious 심각한

31

M Good morning, how can I help?
W I'd like to open a checking account.
M We will need an ID and some proof of address.
W I have those. And how long will the process take?
M All things going well, it will be ready in ten minutes.

Q: What is the woman mainly doing in the conversation?
(a) Banking her earnings.
(b) Making a payment by check.
(c) Checking if she has her ID card.
✔ (d) Opening a new checking account.

번역 M 안녕하세요. 무엇을 도와드릴까요?
　　W 당좌예금 계좌를 개설하려고요.
　　M 신분증과 주소지 증명이 필요합니다.
　　W 있어요. 그러면 얼마나 걸릴까요?
　　M 일이 잘 진행이 되면 10분 후에 준비될 거예요.

Q: 여자가 대화에서 주로 하고 있는 것은?
(a) 급여 은행에 예금하기.
(b) 수표로 지불하기.
(c) 자신의 신분증이 있는지 확인하기.
(d) 새 당좌예금 계좌 개설하기.

해법 여자의 첫 번째 말에서 하고자 하는 일이 드러나 있다. I'd like to는 '…하기를 원한다'는 말로 여러 상황에서 많이 쓰이는 표현이다. 예금 계좌를 개설하는 상황이며 필요한 것과 시간을 묻는 내용이므로 정답은 (d)이다.
open 개설하다 checking account 당좌예금 계좌 ID 신분 증명(서) (identification) proof of address 주소지 증명 earnings 수입, 소득

32

W I'd like to book cinema tickets for three people, please.
M For when?
W This Friday at 2 p.m.
M I'm sorry, ma'am but there are no matinees on Friday.
W Oh, that's a shame. Is 2 p.m. Saturday available?
M Yes, we have tickets for Saturday.
W Then I'll take three tickets.

Q: What is the conversation mainly about?
(a) The screening times for a movie.
✔ (b) The booking of tickets for a movie.
(c) The cancellation of a Friday show.
(d) The movie that is showing on Saturday.

번역 W 세 사람 영화 표를 예약하려고 해요.
M 언제요?
W 이번 금요일 오후 2시요.
M 미안합니다만 손님, 금요일에 낮 상영은 없습니다.
W 아, 그거 유감이네요. 토요일 오후 2시는 가능한가요?
M 네, 토요일 표는 있습니다.
W 그럼 세 장 주세요.

Q: 대화는 주로 무엇에 관한 것인가?
(a) 영화 상영 시간.
(b) 영화 표 예매.
(c) 금요일 공연 취소.
(d) 토요일에 상영되는 영화.

해법 영화 표를 예매하는 상황의 대화이다. 금요일 오후 2시 영화 표 세 장을 사려고 하다가 금요일은 상영이 없어서 토요일 표를 대신 사는 내용이다. 예매하는 것이 주된 내용임을 알 수 있으므로 (b)가 정답이다.
cinema 영화 **matinee** 낮 공연 **That's a shame.** 그거 유감이네요.
screening time 상영 시간 **booking** 예약 **cancellation** 취소

33

M Did you see the soccer game last night?
W I certainly did. One of the most exciting games I've ever seen.
M Yes, but it was a draw, even though six goals were scored!
W I don't mind that. I enjoy games with high scores and lots of action.
M But don't you think a draw is a frustrating result?
W A little, but it was still an exciting game.

Q: What is the main topic of the conversation?
✔ (a) The result of a soccer game.
(b) The problem with drawn games.
(c) The kind of soccer the man likes.
(d) The excitement of watching soccer.

번역 M 어젯밤 축구 경기 봤어요?
W 물론 봤지요. 내가 본 경기 중에 가장 신나는 경기 중 하나였어요.
M 그래요, 그런데 여섯 골이나 나왔지만 비겼잖아요!
W 그건 상관없어요. 저는 득점이 많고 움직임이 활발한 게임을 좋아해요.
M 하지만 비기는 것은 힘 빠지는 결과라고 생각하지 않아요?
W 약간은요. 하지만 그래도 신나는 경기였어요.

Q: 대화의 소재는?
(a) 축구 경기 결과.
(b) 비긴 경기의 문제점.
(c) 남자가 좋아하는 축구의 종류.
(d) 흥분된 축구 관람.

해법 축구 경기의 흥분과 재미, 비기는 것으로 끝난 경기의 결말에 대해서 실망스럽지 않은지에 대한 내용이 주제이므로 정답은 경기 결과인 (a)이다.
draw 비김 **even though** 비록 …지만 **I don't mind that.** 그건 상관없어.
frustrating 실망스러운, 힘 빠지는 **drawn game** 비긴 경기

34

W It's time to choose new textbooks for our classes.
M So soon? What's wrong with the current ones?
W The topics covered are outdated and the visuals are unexciting.
M But we'll be saying that about the new textbooks in a year or two.
W Perhaps, but we need to look to the future, not the past.
M I disagree. We shouldn't change just for the sake of change.

Q: What are the speakers mainly doing in the conversation?
(a) Choosing which textbooks to read.
(b) Rearranging their classes textbooks
(c) Arguing about topics to teach in class.
✔ (d) Discussing a change of class textbooks.

번역 W 우리 수업의 새로운 교과서를 채택할 때가 되었어요.
M 벌써요? 지금 것은 뭐가 문제인데요?
W 다루는 주제가 오래된 것이고 시각 정보가 재미없어요.
M 하지만 새 교과서에 대해서도 1~2년이 지나면 그렇게 말하게 될 거예요.
W 아마도요, 하지만 과거가 아니라 미래를 생각해야죠.
M 난 동의하지 않아요. 단순히 변화를 위해 바꾸는 말아야 해요.

Q: 대화에서 화자들이 주로 하고 있는 것은?
(a) 읽을 교과서 선택.
(b) 수업 교과서 재정리.
(c) 수업에서 가르칠 주제에 대해 논쟁.
(d) 수업용 교과서 교체에 대해 토론.

해법 여자는 새로운 교과서를 채택해야 한다고 주장하고 남자는 새로운 것만 찾는다면 곧 또 바꿔야 한다며 반대한다는 입장이다. 수업의 교과서를 바꿀 것인가 말 것인가에 대한 토론 내용이므로 (d)가 정답이다.
It's time to …할 때이다 **current** 현재의 **outdated** 오래된 **visuals** 시각 정보 **unexciting** 재미없는 **look to the future** 미래를 생각하다 **for the sake of** …을 위해서 **rearrange** 재배열하다, 재정리하다

35

W I'm going to the new bookshop on Elm St. It's called Peter Pan's.
M Peter Pan's! What a strange name for a bookstore!
W It's quite good really. It's for the young at heart.
M The young at heart, indeed! More like those who haven't grown up.
W Don't be so critical. It specializes in fantasy books.
M I'm not surprised.

Q: What are the speakers mainly doing in the conversation?
(a) Visiting a recently opened bookstore.
(b) Telling each other about fantasy books.
✔ (c) Talking about the name of a bookstore.
(d) Agreeing that their tastes in books differ.

번역 W 엘름 가에 새로 생긴 서점에 갈 거예요. 이름이 피터 팬이에요.
M 피터 팬! 서점으로는 정말 이상한 이름이군요!
W 거긴 정말 상당히 좋아요. 마음이 젊은 사람들을 위한 곳이에요.
M 진짜 마음이 젊은 사람이겠어요! 그보단 철이 들지 않은 사람들 같은데요.
W 그렇게 비판하지 말아요. 거긴 판타지 책 전문이에요.
M 놀랍지 않네요.

Q: 대화에서 화자들이 주로 하고 있는 것은?
(a) 최근에 문을 연 서점 방문하기.
(b) 판타지 책에 관해 서로 이야기하기.
(c) 서점의 이름에 관해 이야기하기.
(d) 자신들의 책 취향이 다르다는 것에 동의하기.

해법 서점 이름인 피터 팬에 관한 대화이다. 피터 팬처럼 마음이 젊은 사람들을 위한 곳이며 판타지 책 전문 서점이라는 내용이므로 정답은 (c)이다. I'm not surprised는 '놀랍지 않다, 그럴 줄 알았어'라는 말로 서점 이름을 통해 판타지 소설이 많을 것을 추측할 수 있다는 말이다.

bookshop 서점 **young at heart** 마음이 젊은 **indeed** 정말로 **critical** 비판의 **specialize in** …을 전문으로 하다 **taste** 취향

36

M Can you do me a favor? Can you babysit my girls?
W When do you want me to do that?
M On Sunday. Georgina and I are going out.
W Yeah, I probably can. Where are you going?
M To Soames Island. It's a nature reserve just opened to the public.
W Sounds like it'll be fun!

Q: What is the man mainly doing in the conversation?
✔ (a) Arranging for a babysitter.
(b) Asking the woman on a date.
(c) Going on an outing with his wife.
(d) Organizing a visit to Soames Island.

번역 M 부탁 좀 들어줄 수 있어요? 내 딸들 좀 봐줄 수 있어요?
W 언제 봐줬으면 하는데요?
M 일요일에요. 조지나와 제가 외출할 거예요.
W 네, 할 수 있을 거 같아요. 어디 가는 거예요?
M 솜즈 섬이에요. 그곳은 일반인에게 이제 막 개방된 자연 지정 보호지예요.
W 재미있을 것 같아요!

Q: 대화에서 남자가 주로 하고 있는 것은?
(a) 아기 봐주는 사람 정하기.
(b) 여자에게 데이트 신청하기.
(c) 부인과 여행 가기.
(d) 솜즈 섬에 가는 일정 짜기.

해법 첫 번째 말에 정답이 제시되어 있음에 유의한다. Can you do me a favor? 는 부탁하는 말이며 Will[Would] you do me a favor?/ May I ask a favor of you? 등과 같은 표현이다. 남자가 부인과 함께 여행을 갈 때 아이들을 돌봐 달라고 부탁을 하는 상황이므로 정답은 (a)이다.

babysit 아이를 봐주다 **reserve** 지정 보호지 **sound like** …일 것 같다 **arrange for** …을 준비하다, 정하다 **outing** 소풍; 여행

37

W What are you doing today, Wayne?
M I'm looking for a new house.
W Really? Where do you want to buy?
M I was thinking of Cleveland. Prices are not too high there.
W Yeah, that's an interesting city. How big a house do you want?
M Four bedrooms: space for the family.

Q: What is the main topic of the conversation?
✔ (a) Planning to buy a house.
(b) Looking for a place to stay.
(c) Living in the city of Cleveland.
(d) Choosing between two houses.

번역 W 오늘 뭐 할 거예요, 웨인?
M 새집을 찾아보려고 해요.
W 정말요? 어디에 사고 싶은데요?
M 클리블랜드를 생각하고 있어요. 거긴 시세가 비싸지 않아요.
W 그래요, 흥미로운 도시지요. 집은 얼마나 컸으면 하나요?
M 가족들을 위한 공간으로 침실 네 개짜리요.

Q: 대화의 소재는?
(a) 집을 살 계획하기.
(b) 머물 장소 찾기.
(c) 클리블랜드 시에서 살기.
(d) 두 집 중에서 고르기.

해법 남자가 새집을 찾는 중이라고 했고 여자는 원하는 위치와 규모 등에 대해 묻고 있다. 새로운 집을 사기 위해 계획하는 내용이므로 (a)가 정답이다.

look for …을 찾다 **price** 시세, 가격 **high** (가격·시세 등이) 높은, 비싼 **space** 공간 **between** …사이에

38

> W Have you seen the paper today? Stock prices are still falling.
> M I know. I've already lost 40% of the value of my investments.
> W What will you do, sell everything?
> M I was going to see what happens later today.
> W Well, let me know what you decide.
> M I will. If prices are still falling, I'll sell.

Q: Which is correct about the man according to the conversation?
(a) He does not have any investments.
✔ (b) He has not decided to sell his stocks.
(c) He made some wise stock purchases.
(d) He heard that stock prices will fall later.

번역 W 오늘 신문 봤어요? 주가가 여전히 하락하고 있어요.
M 알아요. 이미 투자한 가치의 40퍼센트를 잃어버렸어요.
W 어떻게 할 거예요, 다 팔 거예요?
M 오늘 늦게 어떻게 되는지 볼 생각이에요.
W 음, 결정한 바를 저에게 알려 주세요.
M 그럴게요. 가격이 여전히 하락하면 팔 거예요.

Q: 대화에 따르면 남자에 관해 옳은 것은?
(a) 투자한 것이 없다.
(b) 주식을 팔지 정하지 않았다.
(c) 주식 몇 주를 현명하게 샀다.
(d) 이후에 주가가 하락할 것이라고 들었다.

해법 I was going to see what happens later today라는 말에서 아직 팔지 정하지 않았음을 알 수 있다. 마지막 말에서는 이후의 상황을 보고 계속 하락하면 팔 거라고 하고 있으므로 (b)만 옳은 정보이다.
paper 신문 **stock** 주식 **value** 가치 **investment** 투자 **decide** 결정하다 **purchase** 구매, 매입

39

> M Rachel, what have you done to your leg?
> W I twisted my ankle while lifting weights in the gym.
> M That's terrible. You could have been badly hurt.
> W Yeah, I guess I'm lucky it wasn't worse.
> M How long have you been lifting weights?
> W For a few weeks, so not long.

Q: Which is correct according to the conversation?
(a) Rachel's leg was hurt while running.
(b) Rachel has no interest in weight lifting.
(c) Rachel's injury is worse than first thought.
✔ (d) Rachel had only begun weight lifting recently.

번역 M 레이첼, 다리가 어떻게 된 거예요?
W 헬스장에서 웨이트를 들다가 발목을 삐었어요.
M 그거 끔찍하군요. 심하게 다칠 수도 있었겠는데요.
W 맞아요, 더 심하게 다치지 않아서 다행이라고 생각해요.
M 웨이트를 든 지는 얼마나 되었나요?
W 몇 주 정도요, 그렇게 오래되지 않았어요.

Q: 대화에 따르면 옳은 것은?
(a) 레이첼은 달리기를 하다가 다리를 다쳤다.
(b) 레이첼은 웨이트를 드는 데 관심이 없다.
(c) 레이첼의 부상은 처음 생각했던 것보다 심했다.
(d) 레이첼은 최근에 막 웨이트를 들기 시작했다.

해법 웨이트를 들다가 다리를 다쳤고, I'm lucky it wasn't worse라는 말을 볼 때 상태가 아주 심하지는 않은 것이므로 (c)는 틀린 정보이다. for a few weeks라는 말에서 최근에 막 시작한 것을 알 수 있으므로 (d)가 옳다.
twist one's ankle 발목을 삐다 **lift weight** 웨이트[역기]를 들다 **could have p.p.** …했을 수도 있다 **badly** 심하게 **injury** 부상 **recently** 최근에

40

> W Hey, Mike! I'm going on the Trans Siberian Express Railway.
> M Really? That's great. I've always wanted to do that.
> W It'll take me from Vladivostok to Moscow.
> M Oh, that's great. Are you ready for such an epic journey?
> W Yes. I'm all prepared. I leave on the 24th.
> M That'll be quite an amazing experience.

Q: Which is correct according to the conversation?
(a) The woman will travel all the way to London.
(b) Mike is going on the trip with the woman.
✔ (c) The woman is prepared for travelling.
(d) Mike thinks the woman will be bored.

번역 W 안녕, 마이크! 저 시베리아 횡단 고속 철도를 탈 거예요.
M 정말요? 대단하네요. 저도 항상 타고 싶었어요.
W 블라디보스토크에서 모스크바까지 갈 거예요.
M 아, 멋지군요. 그런 엄청난 여행에 준비는 되었나요?
W 네, 다 준비되었어요. 24일에 떠나요.
M 그거 정말 놀라운 경험이 되겠군요.

Q: 대화에 따르면 옳은 것은?
(a) 여자는 런던까지 먼 길을 여행할 것이다.
(b) 마이크는 여자와 함께 여행을 할 것이다.
(c) 여자는 여행할 준비가 되었다.
(d) 마이크는 여자가 지루해질 것이라고 생각한다.

해법 여자가 가는 여행은 러시아 횡단이며, 남자는 부러워하며 멋질 거라고 말했다. 여자의 I'm all prepared라는 말을 통해 여행 준비가 완료되었음을 알 수 있으므로 (c)만 옳은 내용이다.
be ready for …의 준비가 되다 **epic** (크기나 범위가) 엄청난 **quite** 꽤, 정말 **amazing** 놀라운 **be bored** 지루해지다

41

M Have you heard the latest news from China?

W No, what's happening there?

M People are only allowed to have one pet.

W I think that's a good idea. It'll reduce the number of stray dogs and cats.

M Don't you think it is restricting freedom?

W Maybe, but it's better than having an overpopulation of pets.

Q: Which is correct according to the conversation?

(a) People cannot breed pets in China.

✔ (b) China is restricting pet ownership.

(c) People can keep two pets in China.

(d) China is overpopulated with people.

번역 M 중국으로부터 최근 소식 들었어요?

W 아니요, 거기 무슨 일이 있는데요?

M 애완동물을 한 마리만 기르도록 허락한대요.

W 좋은 생각인 거 같아요. 주인 없는 개와 고양이들의 수가 줄어들 거예요.

M 자유를 제한한다고 생각하지 않으세요?

W 아마도요, 하지만 애완동물 수 과잉보다는 나은 것 같아요.

Q: 대화에 따르면 옳은 것은?

(a) 중국에서는 애완동물을 기를 수 없다.

(b) 중국은 애완동물 소유를 제한하고 있다.

(c) 중국에서는 두 마리의 애완동물을 기를 수 있다.

(d) 중국은 인구가 너무 많다.

해법 애완동물의 수를 한 마리만 허락하고 있다고 했으므로 (b)가 정답이다. (d)는 대화에서 언급되지 않은 내용이므로 오답이다.

be allowed to …하기를 허락하다 **pet** 애완동물 **reduce** 줄이다 **stray** 주인 없는 **restrict** 제한하다 **overpopulation** 인구 과잉 **breed** 기르다 **ownership** 소유권

42

W I found a nice apartment to rent in Brooklyn but it costs a lot.

M Really, how much?

W Four hundred dollars a week plus a thousand dollar deposit.

M So, you're broke at present?

W Almost, but it is a beautiful apartment.

M I can't wait to come over and see it.

Q: Which is correct according to the conversation?

✔ (a) The woman thinks her apartment is expensive.

(b) The woman was not asked to pay a deposit.

(c) The man knows that the woman is wealthy.

(d) The man visited the woman's apartment.

번역 W 브루클린에 임대할 좋은 아파트를 얻었는데 너무 비싸요.

M 그래요, 얼마인데요?

W 일주일에 400달러에다 보증금 1,000달러요.

M 그래서 지금 파산한 건가요?

W 거의요, 하지만 멋진 아파트예요.

M 어서 가서 보고 싶어요.

Q: 대화에 따르면 옳은 것은?

(a) 여자는 자신의 아파트가 비싸다고 생각한다.

(b) 여자는 보증금을 내지 않아도 되었다.

(c) 남자는 여자가 부자인 것을 안다.

(d) 남자는 여자의 아파트를 방문했다.

해법 여자가 얻은 아파트는 아주 비싸고 보증금이 있으며 남자가 방문하고 싶어 한다는 내용이므로 (a)만 옳은 정보이다. (c)는 대화를 통해서는 드러나지 않으므로 답이 될 수 없다. broke는 '빈털터리의'라는 뜻으로 집값으로 돈을 다 써버렸다는 것을 나타낸다.

apartment 아파트 **rent** 임대하다 **cost** (시간·비용이) 들다 **deposit** 보증금 **be broke** 빈털터리이다, 파산하다 **at present** 현재에는 **I can't wait to** 어서 …하고 싶다 **come over** 찾아오다

43

M Hi, Joanne. What have you got in the box?

W It's my cat, Rusty. We've just been at the vet.

M I didn't pick you for a cat lover.

W I've loved cats since I was a child.

M I've always avoided them. I just like dogs.

W Dogs are OK, but cats are less messy to have around.

Q: What can be inferred from the conversation?

✔ (a) The man has never had a pet cat.

(b) Joanne does not understand cats.

(c) The man is taking a dog to the vet.

(d) Joanne prefers dogs to cats as pets.

번역 M 안녕, 조앤. 상자에 뭐가 들었나요?

W 제 고양이 러스티예요. 동물 병원에 다녀오는 거예요.

M 당신이 고양이를 좋아하는지 몰랐어요.

W 어렸을 때부터 고양이를 좋아했어요.

M 저는 항상 고양이를 피했어요. 개가 좋아요.

W 개도 좋지만 고양이가 가까이 두기에 덜 지저분해요.

Q: 대화에서 유추할 수 있는 것은?

(a) 남자는 애완 고양이를 길러 본 적이 없다.

(b) 조앤은 고양이를 이해할 수 없다.

(c) 남자는 동물 병원에 개를 데리고 가고 있다.

(d) 조앤은 애완 동물로 고양이보다 개를 선호한다.

해법 고양이를 좋아하는 여자와 달리 남자는 항상 고양이를 피한다고 했으므로 남자가 고양이를 길러본 적이 없다는 (a)가 정답이다.

vet 수의사(veterinarian), 동물 병원 **pick** …라는 것을 알아채다, 깨닫다 **avoid** 피하다 **messy** 지저분한 **around** 주위에, 가까이에

Actual Test 3

139

44

W Doctor Smith, I've had a headache for the last two days.

M Have you taken any medication?

W I've taken some Tylenol but it hasn't really worked.

M Are you overly busy at work?

W Yes, it has been very hectic lately.

M Well, you may have a stress headache. Try to relax more.

Q: What can be inferred about the woman from the conversation?

(a) The woman enjoys doing her job.

✔ (b) The woman has been working too hard.

(c) The woman takes too many painkillers.

(d) The woman never responds well to medication.

번역 W 스미스 박사님, 지난 이틀 동안 두통이 있어요.
M 약을 먹었나요?
W 타이레놀을 먹었는데 잘 듣지 않았어요.
M 직장에서 지나치게 바빴나요?
W 네, 최근에 몹시 바빴어요.
M 음, 스트레스 두통인 것 같네요. 좀 더 긴장을 풀도록 하세요.

Q: 대화에서 여자에 관해 유추할 수 있는 것은?
(a) 자신의 일을 좋아한다.
(b) 너무 열심히 일을 해왔다.
(c) 과다한 진통제를 복용한다.
(d) 약 효과가 잘 나지 않는다.

해법 overly busy나 very hectic lately와 같은 표현을 통해 여자가 너무 열심히 일을 했다는 사실을 유추한 (b)가 정답이다. 과다 복용은 추측할 수 없으므로 (c)는 오답이다.
medication 약 **work** 효과가 있다 **overly** 과다하게 **hectic** 몹시 바쁜 **relax** 긴장을 풀다 **painkiller** 진통제 **respond well to** …에 잘 반응하다, 효과가 있다

45

W Good morning. How can I be of service?

M I have a reservation. The name is Jones, Mike Jones.

W Certainly, Mr. Jones. You are in Room 902.

M Does the room have wireless Internet? I need to contact my company.

W Yes, it does. Do you need anything else?

M Yes, I need a wake-up call at 5 a.m. I have an early flight.

W Sure, no problem.

Q: What can be inferred about the man from the conversation?

✔ (a) He travels with his laptop for work.

(b) He usually gets out of bed at 5 a.m.

(c) He made a reservation yesterday.

(d) He booked a room for two nights.

번역 W 안녕하세요. 어떻게 도와드릴까요?
M 예약을 했어요. 이름은 존스, 마이크 존스입니다.
W 알겠습니다. 존스 씨. 902호입니다.
M 객실에서 무선 인터넷이 되나요? 회사에 연락을 해야 해서요.
W 네, 됩니다. 또 필요한 게 있으신가요?
M 네, 오전 5시에 모닝콜이 필요해요. 일찍 비행기를 타야 해서요.
W 네, 문제없습니다.

Q: 대화에서 남자에 관해 유추할 수 있는 것은?
(a) 일 때문에 노트북을 가지고 여행한다.
(b) 보통 오전 5시에 일어난다.
(c) 어제 예약을 했다.
(d) 객실을 2박 예약했다.

해법 wireless Internet을 사용할 수 있는지 물어본 것과 need to contact my company라는 말을 통해 그가 업무상 노트북을 가지고 다닌다는 것을 알 수 있다. 따라서 (a)가 정답이다. 이른 아침 비행기 시간 때문이라고 했으므로 일반적으로 5시에 일어나는지 알 수 없으므로 (b)는 답이 아니다.
reservation 예약 **wireless Internet** 무선 인터넷 **contact** …에 접촉하다, 연락하다 **wakeup-call** 모닝콜 **book a room** 객실을 예약하다

46

Hello, this is John Dommett. I called last week and left my number on your answering machine, but you haven't replied. The car you sold me last week for $3,000 won't even start now. For that price I expect reasonable service, so I'm asking you to help. If you can't fix the car I want my money back. Phone me on 902 5762.

Q: What was the purpose of the man's phone call?

(a) To have someone listen to his complaint.

(b) To have someone to take away his car.

✔ (c) To get something done about his car.

(d) To get a full refund for bad service.

번역 안녕하세요, 존 도밋입니다. 지난주에 전화해서 자동 응답기에 제 번호를 남겼는데 답이 없으시네요. 지난주에 저에게 3천 달러에 판 차가 지금 아예 시동이 걸리지도 않습니다. 그 가격이라면 적절한 서비스를 받아야 한다고 생각하기에 도움을 요청합니다. 차를 고치실 수 없다면 돈을 돌려받기를 원합니다. 902 5762로 전화 주세요.

Q: 남자가 전화 건 목적은?
(a) 자신의 불만을 들려주기 위해.
(b) 자신의 차를 가져가도록 하기 위해.
(c) 자신의 차에 대해 처리를 받기 위해.
(d) 나쁜 서비스 때문에 전액 환불을 받기 위해.

해법 문제는 남자의 차가 시동이 걸리지 않는다는 것이다. 남자는 자신에게 차를 판 사람에게 차 수리를 원하고 고쳐줄 수 없다면 환불을 해달라고 전화했다. 즉, 차 문제를 해결해 달라는 요청이므로 (c)가 답이다.
answering machine 자동 응답기 **reply** 응답하다 **reasonable** 적절한, 합당한 **fix** 고치다 **complaint** 불만 **take away** 가져가다 **full refund** 전액 환불

47

The father of medicine was a Greek called Asclepius who used the encircled serpent as the symbol of medicine, which is still used today. Another prominent early medical pioneer was Hippocrates who said "first do no harm." These historical figures were very influential until the 15th century but their methods were not always successful. After the Great Plague, doctors began to look at the causes of disease and find cures for illness through experimentation and observation. This began a more scientific approach to medicine.

Q: What is the main topic of the talk?
✔ (a) A brief history of medicine.
(b) The origins of the Great Plague.
(c) A background to Hippocrates' work.
(d) The success of 15th century medicine.

Actual Test 3

번역 의술의 아버지는 현재도 여전히 사용되고 있는 의술의 상징인 똬리를 튼 뱀을 사용했던 그리스의 아스클레피오스입니다. 또 다른 유명한 초기 의학의 선구자는 '무엇보다 (환자에게) 해를 끼쳐서는 안 된다'라고 말했던 히포크라테스입니다. 이 역사적인 인물들은 15세기까지 매우 영향력 있었으나 그들의 방법이 항상 성공적인 것은 아니었습니다. 대역병 이후에 의사들은 실험과 관찰을 통해 질병의 원인을 찾고 병의 치료법을 찾기 시작했습니다. 이것은 의술에 더욱 과학적인 접근을 가져왔습니다.

Q: 담화의 소재는?
(a) 의술의 간략한 역사.
(b) 대역병의 기원.
(c) 히포크라테스의 연구 배경.
(d) 15세기 의술의 성공.

해법 의술의 초기 선구자 두 사람을 소개하고 15세기까지의 영향력과 대역병 이후 달라진 의술의 접근 방법론에 대해 다루고 있다. 의술의 간략한 역사가 주제로 적절하므로 (a)가 정답이다.

medicine 의술, 의학   encircled 똬리를 튼, 둥글게 만   serpent 뱀   prominent 두드러진, 현저한   pioneer 선구자   figure 인물   plague 역병   cure 치료법   observation 관찰   approach 접근법   origin 기원

48

Should we vaccinate or not? People in favor of vaccination believe that vaccination protects the child from infectious diseases such as smallpox, measles and yellow fever. They argue that these diseases are a health risk to the child. Opponents of vaccination, on the other hand, see vaccination as dangerous, as it weakens the immune system whose function is to fight infectious diseases. They feel that vaccination should be voluntary not obligatory.

Q: What is the main topic of the talk?
(a) Benefits of childhood vaccination.
(b) Vaccination should be freely given.
✔ (c) Arguments for and against vaccination.
(d) Infectious diseases should be controlled.

번역 백신 접종을 해야 할까요 하지 말아야 할까요? 백신 접종에 찬성하는 사람들은 백신 접종이 천연두, 홍역, 황열병과 같은 전염병으로부터 아이를 보호할 수 있다고 믿습니다. 그들은 아이들에게 이러한 질병들이 건강상의 위험이라고 주장합니다. 다른 한편, 백신 접종 반대자들은 백신이 전염병과 싸우는 역할을 하는 면역 체계를 약화시키기 때문에 백신 접종이 위험하다고 봅니다. 그들은 백신 접종은 의무가 아니라 자발적이어야 한다고 생각합니다.

Q: 담화의 주제는?
(a) 어린이 백신 접종의 이점.
(b) 백신 접종은 무료로 제공되어야 한다.
(c) 백신 접종에 대한 찬성과 반대 논쟁.
(d) 전염병은 통제되어야만 한다.

해법 Should we vaccinate or not?이라는 첫 번째 문장에서 주제가 드러나 있다. 백신 접종에 대해 찬성하는 쪽과 반대하는 쪽의 주장과 그 이유를 설명하고 있으므로 백신 접종에 대한 찬성과 반대라는 (c)가 정답이다.

vaccinate 백신 접종을 하다   in favor of …을 찬성하여   infectious disease 전염병   smallpox 천연두   measles 홍역   yellow fever 황열병   immune system 면역 체계   voluntary 자발적인   obligatory 의무적인

49

Attention all employees: It has been brought to my attention that some of you are returning late from lunch and are spending long periods of time talking by the water cooler. Remember, this is a profit making company, not a charitable institution. Employees should remember this is a place of work, not a social club.

Q: What is the purpose of the announcement?
(a) To tell employees their new break times.
(b) To warn workers about poor attendance.
(c) To start up an employee social club.
✔ (d) To stop workers wasting work time.

번역 직원 여러분께 안내 말씀드립니다. 몇몇 분들이 점심 식사에서 늦게 돌아오고 냉수기 옆에서 이야기하면서 오랜 시간을 보내는 것이 제 주의를 끌어왔습니다. 기억하십시오, 이곳은 수익을 창출하는 회사이지 자선 단체가 아닙니다. 직원 여러분들은 이곳이 친목 모임이 아니라 업무의 장소임을 기억해야 할 것입니다.

Q: 공고의 목적은?
(a) 직원들에게 새로운 휴식 시간을 알리기 위해.
(b) 직원들의 좋지 못한 참석률에 대해 경고하기 위해.
(c) 직원 친목 모임을 시작하기 위해.
(d) 직원들이 업무 시간을 낭비하는 것을 막기 위해.

해법 직원들이 업무 시간에 대만한 것을 주시하고 있음을 경고하고 회사에서 업무에 충실할 것을 강조하는 공고이다. 업무 시간을 낭비하지 않도록 주의를 주는 것이 목적이므로 (d)가 정답이다.

bring to one's attention …의 주목을 끌다   water cooler 냉수기   charitable 자선의   institution 단체   social club 친목 모임   break time 휴식 시간   attendance 참석(률)

50

Our research team looked at a number of causes for juvenile delinquency. We found that the juvenile delinquent feels that he or she has received a raw deal from society. Invariably, their self-esteem has been battered by a harsh background, poor parenting, and a lack of education. Often they develop drug or alcohol problems. As time goes on, they get more and more angry or depressed. The solution is to reach them early and redirect their negative energies into something that will give them a future.

Q: What is the main idea of the talk?
(a) Juvenile delinquency is not an easy problem to fix.
✔ (b) Causes of juvenile delinquency and how to stop it.
(c) Juvenile delinquents need to get better parenting.
(d) Results from research into the juvenile crime.

번역 저희 연구팀은 청소년 비행의 여러 원인들을 조사했습니다. 비행 청소년은 자신이 사회로부터 부당한 대우를 받고 있다고 느낍니다. 언제나 그들의 자존감은 열악한 환경과 불충분한 양육, 그리고 교육의 부족에 의해 망가져 있습니다. 종종 그들은 약물이나 알코올 문제를 일으킵니다. 시간이 흐름에 따라 그들은 더욱더 화가 나고 우울해집니다. 해결책은 그들에게 일찍 다가가서 부정적인 에너지를 미래를 약속해주는 무언가로 방향을 돌려주는 것입니다.

Q: 담화의 주제는?
(a) 청소년 비행은 바로잡기 쉬운 문제가 아니다.
(b) 청소년 비행의 원인과 방지법.
(c) 비행 청소년들은 더 나은 양육을 받아야 한다.
(d) 청소년 범죄에 대한 연구 결과.

해법 청소년 비행의 원인으로 열악한 환경, 양육과 교육의 부족을 들었고 그 결과 나타나는 비행 청소년들의 상태를 설명하고 있다. 마지막으로 더 빠른 시기에 방향을 바로 잡아줘야 한다는 해결책을 제시하는 내용이다. 따라서 정답은 (b)이다.

juvenile delinquency 청소년 비행 **raw deal** 부당한 대우 **invariably** 언제나, 동일하게 **self-esteem** 자존감 **batter** 망가뜨리다 **harsh** 열악한 **parenting** 양육 **redirect** …의 방향을 바꾸다

51

The greenhouse effect is not new. According to Steven Cather of the New Mexico Institute of Mining and Technology, the earth 34 million years ago was warmer than it is today. At that time the Arctic was a swamp. Cather argues that volcanic eruptions led to the cooling of the planet, because as iron poured into the oceans it fertilized algae, which in turn absorbed billions of tons of carbon dioxide through photosynthesis. Carbon dioxide is a greenhouse gas, so its depletion cooled the atmosphere, and the first ice age began.

Q: What is the speaker's main point in the talk?
(a) The Arctic was once a warm place.
(b) Algae helps to absorb greenhouse gases.
✔ (c) Earth has a history of very hot and cold periods.
(d) Volcanic eruptions can have a strong impact on Earth.

번역 온실 효과는 새로운 것이 아닙니다. 뉴멕시코 광산업과 기술 연구소의 스티븐 캐서에 따르면 3천 4백만 년 전의 지구는 오늘날보다 더욱 따뜻했다고 합니다. 그 당시 북극은 늪지였습니다. 캐서는 철이 바다로 쏟아지면서 조류를 풍부하게 만들었고 그로 인해 수백억 톤의 이산화탄소를 광합성을 통해 흡수했기 때문에 화산 분출이 지구의 냉각을 가져왔다고 주장합니다. 이산화탄소는 온실 가스이며 그 고갈은 대기를 냉각시켰고 첫 번째 빙하기가 시작되었습니다.

Q: 담화에서 화자의 요지는?
(a) 북극은 한때 따뜻한 곳이었다.
(b) 조류는 온실 가스를 흡수하는 데 도움이 된다.
(c) 지구는 과거에 매우 따뜻하고 추운 시기가 있었다.
(d) 화산 분출은 지구에 강한 영향을 줄 수 있다.

해법 온실 효과는 현재만의 문제는 아니며 오래 전에 지구는 지금보다 더 더웠다. 그 원인과 결과에 대해 설명하는 내용이다. 지구는 따뜻했던 시기와 빙하기가 모두 있었다는 (c)가 요지이다.

greenhouse effect 온실 효과 **swamp** 늪지 **volcanic eruption** 화산 분출 **pour** 쏟아 붓다 **fertilize** 풍요롭게 하다 **algae** 조류 **absorb** 흡수하다 **carbon dioxide** 이산화탄소 **photosynthesis** 광합성 **depletion** 고갈 **atmosphere** 대기 **ice age** 빙하기

52

Gus has died of cancer. He was nine years old. Gus, a dog from St. Petersburg, Florida, got his share of the headlines when he was voted "World's Ugliest Dog," at the Sonoma-Marin Fair in Northern California in 2008. Gus was a Chinese Crested and he had one eye and three legs. Gus became well known as a pin-up with people forwarding his picture via office emails. His owner said that he would use the winnings to treat Gus's cancer. Unfortunately, this was unsuccessful.

Q: Which is correct about Gus according to the talk?
(a) He came from Northern California.
(b) His health suffered after an accident.
(c) He was voted the ugliest dog in the USA.
✔ (d) His picture was circulated widely by email.

번역 구스는 암으로 죽었습니다. 그는 아홉 살이었습니다. 구스는 플로리다의 세인트 피터스버그 출신의 개인데 2008년 북부 캘리포니아에서 있었던 소노마 마린 박람회에서 '세계에서 가장 못생긴 개'로 뽑혔을 때 신문에 크게 났습니다. 구스는 차이니즈 크레스티드 종인데 눈이 하나이고 다리가 셋입니다. 구스는 회사 이메일을 통해 사람들에게 전달되어서 핀업 사진으로 잘 알려졌습니다. 그의 주인은 상금을 구스의 암을 치료하는 데 쓰겠다고 말했습니다. 불행히도 그것은 성공하지 못했습니다.

Q: 담화에 따르면 구스에 관해 옳은 것은?
(a) 북부 캘리포니아 출신이다.
(b) 사고 후에 건강이 나빠졌다.
(c) 미국에서 가장 못생긴 개로 뽑혔다.
(d) 사진은 이메일을 통해 널리 퍼졌다

해법 구스는 플로리다 출신이고 세계에서 가장 못생긴 개로 뽑혔으며 사고에 관해서는 언급되지 않았으므로 (d)만 옳은 내용이다. 구스는 신문에도 나왔고 사진이 이메일을 통해 널리 퍼져 잘 알려졌다고 했다.

die of …으로 죽다 **cancer** 암 **get a share of the headline** 신문에 크게 나다 **vote** 뽑다 **pin-up** 핀업(벽에 걸어놓고 볼 수 있는 사진) **forward** 전송하다 **via** …을 통해 **winnings** 상금 **unfortunately** 불행히도 **suffer** 나빠지다 **circulate** 퍼뜨리다

53

Benjamin Franklin was a famous American figure who combined scientific ability with diplomatic skills. Franklin invented the lightning rod and bifocals. He was also the Ambassador to France. Franklin was a Puritan who believed that hard work, education and thrift were the most important attributes to get on in life. Despite his Puritanism he believed in the new ideas of freedom and enlightenment coming from France. These ideas would be influential in the founding of the USA.

Q: Which is correct about Benjamin Franklin according to the report?
(a) He was lacking diplomatic skills.
(b) He did not have religious values.
(c) He regarded life as based on luck.
✔ (d) He was influenced by French ideas.

번역 벤저민 프랭클린은 과학적인 재능과 외교 기술을 겸비했던 미국의 유명 인사입니다. 프랭클린은 피뢰침과 이중초점 렌즈를 발명했습니다. 그는 또한 프랑스 대사였습니다. 프랭클린은 근면과 교육, 근검을 인생에서 성공하는 가장 중요한 자질이라고 믿는 청교도였습니다. 그러나 청교도주의에도 불구하고 그는 프랑스에서 온 자유와 계몽이라는 새로운 이념을 신봉했습니다. 이러한 이념들은 미국의 설립에 영향을 주었을 것입니다.

Q: 보고에 따르면 벤저민 프랭클린에 관해 옳은 것은?
(a) 외교 기술이 부족했다.
(b) 종교적인 가치를 가지고 있지 않았다.
(c) 삶을 행운에 기반한 것으로 여겼다.
(d) 프랑스 이념의 영향을 받았다.

해법 벤저민 프랭클린은 과학적 재능과 외교 기술을 가진 인물이었으며, 청교도였다. 청교도적인 삶의 가치를 지니고 있었으나 자유와 계몽과 같은 프랑스 이념의 영향을 받았다는 내용이다. 따라서 (d)가 정답이다.
combine A with B A를 B와 겸비하다 **diplomatic** 외교적인 **lightning rod** 피뢰침 **bifocal** 이중초점 렌즈 **ambassador** 대사 **Puritan** 청교도 **thrift** 근검, 검소 **attribute** 자질 **get on in life** 인생에 성공하다 **Puritanism** 청교도주의 **enlightenment** 계몽 **found** 설립하다

54

The last battle of the American Civil War took place in Appomattox, Virginia on the 9th of April 1865. General Robert E Lee, leader of the South, found that he could not defeat the Union troops, and surrendered to their leader Lieutenant General Ulysses S. Grant. On May 12 the Army of Northern Virginia disbanded, ending the War. Grant said of this conflict which pitted countrymen against countrymen: "There were no victors, we stained America red."

Q: What is correct according to the passage?
(a) America's Civil War ended in 1875.
(b) Union troops were defeated in Appomattox.
(c) Confederate troops surrendered on May 12.
✔ (d) General Lee's army disbanded in May, 1865.

번역 미국 남북전쟁의 마지막 전투는 1865년 4월 9일 버지니아에 있는 아포맷톡스에서 벌어졌습니다. 총사령관 로버트 리는 남군의 지휘자로서 북부 연합군을 무찌를 수 없다는 것을 깨닫고 그들의 지휘관인 중장 율리시스 그랜트에게 항복했습니다. 5월 12일에 북부 버지니아의 군대는 해산했고 전쟁은 종결되었습니다. 그랜트는 동포와 동포를 싸우게 해야 했던 갈등을 말했습니다. "승자는 없습니다. 우리는 미국을 붉게 물들였습니다."

Q: 단락에 따르면 옳은 것은?
(a) 미국의 남북전쟁은 1875년에 종결되었다.
(b) 북부 연합군은 아포맷톡스에서 패배했다.
(c) 남부 연합군은 5월 12일에 항복했다.
(d) 총사령관 리는 1865년 5월에 군대를 해산했다.

해법 남부의 지휘관인 총사령관 리는 1865년 4월 시작된 전쟁에서 패배하여 항복하고 5월 12일에 군대를 해산시켰다고 했으므로 (d)만 옳은 내용이다. 항복한 날짜는 언급되지 않았으므로 (c)는 답이 될 수 없다.
American Civil War 미국 남북전쟁 **take place** 발생하다 **general** 총사령관, 장군 **defeat** 무찌르다 **Union** 북부 연합 **surrender to** …에게 항복하다 **lieutenant general** 육군 중장 **disband** 해산하다 **pit** 싸우게 하다 **stain** 물들이다 **Confederate** 남부 연합

55

On tonight's show, we're going to look at the history of Nintendo, the video game company. Nintendo started in 1889 when Fusajiro Yamauchi began making very successful playing cards in Kyoto. Much later, from the late 50s onwards, Nintendo entered into other businesses. In the late 70s, it moved into the video game industry. A key to its success was employing video creator Shigeru Miyamoto in 1977, who designed the most popular Nintendo games including "Super Marlo Bros." and "Donkey Kong." Nintendo is now the eighth biggest software company in the world.

Q: Which is correct according to the passage?
✔ (a) Nintendo has been in businesses other than games.
(b) Playing cards were behind Nintendo's great success.
(c) Shigeru Miyamoto joined with Nintendo in the 1960s.
(d) Nintendo succeeded because of one key video game.

번역 오늘 프로그램에서는 비디오 게임 회사인 닌텐도의 역사를 살펴보도록 하겠습니다. 닌텐도는 1889년 후사지로 야마우치가 교토에서 매우 성공적인 놀이용 카드를 만들면서 시작되었습니다. 훨씬 지나서, 50년대 후반 이후부터 닌텐도는 다른 사업을 시작했습니다. 70년대 후반에는 비디오 게임 산업으로 옮겨갔습니다. 성공의 열쇠는 1977년 비디오 제작자 시게루 미야모토를 고용한 것인데 그는 '슈퍼 마리오 형제'와 '동키 콩'과 같은 닌텐도의 가장 유명한 게임을 만들었습니다. 닌텐도는 현재 세계에서 여덟 번째로 가장 큰 소프트웨어 회사입니다.

Q: 단락에 따르면 옳은 것은?
(a) 닌텐도는 게임 이외의 사업을 한 적이 있었다.
(b) 카드 게임은 닌텐도의 큰 성공 배후의 일이다.
(c) 시게루 미야모토는 1960년대에 닌텐도에 합류했다.
(d) 닌텐도는 하나의 핵심 비디오 게임 때문에 성공했다.

해법 시게루 미야모토는 1977년 합류했고, 성공의 열쇠는 시게루 미야모토를 고용한 일이기 때문에 놀이용 카드는 닌텐도 성공 배후의 일이 아니므로 (c)와 (b)는 옳지 않다. 게임뿐만 아니라 다른 사업도 한 적이 있다는 (a)가 정답이다.
onward 앞으로, 이후 **key to** …의 열쇠, 비결 **creator** 창시자, 제작자 **design** 설계하다 **including** …을 포함하여 **other than** …이외의 **behind** …의 배후에 **join with** …와 합류하다

56

We will talk today about the English romantic painter, John Constable. Constable was born in 1776 in Suffolk, a place he loved and where he painted his most famous landscape paintings. Constable, while extremely popular now, was not regarded so highly in his day except in France, where he was more popular than in England. His art was to have an enormous influence on French art, inspiring not only Gericault and Delacroix but also the French impressionists.

Q: Which is correct about Constable according to the lecture?
(a) He painted his great works in France.
(b) He enjoyed great popularity in England.
(c) He was highly regarded during his lifetime.
✔ (d) He had a big influence on French painters.

번역 오늘은 영국의 낭만주의 화가인 존 콘스터블에 관해 이야기해 보겠습니다. 콘스터블은 1776년 그가 사랑했고 그의 가장 유명한 풍경화를 그렸던 곳인 서퍽에서 태어났습니다. 지금은 콘스터블이 매우 유명한 반면, 당대에는 프랑스를 제외하고는 높이 평가되지 않았습니다. 그는 영국에서보다 프랑스에서 더 인기 있었습니다. 그의 미술은 프랑스 미술에 막대한 영향을 주었고 제리코나 들라크루아뿐만 아니라 프랑스 인상파 화가들에게도 영감을 주었습니다.

Q: 강의에 따르면 콘스터블에 관해 옳은 것은?
(a) 프랑스에서 자신의 걸작들을 그렸다.
(b) 영국에서 큰 유명세를 누렸다.
(c) 생전에 높이 평가되었다.
(d) 프랑스 화가들에게 큰 영향을 주었다.

해법 콘스터블은 자신의 고향인 영국에서 걸작들을 그렸고 당대에는 프랑스를 제외하고는 크게 평가받지 못했다고 했다. 프랑스 화가들, 인상파 화가들에게까지 영향을 주었다고 했으므로 (d)가 정답이다.
romantic painter 낭만주의 화가 **landscape** 풍경 **extremely** 매우, 심하게 **highly** 높게, 우수하게 **except** …을 제외하고 **enormous** 막대한 **inspire** 영감을 주다, 고무하다 **impressionist** 인상파 화가, 인상주의자

57

Not much has changed on the funeral scene since embalming was first used in the Civil War. Now, however, people are increasingly choosing "green burials" to protect the environment. For these, no concrete grave liners can be used, bodies cannot be preserved chemically and the container or coffin has to be biodegradable. The great thing is that a green cemetery provides habitat for birds and animals, and allows for growth of native grasses, flowers and shrubs.

Q: Which is correct according to the talk?
(a) The idea for "green burials" came out of the Civil War.
✔ (b) Green burial techniques are gaining in popularity.
(c) Traditional coffins are chemically preserved.
(d) Green cemeteries take up less space.

번역 남북전쟁 때 처음으로 시체를 방부 처리한 이후로 장례식은 많이 변하지 않았습니다. 그러나, 지금 사람들은 환경을 보호하기 위해 점점 '녹색 매장'을 선택하고 있습니다. 이들의 경우에 콘크리트 무덤 내부는 사용되지 않고, 시체는 화학 처리로 보존되지 않으며, 보관함이나 관은 생물 분해가 가능해야 합니다. 훌륭한 점은 녹색 묘지는 새와 동물들에게 서식지를 제공하고 자연 그대로의 풀과 꽃, 관목들이 성장할 수 있도록 한다는 것입니다.

Q: 담화에 따르면 옳은 것은?
(a) '녹색 매장'의 개념은 남북전쟁에서 온 것이다.
(b) 녹색 매장 기술은 인기를 얻고 있다.
(c) 전통적인 관은 화학적으로 보존되었다.
(d) 녹색 묘지는 더 적은 공간을 차지한다.

해법 남북전쟁에서 시체의 방부 처리가 시작되었으며, 녹색 매장을 선택하는 사람들이 늘어나고 있다. 전통적으로 시체가 화학 처리를 통해 보존되었으며 공간을 차지하는 면은 언급되지 않았으므로 (b)만 옳다.
funeral 장례의 **embalm** 시체를 방부 처리하다 **Civil War** 미국 남북전쟁 **burial** 매장 **liner** 안감; 내부 **preserve** 보존하다 **chemically** 화학적으로, 화학 처리로 **container** 용기, 보관함 **coffin** 관 **biodegradable** 생물 분해 가능한 **cemetery** 묘지 **habitat** 서식지 **shrub** 관목

58

This week sees the start of the first Trenton Film Festival. This festival, organized by the Trenton Film Society, will be showing twenty-six films from fifteen countries around the world. All screenings will be held at the Odeon Cinema. The aim of the festival is to screen movies which are unlikely to gain wide circulation and which may be regarded as art house cinema. The opening film is Grace Darn's, *Ice Breaking on Lake Luna*, about a dysfunctional family. Ms. Darn will attend the premiere.

Q: What can be inferred according to the advertisement?
(a) The festival is a one-off event.
(b) Grace Darn's film is autobiographical.
✔ (c) Most of the films are not commercial hits.
(d) The films will screen for free at the festival.

번역 이번 주에 첫 트렌턴 영화제가 열립니다. 트렌턴 영화협회에 의해 조직된 이 행사는 세계 15개국의 26편 영화를 상영할 것입니다. 모든 상영은 오데온 극장에서 열릴 것입니다. 행사의 목적은 폭넓은 배급이 될 것 같지 않고 예술 영화로 여겨질 영화를 상영하는 것입니다. 개막 영화는 문제 가정에 관한 영화인 그레이스 단의 〈루나 강의 아이스 브레이킹〉입니다. 단 씨는 개봉일에 참가하실 것입니다.

Q: 광고에 따르면 유추할 수 있는 것은?
(a) 영화제는 일회성 행사이다.
(b) 그레이스 단의 영화는 자전적이다.
(c) 영화의 대부분은 상업적 성공작이 아니다.
(d) 영화는 영화제에서 무료로 상영될 것이다.

해법 영화제는 첫 회이며 일회성 행사는 아니므로 (a)는 오답이다. 영화제의 목적이 널리 배급된 영화가 아니라 예술 영화들을 상영하는 것이라고 했으므로 상업적으로 성공한 영화들이 아님을 유추할 수 있다. 따라서 정답은 (c)이다.
film festival 영화제 **screening** 상영 **circulation** 유통, 배급 **art house cinema** 예술 영화 **opening film** 개막 영화 **dysfunctional** 역기능의, 문제가 있는 **premiere** 개봉 **one-off** 일회성의 **autobiographical** 자서전적인 **commercial hit** 상업적인 성공

59

Colors are frequently used to symbolize behavior. For instance, in movies black is associated with evil, so villains such as Dracula and Darth Vader are shown wearing black. White, in contrast, is a color of innocence. Colors might also be used to describe emotions. If someone is described blue, it means they are unhappy. If they are called yellow, it means they are cowardly. They might also be described as green with envy.

Q: What can be inferred from the passage?
(a) Colors do not affect people's thinking.
✔ (b) Movies use colors to convey emotions.
(c) People wearing black cannot be trusted.
(d) Conflicting meanings are attached to colors.

번역 색은 행동을 상징하는 데 자주 사용됩니다. 예를 들어, 영화에서 검정색은 악과 관련돼 있습니다. 그래서 드라큘라와 다스 베이더와 같은 악한들은 검정색 옷을 입고 나옵니다. 흰색은 반대로, 순수의 색입니다. 색은 또한 감정을 묘사하는 데 사용되기도 합니다. 만약 누군가 푸른색으로 묘사된다면 그것은 그가 불행함을 의미합니다. 노란색으로 묘사된다면 겁쟁이라는 의미입니다. 질투는 녹색으로 묘사될 수 있습니다.

Q: 단락에서 유추할 수 있는 것은?
(a) 색은 사람의 생각에 영향을 주지 않는다.
(b) 영화는 감정을 전달하기 위해 색을 사용한다.
(c) 검정색 옷을 입은 사람은 믿을 수 없다.
(d) 상반되는 의미가 색과 연결된다.

해법 영화에서 색을 통해 인물의 선악을 나타내고 불행이나 두려움, 질투와 같은 감정을 전달하고 있다는 내용이므로 (b)를 유추할 수 있다. 한 색은 하나의 상징을 가지고 쓰이므로 (d)는 틀린 정보이다.
frequently 자주 **symbolize** 상징하다 **behavior** 행동 **be associated with** …와 관련되다 **villain** 악한 **in contrast** 반대로 **innocence** 순수 **describe** 묘사하다 **cowardly** 겁이 많은 **convey** 전달하다

60

I now want to talk about another novel written by Virginia Woolf called *To the Lighthouse*. Woolf used the landscape from her family home in St. Ives, Cornwall, with its view of Porthminster Bay, extensively in this novel. Even though she used her experiences and the scenery of the sea, the gardens and the lighthouse that she could see from St. Ives, she actually set the novel in a completely different place called the Hebrides on the Isle of Skye.

Q: What can be inferred from this lecture?
(a) Woolf did not enjoy her life at St. Ives.
(b) Woolf wrote only of places she lived at.
✔ (c) Woolf's fiction and life were intertwined.
(d) All Woolf's novels had real-life landscapes.

번역 이제 〈등대로〉라는 버지니아 울프가 쓴 또 다른 소설에 대해 얘기하고자 합니다. 울프는 자신의 고향인 콘월의 세인트 아이브스의 풍경을 포스민스터 만의 경치와 함께 이 소설에서 폭넓게 사용합니다. 그러나 자신의 경험과 세인트 아이브스에서 볼 수 있었던 바다와 정원과 등대의 풍경을 사용했음에도 불구하고 그녀는 실제로 스카이 섬에 있는 헤브리디스라는 완전히 다른 장소를 소설의 배경으로 삼았습니다.

Q: 이 강의에서 유추할 수 있는 것은?
(a) 울프는 세인트 아이브스에서의 삶을 좋아하지 않았다.
(b) 울프는 자신이 살았던 장소에 대해서만 썼다.
(c) 울프의 소설과 삶은 서로 얽혀 있었다.
(d) 울프의 소설은 모두 실제 풍경을 다루고 있었다.

해법 울프는 자신이 살았던 고향인 세인트 아이브스의 풍경을 바다, 정원, 등대 등을 소설 속에서 사용했으므로 실제의 삶이 소설 속에 얽혀 있다는 것을 유추할 수 있다. 따라서 정답은 (c)이다.
lighthouse 등대 **landscape** 풍경 **view** 장면, 경치 **extensively** 폭넓게 **even though** 비록 …지만 **scenery** 풍경 **completely** 완전히 **fiction** 소설 **intertwine** 서로 얽히게 하다 **real-life** 실제 삶의, 실생활의

1

A Oh, no. The car won't start.
B _____ David to help you.

(a) Have
✔ (b) Get
(c) Make
(d) Bring

번역 A 이런. 차가 움직이질 않아요.
B 데이비드에게 도와달라고 해요.

해법 〈get+목적어+to+동사원형〉은 '~에게 …하게 하다'는 표현이다. make나 have도 같은 뜻이지만 to+동사원형이 보어로 온다는 것에 유의한다. 동사 cause도 같은 의미와 형태로 쓰일 수 있다. 따라서 정답은 (b) Get이다.
have …하게 만들다 **make** …하게 만들다 **bring** 데려오다

2

A I'm not available until this evening.
B OK, let me know _____ I should call.

(a) what
(b) which
✔ (c) when
(d) that

번역 A 오늘 저녁까지는 시간이 안 나요.
B 알았어요, 내가 언제 전화해야 할지 알려줘요.

해법 not available은 '시간이 없는, 여가가 없는'이라는 말로 만나지 못한다, 연락을 할 수 없다는 의미이므로 전화할 때를 알려 달라는 말이 적절하다. 따라서 정답은 (c) when이다.
available 시간이 나는

3

A Have you seen much of Italy, Gina?
B Not really, I _____ to Rome and Florence.

(a) only be
(b) am only being
✔ (c) have only been
(d) having only been

번역 A 이탈리아를 많이 구경했나요, 지나?
B 아니 별로요, 로마와 피렌체에만 갔어요.

해법 No보다는 약한 부정의 표현이 Not really이다. 완료형 질문이므로 완료형으로 답하고 '…에만 가봤다, 다녀왔다'는 표현으로 have only been to를 써서 정답은 (c)이다.
Not really. 아니 별로. **have been to** …에 다녀오다

4

A Have you seen *Othello* at the Opera House?
B No, I find watching opera _____.

(a) bore
(b) bored
✔ (c) boring
(d) to bore

번역 A 오페라 하우스에서 〈오셀로〉를 본 적이 있나요?
B 아니요, 저는 오페라 보는 게 지루해요.

해법 〈find+목적어+보어〉는 '목적어가 …하다는 것을 알다, 깨닫다'는 표현이다. watching opera가 지루하다고 느끼는 것이므로 정답은 (c) boring이다. boring 앞에는 to be가 생략되어 있다.
opera 오페라 **bored** 지루한 **boring** 지루한, 재미없는

5

A Could you help me, please? I'm looking for a portable computer.
B How about the new Netbooks which _____ here?

(a) is demonstrated
(b) are demonstrating
(c) is being demonstrated
✔ (d) are being demonstrated

번역 A 좀 도와주시겠어요? 휴대용 컴퓨터를 찾고 있어요.
B 여기 진열된 새로운 넷북은 어떨까요?

해법 I'm looking for는 '…을 찾고 있다'는 의미이다. Netbook은 진열된 대상이므로 수동형인 be demonstrated가 되고, 이것이 진행형이 되어 정답은 (d) are being demonstrated이다.
portable 휴대할 수 있는 **Netbook** 넷북 **demonstrate** 보여주다

6

A Excuse me. Do you have any work?

B Yes, _____. Please contact our personnel department.

(a) I do think

✔ (b) I think so

(c) so I am thinking

(d) think I do it

번역 A 실례합니다. 일거리가 있을까요?

B 네, 그럴 것 같습니다. 저희 인사부로 연락주세요.

해법 대답에서 that절이 앞의 내용을 반복하는 경우 so로 대신하여 정답은 (b) I think so이다. 부정문의 경우에는 I don't think so로 쓴다. 이런 동사로 think 외에도 hope, suppose 등이 있다. 단, 부정문은 I hope not/ I suppose not 형태로 쓰는 것에 유의한다.

contact 연락하다   **personnel department** 인사부

7

A Can I help you, sir?

B Yes, I'm interested _____ that plate over there.

✔ (a) in buying

(b) to buying

(c) bought

(d) buy

번역 A 도와드릴까요, 손님?

B 네, 저기 있는 접시 좀 살까 하는데요.

해법 상점에서 사고자 하는 것을 말하는 표현이다. '…에 흥미가 있다, 관심이 있다'는 표현으로 be interested in -ing를 쓰므로 정답은 (a)이다.

interested 흥미가 있는   **plate** 접시

8

A How is the job hunt, Rodney?

B It's good, Steve. I have _____ at the Stock Exchange tomorrow.

(a) interview

✔ (b) an interview

(c) that interview

(d) other interview

번역 A 구직은 어떻게 되고 있나요, 로드니?

B 잘 되고 있어요, 스티브. 증권 거래소에서 내일 면접을 볼 거예요.

해법 interview는 셀 수 있는 명사이고 특정한 대상을 가리키지 않으므로 부정관사를 쓴다. 모음 앞이므로 an을 써서 정답은 (b) an interview이다.

job hunt 구직   **stock exchange** 증권 거래소   **interview** 면접

9

A Have you seen the book that I left on the table?

B Yes, I returned it _____ the bookshelf.

(a) in

(b) into

(c) on

✔ (d) to

번역 A 탁자 위에 둔 책 봤어요?

B 네, 책꽂이에 도로 갖다 두었어요.

해법 책이 있던 자리인 책꽂이에 갖다 두었다는 뜻이므로 '…로 도로 가져가다'라는 뜻이 되도록 return 다음에 전치사 to를 써야 한다. 따라서 정답은 (d) to이다.

return 되갖다놓다   **bookshelf** 서가, 책꽂이

10

A What was that noise?

B I don't know but it _____ have been a car.

(a) can

✔ (b) could

(c) would

(d) should

번역 A 그 소음은 뭐였지요?

B 잘 모르겠지만 차 소리였을 거예요.

해법 추측을 나타내는 조동사를 골라야 한다. 조동사 could를 써서 could be는 '…일지도 모른다, 아마 …일 것이다'라는 추측을 나타낸다. 이것의 과거시제가 could have been이므로 정답은 (b)이다.

noise 소음

11

A Did you call the dog washing company?
B No, we washed the dog _____.

(a) themselves
✔ (b) ourselves
(c) oneself
(d) itself

번역 A 개 목욕 회사를 불렀어요?
     B 아니요, 개는 우리가 씻겼어요.

해법 재귀대명사가 강조의 의미로 쓰이는 경우에 강조하는 명사나 대명사와 떨어져 쓰일 수 있으므로 의미를 살펴야 한다. 목욕 회사가 아니라 우리가 개를 목욕시켰다는 내용이므로 대명사 we를 강조하는 (b) ourselves가 정답이다.
washing company 목욕 회사

12

A I'm wondering what I _____ this vacation.
B Why don't you travel around the States by Greyhound bus?

(a) might do
✔ (b) should do
(c) may be doing
(d) could be doing

번역 A 이번 휴가에 뭘 해야 할까요?
     B 그레이하운드 버스를 타고 미국 일주를 하지 그래요?

해법 I'm wondering은 '…할까 생각하다'는 뜻이다. Why don't you…?는 제안하는 표현이므로 정답은 (b) should do이다.
wonder …할까 생각하다 **Greyhound bus** 그레이하운드 버스, 고속 버스

13

A Would you still work if you _____ to win $1,000,000?
B I don't know. It's unlikely that it would ever happen to me.

(a) had
✔ (b) were
(c) are
(d) have

번역 A 백만 달러를 타게 된다면 그래도 일을 할 건가요?
     B 모르겠어요. 그런 일이 나에게 일어날 것 같지 않아요.

해법 It's unlikely that을 볼 때 질문은 현실과 반대되는 가정임을 알 수 있다. 가정법 과거 형태로 가능성이 희박한 것을 말하므로 If절에는 (b) were가 정답이다.
win (이겨서 무엇을) 타다[따다] **unlikely** 있을 법하지 않은 **ever** 한번도

14

A Why was that employee fired?
B He always did the _____ work possible.

(a) fewest
(b) little
(c) less
✔ (d) least

번역 A 그 직원은 왜 해고되었어요?
     B 항상 일을 가능한 한 적게 했어요.

해법 최상급이나 all, every 등과 같이 쓰여서 possible은 '가능한'이라는 뜻으로 쓰인다. the best possible price/ the worst possible result/ the last possible moment 등의 형태로 쓰인다. 따라서 (d) least가 정답이다.
employee 직원 **be fired** 해고되다 **possible** 가능한

15

A Professor, how _____ good grades in sociology?
B You need to read very widely.

✔ (a) can I get
(b) need I get
(c) I am getting
(d) might I be getting

번역 A 교수님, 사회학에서 어떻게 해야 좋은 점수를 받을 수 있나요?
     B 아주 폭넓게 읽어야지.

해법 You need to라는 말로 조언하는 답을 볼 때 방법을 묻는 질문임을 추측할 수 있다. '어떻게 해야 얻을 수 있을지'가 how can I get이므로 (a)가 정답이다. how might I be getting은 불확실한 의문을 나타내는 것으로 '도대체 제가 어떻게 얻고 있는 것일까요?'라는 뜻으로 적절하지 않다.
professor 교수 **grade** 등급, 점수 **sociology** 사회학 **widely** 폭넓게

16

A What _____ to be done about the school enrollment?

B Well, we still have to pay the fees.

✔ (a) remains
  (b) remaining
  (c) remained
  (d) is remained

번역 A 학교 등록에 대해 해야 할 것이 뭐가 남아 있나요?
  B 음, 아직 등록금을 내야 해요.

해법 remain은 '…않은 채 남아 있다'는 뜻으로 쓰인다. remain to be done은 '해야 할 일이 아직 남아 있다'는 표현이므로 (a) remains가 정답이다. Something remains to be done/ There remains something to be done 등의 형태로 쓰인다.
enrollment 등록 **pay the fee** 등록금을 내다

17

A How long _____ to get to Tokyo from here?

B About three hours by bullet train.

  (a) it takes
  (b) is it taking
✔ (c) does it take
  (d) need it take

번역 A 여기서 도쿄까지 가는 데 얼마나 걸리나요?
  B 초고속 열차를 타면 약 3시간이요.

해법 '(시간이나 비용이) 걸리다, 들다'라는 뜻으로 it takes를 쓰므로 정답은 (c)이다. '…하는 데 시간이 얼마나 걸리나?'라는 질문이 How long does it take to+동사원형이다.
get to …에 도착하다, 가다 **bullet train** 초고속 열차

18

A I don't think my grade was that bad.

B Are you kidding? _____ you look at it, C is a bad grade.

  (a) However the way
  (b) Howsoever way
✔ (c) Whichever way
  (d) The way how

번역 A 제 점수가 그렇게 나빴다고 생각하지 않아요.
  B 농담해요? 어느 모로 보나 C는 나쁜 점수예요.

해법 '어느 모로 …하든지'의 뜻으로 쓰이는 표현으로 (c) Whichever way가 정답이다. Whichever way you look at it은 '그것을 어느 면으로 보든지, 그것을 어떻게 생각하든'이라는 뜻을 나타낸다.
grade 등급, 점수 **Are you kidding?** 농담해요?

19

A How's work, Susan?

B Fine, except that today I had _____ complaining customers.

✔ (a) many
  (b) lesser
  (c) much
  (d) few

번역 A 일은 어때요, 수잔?
  B 좋아요, 오늘 불평하는 고객들이 여러 명 있었던 것만 빼면요.

해법 except that은 'that절 이하를 제외하고'라는 표현이다. 그러므로 Fine과 상반되어 좋지 않은 점이 되어야 한다. (d) few는 '거의 없었다'는 부정의 의미이므로 (a) many가 정답이다.
except (that) …을 제외하고 **complain** 불평하다 **customer** 고객

20

A What time do you go to bed during the week, Lucy?

B I _____ at 11 p.m.

  (a) am gone usually
  (b) usually am gone
  (c) go usually
✔ (d) usually go

번역 A 주중에는 몇 시에 자나요, 루시?
  B 보통 밤 11시에 자요.

해법 일상적으로 반복되는 습관을 말할 때 현재시제를 쓴다. usually, often, always, every day 등의 부사가 동반되어 쓰인다. 질문에서 do you go라는 현재를 썼기 때문에 답에서도 I go가 되어야 한다. 빈도부사인 usually는 일반동사 뒤에 와서 (d) usually go가 정답이다.
go to bed 잠자리에 들다 **during the week** 주중에

21

The Blackstone award for electrical engineering is named _____ Jeremiah Blackstone.

(a) upon
(b) with
(c) to
✔ (d) after

번역 전기공학 상인 블랙스톤 상은 제레마이어 블랙스톤의 이름을 따서 붙여진 것이다.

해법 '…의 이름을 따서 명명하다'라는 표현이 name after이므로 (d) after가 정답이다. He was named after his grandfather와 같은 수동형의 문장으로 많이 쓰인다.
award 상, 상패 **electrical engineering** 전기공학 **name** 이름을 지어주다, 명명하다

22

Sandra Blake's family created a scholarship _____ people could remember her.

(a) from where
(b) that which
(c) in what
✔ (d) so that

번역 산드라 블레이크의 가족은 사람들이 그녀를 기억할 수 있도록 장학금을 설립했다.

해법 목적을 나타내는 부사절을 이끄는 (d) so that이 정답이다. 이때 that은 생략되기도 하며 that절에는 조동사 can, may가 많이 쓰인다. 비슷한 표현으로 in order that이 있다.
create 창립하다, 설립하다 **scholarship** 장학금

23

_____ arrive late will lose wages from now on.

✔ (a) Those that
(b) Them who
(c) Whomsoever
(d) These which

번역 지각하는 사람들은 지금부터 임금이 삭감될 것이다.

해법 '…하는 사람들'이라는 표현으로 those who 또는 those that을 쓰므로 정답은 (a) Those that이다. 사람을 나타내는 선행사로 those가 쓰인다는 것에 유의해야 한다.
wage 임금 **from now on** 지금부터

24

The researchers were _____ sure the experiment was a success.

✔ (a) absolutely
(b) much
(c) little
(d) such

번역 연구원들은 실험이 성공적인 것을 전적으로 확신했다.

해법 형용사 sure를 수식할 수 있는 부사로 적절한 정답은 (a) absolutely이다. (d) such는 형용사로 명사를 수식하며, (b) much도 형용사지만 부사로 쓰일 경우에는 비교급 앞에서만 가능하다.
researcher 연구원 **experiment** 실험 **absolutely** 절대적으로

25

Both the players and the coach of the team _____ pleased with the win.

(a) was
(b) are being
✔ (c) were
(d) is being

번역 팀의 선수들과 코치 모두 승리에 기뻐했다.

해법 both는 둘 다를 포함하는 '양쪽 다'라는 뜻이므로 복수 동사가 와야 한다. be pleased with는 감정의 상태를 나타내는 표현이므로 진행형을 쓸 수 없기 때문에 (c) were가 정답이다.
be pleased with …에 기뻐하다 **win** 승리, 성공

26

Fluffy, the dearly loved cat of the Pritchard family, had _____ fur.

(a) white long beautiful shiny
✔ (b) beautiful long white shiny
(c) white beautiful shiny long
(d) shiny long beautiful white

번역 프리처드 가족으로부터 아주 사랑받는 고양이 플러피는 아름답고 긴 흰색의 빛나는 털을 가지고 있었다.

해법 형용사의 순서에 관한 문제이다. 주관적인 형용사는 객관적인 형용사에 앞서므로 beautiful이 다른 형용사보다 앞서야 한다. 그 다음은 보통 〈크기+모양+성질+색채〉의 순서가 되므로 long이 그 다음이 되고 색채와 관련된 white shiny가 다음에 와야 한다. 따라서 (b)가 정답이다.
dearly 극진히, 깊이   **fur** 털   **shiny** 빛나는

27

He was an expert watchmaker _____ only made twenty watches a year.

✔ (a) who
(b) what
(c) which
(d) whose

번역 그는 일 년에 20개의 시계만을 만드는 시계 제조 전문가였다.

해법 선행사인 an expert watchmaker를 수식하는 문장이 관계대명사가 이끄는 절인 only 이하이다. 선행사가 그 절에서 주어로 쓰이므로 사람 주격 관계대명사인 (a) who가 정답이다.
expert 전문가   **watchmaker** 시계 제조자

28

_____ poaching tigers, the hunter was caught by the game warden.

✔ (a) While
(b) On
(c) For
(d) As

번역 사냥꾼은 호랑이를 밀렵하는 중에 수렵구 관리인에게 잡혔다.

해법 poaching은 현재분사로 주어가 the hunter인 분사구문을 이루고 있다. 분사구문의 내용을 볼 때 '…하는 동안'의 의미이므로 접속사 (a) While이 정답이다.
poach 밀렵하다   **be caught by** ~에 의해 붙잡히다   **game warden** 수렵 지역 관리인

29

Digital photography _____ as producing pictures as good as old-fashioned photography, and is in many ways a more versatile technology.

(a) is seeing
(b) was seen
✔ (c) is seen
(d) sees

번역 디지털 사진은 옛날 방식의 사진만큼 좋은 사진을 만들어내고 있는 것으로 여겨지고, 여러 면에서 더욱 다목적 기술이다.

해법 '…으로 간주되다, 여겨지다'의 뜻으로 수동형 표현인 be seen as를 쓴다. 일반적인 진술이며 and로 이어지는 문장에서 동사가 역시 현재시제 is로 쓰였으므로 (c) is seen이 정답이다.
photography 사진   **old-fashioned** 구식의   **versatile** 다목적의   **technology** 기술

30

To all our valued customers we _____ free shipping to all orders over $50.00.

(a) offering
(b) had been offered
(c) are offered
✔ (d) are offering

번역 모든 소중한 고객 분들께 50달러가 넘는 주문은 전부 무료 배송을 제공해 드리고 있습니다.

해법 주어 we가 동사 offer의 주체가 되므로 수동이 아니라 능동이 되어야 한다. 진행형인 (d) are offering이 정답이다.
valued 소중한   **customer** 고객   **shipping** 배송   **order** 주문   **offer** 제공하다

31

The Rose family _____ a baby boy for a long time
and last Monday James was born.

(a) want
(b) are wanting
(c) shall be wanting
✔ (d) had been wanting

번역 로즈 가는 오랫동안 남자 아기를 원했는데 지난 월요일 제임스가 태어났다.

해법 남자 아기인 제임스가 태어난 것은 지난 월요일이며 과거시제인 was born으로 표현되어 있다. 아기를 오랫동안 원해 온 것은 그 이전이므로 과거시제나 과거완료 시제로 쓸 수 있다. 과거 시점까지 계속된 것을 강조하기 위해 과거완료 진행을 써서 (d) had been wanting이 정답이다.
for a long time 오랫동안 **be born** 태어나다

32

A star _____ Audrey Hepburn does not appear often.

(a) suchlike
(b) be like
(c) like as
✔ (d) such as

번역 오드리 헵번과 같은 인기 배우는 자주 나오지 않는다.

해법 does not appear often은 '자주 나오지 않는다,' 즉 '흔하지 않다'는 뜻이다. 예를 들 때 많이 쓰는 '…와 같은'이란 표현인 (d) such as가 정답이다.
(a) suchlike은 명사로 '이러한 것, 등등'이란 뜻으로 gold, silver, and suchlike/ food, clothes, and suchlike처럼 쓰인다. 형용사인 경우에는 '이러한 종류의'라는 뜻으로 cotton, wool, and suchlike materials처럼 쓰인다.
star 스타, 인기 배우 **appear** 등장하다

33

The documentary film maker wanted to find out how many
leading roles _____ to handsome men.

(a) gave
(b) had given
✔ (c) were given
(d) do be given

번역 다큐멘터리 영화 제작자는 얼마나 많은 주연이 잘생긴 남자에게 주어졌는지 파악하고 싶었다.

해법 주어인 leading roles와 동사 give의 관계를 통해 수동인지 능동인지를 결정한다. give leading roles to handsome men에서 leading roles가 주어 자리로 간 것이므로 수동의 형태로 (c) were given이 정답이다.
documentary film 다큐멘터리 영화 **leading role** 주연

34

The TV Times comes out _____ than *the Daily Planet*.

(a) frequently
(b) more frequent
✔ (c) more frequently
(d) the most frequent

번역 〈TV 타임즈〉는 〈데일리 플래닛〉보다 더 자주 발간된다.

해법 comes out을 수식해야 하므로 부사인 frequently가 알맞다. than은 비교급 앞에 쓰이는 접속사이므로 부사 frequently의 비교급이 와야 한다. 따라서 (c) more frequently가 정답이다.
come out 나오다 **planet** 선각자; 중대 사건 **frequently** 자주

35

She was not only gifted as a clarinetist _____ she
was also brilliant at tennis.

(a) as
(b) and
✔ (c) but
(d) because

번역 그녀는 클라리넷 연주자로 재능이 있을 뿐만 아니라 테니스에도 재능이 뛰어나다.

해법 not only와 함께 쓰여 '~뿐만 아니라 …도'를 나타내는 표현은 but also이다. 여기서 also는 생략하여 쓰기도 하므로 (c)가 정답이다.
gifted 재능이 있는 **clarinetist** 클라리넷 연주자 **brilliant** 재능이 뛰어난

36

The student spent so much time out partying that
_____ she studies hard she will not pass the exam.

(a) if
✔ (b) even if
(c) whether
(d) although

번역 그녀는 파티에서 너무 많은 시간을 낭비했기 때문에 열심히 공부해도 시험을 통과할 수 없을 것이다.

해법 so ... that ... 은 '너무 ～해서 …하다'는 표현이다. she will not pass the exam이 주절에 해당하므로 '비록 …라고 할지라도'라는 뜻의 접속사인 (b) even if가 she studies hard절을 이끌어서 정답이다.
spend time -ing ～하는 데 시간을 소비하다 **party** 파티를 하다 **even if** (설사) ～이라고 할지라도 **whether** ～인지 아닌지 **although** ～에도 불구하고

37

The directors didn't want to be interrupted at _____
monthly meeting.

✔ (a) their
(b) those
(c) it
(d) theirs

번역 관리자들은 월례 회의에서 방해받고 싶지 않았다.

해법 The directors를 받는 소유대명사는 they인데 monthly meeting을 수식하는 말이 와야 하므로 소유격인 (a) their가 정답이다.
director 관리자, 중역 **interrupt** 방해하다 **monthly meeting** 월례 회의

38

Greg was _____ as a champion jockey but
unfortunately injury put a stop to his career.

✔ (a) once widely regarded
(b) once being widely regarded
(c) being widely regarded once
(d) regarded once widely being

번역 그렉은 우승 기수로 일찍이 널리 인정되었으나 불행히도 부상이 그의 이력을 끝장냈다.

해법 was에 이어지는 regarded 앞에 오는 부사의 순서에 관련된 문제이다. once는 '한 번'이라는 뜻이 아니라 '과거에, 일찍이'라는 뜻일 때는 보통 문장 앞이나 서술어인 동사 앞에 쓰인다. once가 먼저 오고 regarded 바로 앞에 widely가 위치해야 하므로 (a)가 정답이다.
champion 챔피언, 우승자 **jockey** 기수 **unfortunately** 불행히도 **injury** 부상 **put a stop to** …을 중지시키다, 끝내다 **career** 이력, 경력

39

The boss _____ right to get upset when people
turned in sloppy work.

(a) has
✔ (b) was
(c) is being
(d) will

번역 직원들이 엉망진창인 일을 제출했을 때 상사가 화를 낸 것은 옳았다.

해법 be right to+동사원형을 써서 '～하는 것이 옳다'는 표현이 되어야 알맞으므로 정답은 (b) was이다. (a) has가 답이 되려면 right는 명사가 되어 a나 the 같은 관사가 필요하므로 오답이다. 참고로, have the right to+동사원형은 '…할 권리가 있다'는 뜻이다.
boss 상사, 사장 **get upset** 화를 내다 **turn in** …을 제출하다 **sloppy** 엉망진창인

40

_____ their basements when the typhoon warning
sounded and so they waited.

(a) Only few dared to leave
(b) They dared to leave few
(c) Dared to leave a few
✔ (d) Few dared to leave

번역 태풍 경보가 울렸을 때 거의 누구도 지하실을 떠날 엄두를 내지 못해서 기다렸다.

해법 접속사 and so는 앞 문장이 원인임을 말해 주고 있다. 부정의 뜻으로 '거의 아무도 …못하다'가 되어야 한다. 따라서 (d)가 정답이다. dare to는 '감히 …하다'라는 뜻의 동사이다.
basement 지하실 **typhoon** 태풍 **warning** 경고 **sound** 울리다 **dare to+동사원형** 감히 …하다

41

(a) A Sales are down. We need to increase our customer base.

(b) B I agree, let's switch from newspapers to online advertising.

✔ (c) A Do you think that is better of advertising in the papers?

(d) B I think so. How many people read the papers these days?

번역 (a) A 판매가 줄었어요. 고객 기반을 증가시켜야 할 필요가 있어요.
(b) B 동감이에요. 신문에서 온라인 광고로 전환합시다.
(c) A 그게 신문 광고보다 더 나을 거라고 생각하세요?
(d) B 그렇게 생각해요. 요즘 얼마나 많은 사람들이 신문을 읽나요?

해법 (c) that은 앞에서 말한 online advertising이며 비교급 better가 나오고 있으므로 비교 대상인 advertising in the papers 앞에 of가 아니라 than이 들어가야 한다.
sales 판매량, 매출 **down** 내려, 떨어져 **increase** 증가시키다 **customer base** 고객 기반 **switch** 전환하다 **online advertising** 온라인 광고

정답 (c) better of → better than

42

(a) A Where do you think we should spend our vacation, Rich?

(b) B How about Thailand? Bangkok is a frenetic and exciting city.

(c) A I know but I've been working hard and I want some relaxation time.

✔ (d) B All right, how about we going to Bangkok to shop and Koh Samui to relax?

번역 (a) A 우리가 어디서 휴가를 보내야 한다고 생각해요, 리치?
(b) B 태국은 어떨까요? 방콕은 열정적이고 흥미진진한 도시예요.
(c) A 알아요, 하지만 전 일을 열심히 해서 휴식 시간을 원해요.
(d) B 알겠어요. 방콕에는 쇼핑을 하러 가고 코사무이에 가서 쉬는 게 어떨까요?

해법 (d)에서 about은 전치사이므로 명사나 동명사가 목적어로 와야 하고 동명사 going의 의미상 주어는 we이다. 동명사의 의미상 주어는 동명사가 목적어로 쓰이는 경우 주로 목적격 형태이고 소유격도 가능하다. 동명사가 주어인 경우에는 보통 소유격을 쓴다. 따라서 we는 us로 바꿔야 한다.
spend (시간 등을) 보내다 **vacation** 휴가 **frenetic** 열정적인 **relaxation** 휴식 **relax** 쉬다, 휴식을 취하다

정답 (d) we going → us going

43

(a) A Let's eat out. Is there a good Italian restaurant in town?

(b) B Well there is La Dolce Vita, it's expensive but the food is superb.

✔ (c) A If we should afford it we can go there. What do you think?

(d) B If we are careful with our mains and drinks it might be all right.

번역 (a) A 외식해요. 시내에 좋은 이탈리아 음식점이 있나요?
(b) B 음, 라 돌체 비타가 있어요. 비싸지만 음식은 최고예요.
(c) A 여유가 되면 거기로 가요. 당신 생각은 어때요?
(d) B 주요리와 음료를 주의해서 고르면 괜찮을 것 같아요.

해법 (c)에서 If 는 '…하다면'이란 뜻으로 조건절을 이끄는 접속사이다. '그것을 할 여유가 된다면'이라는 뜻이 되도록 should가 아니라 조동사 can이 와서 can afford가 되어야 한다. can afford 다음에는 명사 또는 to+동사원형이 와서 '…을 할 (경제적인) 여유가 되다'는 뜻으로 쓰인다.
eat out 외식하다 **expensive** 비싼 **superb** 최고의 **afford** ~할 여유가 있다 **main** 주요리, 메인 요리

정답 (c) should afford → can afford

44

✔ (a) A Hey, that car is mine you're towing.

(b) B Yeah, that's right. You're parked by the hydrant.

(c) A But how can I get my car back?

(d) B Come to Ace Towaways. It'll cost you $180.00.

번역 (a) A 이봐요, 당신이 견인해 가는 차는 제 차예요.
(b) B 네, 맞아요. 소화전 옆에 주차를 했잖아요.
(c) A 그런데 차를 어떻게 찾아올 수 있죠?
(d) B 에이스 강제 견인으로 오세요. 180달러가 들 거예요.

해법 관계대명사의 선행사로 I나 you(1인칭과 2인칭)는 아주 격식을 갖춘 표현이 아니면 쓰이지 않는다. 선행사가 3인칭이 되도록 (a)에서 that car is mine을 that's my car로 바꿔야 한다.
tow 견인하다, 끌다 **park** 주차하다 **hydrant** 소화전 **get back** 도로 찾다 **towaway** 강제 견인 **cost A B** A에게 B(비용이나 시간)가 들다

정답 (a) that car is mine → that's my car you're towing

45

(a) A Did you hear about subprime mortgages in the paper today?

(b) B You mean the article about England?

✔ (c) A Yes, one in six houses have negative equity. That's huge!

(d) B Just as well we paid a substantial deposit for this house!

번역 (a) A 오늘 신문에 난 서브프라임 모기지에 대해 들었어요?
(b) B 잉글랜드에 관한 기사 말이에요?
(c) A 네, 여섯 가구 중 한 가구가 담보물의 시장 가치 하락으로 인한 채무가 있대요. 엄청나지요!
(d) B 이 집에 충분한 보증금을 지불해서 다행이에요!

해법 수식어구가 있는 주어의 수 일치와 관련된 문제이다. (c)에서 in six houses는 수식어구이며 one이 주어이므로 동사는 have가 아니라 has가 되어야 알맞다. Just as well은 '…해서 다행이다'라는 표현이다.
subprime mortgage 비우량 주택 담보 대출 **paper** 신문 **article** 기사 **negative equity** 담보물의 시장 가치 하락으로 인한 채무 **substantial** 상당한, 많은 **deposit** 보증금

정답 (c) have → has

46

(a) The tiger is the largest animal in the family of cat species known as Panthera. (b) Tigers are beautiful animals whose images appear on flags and who are the national animal of several Asian countries. (c) They are adaptable animals and can be living, in cold Siberian taiga, in grasslands and in mangrove swamps. (d) Because they are hunted and their numbers are declining, tigers are in danger of extinction.

번역 (a) 호랑이는 판테라라고 알려진 고양이과에서 가장 큰 동물이다. (b) 호랑이는 그 이미지가 깃발에 나오고 몇몇 아시아 국가의 국가 동물이기도 한 아름다운 동물이다. (c) 그들은 적응력이 있는 동물이라서 추운 시베리아 침엽수림 지대와 초원 지대, 그리고 맹그로브 늪지에서도 살 수 있다. (d) 사냥돼서 그 수가 감소하고 있기 때문에 호랑이는 멸종 위기에 있다.

해법 (c) are adaptable animals라는 일반적인 진술과 어울리는 내용이 되려면 현재 시제를 써서 '살 수 있다'가 되어야 한다. 따라서 can be living을 can live로 바꿔야 일반적인 진술이 된다. can be living은 can be가 '…일지도 모른다'는 뜻이고 living은 '살아 있는'이라는 뜻이 돼 적절하지 않다.
species 종 **flag** 깃발 **national animal** 국가 동물, 국수 **adaptable** 적응력이 있는 **taiga** 타이가(시베리아 등지의 침엽수림대) **grassland** 초원 지대 **mangrove** 맹그로브 **swamp** 늪지 **extinction** 소멸, 멸종

정답 (c) can be living → can live

47

(a) The word "arthritis" comes from Greek "arthro (joint)" and "itis (inflammation)" and is a common and debilitating disease. (b) There are different varieties of arthritis: the most common one being osteoarthritis, a degenerative joint disease. (c) All arthritis ailments involve pain which will increase if the arthritis is not treated. (d) Arthritis can be controlled through change of diet and medications, but in some cases joint replacement surgery is to be needed.

번역 (a) 관절염이라는 단어는 그리스어 관절과 염증에서 왔으며 쇠약하게 만드는 흔한 질병이다. (b) 여러 다양한 관절염들이 있는데, 가장 흔한 것으로 퇴행성 관절 질환인 골관절염이 있다. (c) 모든 관절 질환은 관절이 치료되지 않으면 증가되는 고통을 수반한다. (d) 관절염은 식단 변경과 약물을 통해 통제될 수 있지만 몇몇 경우에는 관절 교체 수술이 필요하다.

해법 be to+동사원형은 조동사처럼 쓰이지만 특별하게 예정, 운명, 의무, 가능, 의지의 뜻에 해당될 때 쓰인다. 이에 해당하는 내용이 아니므로 (d)에서 is to be needed는 쓸 수 없다. 접속사 but으로 이어진 앞 절의 동사는 can be controlled이며 뒤 절의 동사는 will be needed가 되어야 한다.
arthritis 관절염 **joint** 관절 **inflammation** 염증 **debilitating** 쇠약하게 만드는 **osteoarthritis** 골관절염 **degenerative** 퇴행성의 **ailment** 질병 **diet** 식단 **medication** 약물 **replacement** 대체, 교체 **surgery** 수술

정답 (d) is to be needed → will be needed

48

(a) The Romantic poet Percy Bysshe Shelley once wrote a poem showing how the powerful have no influence after death. (b) In this poem, *Ozymandias*, Shelley tells of meeting a traveler who upon the ruins came of a statue in the desert. (c) This statue was of a powerful ruler from long ago, whom everyone was afraid of. (d) But now Ozymandias is a forgotten ruler because time has passed and nothing lasts forever.

번역 (a) 낭만파 시인인 퍼시 비쉬 셸리는 한때 권력자들이 죽은 후에는 아무 영향력이 없음을 보여주는 시를 썼다. (b) 이 시, 〈오지맨디아스〉에서 셸리는 사막에서 조각상의 잔해를 우연히 만나게 되는 여행자와의 만남에 대해 말하고 있다. (c) 이 상은 오래 전 막강한 지배자의 것이었는데, 모두가 그를 두려워했다. (d) 하지만 이제 오시맨니아스는 잊혀진 지배자인데 시간이 지나고 아무것도 영원히 지속되는 것은 없기 때문이다.

해법 (b)에서 선행사는 a traveler이고 관계대명사 who로 이어지는 절이므로 주격 관계대명사절이며 주어에 이어지는 동사가 와야 한다. 따라서 upon the ruins came이 아니라 came upon the ruins가 되어야 알맞다.
Romantic poet 낭만파 시인 **influence** 영향력 **come upon** …을 우연히 만나다 **ruin** 잔해, 폐허 **statue** 조각상 **be afraid of** …을 두려워하다 **forgotten** 잊혀진 **last** 지속되다

정답 (b) upon the ruins came → came upon the ruins

49

(a) Time standards based on the rotation of the earth are true solar time, sidereal time, Greenwich Mean Time and Universal Time. (b) Greenwich Mean Time or GMT has no longer the importance it has once before. (c) This is because the advent of atomic clocks has made time measurement more accurate. (d) An atomic based time scale, called Coordinated Universal Time, is now used instead.

번역 (a) 지구의 자전에 기반을 둔 시간 표준이 진정한 태양시, 항성시, 그리니치 표준시이며 만국 표준시이다. (b) 그리니치 표준시 또는 GMT가 과거에 가졌던 중요성은 더 이상 없다. (c) 이는 원자 시계의 등장이 시간 측정을 더욱 정확하게 만들었기 때문이다. (d) 협정 세계시라고 불리는 원자에 기반한 시간의 척도가 현재 대신 사용되고 있다.

해법 (b)에서 (that) it has once before는 the importance를 수식하는 절이다. once는 '일찍이, 한때'를 가리키므로 이전 시제를 나타내야 한다. 주절이 현재이므로 과거시제인 it had once before가 되어야 한다.

time standard 시간 표준 **rotation** 자전 **solar time** 태양시 **sidereal time** 항성시 **Greenwich Mean Time** 그리니치 표준시 **Universal Time** 만국시 **advent** 도래 **atomic** 원자의 **measurement** 측정 **accurate** 정확한 **scale** 척도 **Coordinated Universal Time** 협정 세계시(Universal Time Coordinated)

정답 (b) it has once before → it had once before

50

(a) Manhood rituals don't get much scarier than that of the Algonquin Indian Tribe in Quebec, Canada. (b) Boys are taken away from their homes and given wycossan, a hallucinogenic drug contains the deadly poison datura. (c) The idea is that the boys will forget all memories of their childhood. (d) If the initiation proves unsuccessful they have to go back and try it all again.

번역 (a) 성년식은 캐나다의 퀘벡에 있는 알곤킨 인디언 부족의 것보다 더 끔찍할 수는 없다. (b) 소년들은 집에서 멀리 보내지고 치명적인 독인 흰독말풀을 함유한 환각제인 와이코산을 받게 된다. (c) 소년들이 유년기의 기억을 모두 잊을 수 있을 것이라는 생각인 것이다. (d) 성년식이 성공적이지 못하게 되면 그들은 돌아가서 모두 다시 시도해야 한다.

해법 (b)에서 주어는 Boys이고 동사는 are taken away and given으로 완전한 문장이다. 그러므로 contains 이하는 a hallucinogenic drug을 수식하는 것이어야 하므로 contains를 containing으로 바꿔야 한다.

manhood 성년기 **ritual** 의식, 예식 **scary** 끔찍한 **tribe** 부족 **be taken away from** …에서 멀리 보내지다 **hallucinogenic drug** 환각제 **deadly** 치명적인 **poison** 독 **datura** 흰독말풀 **initiation** 성년식

정답 (b) contains → containing

1

A You look down in the dumps, Gil. What's wrong?
B Well, I got this very negative email _____ today.

(a) on account
✔ (b) out of the blue
(c) off the mark
(d) in the red

번역 A 침울해 보이는군요, 길. 무슨 문제 있어요?
B 음, 오늘 난데없이 아주 부정적인 이메일을 받았어요.

(a) 우선
(b) 난데없이
(c) 착수하여
(d) 빚지고

해법 down in the dumps는 '우울하여, 풀이 죽은'이라는 표현이다. 우울한 이유가 부정적인 이메일을 난데없이 받았다는 내용이 되어야 적절하므로 '난데없이, 갑자기'라는 뜻인 (b) out of the blue가 정답이다.
on account 우선 off the mark 착수하여 in the red 빚지고, 적자로

2

A Will you have time to come out for dinner this week?
B I can't. I'll be _____ until the weekend.

(a) run off
✔ (b) tied up
(c) filled in
(d) stood by

번역 A 이번 주 저녁에 외식할 시간 있나요?
B 안 돼요. 주말까지 아주 바빠요.

(a) 도망치다
(b) 바쁘다
(c) 대리를 하다
(d) 대기하다

해법 시간을 낼 수 없는 이유를 말하는 것이므로 '매우 바쁘다, 일에 묶여 꼼짝 못하다'는 표현인 〈사람 주어+be tied up〉이 알맞다. 따라서 정답은 (b) tied up이다. 전치사 with 다음에 구체적인 일을 쓰는 be tied up with라는 어구도 쓰인다.
run off 도망치다 fill in 대리하다, …을 메우다 stand by 대기하다

3

A Isn't it time you asked your boss for a raise?
B Yes, it is. I've been _____ for too long.

(a) rash
(b) sure
(c) queer
✔ (d) silent

번역 A 상사에게 임금 인상을 요청할 때가 되었지요?
B 네, 맞아요. 너무 오랫동안 조용히 있었어요.

(a) 경솔한
(b) 확실한
(c) 이상한
(d) 침묵하는

해법 It is time (that)은 '…할 때다'라는 표현이다. 가정법처럼 쓰여서 that절에 과거시제인 asked가 쓰인 것에 유의한다. 임금 인상을 요청하지 않고 조용히 있었다는 것이므로 (d) silent가 정답이다.
It is time (that) …할 때 raise 임금 인상 rash 경솔한 queer 이상한

4

A What do you think of the new history lecturer?
B He certainly knows his _____.

✔ (a) subject
(b) talk
(c) fancy
(d) watch

번역 A 새로 온 역사 강사 어떻게 생각해요?
B 그는 자신의 과목을 확실히 아는 사람이에요.

(a) 과목
(b) 담화
(c) 기호
(d) 경계

해법 역사 강사에 대한 평가, 의견을 말하는 내용이므로 자신의 과목에 대해 잘 안다는 내용이 적절하다. 따라서 정답은 (a) subject이다.
lecturer 강사 fancy 기호, 취향 watch 경계, 주의

5

A Should I phone Ron and tell him he's been fired?
B No, he'll _____ that soon enough.

(a) annoy
(b) concern
(c) observe
✔ (d) discover

번역 A 제가 론에게 전화해서 해고되었다고 말해야 하나요?
B 아니요, 그는 머지않아 알게 될 거예요.

(a) 괴롭히다
(b) 걱정하다
(c) 알아채다
(d) 알다

해법 that은 해고되었다는 사실을 가리키므로 '…을 알다, 깨닫다'에 해당하는 단어인 (d) discover가 정답이다. (c) observe는 '관찰을 통해 알아채다'는 뜻으로 눈에 보이는 대상과 관련되어 쓰인다.
fire 해고하다 soon enough 곧, 머지않아

6

A What do you think of Professor Lee's teaching methods?
B They are a bit old-fashioned but they are still _____.

(a) trenchant
(b) pliable
(c) operative
✔ (d) effective

번역 A 이 교수님의 교수법에 대해 어떻게 생각해요?
B 좀 구식이지만 그래도 효과적이에요.

(a) 신랄한
(b) 유연한
(c) 작용하는
(d) 효과적인

해법 but으로 이어져 구식이라는 단점에 상반되는 말이 되어야 하므로 효과가 있다는 (d) effective가 정답이다.
method 방법 **old-fashioned** 구식인 **trenchant** 신랄한 **pliable** 유연한 **operative** 작용하는

7

A Could you lend me $5.00? I left my wallet at home.
B No problem. You can _____ me tomorrow.

(a) reciprocate
(b) redress
✔ (c) reimburse
(d) remunerate

번역 A 저에게 5달러 빌려줄 수 있으세요? 지갑을 집에 두고 왔어요.
B 문제 없어요. 내일 갚으면 돼요.

(a) 보답하다
(b) 바로잡다
(c) 돈을 갚다
(d) 보답하다

해법 '돈을 갚다'는 뜻의 단어로 (c) reimburse가 정답이다. (a) reciprocate는 상대방이 해준 것에 대해 같은 것을 해준다는 뜻이고, (d) remunerate는 상대가 해준 일에 대해 금전적으로 보답한다는 뜻으로 쓰인다.
wallet 지갑 **reciprocate** 보답하다 **redress** 바로잡다 **remunerate** (노력·수고에) 보답하다, 보상하다

8

A The Reds are playing tonight. Do you want to go see them?
B I'd like that. When should we _____?

(a) form
(b) assume
✔ (c) meet
(d) collect

번역 A 레드 팀이 오늘 밤 경기를 할 거예요. 가서 볼래요?
B 좋아요. 언제 만날까요?

(a) 형성하다
(b) 가정하다
(c) 만나다
(d) 모으다

해법 스포츠 경기를 함께 보기 위해 언제 만날지 정하는 말이므로 (c) meet이 정답이다.
form 형성하다 **assume** 가정하다 **collect** 모으다

9

A Do you like to go fishing in the local river?
B Yes, but I don't have much _____ catching fish.

(a) goal
✔ (b) luck
(c) chance
(d) fever

번역 A 가까운 강으로 낚시 갈래요?
B 그래요, 하지만 난 고기를 잡는 운은 별로 없어요.

(a) 목표
(b) 행운
(c) 기회
(d) 열광

해법 have no luck (with) -ing/ don't have much luck (with) -ing는 '…하는데 운이 없다'는 표현이므로 정답은 (b) luck이다. (c) chance를 이용한 '가능성이 별로 없다'는 표현은 have little chance of -ing를 쓴다.
local 지방의, 인근의 **goal** 목표 **chance** 기회 **fever** 열광, 광적 대유행

10

A Did you see how well Craig stopped The Bears scoring?
B Yes, he really defended _____ today.

(a) basely
(b) loosely
✔ (c) skillfully
(d) righteously

번역 A 크레이그가 베어스 팀의 득점을 얼마나 잘 막았는지 봤죠?
B 네, 오늘 정말 능숙하게 방어했어요.

(a) 비열하게
(b) 느슨하게
(c) 능숙하게
(d) 공정하게

해법 상대팀의 득점을 잘 막았다는 표현으로 defend skillfully가 가장 알맞다. 따라서 how well과 같은 부사로 '능숙하게'라는 뜻인 (c) skillfully가 정답이다.
score 득점하다 **defend** 방어하다 **basely** 비열하게 **loosely** 느슨하게 **righteously** 공정하게

11

A Hey Linda, this designer bag is cheap. It's only $100.00.
B Don't be so _____. It's an imitation.

(a) credible
(b) astute
✔ (c) gullible
(d) leery

번역 A 있잖아요 린다. 이 디자이너 가방이 싸요. 겨우 100달러예요.
B 너무 속지 말아요. 그건 모조품이잖아요.

(a) 신용할 수 있는
(b) 눈치 빠른
(c) 잘 속는
(d) 의심 많은

해법 모조품을 못 알아보는 사람에게 하는 말이므로 '잘 속는'이라는 형용사인 (c) gullible이 정답이다. (b) astute와 (d) leery는 반대말이므로 알맞지 않다.
cheap 값이 싼 **imitation** 모조품 **credible** 신용할 수 있는 **astute** 눈치 빠른 **leery** 의심 많은, 약삭빠른

12

A Jane Smith's novel is so popular I can't buy it anywhere.
B Yeah, it's _____.

(a) let down
(b) run through
(c) gone off
✔ (d) sold out

번역 A 제인 스미스의 소설이 너무 인기가 좋아서 어디서도 살 수가 없어요.
B 맞아요. 품절이지요.

(a) 감소되다
(b) 다 써버리다
(c) 사라지다
(d) 품절되다

해법 살 수가 없다고 했으므로 '품절되다'에 해당하는 be sold out이라는 표현이 알맞으므로 정답은 (d)이다. (b) run through는 fortune이나 money를 목적어로 해서 '…을 다 써버리다'는 표현으로 쓰인다.
let down 감소하다 **run through** 다 써버리다 **go off** 사라지다

13

A What do you think of *The Penguin* by Rutland Bates Junior?
B It's boring. I found it quite _____.

(a) lofty
✔ (b) bland
(c) deserted
(d) soothing

번역 A 러틀랜드 베이츠 2세의 〈펭귄〉을 어떻게 생각해요?
B 지루해요. 아주 개성 없어요.

(a) 고상한
(b) 개성이 없는
(c) 버림받은
(d) 위로하는

해법 앞서 나온 지루하다는 말과 비슷한 표현이 되어야 하므로 '개성 없는, 재미없는'이라는 뜻으로 쓰이는 (b) bland가 정답이다. bland는 또한 말이나 태도가 온화하다는 뜻으로도 쓰인다.
boring 지루한 **lofty** 고상한 **deserted** 버림받은 **soothing** 위로하는

14

A Do you know if Eve is having a boy or a girl?
B I don't think she knows. But she is _____ for a girl.

(a) dicing
(b) looking
✔ (c) hoping
(d) piloting

번역 A 이브가 임신한 아기가 남자애인지 여자애인지 알아요?
B 그녀도 모를 거예요. 하지만 여자애를 바라고 있어요.

(a) 노름을 하다
(b) 찾다
(c) 바라다
(d) 조종하다

해법 산모가 여자애를 원한다는 내용이므로 장래에 바라는 일에 대한 표현인 hope for를 써야 한다. 진행형으로 be hoping for로 쓴 것에 유의한다. 따라서 정답은 (c) hoping이다.
dice (~을 걸고) 노름을 하다 **pilot** 조종하다, 조종하여 가다

15

A Excuse me, is it possible to go over there?
B I'm sorry, no, that area is _____.

✔ (a) restricted
(b) lenient
(c) accessible
(d) bridged

번역 A 실례합니다만, 저쪽으로 건너가도 될까요?
B 죄송하지만 안 됩니다. 제한구역입니다.

(a) 제한된
(b) 관대한
(c) 접근 가능한
(d) 연결된

해법 아무나 접근이 불가능한 곳이라는 뜻으로 쓸 수 있는 형용사는 (a) restricted 이다. '제한된, 한정된'이란 뜻이며 비슷한 단어는 limited이다. (c) accessible 은 '접근 가능한'의 뜻이므로 정반대 단어이다.
area 구역 **lenient** 관대한 **accessible** 접근 가능한 **bridged** 연결된

16

A   Hi Giles. How's the study going?
B   Not well, I've been _____.

(a) prolonging
(b) debilitating
(c) recessing
✔ (d) procrastinating

번역 A 안녕하세요, 자일스. 연구는 어떻게 되어 가고 있나요?
　　　 B 별로예요. 늑장을 부렸거든요.

(a) 연장하다
(b) 약화시키다
(c) 휴회하다
(d) 늑장을 부리다

해법 연구가 잘되어 가고 있지 않다고 했으므로 늑장을 부리고 있다는 말이 들어가야 한다. procrastinate는 '늑장을 부리다'라는 뜻이므로 진척이 잘되지 않고 있다는 말에 어울리는 단어이다. 따라서 정답은 (d) procrastinating이다.
prolong 연장하다 **debilitate** 약화시키다 **recess** 휴회하다, 휴정하다

17

A   I heard Jack designs houses for a living. Is that right?
B   Yes, he's a(n) _____.

(a) artificer
(b) plumber
✔ (c) architect
(d) crustacean

번역 A 잭이 집을 디자인하는 일을 한다고 들었어요. 맞나요?
　　　 B 네, 그는 건축가예요.

(a) 명공
(b) 배관공
(c) 건축가
(d) 갑각류 동물

해법 집이나 건축물을 디자인하는 일을 직업으로 하는 사람, 즉 건축가를 나타내는 단어인 (c) architect가 정답이다.
design 디자인하다, 설계하다 **for a living** 생계를 위해 **artificer** 명공; 고안자 **plumber** 배관공 **crustacean** 갑각류 동물

18

A   How can I get a subscription to the newspaper?
B   Phone up and ask for the _____ department.

✔ (a) circulation
(b) op-ed
(c) editorial
(d) classified

번역 A 신문을 구독하려면 어떻게 해야 하나요?
　　　 B 전화를 걸어서 유통 부서를 찾으세요.

(a) 유통
(b) 기명 논평 페이지
(c) 사설
(d) (구인) 광고가 있는

해법 subscription은 (잡지나 신문의) '구독'을 의미하는 단어이다. 구독 신청은 유통 부서가 담당하므로 (a) circulation이 정답이다.
subscription 구독 **phone up** 전화하다 **department** 부서 **op-ed** (신문의 사설 반대쪽 페이지) 기명 논평 페이지 **editorial** 사설 **classified** (구인) 광고가 있는

19

A   What's the information highway?
B   It's a popular phrase to _____ the Internet.

(a) access
✔ (b) describe
(c) formulate
(d) constitute

번역 A 정보 고속도로가 뭐예요?
　　　 B 인터넷을 묘사하는 유행어예요.

(a) 접근하다
(b) 묘사하다
(c) 명확히 말하다
(d) 구성하다

해법 popular phrase는 많이 쓰는 어구, 표현이라는 말이므로 빈칸에는 '(특징 등을) 묘사하다, 말로 설명하다'는 단어인 (b) describe가 들어가야 한다.
information highway 정보 고속도로 **phrase** 구, 어구 **access** 접근하다 **formulate** 명확히 말하다 **constitute** 구성하다

20

A   How will my dog be after the operation?
B   He should make a _____ recovery.

✔ (a) speedy
(b) tasty
(c) naughty
(d) hasty

번역 A 제 개가 수술 후에는 어떨까요?
　　　 B 빨리 회복될 거예요.

(a) 빠른
(b) 맛이 좋은
(c) 행실이 나쁜
(d) 서두르는

해법 수술 후에 빠르게 회복될 것이라는 내용이 되어야 적절하므로 '빠른'이라는 형용사 (a) speedy가 정답이다. (d) hasty는 '서두르는, 급한'이란 뜻이므로 알맞지 않다.
operation 수술 **recovery** 회복 **tasty** 맛이 좋은 **naughty** 행실이 나쁜 **hasty** 서두르는

21

A Is your knee getting worse?
B Yes, I might have to _____ surgery.

(a) exercise
(b) withstand
(c) sustain
✔ (d) undergo

번역 **번역** A 무릎이 더 안 좋아지고 있나요?
B 네, 수술을 받아야 할까 봐요.

(a) 운동하다
(b) 견디다
(c) 유지하다
(d) 받다

해법 상태가 악화되고 있다고 했으므로 수술을 '받다'라는 동사인 (d) undergo가
정답이다. 동사 undergo는 surgery 외에도 change, treatment, test 등과
함께 쓰이기도 한다.
knee 무릎 **surgery** 수술 **withstand** 견디다 **sustain** 유지하다

22

A Marcia, did you go ahead with that business opportunity?
B No, I'm afraid not. It _____.

(a) ran out
(b) stood up
(c) went off
✔ (d) fell through

번역 A 마시아 씨, 그 사업 기회를 추진했어요?
B 아니요, 유감스럽게도 하지 못했어요. 실패로 끝났지요.

(a) 바닥이 나다
(b) 오래 가다
(c) 진행되다
(d) 실패하다

해법 I'm afraid not의 응답으로 볼 때 go ahead with와 상반되는 내용이 되어야
하므로 '실패했다'는 뜻인 (d) fell through가 정답이다.
go ahead with …을 추진하다 **opportunity** 기회 **run out** 바닥이 나다
stand up 오래 가다, 버티다 **go off** 진행되다

23

A This hotel sounds good and it's only $50.00 a night.
B Yes, it has a good location with all necessary
_____.

✔ (a) amenities
(b) incidentals
(c) formalities
(d) characters

번역 A 이 호텔은 좋아 보이고 1박에 50달러밖에 하지 않아요.
B 네, 필요한 모든 편의 시설을 갖추고 있고 좋은 위치에 있어요.

(a) 편의 시설
(b) 잡비
(c) 정규 절차
(d) 특성

해법 호텔과 관련된 용어이다. 호텔의 위치가 좋다는 말은 good location, 편의
시설은 (a) amenities라는 복수형을 사용한다.
location 위치, 장소 **amenities** 편의 시설 **incidentals** 잡비, 임시비
formality 정규 절차

24

A Doctor, I've had a migraine for three days. My head hurts so much.
B Try these pills. They should _____ the pain.

(a) slither
✔ (b) relieve
(c) migrate
(d) complement

번역 A 선생님, 제가 3일 동안 편두통이 있어요. 머리가 많이 아파요.
B 이 알약을 먹어 보세요. 통증을 완화해 줄 거예요.

(a) 미끄러지게 하다
(b) 완화하다
(c) 이주하다
(d) 보완하다

해법 편두통 약을 처방하는 내용이다. '(통증을) 줄이다'는 표현으로 (b) relieve를
쓰며, pain 이외에도 stress, tension, pressure 등과 함께 쓰인다.
migraine 편두통 **pill** 알약 **pain** 통증 **slither** 미끄러지게 하다 **migrate**
이주하다 **complement** 보완하다

25

A Sir, here is your bill. We hope your stay was a pleasant one.
B Oh, this bill is incorrect. Someone has made a(n)
_____.

(a) fault
✔ (b) error
(c) grudge
(d) misuse

번역 A 손님, 여기 계산서입니다. 즐겁게 지내셨기를 바랍니다.
B 아, 계산서가 틀렸네요. 누군가 실수를 했군요.

(a) 잘못
(b) 실수
(c) 원한
(d) 오용

해법 계산서가 잘못되었다는 말에 이어지므로 실수를 했다는 내용이 되어야 한다.
make an error가 알맞은 표현이므로 정답은 (b)이다. (a) fault도 '과실, 잘못'
이라는 뜻이 있지만 make와 함께 어구를 이루어 쓰이지는 않는다.
bill 계산서 **stay** 체류 **fault** 과실 **grudge** 원한 **misuse** 오용

26

In Bach's *Double Concerto* for Violin Yehudi Menuhin and
David Oistrakh _____ each other beautifully.

(a) chaperone
(b) conduct
✔ (c) accompany
(d) escort

번역 바흐의 바이올린을 위한 〈이중 협주곡〉에서 예후디 메뉴인과 데이비드 오이스
트라흐가 함께 아름답게 협주한다.

(a) 인솔자 역할을 하다
(b) 지휘하다
(c) 반주하다
(d) 호위하다

해법 바흐의 곡을 두 연주자가 협연한 것이므로 '반주하다'에 해당하는 단어인
(c) accompany가 정답이다.

concerto 협주곡   **chaperone** (청소년 그룹의) 인솔자 역할을 하다   **conduct**
지휘하다   **accompany** 반주하다   **escort** 호위하다

27

As a king of Wessex, Alfred was an able _____ and
ruled his people well, but was not superior to King Edward
the Elder.

(a) pillar
(b) legume
(c) regicide
✔ (d) monarch

번역 웨섹스 왕으로서 앨프레드는 능력 있는 군주였고 백성들을 잘 이끌었으나, 선
대왕 에드워드보다 뛰어나지는 못 했다.

(a) 기둥
(b) 콩류
(c) 국왕 시해
(d) 군주

해법 앨프레드 왕과 에드워드 왕을 군주로서 비교하고 있는 내용이다. 따라서 '왕'과
같은 단어인 '군주'라는 (d) monarch가 정답이다.

able 능력 있는   **rule** 지배하다   **superior to** …보다 우월하다   **pillar** 기둥
legume 콩류   **regicide** 국왕 시해

28

Frank Sinatra was a popular singer and actor who had a
_____ charm.

(a) threadbare
✔ (b) captivating
(c) unctuous
(d) hysterical

번역 프랭크 시내트라는 매혹적인 매력을 가진 유명한 가수이자 배우였다.

(a) 빈약한
(b) 매혹적인
(c) 번지르르한
(d) 신경질적인

해법 앞에 나오는 popular와 연관되어 charm 앞에 올 형용사로 (b) captivating
이 정답이다. (c) unctuous는 '(말이나 행동이) 번지르르한, 살살 녹이는'이란
뜻인데, 부정적인 의미가 포함되어 있어서 오답이다.

charm 매력   **threadbare** 빈약한   **unctuous** 번지르르한   **hysterical**
신경질적인

29

The appliance shop ran out of its cheap $200 refrigerators
because too many customers _____ to buy them.

(a) sped by
✔ (b) turned up
(c) drove by
(d) filled up

번역 가전제품 매장에서 저렴한 200달러짜리 냉장고는 너무 많은 고객들이 사려고
나타나서 다 팔렸다.

(a) 빨리 지나가다
(b) 나타나다
(c) 차를 몰고 가다
(d) 채우다

해법 run out of는 '바닥나다, 재고가 없다'는 뜻이므로 빈칸에는 '나타나다'는
뜻인 turned up이 들어가야 한다. 따라서 정답은 (b)이다.

appliance shop 가전제품 매장   **run out of** 바닥나다   **refrigerator** 냉장고
speed by 빨리 지나가다   **drive by** …에 차를 몰고 가다   **fill up** 채우다

30

The general public is now being _____ of the dangers
of anorexia in the modeling world.

(a) patterned
✔ (b) informed
(c) multiplied
(d) filtered

번역 일반 대중은 이제 모델 세계의 거식증의 위험을 알게 되었다.

(a) 만들다
(b) 알리다
(c) 증가시키다
(d) 새어 나가다

해법 일반 대중이 그 위험성을 알게 되었다는 내용이므로 '…을 알게 되다'는 표현인
be informed of가 가장 알맞다. inform A of B는 'A에게 B를 알리다'라는
뜻이고 수동형을 써서 정답은 (b) informed이다.

general public 일반 대중   **anorexia** 거식증   **pattern** (본을 따라) 만들다
multiply 증가시키다   **filter** (소문 따위가) 새어 나가다

31

With inflation running out of control Vera had to return to work to _____ her income.

✔ (a) augment
(b) amplify
(c) swell
(d) ratify

Actual Test 3

번역 인플레이션이 통제할 수 없게 되어 베라는 수입을 증대시키기 위해 복직해야만 했다.

(a) 증가시키다
(b) 확대하다
(c) 부풀리다
(d) 승인하다

해법 인플레이션이 심해져서 수입을 증대시키기 위해 일을 다시 시작했다는 것이므로 '증가시키다'는 의미인 (a) augment가 정답이다. (b) amplify는 강도나 세기를 '강화하다', 장소를 '확대하다' 등으로 쓰이므로 부적절하다.
run out of control 통제를 벗어나다 **income** 수입 **amplify** 확대하다 **swell** 부풀리다 **ratify** 승인하다

32

Famous travel writers are very good at _____ what it is like in a foreign place.

(a) hashing
✔ (b) evoking
(c) stalking
(d) papering

번역 유명한 여행 작가들은 외국에 있는 것이 어떠한지 재현을 아주 잘한다.

(a) 망치다
(b) (감정·기억을) 일깨우다
(c) 몰래 접근하다
(d) 종이에 쓰다

해법 what it is like in a foreign place는 '낯선 곳에 있는 것이 어떠한지'라는 의미이므로 evoke를 써서 그런 감정이나 기억을 일깨우는 데 능력이 있다는 내용이 되어야 알맞다. 따라서 정답은 (b) evoking이다.
famous 유명한 **foreign** 외국의 **hash** 망치다 **stalk** 몰래 접근하다 **paper** 종이에 쓰다

33

The Plastron car seat is firm and upright yet malleable, allowing it to adjust to your body's _____.

(a) edges
(b) outlines
✔ (c) contours
(d) alterations

번역 플래스트런 차량 시트는 견고하고 꼿꼿하면서도 유연해서 몸의 윤곽에 맞게 조정될 수 있다.

(a) 모서리
(b) 외형선
(c) 윤곽
(d) 변경

해법 의자가 신체의 윤곽에 잘 맞도록 유연하게 조정이 된다는 내용이므로 정답은 (c) contours이다. outline은 '외형선'을 의미하므로 신체의 윤곽에는 적절하지 않다.
firm 견고한 **upright** 꼿꼿한 **malleable** 유연한 **adjust to** …에 맞게 조정하다 **edge** 모서리 **outline** 외형선 **contour** 윤곽 **alteration** 변경

34

The tennis star _____ for divorce when she saw her husband with another woman.

(a) prayed
(b) turned
(c) moved
✔ (d) filed

번역 테니스 선수는 자신의 남편이 다른 여자와 만나는 것을 보고 이혼 소송을 제기했다.

(a) 기도하다
(b) 돌아서다
(c) 이동하다
(d) 소송을 제기하다

해법 '이혼 소송을 제기하다'는 표현은 file for divorce이므로 정답은 (d) filed이다. 그 외에도 sue, petition 등의 동사를 쓸 수 있다.
file for divorce 이혼 소송을 제기하다 **pray** 기도하다

35

The process of _____ turns grape juice into wine.

(a) regimentation
(b) privation
(c) seclusion
✔ (d) fermentation

번역 발효 과정은 포도즙을 포도주로 바꾼다.

(a) 결합
(b) 몰수
(c) 격리
(d) 발효

해법 즙이 발효되어 술이 되는 것이므로 '발효'를 의미하는 (d) fermentation이 정답이다.
process 과정 **juice** 즙 **regimentation** 결합 **privation** 몰수 **seclusion** 격리

36

Solar batteries use the heat of the sun to _____ electrical appliances.

(a) fill
(b) load
(c) nudge
✔ (d) power

번역 태양 전지는 전자 제품에 동력을 공급하는 데 태양열을 이용한다.

(a) 채우다
(b) 채워 넣다
(c) 조금씩 움직이다
(d) 동력을 공급하다

해법 태양 전지는 태양열을 이용하여 전자 제품을 움직이게 하는 것이므로 '동력을 공급하다'라는 뜻인 (d) power가 정답이다.
solar battery 태양 전지 **heat** 열 **electrical appliance** 전자 제품 **load** 채워 넣다 **nudge** 조금씩 움직이다

37

The construction crew set about _____ the old building.

(a) divesting
(b) dislocating
(c) diverting
✔ (d) dismantling

번역 공사 인부들은 오래된 건물을 분해하는 작업에 착수했다.

(a) 벗기다
(b) 위치를 바꾸다
(c) 전환하다
(d) 철거하다

해법 set about은 '…에 착수하다'라는 표현이고, 건물을 '철거하다'는 의미인 (d) dismantling이 정답이다.
construction 공사 **crew** 인부 **set about** …에 착수하다, 시작하다 **divest** 벗기다 **dislocate** 위치를 바꾸다 **divert** 전환하다

38

Language learners can often read and listen well, but are short of the speaking skills needed for _____ with native speakers.

(a) acculturation
✔ (b) interaction
(c) confusion
(d) absorption

번역 언어 학습자들은 종종 읽고 듣는 것은 잘하지만, 원어민과 상호 작용하는 데 필요한 말하기 기술이 부족하다.

(a) 문화 변용
(b) 상호 작용
(c) 혼돈
(d) 흡수

해법 언어 학습에서 원어민과 의사 소통하고 상호 작용하는 말하기 능력을 가리키는 것이다. 따라서 '상호 작용'을 의미하는 단어인 (b) interaction이 정답이다.
be short of …이 부족하다 **native speaker** 원어민 **acculturation** 문화 변용 **confusion** 혼돈 **absorption** 흡수

39

As you age it becomes more important to _____ your blood pressure.

(a) supervise
✔ (b) monitor
(c) visit
(d) overlook

번역 나이가 들수록 혈압을 관리하는 것이 더욱 중요해진다.

(a) 감독하다
(b) 관리하다
(c) 방문하다
(d) 무시하다

해법 혈압을 신경 써서 관리해야 한다는 내용이므로 (b) monitor가 정답이다.
(a) supervise는 일이나 사람을 감독하고 관리할 때 쓰는 말이므로 오답이다.
age 나이를 먹다, 늙다 **blood pressure** 혈압 **supervise** 감독하다 **overlook** 무시하다

40

Rousseau in his book, *The Social Contract*, believed that people in civilized society make a contract with each other to _____ individual rights.

(a) subdue
(b) plaster
(c) beguile
✔ (d) respect

번역 루소는 그의 책 〈사회 계약설〉에서 문명 사회에 있는 사람들은 개인의 권리를 존중하기 위해 서로 계약을 맺는다고 생각했다.

(a) 정복하다
(b) 완패시키다
(c) 속이다
(d) 존중하다

해법 개인의 권리를 존중하기 위해 사회적인 계약을 맺는다는 것이 루소의 사회 계약설의 요지이다. 그러므로 정답은 (d) respect이다.
contract 계약 **civilized society** 문명 사회 **individual** 개인의 **subdue** 정복하다 **plaster** 완패시키다 **beguile** 속이다

41

It is well known that China is pursuing space _____.

(a) penetration
(b) examination
(c) explanation
✔ (d) exploration

번역 중국이 우주 탐사를 추구하고 있다는 것은 잘 알려져 있다.

(a) 침투
(b) 검사
(c) 설명
(d) 탐험

해법 우주 탐사 사업을 진척시키고 있다는 내용이 되어야 적절하다. (d) exploration 은 '탐사, 탐험'이라는 뜻이므로 정답이다.
pursue 추구하다, 수행하다 **space** 우주 **penetration** 침투 **explanation** 설명

42

Germany's invasion of Poland in 1939 was an aggressive act against a _____ state.

(a) benighted
✔ (b) sovereign
(c) anachronistic
(d) myopic

번역 1939년 독일의 폴란드 침공은 독립 국가에 대한 공격적인 행위였다.

(a) 미개의
(b) 독립의
(c) 시대 착오의
(d) 근시안적인

해법 독일 침략을 규정하는 말이 되어야 하므로 독립국에 대한 공격 행위였다는 표현이 적절하다. (b) sovereign은 명사와 형용사의 형태가 같고 '독립의, 자주의'라는 뜻으로 쓰이므로 정답이다.
invasion 침략 **aggressive** 공격적인 **benighted** 미개의 **anachronistic** 시대 착오의 **myopic** 근시안적인

43

The drug company faced the _____ of the Food and Drug Board when one of its drugs was found to be unsafe.

(a) transience
(b) posterior
✔ (c) censure
(d) splice

번역 그 제약 회사는 자사의 약 중 하나가 안전하지 않다고 판명되어서 식약청의 견책을 받게 되었다.

(a) 일시적임
(b) 둔부
(c) 견책
(d) 접착

해법 약품의 안전성에 문제가 있다는 것이 판명되었으므로 '견책, 비난'을 뜻하는 (c) censure가 정답이다. 동사 face는 '…을 직면하다'는 뜻으로 쓰였다.
face 직면하다 **Food and Drug Board** 식약청 **transience** 일시적임 **posterior** 둔부; 뒤쪽의 **splice** 접합

44

Using the wrong words can be _____ to diplomatic relationships.

(a) noxious
(b) adjacent
✔ (c) injurious
(d) cogent

번역 잘못된 단어를 사용하는 것은 외교 관계에 해로울 수 있다.

(a) 유독한
(b) 인접한
(c) 해로운
(d) 설득력 있는

해법 injurious to는 '…에 해로운, 유해한'이라는 의미이다. 잘못된 단어를 쓰면 외교 관계에 해롭다는 내용이 되어야 하므로 (c) injurious가 정답이다. (a) noxious 는 물질이 해롭거나 유독하다고 할 때 쓰는 단어이다.
diplomatic relationships 외교 관계 **noxious** 유독한 **adjacent** 인접한 **cogent** 설득력 있는

45

We need to monitor technology to _____ that we are controlling it rather than it is controlling us.

(a) preside
(b) satiate
(c) testify
✔ (d) ensure

번역 기술이 우리를 통제하기보다는 우리가 기술을 통제하도록 기술을 관리할 필요가 있다.

(a) 사회를 맡다
(b) 충분히 만족시키다
(c) 증명하다
(d) 확실하게 하다

해법 that절을 목적어로 하고 '…을 확실하게 하다, 보증하다'라는 뜻의 단어인 (d) ensure가 정답이다. 비슷한 표현으로 make sure (that)이 있다.
monitor 관리하다 **rather than** …라기보다는 **preside** 사회를 맡다 **satiate** 충분히 만족시키다 **testify** 증명하다

46

The Dalai Lama _____ opinion because he is loved by many the world over but is vilified by the Chinese government.

(a) alienates
(b) subdues
✔ (c) polarizes
(d) apportions

번역 달라이 라마는 전세계적으로 많은 사람들에게 사랑을 받지만 중국 정부로부터 비난을 받고 있으므로 의견을 양분화시킨다.

(a) 고립시키다
(b) 복종하다
(c) 양분화시키다
(d) 배분하다

해법 because 다음에 상반되는 의견이 나오므로 '양분화시키다'인 (c) polarizes가 정답이다. A polarize opinion은 'A에 대해 상반된 의견이 있다'는 표현으로 쓰였다.

vilify 비방하다 **alienate** 고립시키다 **subdue** 복종시키다 **apportion** 배분하다

47

Authorities have found that burning trash _____ to environmental pollution.

(a) supplies
(b) acts
(c) results
✔ (d) contributes

번역 관련 당국은 쓰레기를 소각하는 것이 환경 오염의 원인이라는 것을 발견했다.

(a) 공급하다
(b) 작용하다
(c) 결과가 되다
(d) …의 원인이 되다

해법 전치사 to를 동반하여 '…의 원인이 되다, …의 도움이 되다'는 뜻으로 쓰일 수 있는 정답은 (d) contributes이다. '…의 결과를 초래하다'가 되려면 (c) results 다음에 in이 와야 한다.

authorities 관계 당국 **trash** 쓰레기 **environmental pollution** 환경 오염 **supply** 공급하다

48

Software makers now try to make products which have the widest possible _____.

✔ (a) application
(b) perversion
(c) protraction
(d) attention

번역 소프트웨어 제작자는 가능한 폭넓은 응용 가능한 제품을 만들기 위해 노력하고 있다.

(a) 응용
(b) 남용
(c) 연장
(d) 관심

해법 컴퓨터 소프트웨어가 다양한 용도로 쓰일 수 있게 응용성을 강화한 제품이라고 할 때, (a) application을 쓰므로 정답이다.

perversion 남용, 오용 **protraction** 연장, 늘림 **attention** 관심, 주목

49

Corruption in some societies is so rife that a(n) _____, as long as it doesn't hurt anyone, is often overlooked.

(a) acrimony
✔ (b) misdemeanor
(c) platitude
(d) malignancy

번역 일부 사회의 부패는 아주 만연해서 누군가에게 피해를 주지 않으면 경범죄는 종종 묵인되었다.

(a) 신랄함
(b) 경범죄
(c) 상투어
(d) 악의

해법 so ... that은 '너무 ~해서 …하다'는 표현이고 rife는 '만연한'이라는 뜻이다. 부패가 만연해서 경범죄는 묵인된다는 내용이므로 정답은 (b) misdemeanor 이다.

corruption 부패 **rife** 만연한 **overlook** 간과하다, 무시하다 **acrimony** 신랄함 **platitude** 상투어 **malignancy** 악의

50

Further _____ into genetics could lead to new antibiotics.

(a) gratitude
(b) sympathy
✔ (c) research
(d) motion

번역 유전학의 심층 연구는 새로운 항생 물질학으로 이어질 수 있다.

(a) 감사
(b) 동정
(c) 연구
(d) 운동

해법 유전학이라는 학문에서 항생 물질학이라는 다른 학문으로 이어지는 것이므로 '연구, 탐구'를 뜻하는 (c) research가 정답이다. further research는 '추가적인 연구, 심층적인 연구'를 의미한다.

further 심층적인 **genetics** 유전학 **lead to** …에 이르다 **antibiotics** 항생 물질학

1 The psychological disorder known as fugue state is characterized by a temporary loss of memories, personality, and other characteristics of a person's identity. This type of amnesia is often accompanied by unplanned travels or wandering. Unlike other forms of amnesia, the fugue state is not an effect of drugs or other substances, nor is it the result of trauma to the brain. The condition usually lasts hours or days, but can sometimes go on for months or even longer. Thankfully, it is reversible, with a full recovery of memories afterward. However, _____.

(a) the patient may still feel that is possible
✔ (b) there will be no memories from the fugue state
(c) a person's family may notice some memory loss
(d) psychologists have not studied all of those people

번역 둔주 상태라고 알려진 정신 장애는 일시적으로 기억과 성격, 그 사람의 정체성의 다른 특징들을 상실하는 것이 특징이다. 이런 종류의 기억 상실은 종종 계획에 없는 여행이나 방황을 동반한다. 다른 형태의 기억 상실과는 다르게 둔주 상태는 약물이나 다른 물질의 영향이 아니며 뇌에 미친 외상의 결과도 아니다. 상태가 보통은 몇 시간 또는 며칠간 지속되지만 때로는 몇 달이나 그 이상 계속될 수도 있다. 다행히도 이는 그 이후에 기억을 완벽하게 회복하면서 원 상태로 되돌아 올 수 있다. 그러나 둔주 상태일 때의 기억은 없어진다.

(a) 환자는 여전히 그것이 가능하다고 느낄지도 모른다
(b) 둔주 상태일 때의 기억은 없어진다
(c) 그 사람의 가족이 약간의 기억 상실을 눈치채게 될지도 모른다.
(d) 심리학자들이 그러한 모든 사람들을 연구하지는 않았다.

해법 역접의 접속사 However로 연결되는 문장이다. 완전하게 이전 상태로 돌아갈 수 있다는 내용인 reversible, with a full recovery of memories afterward의 부분과 반대가 될 수 있는 것은 기억이 다 회복되지만 둔주 상태에서의 기억은 없어진다는 내용이다. 따라서 (b)가 정답이다.
psychological 심리적인　disorder 장애　fugue 둔주곡　be characterized by …의 특징이 있다　temporary 일시적인　loss 상실　amnesia 기억 상실　be accompanied by …을 동반하다　wandering 방황　substance 물질　trauma 정신적 외상　reversible 되돌릴 수 있는　afterward 이후에

2 *Citizen Kane*, a film by 20th century actor, writer, producer and director, Orson Welles, _____. Generally regarded as the greatest film of all time, it follows the life of Charles Foster Kane—portrayed by Welles—from his youth, through his rise to fortune in the newspaper business, until his ultimate death as a fabulously wealthy and reclusive newspaper tycoon. The story is told through a series of flashbacks, each giving glimpses into the meaning of his last word: "Rosebud."

(a) shows poverty in 1920s America
✔ (b) charts the life of a wealthy magnate
(c) is based entirely on Welles' background
(d) was not as successful as Welles had hoped

번역 20세기 배우이자 작가, 제작자, 감독이었던 오손 웰스의 영화 〈시민 케인〉은 부유한 거물의 생애를 기록하고 있다. 일반적으로 역사상 가장 훌륭한 영화로 여겨지는 이 영화는 웰스가 역을 맡은 찰스 포스터 케인의 일생을 유년기부터 출세를 거쳐 신문 사업에서 부에 이르기까지, 그리고 엄청나게 부유하고 외로운 신문업계의 거물로서 최종적인 죽음에 이르기까지 다룬다. 이야기는 일련의 회상을 통해 진술되는데 각각은 그의 유언인 '장미꽃 봉오리'의 의미를 잠깐씩 비춰준다.

(a) 1920년대 미국의 가난을 보여준다
(b) 부유한 거물의 생애를 기록하고 있다
(c) 전체적으로 웰스의 배경에 기반을 두고 있다
(d) 웰스가 바란 만큼 성공하지는 않았다

해법 도입문이므로 글 전체의 내용을 요약해야 한다. 영화의 개략적인 줄거리와 구성에 대한 글이므로 영화 〈시민 케인〉은 신문업계의 거물인 한 인물의 일생을 그려낸다는 (b)의 요약이 정답이다.
regard as …로 간주되다　portray (배우가) 역을 맡다　rise 출세, 성공　fortune 부, 유산　ultimate 궁극적인, 최종적인　fabulously 엄청나게, 믿을 수 없게　reclusive 외로운　tycoon 실업계의 거물　flashback 회상　glimpse 흘끗 봄, 일견　last word 유언　rosebud 장미꽃 봉오리　magnate 거물　be based on …에 바탕을 두다　entirely 완전히

3 Letter to the Editor,
I was saddened to find in last week's issue that one of your journalists thinks all Americans are against immigration. Many people don't realize that immigration boosts the economy by providing workers for low-paying jobs that most Americans wouldn't work anyways! This low-cost workforce allows companies to expand and open new branches which provide new jobs for Americans. And let's not forget that these immigrants are buying things from our shops, stores, and markets when they are not working. Please remind your journalist that _____.

✔ (a) there is another side to the immigration debate
(b) immigrants can be just as close-minded
(c) immigrants purchase newspapers, too
(d) people are not interested in opinions

번역 편집자님께 드리는 편지
지난 주 호에서 모든 미국인은 이민에 반대하고 있다는 귀사 기자 중 한 사람의 생각에 우울해졌습니다. 이민이 대부분의 미국인들이 되도록 하지 않으려고 하는 저임금 직종에 인력을 제공함으로써 경기를 부양시킨다는 것을 많은 사람들이 깨닫지 못합니다! 이 저비용 노동력들은 회사를 확장시키며 미국인들을 위한 새로운 일자리를 제공하는 새로운 분점을 열게 합니다. 그리고 이들 이민자들이 일을 하지 않을 때는 우리의 가게와 상점, 시장에서 물건을 산다는 것을 잊지 맙시다. 귀사의 기자에게 이민 논쟁에는 다른 측면이 있다는 것을 상기시켜 주시길 바랍니다.

(a) 이민 논쟁에는 다른 측면이 있다
(b) 이민자들은 마음을 닫고 있을 수도 있다
(c) 이민자들은 신문 역시 구매한다
(d) 사람들은 의견에 관심이 없다

해법 이민자들이 자국 경제에 미치는 긍정적인 영향을 들어 기자의 의견에 반박하는 내용의 글이다. 이민에 대해 반대하지 말아야 할 이유를 자국의 이익을 들어 설명하므로 (b)나 (c)는 답이 될 수 없고, 이민 논쟁의 이면을 지적하는 (a)가 정답이다.
be saddened 우울해지다　issue 발행 호　boost …의 경기를 부양하다　low-paying 저임금의　workforce 노동력　branch 지점, 사업 확장

4 Homelessness is a growing problem in the United States _____. Since 2002, researchers have noticed an increase in the number of families with children becoming homeless. This poses new problems for the agencies who are working in the fight to help the homeless. Homeless children require additional care and resources, and they are in danger of long-term effects if the situation is not remedied quickly. Unlike homeless adults, children who are raised in chronically homeless conditions will find it more difficult to transition into a normal adult life.

(a) yet families are staying together longer
✔ (b) with a new crisis emerging recently
(c) because of more adults losing jobs
(d) but actions must be being taken

번역 노숙자는 미국에서 최근 나타난 새로운 위기와 함께 증가하는 문제이다. 2002년 이후로 연구자들은 아이들이 있는 가정이 집을 잃게 되는 수가 증가하고 있음을 주목했다. 이것은 노숙자들을 돕기 위한 투쟁을 위해 일하는 기관들에게 새로운 문제를 일으킨다. 노숙자의 아이들은 부가적인 보호와 방책들이 필요하며 상황이 빠르게 구제되지 않으면 장기간 영향을 받을 위험이 있다. 성인 노숙자와 달리, 만성적인 노숙 환경에서 자란 아이들은 정상적인 성인의 삶을 살아가는 데 더욱 어려움을 겪는다.

(a) 그러나 가족들은 더 오랫동안 함께 지내고 있다
(b) 최근 나타난 새로운 위기와 함께
(c) 더 많은 성인들이 직장을 잃기 때문에
(d) 그러나 행동은 취해져야 한다

해법 전체 내용을 소개하는 도입문을 고르는 문제이다. 최근 나타나고 있는 문제점이라는 측면을 강조하는 내용이 전반부의 Since 2002 문장과 그 다음 문장임에 주목한다. 새로운 위기 상황인 문제임을 지적하는 (b)가 정답이고 실직에 대한 내용은 없으므로 (c)는 답이 될 수 없다.

homelessness 노숙자임   pose (위험성을) 지니다, 어려운 상황을 일으키다   agency (정부) 기관   additional 부가적인, 추가의   resource (대처하는) 수단, 방책   long-term 장기간의   remedy 치유하다   chronically 만성적으로   transition 이행, 변천   crisis 위기   emerge 발생하다

---

5 Poland is a vast country with many beautiful natural areas. Officials in that country have striven over the last hundred years to do more to preserve their beautiful landscapes. Starting in 1918 with just 39 nature reserves, Poland has grown to include 1,407 reserves of various sizes from 0.5 to 5,000 hectares. These reserves are mostly in the southern mountainous region and include many hiking trails which pass some of Earth's most breathtaking vistas. As these efforts show, Poland _____.

(a) is a world leader in landscape gardening
(b) shows us the way to a sustainable mining
✔ (c) exemplifies good management of its resources
(d) is doing its part to stop greenhouse gas emissions

번역 폴란드는 많은 아름다운 자연 지역을 가진 광대한 나라이다. 그 나라의 공무원들은 아름다운 경치들을 보존하기 위해 지난 수백 년 동안 더욱 많은 일들을 하기 위해 노력해왔다. 1918년 단 39개의 지정 보호지역으로 시작하여, 폴란드는 0.5에서 5천 헥타르에 이르는 다양한 크기의 1,407개 지정 보호지역을 포함하는 성장을 이루었다. 이들 지정 보호지역은 대부분 남부 산간 지역에 있고 지구의 가장 절경인 곳을 지나가는 여러 하이킹 길을 포함한다. 이러한 노력들에서 볼 수 있듯이 폴란드는 자원을 잘 관리한 전형적인 예가 된다.

(a) 조경술에서 세계 일류이다
(b) 지속 가능한 광업의 방법을 제시해 준다
(c) 자원을 잘 관리한 전형적인 예가 되고 있다
(d) 온실 가스 방출을 중지시키려는 역할을 하고 있다

해법 As these efforts show라는 문장의 시작을 볼 때 지정 보호지역을 늘려가면서 자연을 지키려고 노력한다는 내용이어야 한다. 자연 자원을 잘 관리한 좋은 예가 된다는 요지가 가장 알맞으므로 정답은 (c)이다. 조경술을 가리키는 landscape gardening이나, mining, greenhouse gas emissions 등은 언급되지 않은 내용이므로 오답이다.

vast 광대한   preserve 보존하다   landscape 경치   nature reserve 자연 지정 보호지역   breathtaking 놀라게 하는   vista 풍경   mining 광업   exemplify 예시가 되다   greenhouse gas emissions 온실 가스 방출

---

6 Urbanization is the move of people from rural areas into larger cities which occurs as countries advance beyond farm-based economies. With fewer farming jobs available, people are forced to find work in factories, stores and businesses which are located in urban areas. Additionally, people have better access to public transportation and can more easily find basic services like doctors and hospitals. Of course these services may not be available everywhere as urbanization occurs. When it happens too swiftly, _____ may be lacking.

(a) adequate housing outside of the city
(b) people's satisfaction with country life
✔ (c) the infrastructure to support a population
(d) a person's ability to cope with new stresses

번역 도시화는 전원 지역이 농사 기반의 경제를 넘어 발전할 때 발생하는 지방에서 더 큰 도시로의 인구 이동이다. 할 수 있는 농사 일이 거의 없어지게 되면서, 사람들은 공장과 상점, 도시 지역에 위치한 사업에서 일자리를 찾을 수밖에 없다. 부가적으로, 사람들은 대중 교통 수단의 접근성이 더욱 좋아지고 의사나 병원과 같은 기초 서비스를 더욱 쉽게 찾을 수 있다. 물론 이러한 서비스들은 도시화가 일어날 때 모든 곳에서 가능한 것은 아닐지도 모른다. 너무 급격하게 발생할 때는 주민수를 지탱할 기본 시설이 미흡할 수 있다.

(a) 도시 밖의 적절한 주택
(b) 전원 생활에 대한 사람들의 만족
(c) 주민수를 지탱할 기본 시설
(d) 새로운 스트레스에 대처하는 능력

해법 앞에서 언급한 these services는 앞 문장의 public transportation이나 doctors and hospitals 등의 사회 기본 시설을 가리킨다. 이런 서비스들이 모든 곳에서 가능하지 않을 수 있다고 했으므로 급격하게 도시화된 곳에서는 급증한 인구에 맞는 기본 시설이 미흡할 수 있다는 결론이 가장 적절하다. 따라서 정답은 (c)이다.

urbanization 도시화   rural 전원의   available 사용 가능한   be forced to …하도록 강요되다   access 접근성   public transportation 대중 교통   swiftly 급속하게   lacking 부족하여, 모자라는   infrastructure 기본 시설   cope with …에 대처하다

7 It is difficult to acquire reliable statistics about crime. Usually, police reports are the only source of information, but _____. The reasons for this vary. Some crimes are minor and a police report is not filed. Other times the police are unaware that a crime took place. For this reason, many countries use the Crime Victims Survey which polls a random sample of the population and asks about their experiences with crime. The method provides more reliable information, but is less helpful for low-frequency crimes such as homicides and "no victim" crimes such as drug use.

✔ (a) not all crimes are filed by the police
(b) these are not geared towards researchers
(c) these reports are often incomplete or inaccurate
(d) police officers do not always arrest the perpetrator

번역 범죄에 대해 신뢰할 만한 통계를 얻기란 어려운 일이다. 일반적으로 경찰 보고가 정보의 유일한 출처이긴 하지만 모든 범죄가 경찰에 의해 기록되는 것은 아니다. 그 이유는 다양하다. 몇몇 범죄는 경미해서 경찰의 보고가 기록, 보존되지 않는다. 또 어떤 때는 경찰이 범죄가 발생했는지조차 모르기도 한다. 이 이유 때문에 많은 나라들은 범죄 피해자 설문을 사용해서 인구의 무작위 표본을 추첨하여 범죄 경험에 대해 조사한다. 이 방법은 더 신뢰할 만한 정보를 제공하지만 살인과 같이 빈도가 낮은 범죄와 약물 복용과 같은 '피해자가 없는' 범죄에는 덜 도움이 된다.

(a) 모든 범죄가 경찰에 의해 기록되는 것은 아니다
(b) 이들은 연구자들에게 맞도록 조정되지 않는다
(c) 이들 보고는 종종 완전하지 않거나 부정확하다
(d) 경찰관들은 항상 범인을 체포하는 것은 아니다

해법 도입문 뒤의 문장에서 그 이유가 다양하다고 제시하고 있다. 몇몇 범죄는 경미해서 기록되지 않고 아예 발생 사실이 경찰에 신고되지 않는 경우도 있다는 내용이다. 따라서 모든 범죄가 경찰에 의해 기록되지 않는다는 (a)가 정답이다.
reliable 믿을 만한 **statistics** 통계 **source** 출처 **vary** 다양하다 **minor** 경미한 **be unaware that** …을 알지 못하다 **take place** 발생하다 **survey** 설문 **poll** 추첨하다 **random** 무작위의 **low-frequency** 저빈도의 **homicide** 살인죄 **gear** 조정하다 **perpetrator** 범인

8 One big problem with teleconferencing is eye contact. It is _____. The problem of hearing your own echo was fixed with echo-cancellation technology. Lags in conversation were cured by increased Internet speeds. But eye contact continues to be an issue because facial expressions differ in a face-to-face situation. Eye contact is a big part of the flow of verbal communication, turn-taking, and perceived attention. These nonverbal aspects of communication are missing without it.

(a) important not to seem too inattentive
(b) something that a new system can provide for
(c) not necessary for smooth conversations online
✔ (d) necessary for nonverbal aspects of communication

번역 원격 회의의 한 가지 커다란 문제점은 눈맞춤이다. 그것은 의사소통의 비언어적인 측면에서 필수적이다. 자신의 소리 울림을 들어야 하는 문제점은 반향 소거 기술로 고쳐졌다. 대화의 지체 현상도 인터넷 속도 증가를 통해 해결되었다. 그러나 대면 상황과는 얼굴 표정이 다르기 때문에 눈맞춤은 계속 문제로 남아 있다. 눈맞춤은 언어적 의사소통의 흐름과 말하는 순서, 지각된 관심의 큰 부분이다. 이런 의사소통의 비언어적인 측면은 그것이 없으면 실종된다.

(a) 너무 부주의한 것처럼 보이지 않으려고 하는 것이 중요한
(b) 새로운 체제가 제공할 수 있는 것
(c) 온라인상 순조로운 대화를 위해 필요하지 않은
(d) 의사소통의 비언어적인 측면에서 필수적인 것

해법 it은 눈맞춤을 가리키고 눈맞춤에 대한 내용은 마지막 두 문장에 나와 있다. 눈맞춤은 비언어적인 의사소통의 큰 부분이며 없으면 안 된다는 내용을 통해 의사소통의 비언어적 측면에서 필수적이라는 설명이 들어가야 알맞다. 따라서 (d)가 정답이다.
teleconference 원격 회의 **eye contact** 눈맞춤 **echo** 반향, 울림 **fix** 고치다 **cancellation** 소거 **lag** 지체 **cure** 치유하다 **flow** 흐름 **verbal** 언어적인 **turn-taking** 말 차례, 순서 번갈아 하기 **perceived** 지각된 **nonverbal** 비언어적인 **inattentive** 부주의한 **smooth** 순조로운, 원활한

9 In a move that shocked everyone last night, Detroit's manager _____ in the ninth inning. He replaced him with one that was just pulled up from the minor league last month. The veteran pitcher was in the middle of a no-hitter but was starting to show signs of fatigue, and their lead was tenuous with New York's heavy hitters coming on deck. His faith in the new pitcher paid off with three outs after four batters to clinch the 1-0 victory.

(a) took the rookie off the mound
(b) swapped his first baseman
(c) put in a veteran player
✔ (d) chose to pull his pitcher

번역 지난밤 모두를 놀라게 한 판단은, 디트로이트의 감독이 9회에서 투수를 끌어내리기로 결정했다는 것이다. 지난달 마이너 리그에서 막 빠져 나온 선수와 그를 교체했다. 베테랑 투수는 무안타 상황에 있었지만 피로의 징후들이 보이기 시작했고 뉴욕의 강타자들이 대기 타석에 있기 때문에 그들의 우세는 미약했다. 새로운 투수에 대한 그의 신뢰는 성과를 거두어서 4명의 타자 후에 삼진을 내면서 1대 0 승리로 결말을 내렸다.

(a) 신인을 마운드에서 내려오도록 했다
(b) 첫 번째 주자를 바꿨다
(c) 베테랑 선수를 투입했다
(d) 투수를 끌어내리기로 결정했다

해법 감독이 한 일은 다음에 이어지는 두 문장에서 다시 설명되고 있다. 중요한 순간에 베테랑 투수를 신인 투수와 교체하는 판단을 내렸고 모두가 그에 놀랐다는 내용이 되어야 한다. 무안타 상황인 상태에서 킹타자들에게 맞설 투수를 신인으로 교체한 일에 대한 글이다. 따라서 정답은 (d)이다.
move 처사, 판단 **inning** 회 **pull up** 밀어내다 **no-hitter** 무안타 **fatigue** 피로 **tenuous** 미약한, 희박한 **deck** 타자 대기 타석 **pay off** 성과를 거두다, 보상하다 **batter** 타자 **clinch** 결말이 나다 **rookie** 신인 선수 **mound** 마운드 **swap** 바꾸다 **first baseman** 1루수

10 In today's computer-based world, companies often rise and fall based on the quality of their website. Prospective clients will turn to the Internet before even scheduling their first meeting. A sloppy website can spell certain death. Additionally, some older companies still have yet to break into the Internet market. A consumer's interest could be squandered when they search for a company but find nothing. In this business climate, website design _____.

(a) does not aid in increased sales
✔ (b) is the key to a successful business
(c) is less important than relationships
(d) may be more expensive than before

번역 오늘날 컴퓨터에 기반을 둔 세상에서 회사들은 웹사이트의 질에 따라 성공하고 실패하는 일이 흔하다. 잠재 고객들은 첫 만남을 계획하기 전에 인터넷을 검색한다. 엉성한 웹사이트는 확실한 죽음을 의미할 수 있다. 게다가, 몇몇 오래된 회사는 아직 인터넷 시장에 뛰어들지 못한 상태이다. 소비자들이 회사를 검색하다가 아무것도 찾지 못하면 그들의 관심을 놓치는 것이다. 이런 사업 환경에서 웹사이트 디자인은 성공적인 사업의 열쇠이다.

(a) 증가한 판매에 도움이 되지 않는다
(b) 성공적인 사업의 열쇠이다
(c) 관계보다 덜 중요하다
(d) 전보다 더 비쌀지도 모른다

해법 첫 문장에 주제가 드러나 있다. 웹사이트의 질에 따라 회사의 성공과 실패가 결정된다고 했고 웹사이트에 대한 소비자 행동의 중요성을 강조하는 내용 구성을 이루고 있다. 그러므로 결론 문장으로 웹사이트 디자인이 사업의 성공에 있어서 아주 중요하다는 문장이 가장 알맞다. 따라서 정답은 (b)이다.
rise and fall 성공과 실패 **prospective client** 잠재 고객 **sloppy** 엉성한 **spell** (결과를) 가져오다, ~을 의미하다 **have yet to** 아직 ~하지 않다 **break into** ~에 뛰어들다, 뚫다 **consumer** 소비자 **squander** (기회 따위를) 놓치다, 낭비하다 **aid in** ~의 도움이 되다

11 When submitting a piece of writing for publication, _____. First, choose a font size that is clear and easy to read. Next, stay consistent with use of italics, bold, and underlines. A general rule is to use only one type; using all three will cause your writing to seem messy and unorganized. Finally, choose a writing style that is appropriate for your piece (e.g. APA, MLA) and stick with it. Switching between styles will cause your piece to seem unprofessional and not publishable.

✔ (a) it is important to be consistent
(b) don't forget to revise everything
(c) make it interesting and dynamic
(d) have a backup of all of your work

번역 출판하기 위한 글을 제출할 때 일관성이 있는 것이 중요하다. 우선, 읽기 분명하고 쉬운 폰트 크기를 고르라. 다음으로 이탤릭체와 볼드체, 밑줄을 일관성 있게 사용하라. 일반적인 규칙은 한 가지 형태만 사용하는 것이며 세 가지를 모두 사용하면 글이 지저분하고 짜임새 없어 보일 것이다. 마지막으로 (예를 들어 APA나 MLA와 같은) 논문에 적당한 작문 스타일을 고르고 그것을 지켜라. 스타일을 교체하는 것은 논문이 전문적이지 않고 출판할 만하지 않은 것처럼 보이게 할 것이다.

(a) 일관성이 있는 것이 중요하다
(b) 모든 것을 교정하는 것을 잊지 마라
(c) 재미있고 역동적으로 만들어라
(d) 모든 작업을 백업해 두어라

해법 stay consistent, use only one type, stick with it에서 글의 일관성을 지키는 것에 대한 내용임을 알 수 있다. 문장 부호를 일관적으로 사용하고 한 가지 스타일을 유지하도록 해야 한다고 조언하는 글이다. 따라서 정답은 (a)이다.
submit 제출하다 **publication** 출판 **consistent** 일관성이 있는 **underline** 밑줄 **messy** 지저분한 **unorganized** 짜임새가 없는 **piece** 글 **APA** 미국 심리학회(American Psychological Association) **MLA** 미국 현대 언어학회(Modern Language Association) **switch** 바꾸다 **publishable** 출판할 만한 **dynamic** 역동적인 **backup** 백업, 여벌

12 Some people argue that high scores on IQ tests are not indicative of future success. Many who score high go on to make breakthroughs in science or become world-class musicians. However, they may owe their success to factors aside from their genius. For example, a person with a genius-level IQ who lives in a poor neighborhood and has no access to learning materials or higher education, may just stagnate. Without portals to success, such people have no means to fuel their curiosities. It is always possible, then, that they could end up _____.

✔ (a) not achieving much of anything
(b) attaining good grades at school
(c) not being successful despite their environment
(d) becoming outstanding members of society

번역 몇몇 사람들은 IQ 시험의 고득점이 미래 성공의 지표가 아니라고 주장한다. 높은 점수를 받은 많은 사람들이 나아가 과학에서 큰 발전을 이루어 내거나 세계 수준의 음악가가 된다. 그러나 그들은 천재성이 아닌 다른 원인 때문에 성공하게 되었을지도 모른다. 예를 들어 가난한 지역에서 살고 교재나 고등 교육을 접하지 못한 천재 수준의 IQ를 가진 사람은 그저 발전이 없을 수도 있다. 성공으로의 문이 없으면 그러한 사람들은 그들의 호기심에 활기를 불어넣을 방법이 없다. 그들이 끝내 많은 것을 성취하지 못할 가능성은 언제나 있는 것이다.

(a) 끝내 많은 것을 성취하지 못할
(b) 학교에서 좋은 성적을 얻을
(c) 환경에도 불구하고 성공적이지 않을
(d) 사회의 뛰어난 일원이 될

해법 IQ 점수가 높다고 해서 미래의 성공이 보장되는 것이 아니라는 도입문을 주목한다. 이후로 환경이 갖춰지지 않으면 천재성을 발현시키지 못하고 정체되는 사람들이 많이 있다는 설명이 이어져 있다. 결론으로는 그런 사람들이 이루어 내는 일이 적을 가능성이 있다는 내용이 적절하므로 정답은 (a)이다.
indicative of …을 나타내는, …의 지표인 **breakthrough** 큰 발전, 약진 **aside from** …을 제외하고 **learning material** 교재 **stagnate** 정체하다 **portal** 문, 현관 **means** 방법 **end up** …으로 끝나다

13 Traditional Korean houses, known as Hanok, were built _____. The ideal home would be located with a river in the front and a mountain in the back. Also taken into account was the weather. Homes built in the colder northern regions were based on an enclosed-square, designed to conserve heat. Conversely, those built in the south more closely resembled an "I." These homes were generally built with soil, trees, and stones.

(a) from expensive building materials
(b) without regard for their surroundings
(c) wherever it was most convenient to do
✔ (d) in harmony with the natural environment

번역 한옥이라고 알려진 전통적인 한국의 집들은 자연 환경과 조화를 이루어 건축되었다. 이상적인 집은 앞에 강이 있고 뒤에 산이 있는 곳에 위치한다. 또한 날씨도 고려되었다. 더 추운 북쪽 지역에 지어진 집은 열을 보존하기 위해 디자인되어 폐쇄된 사각형에 기반을 두었다. 반대로 남쪽에 지어진 것들은 I자를 더욱 닮았다. 이들 집은 일반적으로 흙과 나무, 돌로 지어졌다.

(a) 비싼 건축 자재로
(b) 주변을 고려하지 않고
(c) 하기 가장 편리한 곳 어디든지
(d) 자연 환경과 조화를 이루어

해법 전통적인 한국의 집에 대한 소개이다. 강과 산의 위치, 날씨 등을 고려하여 집을 지었으며 추운 곳에서는 폐쇄적인 구조로, 따뜻한 지방에서는 개방적인 구조로 지어졌다는 설명이다. 자연 환경과 밀접한 관련이 있는 집의 건축 방식에 대한 소개가 알맞으므로 (d)가 정답이다.

traditional 전통적인 **ideal** 이상적인 **be located with** …에 위치하다 **take into account** 고려하다 **region** 지역 **enclosed-square** 폐쇄된 사각형 **conserve** 보존하다 **conversely** 반대로, 역으로 **resemble** 닮다 **soil** 흙 **material** 자재 **convenient** 편리한

14 The World is a large cruise ship which serves as a part- or full-time residence for, and is owned by its inhabitants. The ship circumnavigates the globe and stops in various ports such as Sydney, Australia and Juneau, Alaska. Some of its residents live on-board year round while others visit only periodically. The ship has a total of 165 residential units which vary in size and price. It has many of the things you would find in a normal cruise ship, however it also includes things such as a grocery store. Of course, this is because _____.

✔ (a) of the residential nature of the vessel
(b) people want to buy tickets for events
(c) of the goods offloaded while in port
(d) residents can check in for a vacation

번역 더 월드는 거주자들을 위해 시간제 또는 전일제 주거지의 역할을 하고 그들이 소유하는 유람선이다. 배는 지구를 주항하고 호주의 시드니와 알래스카의 주노와 같은 다양한 항구에 정착한다. 어떤 거주자들은 일년 내내 선상에서 지내기도 하는 반면 다른 사람들은 정기적으로만 온다. 배는 총 165개의 다양한 크기와 가격의 거주 단위를 가지고 있다. 평범한 유람선에서 찾을 수 있는 많은 것들이 있지만 식료품점과 같은 것들도 포함한다. 물론 이것은 배의 거주용 특성 때문이다.

(a) 배의 거주용 특성
(b) 사람들이 행사를 위한 표를 사고 싶어 하기
(c) 정박 중에 상품을 내리기
(d) 거주자들이 휴가 때 체크인할 수 있기

해법 거주자들이 살고 있는 거주형 유람선에 대한 소개이다. 정기적으로 쓰는 사람도 있지만 일년 내내 선상에서 사는 사람도 있는 유람선이다. 보통의 유람선과 같은 시설이지만 식료품점도 있다는 것은 이 배가 거주용이기 때문이라는 (a)가 정답이다.

cruise ship 유람선 **serve** …의 역할을 하다 **residence** 거주지 **inhabitant** 거주자 **circumnavigate** 주항하다 **on-board** 선상에서 **year round** 일년 내내 **periodically** 정기적으로 **residential** 거주(용)의 **vessel** 배, 선박 **offload** 짐을 내리다

15 Unlike cars which provide the operator with an ever-increasing array of safety devices, motorcycles leave their rider completely unprotected. If the rider is involved in an accident and hits their head, there is a high likelihood of permanent brain damage or death. So, many states in the US require all motorcycle riders to wear helmets. _____, some require no helmet at all, while others require them only for riders under the age of 18.

(a) Anyway
(b) Similarly
(c) Nevertheless
✔ (d) However

번역 운전자에게 늘어가기만 하는 일련의 안전 장치를 제공하는 자동차들과 달리 오토바이는 타는 사람이 완전히 보호되지 않는 상태이다. 타는 사람이 사고에 말려들어 머리를 부딪히면 영구적인 뇌 손상이나 죽음의 가능성이 높다. 그래서 미국의 많은 주에서는 오토바이를 타는 모든 사람들이 헬멧을 쓰도록 명하고 있다. 그러나, 몇몇 주는 헬멧을 전혀 요구하지 않는 반면 다른 곳은 18세 미만의 타는 사람에게만 요구한다.

(a) 어쨌든
(b) 비슷하게
(c) 그럼에도 불구하고
(d) 그러나

해법 연결사는 앞뒤 문장의 관계를 파악해야 고를 수 있다. 앞에서 헬멧을 쓰도록 명하고 있다고 했는데 뒤에는 헬멧을 요구하지 않거나 18세 미만에게만 쓰도록 요구한다는 내용이 나오고 있으므로 상반되는 내용에 해당된다. 따라서 (d) However가 정답이다.

operator 운전자, 조작자 **ever-increasing** 늘어가기만 하는, 증가하는 **array of** 일련의 **motorcycle** 오토바이 **completely** 완전히 **rider** 타는 사람, 승객 **permanent** 영구적인 **require** (법으로) 명하다 **nevertheless** 그럼에도 불구하고

16 A recent study has shown that young children model their parents' behavior, even when it comes to consumption of cigarettes. In the study, children were posed with a scenario in which one doll would be entertaining another doll for the evening and the former needed to go "shopping." They found that children of parents who smoked were four times more likely to "buy" cigarettes. _____, children were highly conscious of cigarette branding. This was evidenced by one six-year-old boy who could identify Marlboro cigarettes but not his favorite breakfast cereal.

(a) Conversely
(b) For example
(c) On the contrary
✔ (d) Furthermore

번역 최근의 한 연구는 어린 아이들이 담배 소비에 있어서까지 부모의 행동을 본받는다는 것을 보여주었다. 연구에서 한 인형이 다른 인형을 저녁 대접하기 위해 전자의 인형이 쇼핑을 가야 한다는 시나리오를 가지고 아이들을 조사했다. 흡연하는 부모의 아이들은 담배를 살 확률이 4배라는 것을 발견했다. 게다가 아이들은 담배 상표를 매우 잘 인식하고 있었다. 이것은 자신이 제일 좋아하는 아침 식사용 시리얼이 아니라 말보로 담배를 구별할 수 있는 여섯 살짜리 아이를 통해 증명되었다.

(a) 역으로
(b) 예를 들어
(c) 반대로
(d) 게다가

해법 연결사 앞뒤 내용은 모두 조사 결과에 관한 것이다. 쇼핑을 가서 담배를 살 확률이 4배나 많다는 사실과 아이들이 담배 상표를 잘 인식하고 있다는 사실을 연결해야 한다. 담배를 선택할 뿐 아니라 상표까지 알고 있다는 것이므로 심화되거나 부가되는 내용을 연결하는 (d) Furthermore가 정답이다.
model 본받다 consumption 소비 cigarette 담배 be posed with 조사를 받다 scenario 시나리오, 극본 entertain 대접하다 be conscious of …을 인식하다 branding 상표 evidence 증거가 되다 identify 구별하다 on the contrary 반대로

17 After nearly 30 years in service, NASA will be retiring its Space Shuttles in 2010 in favor of a new type of launch vehicle. The Space Shuttle system was originally planned as a low-cost, reusable launch system that would ferry cargo and passengers into orbit as often as once per week. However, unexpected costs and safety concerns have prompted NASA to opt for a new one-time-use type shuttle. The vehicle is in design phases, but preliminary launches are already being carried out by NASA engineers. It is slated for its first manned launch in 2014.

Q: What is the passage mainly about?
(a) The need for reusable space shuttles
(b) Progress on NASA's new launch vehicle
(c) Design flaws in the Space Shuttle program
✔ (d) The replacement of the NASA Space Shuttles

번역 30년 이상 운용된 NASA는 새로운 종류의 발사 우주선을 위해 2010년 우주 왕복선을 폐기할 것이다. 우주 왕복선 시스템은 원래 일주일에 한 번씩 궤도로 화물과 승객을 실어 나르도록 한 저비용, 재사용 가능한 발사 시스템으로서 계획되었다. 그러나 예상치 못한 비용과 안전 문제들이 NASA로 하여금 새로운 일회용 타입의 우주선을 선택하도록 촉구했다. 이 우주선은 디자인 단계에 있지만 사전 발사는 NASA 기술자들에 의해 이미 실행되었다. 첫 유인 발사가 2014년에 예정되어 있다.

Q: 지문의 주된 내용은?
(a) 재사용 가능한 우주선의 필요성
(b) NASA의 새로운 발사 우주선의 진척
(c) 우주 왕복선 프로그램의 디자인 결함
(d) NASA 우주 왕복선의 교체

해법 NASA는 기존의 우주 왕복선 프로그램을 폐기하고 새로운 방식의 발사 우주선을 디자인하고 있다는 내용이다. 우주 왕복선의 의도와 교체에 이르게 된 문제점 등이 언급되고 새로운 발사 우주선의 개발 단계에 대한 내용이 이어지는 구조이므로 (d)가 정답이다. (b)는 부분적인 내용에 불과하므로 오답이다.
in service 운용되는, 근무 중인 retire 폐기하다 Space Shuttle 우주 왕복선 in favor of …을 위하여 launch vehicle 발사 우주선 cargo 화물 orbit 궤도 be slated for …이 예정되어 있다 manned 유인의

18 Labor unions are organized to prevent companies from taking advantage of individual employees. The unions protect workers' rights and it is through them that the US has gotten the standards of the five-day, 40-hour work week. Additionally, in times past, children would be allowed to work dangerous jobs in factories and coal mines. Through the unions' efforts, Child Labor laws were enacted which dictate the minimum age for an employable youth as well as restricting the number of hours they can work.

Q: What is the main topic of the passage?
(a) The history of the unions in the US
✔ (b) The achievements of US workers' unions
(c) The restrictions on US childhood employment
(d) The beginnings of the 40-hour work week in the US

번역 노동 조합은 회사가 직원 개인을 이용하는 것을 막기 위해 조직되었다. 조합은 노동자의 권리를 보호하며 미국이 일주일에 5일, 40시간의 근무 표준을 택하게 한 것도 이것을 통한 것이다. 게다가, 과거에는 아이들이 공장이나 석탄 광산과 같은 위험한 직종에서 일하는 것이 허가되곤 했었다. 조합의 노력을 통해, 아이들이 일할 수 있는 시간을 제한하는 것뿐만 아니라 취업할 수 있는 청년의 최저 연령을 지시하는 미성년 노동법이 제정되었다.

Q: 지문의 주제는?
(a) 미국 조합의 역사
(b) 미국 노동자 조합의 업적
(c) 미국 미성년 고용의 제한
(d) 미국에서 1주일 40시간 근무의 시작

해법 노동 조합의 역할은 회사가 근로자를 이용하는 것을 막고 미국이 노동 표준과 미성년 노동법을 제정하도록 만든 것도 이들의 공이라는 내용이다. 노동 조합이 이룬 업적이 주제로 가장 적절하므로 정답은 (b)이다. (c)나 (d)는 지엽적인 내용에 불과해서 전체 주제가 될 수 없다.
labor union 노동 조합 take advantage of …을 이용하다. 속이다 be allowed to …할 수 있게 허락을 받다 enact 제정하다 dictate 지시하다. 명령하다 minimum 최저의 restrict 제한하다 achievement 업적

19 Living mostly in the waters off the eastern coast of Japan and growing to lengths up to 13 meters, the giant squid is a deep-ocean dwelling animal which has—until recently—evaded scientists. The animal was mentioned in writings as far back as Aristotle in the fourth century BC and stories have been common among mariners since that time. But it took until September 30, 2004 before the first images of a live specimen were recorded by a team of researchers. Until then, it had been one of the last giant animals to have never been photographed alive.

Q: What is the main topic of the passage?
(a) Photographing large sea creatures
✔ (b) The elusiveness of giant squid
(c) Writings about sea animals
(d) The giant squid's history

번역 일본 동쪽 해안의 물에서 대부분 서식하며 13미터 길이까지 자라는 거대오징어는 최근까지 과학자들의 눈을 피해왔던 심해 서식 동물이다. 이 동물은 BC 4세기의 아리스토텔레스까지 거슬러 올라간 문서에 언급되어 있었고, 그 시기 이후로 뱃사람들 사이에서는 흔한 이야기였다. 그러나 2004년 9월 30일이 되어서야 살아 있는 표본의 이미지가 처음으로 한 연구팀에 의해 기록되었다. 그때까지 거대오징어는 살아 있는 모습이 사진 찍힌 적이 없었던 마지막 거대동물 중 하나였다.

Q: 지문의 주제는?
(a) 큰 바다 생물 사진 찍기
(b) 거대오징어의 포착하기 어려움
(c) 해양 동물에 대한 글
(d) 거대오징어의 역사

해법 첫 문장에서 주제가 드러나 있다. until recently evaded scientists라는 부분에서 과학자들이 발견하기 힘든 동물인데, 그 이유가 심해에 서식하기 때문이라고 했다. 기록으로 볼 때 기원전 4세기부터 있었는데 2004년에야 처음으로 살아 있는 거대오징어를 사진으로 찍게 되었으므로 얼마나 포착하기 힘들었는지 나타내기 위해 쓴 글이다. 따라서 정답은 (b)이다.
giant squid 거대오징어, 왕오징어 **dwell** 살다 **evade** 피하다 **mention** 언급하다 **mariner** 뱃사람 **specimen** 표본 **elusiveness** 포착하기 어려움

---

20 Dear Ms. James,
As stipulated in the Agreyes Inc. Employee Code of Conduct binder which you received on your first day with this company, it is unacceptable for an employee to use the company's computers for non-Agreyes Inc. related business. Specifically, running a separate business from the office, regardless of whether it is after hours, is unacceptable behavior. This written notice comes pursuant to your prior verbal warning. Should another incident occur, we will be left with no choice but to terminate your employment.

Q: What is the main purpose of the letter?
(a) To indicate acceptable activities
(b) To fire a company employee
✔ (c) To serve as a final warning
(d) To explain new office rules

번역 제임스 씨께,
이 회사에서 첫날 받은 아그리어스 사 직원 행동 규범 제본에 규정된 대로 직원이 아그리어스 사가 관련된 사업이 아닌 일로 회사 컴퓨터를 쓰는 것은 허용되지 않습니다. 특히, 근무 시간 이후라 하더라도 회사와 별개의 사업을 운영하는 것은 허용되지 않는 행동입니다. 이 서면 통지서는 이전의 구두 경고에 따른 것입니다. 또 다른 사건이 발생하면, 고용을 종결시키는 선택밖에는 없을 것입니다.

Q: 편지의 주된 목적은?
(a) 허용 가능한 행동을 지시하기 위해
(b) 회사 직원을 해고하기 위해
(c) 마지막 경고로 쓰기 위해
(d) 새로운 회사 규칙을 설명하기 위해

해법 회사와 무관한 일로 컴퓨터를 사용하거나 개별적인 사업을 하는 것은 규정에 어긋난다고 강조하면서 이런 사건이 또 생긴다면 해고가 될 것이라고 마지막 경고를 하는 목적의 편지라는 것을 알 수 있으므로 정답은 (c)이다.
stipulate 규정하다 **Inc.** 주식회사(Incorporated) **code of conduct** 행동 규범 **after hours** 근무 시간 이후에 **written notice** 서면 통지서 **pursuant to** …에 따른 **be left with no choice but to** …할 선택만이 남아 있다, 다른 선택의 여지가 없다 **terminate** 종결시키다

---

21 Among many competing and opposing views on how children acquire language, the chunking theories of language acquisition are currently the most widely accepted. Under this theory, languages are learned as groups of meaningful "chunks" which can be phonemes, syllables, or whole words. Chunks are assimilated and then combined with other chunks to produce meaning. Adding credence to this theory is the recent work with computer programs based on this model. Once the program is running, the computer picks up enough chunks to eventually make sounds which resemble those made by infants.

Q: What is the best title for the passage?
(a) Improving Children's Language Acquisition Skills
(b) Various Theories on Childhood Language Acquisition
(c) How Chunking Theory Will Teach Computers to Speak
✔ (d) Chunking Theory Explains Childhood Language Acquisition

번역 아이들이 어떻게 언어를 습득하는지에 관한 많은 경쟁적이고 상반되는 견해들 중에서, 언어 습득의 의미 단위 묶음 이론은 최근에 가장 널리 인정받고 있다. 이 이론 하에서, 언어는 음소나 음절 또는 전체 단어일 수도 있는 의미 있는 '덩어리'라고 하는 그룹에 의해서 학습된다. 덩어리는 융합되고 그런 다음 다른 덩어리들과 합쳐져서 의미를 만든다. 이 이론에 신뢰를 더한 것은 이 모델에 기반을 둔 컴퓨터 프로그램을 가지고 한 최근의 작업이다. 프로그램이 돌아가면 컴퓨터는 유아들이 내는 것과 같은 소리를 최종적으로 만드는 데 충분한 덩어리들을 선택한다.

Q: 지문에 가장 적절한 제목은?
(a) 아이들의 언어 습득 기술을 발전시키기
(b) 유아 언어 습득에 관한 다양한 이론들
(c) 의미 단위 묶음 이론이 어떻게 컴퓨터가 말을 하도록 가르칠 것인지
(d) 의미 단위 묶음 이론은 유아 언어 습득을 설명한다

해법 첫째 문장에 지문의 주제가 드러나 있다. 유아 언어 습득에 관해서 많은 이론이 있는데 최근 가장 인정을 받고 있는 덩어리 이론을 설명하는 글임을 알 수 있다. 개념에 관해 소개하고 의미를 만들어가는 과정을 설명하고 있는 내용이므로 유아 언어 습득에 관한 이론임을 제목에서 다루는 것이 적절하다. 따라서 정답은 (d)이다.
chunking 의미 단위 묶음 **phoneme** 음소 **syllable** 음절 **assimilate** 동화하다 **combine** 조합하다 **credence** 신뢰, 신용 **acquisition** 습득

22 Gone are the days of the family doctor who would make trips to your house when you were in need. In the modern world, where the unifying purpose of mankind is the quest for a luxury lifestyle, many doctors only see patients as units of money. Doctors rush through their day's scheduled patients, eager to get more and more through the door while providing sub-par treatment to those they see. Other doctors push for expensive, and often unnecessary, treatments or procedures for the sake of the pay they will receive from insurance companies.

Q: Which of the following is correct about doctors according to the passage?
(a) They travel less than old style family doctors.
(b) They now spend more time with each patient.
✔ (c) They care less about patients than in times past.
(d) They are performing fewer unnecessary treatments.

번역 어려움에 처할 때 가정 주치의가 집으로 방문하는 시대는 갔다. 인류의 통일된 목적이 사치스러운 생활 방식 추구인 현대 사회에서는, 많은 의사들이 환자를 돈의 단위로 볼 뿐이다. 의사들은 그날 예정된 환자들을 급하게 보며 진찰하는 사람들에게 평균 이하의 치료를 제공하면서 더 많은 사람들을 문에 들이길 원한다. 다른 의사들은 보험 회사로부터 받을 비용을 위해서 종종 불필요한 비싼 치료법이나 과정을 자꾸 요구하기도 한다.

Q: 지문에 따르면 다음 중 의사에 관해 옳은 것은?
(a) 과거 방식의 가정 주치의보다 적게 돌아다닌다.
(b) 이제 개별 환자에게 더 많은 시간을 할애한다.
(c) 과거 때보다 환자에 대해 관심을 덜 갖는다.
(d) 불필요한 치료를 덜 시행하고 있다.

해법 현대 의사들은 환자들을 돈의 단위로 여기고 많은 환자를 수준 이하의 치료를 통해 급하게 보고 돈을 많이 벌려고 한다고 비난하는 글이다. 환자에 관심을 덜 갖는다는 (c)가 정답이다.
gone are the days …한 날들을 갔다, 과거의 일이다 **in need** 어려움에 처하여 **unifying** 통일된 **mankind** 인류 **quest** 추구 **rush through** 급하게 해버리다 **eager to** …하기를 바라다 **sub-par** 평균 이하의 **push for** …을 자꾸 요구하다 **treatment** 치료 **for the sake of** …을 위해

23 To Whom It May Concern:
My recent shopping experience at Sav-A-Lot was enriched by the friendliness of your staff who went above and beyond the call of duty to fix my problem. I came in angry about a gas grill which I recently purchased at your store. I expected a long line at the Customer Service counter, but instead was greeted right at the door and walked through the whole return process. Your employee even helped me load the replacement into my truck.
Very Satisfied Customer,
Donna Williams

Q: Which of the following is correct according to the letter?
(a) The store's customer service was typically inept.
(b) The store handles complaints incompetently.
(c) The customer encountered bureaucracy.
✔ (d) The customer was assisted to get a new grill.

번역 관계 당사자께,
최근 세이버랏에서의 쇼핑 경험은 제 문제를 해결해 주기 위해 직무 그 이상의 일을 해주신 직원의 친절 때문에 풍성했습니다. 저는 그쪽 상점에서 최근에 산 가스 그릴 때문에 화가 나서 갔습니다. 고객 서비스 카운터의 긴 줄을 예상했는데, 그 대신 문 바로 앞에서 응대를 받았고 반품 과정을 거쳤습니다. 직원분은 교환한 물건을 제 트럭에 싣는 것을 도와주기까지 했습니다.
매우 만족한 고객,
도나 윌리엄스

Q: 편지에 따르면 다음 중 옳은 것은?
(a) 상점의 고객 서비스는 전형적으로 서투르다.
(b) 상점은 불만 사항을 무능하게 처리한다.
(c) 고객은 관료적인 번잡한 절차를 접하게 되었다.
(d) 고객은 새로운 그릴을 얻도록 도움을 받았다.

해법 고객은 상점에서 받은 친절한 서비스에 대해 감사하는 마음을 전하려고 편지를 썼다. whole return process, load the replacement 등의 표현을 통해 그릴을 새로운 것으로 교환했음을 알 수 있으므로 (d)가 정답이다.
enrich 풍성하게 하다 **go above and beyond** …이상을 하다 **call of duty** 직무 **whole return** 전액 환불 **inept** 서투른 **incompetently** 무능하게 **bureaucracy** 관료적인 번잡한 절차 **assist** 돕다

24 Elephants have the largest brain out of all land mammals. Though some whales have brains which are larger than those of elephants, they are only twice the size of elephants' brains whereas whales' bodies are twenty times as large. The size of an elephant's brain allows for more cerebral cortex which is where higher thinking occurs. Though their cell density is less than that of humans, an elephant's brain allows for a wide variety of behaviors such as grief, humor, compassion, self-awareness, and the use of tools which are not found in many mammals. Indeed, elephants are one of the world's smartest species.

Q: Which of the following is correct according to the passage?
(a) The elephant brain is twice the size of a whale's.
✔ (b) The brain's cerebral cortex allows for higher thinking.
(c) The brain density of the elephant is more than a human's.
(d) The elephant is the world's second smartest land mammal.

번역 코끼리는 모든 육지 포유류 중에서 가장 큰 뇌를 가지고 있다. 비록 몇몇 고래들이 코끼리 것보다 더 큰 뇌를 가지고 있기는 하지만, 고래는 몸체가 코끼리의 20배나 큰 것에 반해 뇌는 코끼리 뇌의 두 배 크기밖에 되지 않는다. 코끼리의 뇌 크기는 고차원적인 사고가 발생하는 곳인 대뇌 피질을 더 많게 한다. 비록 세포 밀도는 인간의 것보다 덜하지만, 코끼리 뇌는 많은 포유류에서는 찾아볼 수 없는 슬픔과 유머, 동정, 자기 인식, 도구의 사용과 같은 폭넓고 다양한 행동을 가능하게 한다. 실제로 코끼리는 세계에서 가장 영리한 종 중 하나이다.

Q: 지문에 따르면 다음 중 옳은 것은?
(a) 코끼리 뇌는 고래 뇌의 두 배이다.
(b) 뇌의 대뇌 피질이 고차원적인 사고를 가능하게 한다.
(c) 코끼리의 뇌 밀도는 인간의 것보다 더 높다.
(d) 코끼리는 세계에서 두 번째로 영리한 육상 포유류이다.

해법 고래 뇌가 코끼리 뇌의 두 배 크기이며, 코끼리 뇌의 밀도는 인간보다는 덜하며, 가장 영리한 육상 포유류 중의 하나라고 했다. 대뇌 피질에서 고차원적인 사고가 생긴다고 했으므로 (b)가 정답이다.
brain 뇌 **out of** …중에서 **mammal** 포유류 **whale** 고래 **whereas** …인 반면에 **allow for** …을 가능하게 하다 **cerebral cortex** 대뇌 피질 **cell** 세포 **density** 밀도 **grief** 슬픔 **compassion** 동정 **self-awareness** 자기 인식

25 The new U3900 computer from Mochivo is the world's thinnest laptop. Manufactured from a single piece of aluminum and featuring a keyboard that folds up into the monitor—rather than vice versa—the U3900 is less than 10 mm thick when closed. Add to this a full array of features such as 15″ screen, two USB ports, CD/ DVD drive, four hours of battery life and 2GB of RAM, and you have yourself a serious machine. Mochivo is the first in the industry to take on the previous title holder for thinnest laptop, Pear Computing.

Q: Which of the following is correct according to the passage?
(a) The U3900 is made from several pieces of aluminum.
(b) Mochivo makes a laptop computer that is 20 mm thick.
(c) The battery life of the U3900 is a maximum of ten hours.
✔ (d) Pear Computing used to make the world's thinnest laptop.

번역 모키보에서 나온 새 U3900 컴퓨터는 세계에서 가장 얇은 노트북이다. 알루미늄 한 장으로 제작되어 모니터 쪽으로 접히는 키보드를 탑재한 – 그 반대가 아닌 – U3900은 닫았을 때 10밀리미터가 안 된다. 뿐만 아니라, 15인치 스크린과 두 개의 USB 포트, CD/ DVD 드라이브, 4시간 충전기 수명, 2기가바이트 램과 같은 완벽한 일련의 특징들이 더해져서 근사한 기기를 갖게 되는 것이다. 모키보는 가장 얇은 노트북이라는 타이틀 보유 회사인 피어 컴퓨팅과 경쟁한 업계의 최초이다.

Q: 지문에 따르면 다음 중 옳은 것은?
(a) U3900은 알루미늄 몇 장으로 만들어졌다.
(b) 모키보는 20밀리미터 두께의 노트북 컴퓨터를 만든다.
(c) U3900의 충전기 수명은 최대 10시간이다.
(d) 피어 컴퓨팅은 세계에서 가장 얇은 노트북을 만들었다.

해법 모키보는 두께가 10밀리미터도 안 되는 노트북인 U3900을 만들었는데, U3900은 한 장의 알루미늄으로 만들어졌고, 충전기 최대 수명은 4시간이라고 했다. 피어 컴퓨팅은 과거에 가장 얇은 노트북을 만들었다고 했으므로 (d)가 정답이다.
manufacture 제조하다 **aluminum** 알루미늄 **feature** ~을 특색으로 삼다 **fold up** 접다 **vice versa** 그 반대 **feature** 특징 **battery life** 충전기 수명 **take on** ~을 떠맡다, 차지하다 **previous** 이전의 **title holder** 타이틀 소유자 **maximum** 최대의

26 Today's students suffer from the plight of unqualified teachers. In a world where teacher's certification can be attained simply by putting in the time at university, it is our children who lose out. In the end, anyone who can pass the tests will end up in front of a classroom. Rather than getting professional educators whose passion is to teach, who delight in the glow of an eager student's eye, and who are fulfilling their life's dream, our kids are stuck with under qualified people without the right temperament or know-how to deal with children.

Q: Which of the following is correct according to the passage?
(a) Too many teachers are without jobs.
(b) Children are not educated long enough.
✔ (c) Teachers nowadays lack passion for teaching.
(d) Kids have better teachers now than they used to.

번역 오늘날 학생들은 자격이 없는 교사들 문제 때문에 고통받고 있다. 교사 자격증이 단순히 대학에서 시간을 투입함으로써 얻을 수 있는 세상에서 실패하는 것은 바로 우리 아이들이다. 결국에는, 시험을 통과하는 누구든지 교실에 서게 되고 말 것이다. 가르치려는 열정을 가지고 학생의 열띤 눈의 반짝임을 기뻐하고, 자신들 일생의 꿈을 실현하는 전문적인 교육자를 얻는 대신에, 우리 아이들은 적절한 성품이나 아이들을 다루는 방법도 갖추지 않은 자질이 부족한 사람들을 만나게 되는 것이다.

Q: 지문에 따르면 다음 중 옳은 것은?
(a) 너무 많은 교사들이 직장이 없다.
(b) 아이들은 충분히 오랫동안 교육되지 않는다.
(c) 요즘 교사들은 가르치는 것에 대한 열정이 부족하다.
(d) 아이들은 과거보다 더 나은 교사를 접한다.

해법 교사들은 대학을 졸업하고 시험을 통과하기만 하면 자격증이 나와서 교사가 된다고 했다. 교육에 대한 열정이 부족하고 자질이 부족한 교사들이 아이들을 가르친다는 내용이므로 (c)가 정답이다. 시간의 길이에 대한 언급은 없으므로 (b)는 답이 될 수 없다.
plight 곤경, 어려움 **unqualified** 자질이 없는 **certification** 자격증 **lose out** 실패하다 **end up** …로 끝나다 **glow** 빛 **eager** 열성적인 **be stuck with** …을 만나다, 접하다 **temperament** 성품, 기질 **know-how** 방법

27 The Alabama sturgeon is a fish which lives in a relatively small section of the lower Alabama River in the United States. The species is currently listed as "critically endangered" by the World Conservation Union (WCU). In attempts to save the species, a breeding program was started in 1993. Since then, only six specimen have been caught, five of which died in captivity. The last one was marked with an electronic tag in hopes that it would lead researchers to the breeding ground. So far this has proven unsuccessful.

Q: Which of the following is correct about Alabama sturgeon according to the passage?
(a) They have been discovered to be extinct.
(b) The WCU began breeding them in 1990.
(c) They tend to thrive if kept in captivity.
✔ (d) Their breeding grounds are unknown.

번역 앨라배마 철갑상어는 미국의 앨라배마 강 하류의 비교적 작은 지역에 사는 어류이다. 이 종은 최근 세계 보존 연합(WCU)에 의해 '심각하게 멸종 위기에 처한' 상태로 기재되었다. 이 종을 살리기 위한 노력으로 번식 프로그램이 1993년 시작되었다. 그 이후로 단 6마리의 표본만 잡혔고 그 중 5마리는 갇혀 있는 중에 죽었다. 마지막 한 마리는 연구자들을 산란 장소로 안내할지도 모른다는 희망을 가지고 전자 태그로 표시되었다. 지금까지 이는 성공적이지 않은 것으로 드러났다.

Q: 지문에 따르면 앨라배마 철갑상어에 관해 다음 중 옳은 것은?
(a) 멸종한 것으로 밝혀졌다.
(b) WCU는 1990년에 그들을 번식시키기 시작했다.
(c) 가두어 두면 잘 자라는 경향이 있다.
(d) 번식 장소는 알려지지 않았다.

해법 앨라배마 철갑상어는 심각한 위험에 처해진 상태이며, 1993년에 번식 프로그램을 시작했다. 가두어 두는 중에 5마리가 죽었으며, 번식 장소를 알아내기 위해 전자 태그를 표시했지만 성과가 없다고 했으므로 현재까지 번식 장소는 알려지지 않았다는 (d)가 정답이다.
Alabama sturgeon 앨라배마 철갑상어 **critically** 심각하게 **endangered** 멸종 위기에 처한 **specimen** 표본 **in captivity** (우리에) 갇혀 있는 **tag** 태그, 꼬리표 **ground** 장소 **extinct** 멸종된 **thrive** 잘 자라다

28 Please mark your calendars for the annual Hope Presbyterian pot-luck dinner on June 4. The event, where everyone brings their own food, will take place in the church basement and much fun will be had by all. There will be music, games, sports and a raffle just like last year. This year's grand prize is a trip for two to Dayton Resort & Spa, with meals and accommodations included. Also, for the kids, we will have Rocko the Clown. We're hoping for a great time and beautiful, sunny weather. Please arrive at 6:00 p.m. with a dish to share.

Q: Which of the following is correct according to the announcement?

(a) The pot-luck is a once-only event.
(b) The church will provide all of the food.
✔ (c) The grand prize includes the cost of meals.
(d) The kids will be entertained by two acrobats.

번역 희망 장로교의 연례 포틀럭 저녁 파티를 6월 4일로 달력에 표시해 주세요. 모두가 자기 음식을 가지고 오는 이 행사는 교회 지하실에서 열릴 것이고 모두가 매우 즐거울 것입니다. 작년과 마찬가지로 음악과 게임, 스포츠, 추첨이 있을 것입니다. 올해의 대상은 식사와 숙박이 포함된 데이턴 리조트 & 스파의 2인 여행권입니다. 또한, 아이들을 위해서는 광대 로코가 나올 것입니다. 멋진 시간과 아름답고 맑은 날씨가 되길 바랍니다. 나눌 음식을 가지고 오후 6시에 도착해 주세요.

Q: 공고에 따르면 다음 중 옳은 것은?
(a) 포틀럭 파티는 일회성 행사이다.
(b) 교회가 모든 음식을 제공할 것이다.
(c) 대상에는 식사 비용이 포함된다.
(d) 두 명의 곡예사가 아이들을 즐겁게 할 것이다.

해법 이 행사는 연례적인 것이라고 했고, 음식은 각자 싸오는 포틀럭의 형태라고 했다. 아이들을 위해 광대 한 명이 초대될 것이며, 대상은 식사와 숙박 시설을 포함하는 여행권이라고 했으므로 (c)만 옳다.

mark 표시하다 **calendar** 달력 **annual** 연례의 **Presbyterian** 장로교의 **pot-luck** 포틀럭 파티 (각자 음식을 싸오는 파티) **take place** 열리다 **basement** 지하실 **raffle** 추첨 **grand prize** 대상 **accommodation** 숙박 시설 **once-only** 일회성의 **acrobat** 곡예사

29 The only American President to serve more than two terms, Franklin D. Roosevelt (FDR) was a pivotal figure in world events during the 20th century. He took office in the middle of the Great Depression, and it was his optimism and fiscal policies which helped the country emerge from it successfully. His package of economic programs, dubbed the New Deal, provided relief to unemployed workers and reformed many of the country's business practices. FDR also led the US during most of World War II, dying of a cerebral hemorrhage a mere 17 days before German forces surrendered.

Q: Which of the following is correct according to the passage?

✔ (a) FDR was America's longest serving President.
(b) The New Deal led to victory in World War II.
(c) FDR was also influential before taking office.
(d) The World War ended before FDR's death.

번역 두 번 이상의 임기를 지낸 유일한 미국 대통령인 프랭클린 D. 루스벨트(FDR)는 20세기 동안의 세계적인 사건의 중추적인 인물이었다. 그는 대공황 중에 취임했고 대공황으로부터 성공적으로 일어서도록 국가를 도운 것은 바로 그의 낙관주의와 재정 정책이었다. 뉴딜이라고 명명된 그의 경제 프로그램 패키지는 실직 근로자들에게 구제를 제공했고 국가의 많은 사업 관행들을 개혁했다. 독일군이 항복하기 단 17일 전에 뇌출혈로 죽은 FDR은 제2차 세계대전의 대부분 동안 미국을 이끌었다.

Q: 지문에 따르면 다음 중 옳은 것은?
(a) FDR은 미국의 가장 오래 봉직한 대통령이었다.
(b) 뉴딜 정책은 제2차 세계대전을 승리로 이끌었다.
(c) FDR은 취임 전에도 영향력이 있었다.
(d) 세계대전은 FDR의 죽음 전에 끝났다.

해법 루스벨트는 두 번 이상의 임기를 보낸 유일한 미국 대통령이라고 했으므로 가장 오래 봉직한 대통령이라는 (a)가 정답이다. 뉴딜 정책은 대공황을 타개한 경제 정책이었고, 취임 전의 영향력은 언급된 바 없으며, 세계대전의 종결 17일 전에 죽음을 맞았다고 했다.

term 임기 **pivotal** 중추적인 **take office** 취임하다 **Great Depression** 대공황 **fiscal** 재정적인 **emerge from** (빈곤에서) 일어서다 **dub** …라고 명명하다 **cerebral hemorrhage** 뇌출혈 **force** 군대 **surrender** 항복하다

30 I have always been a clumsy person. The clinical term is "accident-prone" and I think that perfectly describes my life. As a kid, I always crashed my bike more than other kids, dropped my schoolbooks in puddles more often than would seem possible, and ended up with more scratches than anyone I know. Between 1973 and 1987 my mother must have spent hundreds of dollars on bandages. Since then, little has improved. I trip over steps or bump into things on the sidewalk just as much as I used to as a kid.

Q: Which of the following is correct about the writer of the passage?

(a) He crashed into a car as a kid.
(b) He used to throw his books away.
(c) He spent a lot of money on bandages.
✔ (d) He is still prone to accidents in the street.

번역 나는 항상 서투른 사람이었다. 임상 용어로는 '사고를 내기 쉬운'이라고 하는데, 그것이 내 삶을 완벽하게 묘사하는 것 같다. 어린 아이일 때 나는 항상 다른 애들보다 많이 자전거를 망가뜨렸고, 가능해 보이는 것보다 더욱 자주 교과서를 웅덩이에 빠뜨렸고, 내가 아는 그 누구보다 더 많이 상처를 입었다. 1973년과 1987년 사이에 어머니는 붕대에 수백 달러를 쓰셨을 것이다. 그 이후로도 나아진 것은 거의 없었다. 아이였을 때 그랬던 만큼 많이 계단에서 걸려 넘어지거나 인도에 있는 물건에 부딪힌다.

Q: 지문의 글쓴이에 관해 다음 중 옳은 것은?
(a) 아이일 때 차에 부딪혔다.
(b) 자신의 책을 던져 버리곤 했었다.
(c) 붕대에 많은 돈을 썼다.
(d) 거리에서 여전히 사고를 내기 쉽다.

해법 마지막 문장에서 아직도 아이 때만큼이나 계단에서 넘어지고 보도에서 물건에 부딪힌다고 했으므로 still prone to accidents라고 표현하는 것이 옳다. 따라서 정답은 (d)이다. 자전거를 망가뜨렸고 책을 웅덩이에 빠뜨리는 사고를 냈고 어머니가 상처를 위해 붕대를 사는 데 많은 돈을 써야 했다는 내용이다.

clumsy 서투른 **clinical** 임상의, 병상의 **accident-prone** 사고를 내기[당하기] 쉬운 **crash** 망가뜨리다 **puddle** 웅덩이 **end up with** 결국 …로 끝맺다 **trip over** 걸려 넘어지다 **bump into** …에 부딪히다 **sidewalk** 인도

31 Orthodontic braces are devices used to correct the alignment of a person's teeth. The devices are generally metal but can be manufactured from plastic as well. The most common type consists of a single metal wire, called an arch wire, which is affixed to a person's teeth via brackets. The wire is tightened by orthodontists periodically to straighten and realign teeth through the application of force. Braces are commonly used in conjunction with other orthodontic devices to widen the palate or reform the jaw in some other way.

Q: Which of the following is correct according to the passage?
(a) Plastic braces are less effective than metal.
(b) The most common braces are double wired.
✔ (c) The teeth are forcibly moved by wires of a brace.
(d) Orthodontic braces are solely for straightening teeth.

번역 치열 교정기는 치아의 정렬을 바로잡기 위해 사용되는 장치이다. 이 장치는 일반적으로 금속이지만 플라스틱으로 만들어질 수도 있다. 가장 흔한 종류는 아치형 철사라고 불리는 금속 철사 하나로 이루어진 것인데 이것은 브래킷을 통해 사람의 치아에 부착된다. 철사는 힘을 가하여 치아를 정리하고 재정렬하기 위해 정기적으로 치열 교정 의사에 의해 조여진다. 교정기는 입천장을 넓히거나 턱을 교정하는 다른 교정 장치들과 흔히 결합되어 사용된다.

Q: 지문에 따르면 다음 중 옳은 것은?
(a) 플라스틱 교정기는 금속보다 덜 효과적이다.
(b) 가장 흔한 교정기는 이중 철사이다.
(c) 치아는 교정기의 철사에 의해 힘이 가해져서 움직인다.
(d) 치열 교정기는 치아를 정리하기 위해서만 쓰인다.

해법 가장 흔한 교정기는 한 개의 철사로 이루어져 있고 교정기는 치아를 정리하고 재정렬하기 위해 사용된다고 했으므로 (b)와 (d)는 오답이다. 철사로 힘을 가하여 치아를 움직이게 조정한다고 했으므로 (c)만 옳은 정보이다.
orthodontic brace 치열 교정기 alignment 정렬 arch 아치형 affix 부착하다, 붙이다 via …을 통해 bracket 브래킷 tighten 조이다 periodically 정기적으로 straighten 바로 잡다 realign 재정렬하다 application 적용 conjunction 결합 palate 입천장 jaw 턱 solely 유일하게

32 Looking for a place to stay for the upcoming semester? I have a lovely studio apartment located in close proximity to campus which I need to sublet. I graduated early this summer and have already accepted a position with a firm in another city. However, my current rental agreement goes through the end of the year. My apartment is on the north side of campus, meaning it's quiet but within walking distance of the campus' many bars and coffee shops. If you are interested, please contact me ASAP at the number provided below.

Q: Which of the following is correct according to classified ad?
(a) The apartment is located near the city.
✔ (b) The advertiser wants to sublet his place.
(c) The apartment is on the south side of campus.
(d) The advertiser lives near many quality restaurants.

번역 다가오는 학기에 머물 장소를 찾는 중이세요? 캠퍼스와 근접한 곳에 위치한 제가 재임대해야 하는 아름다운 원룸이 있습니다. 저는 이번 여름 조기 졸업했고 이미 다른 도시의 한 회사에서 일하기로 했습니다. 그런데 제 현재 임대 계약이 연말까지 이어집니다. 아파트는 캠퍼스의 북쪽에 있는데, 조용하지만 캠퍼스의 여러 바와 커피숍에 걸어갈 수 있는 거리에 있습니다. 관심이 있으시면, 바로 아래에 적힌 번호로 연락주세요.

Q: 광고에 따르면 다음 중 옳은 것은?
(a) 아파트는 도시 가까이에 위치한다.
(b) 광고자는 집을 재임대하기를 원한다.
(c) 아파트는 캠퍼스의 남쪽에 있다.
(d) 광고자는 여러 고급 음식점 가까이에 산다.

해법 광고자는 임대 계약이 끝나지 않은 자신의 아파트를 다시 빌려주기 위해 광고를 낸 것이므로 (b)가 정답이다. 아파트는 캠퍼스에 가깝고, 캠퍼스의 북쪽에 자리하고 있으며, 캠퍼스의 바와 커피숍에 걸어갈 수 있는 거리에 있다고 했다.
upcoming 다가오는 semester 학기 studio apartment 원룸 아파트 in close proximity to …에 근접하여 sublet …을 전대하다, 재임대하다 firm 회사 current 현재의 rental agreement 임대 계약 ASAP 바로, 즉시(as soon as possible) advertise 광고자

33 Playing live at Sam's Ale House this Saturday night are Jim and Dave, the city's most beloved solo folk acts, playing together for the first time. You'll recognize both of these names from their many appearances around town where they woo audiences with their silky voices and expert guitar picking. You'll be amazed when you hear them together making some of the most beautiful harmonies you've ever heard. Admission is $5.00 before 9 p.m., $10.00 after. You won't want to miss this very limited engagement.

Q. What can be inferred about Jim and Dave according to the passage?
(a) They normally play at larger venues.
(b) They can both play several instruments.
(c) They will play together again in the future.
✔ (d) They usually play without accompaniment.

번역 이번 토요일 밤에 샘스 에일 하우스에서 시민들에게 가장 사랑받는 솔로 포크 공연을 짐과 데이브가 처음으로 함께 공연하여 라이브로 연주합니다. 시내 곳곳에서 많이 출연하여 부드러운 목소리와 노련한 기타 주법으로 청중들을 사로잡은 이들의 이름을 모두 아실 것입니다. 그들이 함께 가장 아름다운 하모니를 만들어내는 것을 들으면 놀라실 것입니다. 입장권은 오후 9시 이전까지는 5달러이고 그 이후는 10달러입니다. 이 한정된 협연을 놓치고 싶지 않으실 것입니다.

Q. 지문에 따르면 짐과 데이브에 관해 유추할 수 있는 것은?
(a) 보통 더 큰 장소에서 연주한다.
(b) 둘 다 몇 가지 악기를 다룰 수 있다.
(c) 미래에 다시 함께 연주할 것이다.
(d) 보통 협연하지 않는다.

해법 첫 문장의 playing together for the first time의 부분에서 짐과 데이브가 처음으로 같이 공연하는 것이고 그들은 둘 다 잘 알려진 solo folk act를 한다고 했으므로 평소에는 솔로 공연을 한다는 것을 유추할 수 있다. 따라서 정답은 (d)이다.
beloved 사랑을 받는 folk act 포크 음악 공연 woo …을 얻으려고 (노력)하다 guitar picking 기타 주법 admission 입장권 engagement 협연 venue 장소 instrument 악기 accompaniment 협연, 반주

34 Ranging through the north-western mountainous regions of North America, Grizzly bears are a subspecies of brown bears. They can be distinguished from other species of brown bears by their shorter stature, longer claws, and the silver hairs on their backs from which they get their name. The Grizzly is thought to have migrated as much as 100,000 years ago across the land bridge which once connected Russia to Alaska. They proceeded south into what is now the United States and have moved back north as glaciers that once covered the region receded.

Q: What can be inferred from the passage?
✔ (a) Grizzly bear prefer colder climates.
(b) Other bears also have silver back hairs.
(c) Grizzly bears eat similar foods to polar bears.
(d) All species of brown bears originated in Russia.

번역 북미의 북서부 산악 지역에 분포하는 회색곰은 불곰의 아종이다. 그들은 더 짧은 신장과 더 긴 발톱, 그들이 이름을 얻게 된 등에 있는 은색 털을 통해 불곰의 다른 종들과 구별된다. 회색곰은 과거 러시아를 알래스카와 연결했던 육지 다리를 건너 십만 년 전에 이주한 것으로 여겨진다. 그들은 남쪽으로 가서 현재 미국 땅으로 진출했고 과거 그 지역을 덮고 있던 빙하가 후퇴함에 따라 북쪽으로 다시 이동했다.

Q: 지문에서 유추할 수 있는 것은?
(a) 회색곰은 추운 날씨를 선호한다.
(b) 다른 곰들 역시 등에 은색 털이 있다.
(c) 회색곰은 북극곰과 비슷한 먹이를 먹는다.
(d) 불곰의 모든 종들이 러시아에서 유래했다.

해법 회색곰은 러시아와 알래스카를 연결하는 곳에서 이주한 것이며 남쪽으로 진출했다가 빙하가 후퇴함에 따라 다시 추운 지방인 북쪽으로 돌아갔다는 부분을 통해 추운 날씨를 선호하고 있음을 알 수 있다. 그러므로 정답은 (a)이다.
range through 두루 분포하다 **mountainous** 산악의 **grizzly bear** 회색곰 **subspecies** 아종 **distinguish from** …와 구별하다 **brown bear** 불곰 **stature** 신장 **claw** 발톱 **migrate** 이주하다 **glacier** 빙하 **recede** 후퇴하다, 물러가다 **originate** 유래하다

35 Stating that true knowledge can only be attained through sense experience and that all forms of metaphysical speculation are to be avoided, Auguste Comte was the first to propound the positivist philosophy. He speculated that all societies go through the following three phases: theological, metaphysical, and scientific. In the first, people blindly accept that gods cause events; in the second, things are explained by metaphysical abstractions; and in the third, both previous stages are rejected and humanity exclusively relies on observed phenomena.

Q: What would Comte most likely agree with?
(a) Morality should come from established religions.
✔ (b) There is no higher power in the universe.
(c) Theology and science can work together.
(d) Experience is no guarantee to truth.

번역 진정한 지식은 감각적인 경험을 통해서만 얻을 수 있고 모든 형태의 형이상학적인 사고는 피해야만 한다고 표명한 아우구스투스 콩트는 최초로 실증 철학을 제의한 사람이다. 그는 모든 사회는 다음 세 가지, 즉 신학적인, 형이상학적인, 그리고 과학적인 단계를 거친다고 생각했다. 첫 번째 단계에서 사람들은 신이 사건을 일으킨다고 맹목적으로 받아들인다. 두 번째 단계에서 만물은 형이상학적인 추상화 작용을 통해 설명된다. 세 번째 단계에서 이전의 두 단계는 거부되고 인간성은 관찰된 현상에만 온전히 의존한다.

Q: 콩트가 가장 동의할 것 같은 것은?
(a) 도덕은 확립된 종교에서 나와야 한다.
(b) 우주에 더 높은 권력은 없다.
(c) 신학과 과학은 함께 작용할 수 있다.
(d) 경험은 진실의 보장이 될 수 없다.

해법 실증 철학의 창시자인 콩트는 모든 사회가 신학과 형이상학의 단계를 지나 경험적인 현상에 의존하는 단계에 이르게 된다고 주장하고 있으므로 우주 만물을 지배하는 높은 권력인 신이나 절대적인 존재가 없음에 가장 동의할 것이다. 따라서 정답은 (b)이다. 그는 초월적이거나 추상적인 사고가 아니라 감각적인 경험을 통해서만 진정한 지식을 얻을 수 있다고 주장했다.
sense experience 감각 경험 **metaphysical** 형이상학적인 **speculation** 사고, 성찰 **propound** 제의하다 **positivist philosophy** 실증 철학 **theological** 신학적인 **blindly** 맹목적으로 **abstraction** 추상 작용, 추상적 개념 **exclusively** 오로지, 배타적으로 **rely on** …에 의존하다 **observed** 관찰된 **phenomenon** 현상 **no guarantee to** …의 보장이 없다

36 Thank you for purchasing the Whip-o-matic Multi-Speed Blender. We hope that this product will provide you with years of maintenance-free enjoyment. However, we understand that sometimes plastic buttons break and motors burn out. For this reason, we offer a two-year warranty on all of our products. Please fill out the enclosed form and send it back, along with a copy of your receipt, to the address on the card within 30 days of your purchase.

Q: What can be inferred from the passage?
(a) The warranty does not cover multiple breakages.
✔ (b) The warranty card is included in the box.
(c) The blender is likely to malfunction soon.
(d) The blender is the cheapest of its kind.

번역 휘퍼매틱 변속 믹서를 구입해 주셔서 감사합니다. 저희는 이 제품이 여러분께 수년 동안 정비가 필요 없는 즐거움을 드리길 바랍니다. 그러나 때때로 플라스틱 버튼이 부서지고 모터가 소모될 수 있음을 압니다. 이런 이유로 저희는 모든 제품에 2년 보증을 제공합니다. 동봉된 양식을 작성하셔서 영수증과 함께 구입한 지 30일 이내에 카드에 적힌 주소로 돌려 보내주세요.

Q: 지문에서 유추할 수 있는 것은?
(a) 보증은 여러 번 파손된 것에 대해 보상하지는 않는다.
(b) 보증 카드는 상자 안에 포함되어 있다.
(c) 믹서는 곧 고장이 날 것 같다.
(d) 믹서 종류 중에 가장 싼 것이다.

해법 we offer a two-year warranty on all of our products에서 보증서가 다 제공된다는 것과 fill out the enclosed form and send it back ... to the address on the card에서 제품에 들어 있는 보증 카드에 돌려 보낼 회사의 주소가 적혀 있다는 내용이 나온다. 보증 카드가 박스 안에 들어 있다는 유추가 가능하므로 정답은 (b)이다.

multi-speed 변속 **blender** 믹서 **maintenance-free** 정비가 필요 없는 **warranty** 보증서, 보증 **fill out** ~을 작성하다, 기입하다 **enclosed** 동봉된 **a copy of** ~한 장 **receipt** 영수증 **address** 주소 **breakage** 파손 **be likely to** ~하기 쉽다 **malfunction** 고장이 나다

---

37 With just two months left before this year's World Athletics Championship, high jumper, Olaf Svensson, has suffered a lacerated tendon in his right knee which will take him off the Swedish track-and-field team. This comes as a real blow to the Swedes who were hoping for the gold medal. Now their hopes fall to newcomer, Karlo Larson. Svensson will recover from his surgery, but he will be cheering for his team from the sidelines.

Q: What can be inferred from the passage?
✔ (a) Larson is not as good as Svensson.
(b) Svensson's injury has ruined his career.
(c) Knee injuries are common for high jumpers.
(d) A silver medal is all Svensson would have won.

번역 올해 세계 육상 선수권 대회를 두 달 남겨두고 높이뛰기 선수인 올라프 스벤슨은 오른쪽 무릎의 파열된 힘줄 때문에 고생하고 있다. 이 일로 스웨덴 육상 경기 팀은 그를 제외시킬 것이다. 이는 금메달을 희망하고 있던 스웨덴 사람들에게 아주 큰 타격이다. 이제 그들의 희망은 신참인 카를로 라슨에게 향한다. 스벤슨은 수술에서 회복할 것이지만, 시합장 밖에서 팀을 위해 응원할 것이다.

Q: 지문에서 유추할 수 있는 것은?
(a) 라슨은 스벤슨만큼 잘하지 못한다.
(b) 스벤슨의 부상은 그의 경력을 망쳤다.
(c) 무릎 부상은 높이뛰기 선수들에게 흔하다.
(d) 은메달이 스벤슨이 딸 가능성이 있는 전부이다.

해법 This comes as a real blow to the Swedes who were hoping for the gold medal에서 This는 스벤슨이 부상을 입은 일을 가리키므로 스벤슨이 스웨덴 팀의 강력한 금메달 후보였음을 알 수 있다. 신인인 라슨에게 기대를 건다는 것은 라슨이 스벤슨 다음의 후보임을 나타내고 있다. 따라서 정답은 (a)이다. 경력을 망쳤다는 부정적인 내용은 언급되지 않았으므로 (b)는 오답이다.

athletics 육상 경기 **championship** 선수권 대회 **high jumper** 높이뛰기 선수 **lacerated** 파열된, 찢어진 **tendon** 힘줄 **take off** 물러나게 하다 **track-and-field** 육상 경기의 **real blow** 큰 타격, 심각한 상처 **fall to** …에게 할당되다, …의 의무가 되다 **cheer for** …을 응원하다 **from the sideline** 측변에서, 시합에 나가지 않고 **injury** 부상 **ruin** 망치다

38 Blogging is a great way for people to spread information on the Internet. (a) Many people use blogs to let their friends and family know what is happening in their life. (b) Other people use them to express how they feel about current events, a new movie, and so on. (c) The Internet has made it easier for people to do many things online, like grocery shopping and paying bills, without leaving their homes. (d) After a blog has been posted, others are able to leave comments which makes it an enjoyable, interactive experience.

번역 블로그는 인터넷에서 정보를 퍼뜨리는 좋은 방법이다. (a) 많은 사람들이 친구와 가족들에게 자신의 삶에서 일어나는 일에 대해 알리려고 블로그를 사용한다. (b) 다른 사람들은 그것을 시사 문제들, 새 영화 등등에 관해 자신이 느낀 것을 전달하기 위해 이용한다. (c) 인터넷은 집을 떠나지 않고 식료품 쇼핑이나 공과금을 납부하는 것과 같은 여러 일들을 온라인에서 더욱 쉽게 할 수 있게 만들었다. (d) 블로그가 게시된 후에, 다른 사람들이 그것을 더 재미있고 상호작용하는 경험으로 만들어주는 댓글을 남길 수 있다.

해법 블로그 이용에 관한 글이다. 사람들은 블로그를 통해 자신의 삶을 다른 사람과 공유하고, 생각을 표현한다. 그리고 블로그 댓글을 통해 타인과 상호 작용도 할 수 있다는 내용인데, (c)는 인터넷을 이용해서 할 수 있는 일이므로 전체적인 주제에서 벗어난다.

blogging 블로그 하기 **spread** 퍼뜨리다 **current event** 시사 문제
grocery shopping 식료품 쇼핑 **pay a bill** 공과금을 납부하다 **post**
게시하다 **comment** 코멘트, 댓글 **interactive** 상호작용하는

39 A wide variety of animals have been discovered in the deepest parts of the ocean. (a) Despite crushing depths and complete darkness, all kinds of creatures are able to thrive there. (b) Scientists are just now beginning to understand how creatures can survive at such depths. (c) But it is difficult to study live specimens because of the harsh environment they live in. (d) Sonar mapping has allowed researchers to get an accurate picture of their ocean environment.

번역 매우 다양한 동물들이 해양의 가장 깊은 곳에서 발견되어 왔다. (a) 압도적인 깊이와 완전한 어둠에도 불구하고 모든 종류의 생물체가 그곳에서 번성할 수 있다. (b) 과학자들은 생물체들이 어떻게 그런 깊이에서 살아 남을 수 있는지 이제 이해하기 시작했다. (c) 그러나 그들이 살고 있는 척박한 환경 때문에 살아 있는 표본을 연구하기가 어렵다. (d) 음향 지도는 연구자들이 그들이 사는 해양 환경의 정확한 그림을 얻도록 해주었다.

해법 심층 해양의 다양한 동물에 대한 내용이다. 환경은 척박하지만 많은 생물이 번성하고 있는데 과학자들은 그런 환경에서 생존이 가능한 이유를 이해하기 시작했다. 연구가 힘든 이유는 심해에 사는 동물을 표본으로 얻기 힘들기 때문이라는 설명이다. (d)의 음향 지도는 해양 지형과 관련된 내용이며, 전체적인 흐름과 무관하다.

variety 다양성 **despite** …에도 불구하고 **crushing** 압도적인 **depth** 깊이
creature 생물체 **thrive** 번성하다 **specimen** 표본 **harsh** 척박한
sonar 음향의 **accurate** 정확한

40 If you can remember a series of numbers 10 digits long, then you are rare among the human race. (a) The average human can hold only seven bits of information in their short-term memory. (b) Scientists refer to the memory used for immediate results as your working memory. (c) It is theorized that based on this presumption US telephone numbers were originally made seven digits long. (d) Numbers were long enough to route the call correctly, but were also easy to remember.

번역 일련의 10자리 길이의 숫자를 기억할 수 있다면 당신은 인류 중에 드문 경우이다. (a) 보통 사람은 7자리 정보만 단기 기억 장치에 보유할 수 있다. (b) 과학자들은 즉각적인 결과를 위해 쓰이는 기억을 작동 기억이라고 부른다. (c) 미국 전화번호가 원래는 7자리 길이로 만들어진 것은 이러한 추정에 기반을 두고 있다는 것이 이론화되었다. (d) 전화번호는 통화를 특정 노선으로 정확히 보낼 수 있을 만큼 충분히 길뿐만 아니라 기억하기에도 쉬웠다.

해법 보통 사람이 기억하기에 가장 좋은 숫자의 자리 수는 일곱 자리임을 설명하는 글이다. 미국 전화번호가 처음에 일곱 자리 숫자로 만들어진 것은 이것이 기억하기 쉽다는 추정을 가능하게 한다고 했다. 작동 기억이라는 개념을 설명하는 내용인 (b)는 자리 수와 관련된 주제와 무관하다.

a series of number 일련 번호 **digit** 자리 **rare** 드문 **average** 평균의
bit 조각 **short-term** 단기간의 **refer to A as B** A를 B라 부르다
immediate 즉각적인 **theorize** 이론화하다 **presumption** 추정 **route**
…을 특정 노선으로 보내다

Answer Keys

🎧 **Listening** Comprehension

1	(d)	7	(b)	13	(d)	19	(c)	25	(c)	31	(d)	37	(a)
2	(b)	8	(a)	14	(d)	20	(c)	26	(c)	32	(b)	38	(b)
3	(b)	9	(c)	15	(d)	21	(a)	27	(c)	33	(a)	39	(d)
4	(d)	10	(b)	16	(a)	22	(d)	28	(a)	34	(d)	40	(c)
5	(a)	11	(c)	17	(a)	23	(a)	29	(b)	35	(c)	41	(b)
6	(a)	12	(b)	18	(b)	24	(c)	30	(c)	36	(a)	42	(a)

43	(a)	49	(d)	55	(a)
44	(b)	50	(b)	56	(d)
45	(a)	51	(c)	57	(b)
46	(c)	52	(d)	58	(c)
47	(a)	53	(d)	59	(b)
48	(c)	54	(d)	60	(c)

📄 **Grammar**

1	(b)	6	(b)	11	(b)	16	(a)	21	(d)	26	(b)	31	(d)	36	(b)	41	(c)	46	(c)
2	(c)	7	(a)	12	(b)	17	(c)	22	(d)	27	(a)	32	(d)	37	(a)	42	(d)	47	(d)
3	(c)	8	(b)	13	(b)	18	(c)	23	(a)	28	(a)	33	(c)	38	(a)	43	(c)	48	(b)
4	(c)	9	(d)	14	(d)	19	(a)	24	(a)	29	(c)	34	(c)	39	(b)	44	(a)	49	(b)
5	(d)	10	(b)	15	(a)	20	(d)	25	(c)	30	(d)	35	(c)	40	(d)	45	(c)	50	(b)

📄 **Vocabulary**

1	(b)	6	(d)	11	(c)	16	(d)	21	(d)	26	(c)	31	(a)	36	(d)	41	(d)	46	(c)
2	(b)	7	(c)	12	(d)	17	(c)	22	(d)	27	(d)	32	(b)	37	(d)	42	(b)	47	(d)
3	(d)	8	(c)	13	(b)	18	(a)	23	(a)	28	(b)	33	(c)	38	(b)	43	(c)	48	(a)
4	(a)	9	(b)	14	(c)	19	(b)	24	(b)	29	(b)	34	(d)	39	(b)	44	(c)	49	(b)
5	(d)	10	(c)	15	(a)	20	(a)	25	(b)	30	(b)	35	(d)	40	(d)	45	(d)	50	(c)

✏️ **Reading** Comprehension

1	(b)	5	(c)	9	(d)	13	(d)	17	(d)	21	(d)	25	(d)	29	(a)	33	(d)	37	(a)
2	(h)	6	(c)	10	(b)	14	(a)	18	(b)	22	(c)	26	(c)	30	(d)	34	(a)	38	(c)
3	(a)	7	(a)	11	(a)	15	(d)	19	(b)	23	(d)	27	(d)	31	(c)	35	(b)	39	(d)
4	(b)	8	(d)	12	(a)	16	(d)	20	(c)	24	(b)	28	(c)	32	(b)	36	(b)	40	(b)

¡ *i* -TEPS Review

국내 최초 통합 영어능력 평가
*in*tegrated-TEPS

⇒ 의사소통에 필요한 듣기, 말하기, 읽기, 쓰기 능력을 통합하여 평가한다.

듣기, 말하기, 읽기, 쓰기 능력은 서로 밀접한 관계를 가진 요소로 듣기, 읽기 능력 혹은 말하기, 쓰기 능력만을 단순히 측정해서는 정확한 영어능력을 평가하기 어렵다. *i*-TEPS는 유기적인 연관성을 지닌 이 네 가지 의사소통 능력을 통합적으로 측정하여 수험자의 영어능력을 정확하게 평가한다.

⇒ 변별력과 신뢰도가 있는 시험이다.

i-TEPS는 국내 최고 권위의 영어능력 평가로 듣기, 읽기 분야에서 탁월한 변별력을 인정받은 TEPS와 국내 최초 CBT 방식의 영어 말하기·쓰기 시험인 TEPS-Speaking & Writing의 성공 노하우를 바탕으로 개발되었다. 실전 영어능력을 보다 정밀하게 측정할 수 있도록 세분화된 채점 요소를 적용하고 있으며, 출제자와 채점자를 어학 분야의 최고 전문가들로 선정하여 높은 신뢰도와 탁월한 변별력을 지니고 있다.

⇒ 실전 영어능력을 측정한다.

간단한 대화를 할 수 있는 능력부터 도표를 보고 발표하는 분석력과 구성력까지, 접하는 상황에 따라 필요한 영어능력도 다양하다. *i*-TEPS는 유학이나 비즈니스 등 특정한 분야에서의 영어 활용 능력을 집중적으로 평가하는 타 시험과는 달리, 비즈니스 상황을 포함한 다양한 영어 사용 환경을 재현하여 실질적으로 활용 가능한 영어능력을 평가한다.

⇒ 경제성과 효율성을 갖춘 시험이다.

i-TEPS는 타 통합 영어능력 평가시험에 비해 응시료가 저렴하다. 한 번의 시험으로 듣기, 말하기, 읽기, 쓰기 능력을 종합적으로 평가하여 각각의 영역을 별도로 평가해야 하는 타 시험과 비교해도 응시료 부담이 적다. *i*-TEPS는 최소의 시간과 비용으로 수험자의 영어능력을 정확히 측정하는 높은 효율성을 갖춘 시험이다.

i-TEPS 영역별 유형 및 설명

i-TEPS는 기존의 TEPS와 TEPS-Speaking & Writing 시험을 토대로 듣기, 말하기, 읽기, 쓰기 능력을 종합적으로 측정하는 통합형 시험으로 개발되었다. Listening, Grammar & Vocabulary, Reading, Speaking, Writing의 5개 영역에 걸쳐 약 3시간 동안 진행되며, 총 143문항, 400점 만점으로 구성되어 있다.

영역		문제유형	문항수	시간		총점
Listening	Part 1	짧은 대화를 듣고 이어질 대화로 가장 적절한 답 고르기	15	35분		80점
	Part 2	긴 대화를 듣고 질문에 가장 적절한 답 고르기	15			
	Part 3	담화를 듣고 질문에 가장 적절한 답 고르기	10			
Grammar & Vocabulary	Part 1	대화문의 빈칸에 가장 적절한 답 고르기	15	20분		20점
	Part 2	단문의 빈칸에 가장 적절한 답 고르기	15			
	Part 3	대화문의 빈칸에 가장 적절한 어휘 고르기	15			20점
	Part 4	단문의 빈칸에 가장 적절한 어휘 고르기	15			
Reading	Part 1	지문을 읽고 빈칸에 가장 적절한 답 고르기	10	40분		80점
	Part 2	지문을 읽고 질문에 가장 적절한 답 고르기 (1지문 1문항)	19			
	Part 3	지문을 읽고 질문에 가장 적절한 답 고르기 (1지문 2문항)	6			
Speaking	Part 1	간단한 질문에 대답하기	1(3)		답변 10초	100점
	Part 2	소리내어 읽기	1	준비 30초	답변 45초	
	Part 3	일상 대화 상황에서 질문에 답하기	1(5)	준비 15초	답변 10초	
	Part 4	그림 보고 연결하여 이야기하기	1	준비 60초	답변 60초	
	Part 5	도표 보고 발표하기	1	준비 120초	답변 90초	
Writing	Part 1	받아쓰기	1	10분		100점
	Part 2	이메일 쓰기	1	15분		
	Part 3	의견 쓰기	1	30분		
계						**400점**

 # TEPS 등급표

등급	점수	영역	능력검정기준(Description)
1+급 Level 1+	901~990	전반	외국인으로서 최상급 수준의 의사소통 능력 교양 있는 원어민에 버금가는 정도로 의사소통이 가능하고 전문분야 업무에 대처할 수 있음. (Native Level of Communicative Competence)
1급 Level 1	801~900	전반	외국인으로서 거의 최상급 수준의 의사소통 능력 단기간 집중 교육을 받으면 대부분의 의사소통이 가능하고 전문분야 업무에 별 무리 없이 대처할 수 있음. (Near-Native Level of Communicative Competence)
2+급 Level 2+	701~800	전반	외국인으로서 상급 수준의 의사소통 능력 단기간 집중 교육을 받으면 일반분야 업무를 큰 어려움 없이 수행할 수 있음. (Advanced Level of Communicative Competence)
2급 Level 2	601~700	전반	외국인으로서 중상급 수준의 의사소통 능력 중장기간 집중 교육을 받으면 일반분야 업무를 큰 어려움 없이 수행할 수 있음. (High Intermediate Level of Communicative Competence)
3+급 Level 3+	501~600	전반	외국인으로서 중급 수준의 의사소통 능력 중장기간 집중 교육을 받으면 한정된 분야의 업무를 큰 어려움 없이 수행할 수 있음. (Mid Intermediate Level of Communicative Competence)
3급 Level 3	401~500	전반	외국인으로서 중하급 수준의 의사소통 능력 중장기간 집중 교육을 받으면 한정된 분야의 업무를 다소 미흡하지만 큰 지장 없이 수행할 수 있음. (Low Intermediate Level of Communicative Competence)
4+급 Level 4	201~400	전반	외국인으로서 하급 수준의 의사소통 능력 장기간의 집중 교육을 받으면 한정된 분야의 업무를 대체로 어렵게 수행할 수 있음. (Novice Level of Communicative Competence)
5+급 Level 5	10~200	전반	외국인으로서 최하급 수준의 의사소통 능력 단편적인 지식만을 갖추고 있어 의사소통이 거의 불가능함. (Near-Zero Level of Communicative Competence)

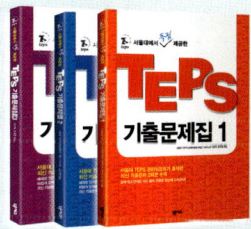

넥서스 TEPS
진품교재 리스트

TEPS 기출문제와 전략이 있으면
TEPS 1등급 가능하다!

서울대 TEPS관리위원회, TEPS 전문강사, 넥서스 TEPS연구소가 탄생시킨
영역별·점수대별·전략별 TEPS 매뉴얼

TEPS 공략 No.1
기본기부터 다진다

TEPS 내실을 위한 초중급 알짜 코스
전문강사들의 노하우 공개!

How to TEPS Starter
성경준 지음 | 25,000원(MP3 CD 1장 및 부록 포함)

How to TEPS L/C·R/C
L/C 전지현 지음 | 21,500원(카세트 테이프 별매)　R/C 송영규·김정민 지음 | 19,500원

서울대 기출문제 완전 공개, 출제 유형별 적응 훈련을 위한 교재

TEPS 기출문제집 1·2·3
서울대 TEPS관리위원회 문제 제공 | 1권, 2권 18,000원. 3권 19,000원(각 권 CD 2장 포함)

유형별로 분석한 NEXUS TEPS 기출 800
서울대 TEPS관리위원회 문제 제공·문덕 해설 | 25,000원(카세트 테이프 3개 포함)

서울대 텝스 관리위원회 최신기출 1000
서울대 TEPS관리위원회 문제 제공·양준희 해설 | 28,000원(CD 2장 포함)

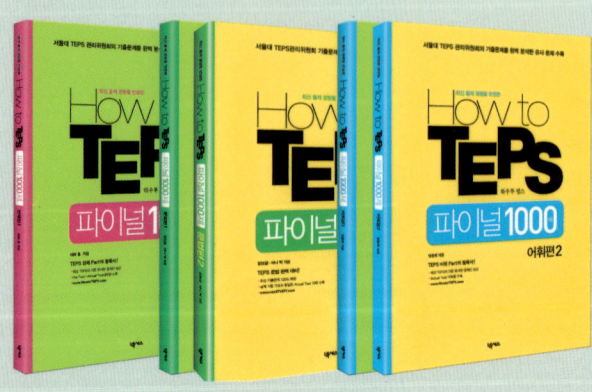

서울대 기출문제 완벽 복원
TEPS 영역별 대한민국 최다 문제 수록집

How to TEPS 파이널 1000 시리즈
청해편 1 테리 홍 지음 | 19,500원 (MP3 CD 1장 포함)
문법편 1·2 장보금·써니 박 지음 | 13,000원
어휘편 1·2 양준희 지음 | 13,000원

텝스 1등급 정복을 위한 고난도 실전 모의고사

HOW TO
TEPS

TEPS 기출문제 재구성 ● TEPS 800점 정복을 위한 모의고사 3회분 수록 ● 부록 : 휴대용 고난도 보카 매뉴얼＋MP3 CD 1장

넥서스 TEPS연구소 지음

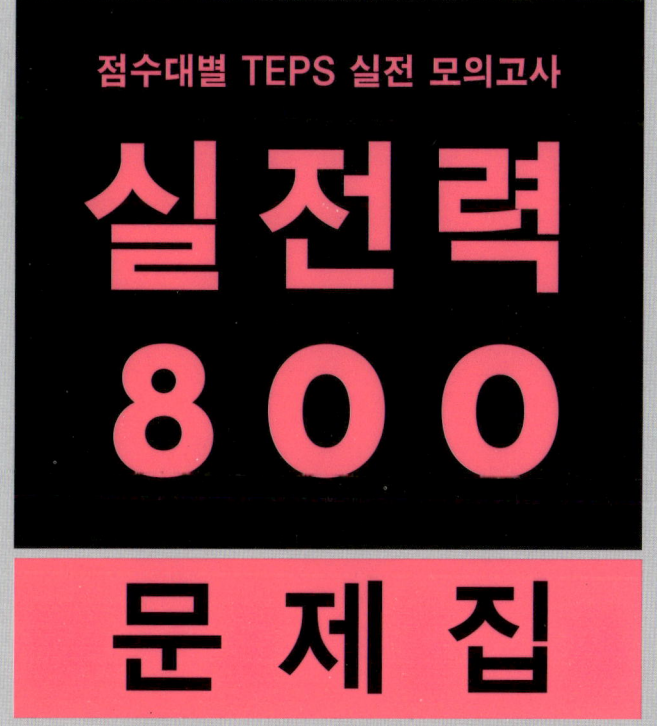

점수대별 TEPS 실전 모의고사

실전력
800
문 제 집

넥서스

HOW TO TEPS

점수대별 TEPS 실전 모의고사

실전력 800

문제집

Actual Test 1
Listening Comprehension   3
Grammar   7
Vocabulary   15
Reading Comprehension   23

Actual Test 2
Listening Comprehension   41
Grammar   45
Vocabulary   53
Reading Comprehension   61

Actual Test 3
Listening Comprehension   79
Grammar   83
Vocabulary   91
Reading Comprehension   99

넥서스

Actual Test 1

Listening Comprehension

Grammar

Vocabulary

Reading Comprehension

LISTENING COMPREHENSION

Part I **Questions 1—15**

You will now hear fifteen conversation fragments, each made up of a single spoken statement followed by four spoken responses. Choose the most appropriate response to the statement.

Part II **Questions 16—30**

You will now hear fifteen conversation fragments, each made up of three spoken statements followed by four spoken responses. Choose the most appropriate response to complete the conversation.

Part III **Questions 31—45**

You will now hear fifteen complete conversations. For each item, you will hear a conversation and its corresponding question, both of which will be read twice. Then you will hear four options which will be read only once. Choose the option that best answers the question.

Part IV **Questions 46—60**

You will now hear fifteen spoken monologues. For each item, you will hear a monologue and its corresponding question, both of which will be read twice. Then you will hear four options which will be read only once. Choose the option that best answers the question.

GRAMMAR

Part I **Questions 1—20**

Choose the best answer for the blank.

1. A: Should I choose the blue pen or the red one?

B: I don't think it makes _____ difference.

(a) any
(b) some
(c) either
(d) every

2. A: Look at all the dog hair on the couch. I'll have to vacuum.

B: Then, don't let the dog _____ around the house.

(a) roam
(b) to roam
(c) roaming
(d) to be roaming

3. A: Why didn't you join us at the park on Saturday?

B: I suppose I _____ have, but I wanted to stay home.

(a) can
(b) may
(c) could
(d) would

4. A: I'll just say sorry to my girlfriend, and she'll forgive me.

B: No, I _____ don't think that will work this time.

(a) a lot
(b) by far
(c) actually
(d) somewhat

5. A: Do you plan to do anything after school?

B: Sure thing, _____ to the shopping center.

(a) I went
(b) I'm going
(c) I will have gone
(d) I had been going

6. A: When are your textbooks arriving? They seem overdue.

B: Soon. I heard my order for those books _____.

(a) has already shipped
(b) have already shipped
(c) is being already shipped
(d) are being already shipped

7. A: The new editor here seems very diligent.

B: Oh, yes, she's much _____.

(a) than previous ones more conscientious
(b) more conscientious than previous ones
(c) conscientious than the ones were previous
(d) more than previous ones were conscientious

8. A: I think the suspect might try to flee.

B: Don't worry. We've got him _____ surveillance.

(a) atop
(b) upon
(c) under
(d) around

9. A: I left my bicycle outside just for a minute and it's gone!

   B: Oh, no. It _____ by a passerby.

   (a) has taken
   (b) had been taken
   (c) might have taken
   (d) could have been taken

10. A: People seem to be fatter these days.

    B: _____ too much junk food is what does it.

    (a) Eating
    (b) To eat
    (c) By eating
    (d) To be eaten

11. A: Shall I pick you up from the gym before 6 or after?

    B: After. By that time, I _____ my workout.

    (a) had finished
    (b) was finishing
    (c) will have finished
    (d) will have been finished

12. A: Didn't you know it was going to rain today?

    B: No. _____, my plans would have been different.

    (a) That I knew about
    (b) Had I known about that
    (c) About that I had known
    (d) I would have known about that

13. A: What did Dad call for?

    B: He wanted to say he was _____.

    (a) too late working to draft a report
    (b) working late drafting a report
    (c) to draft a report so working late
    (d) late working for a report drafting

14. A: What is your charity concert for?

    B: I plan to put _____ towards animal welfare.

    (a) proceed
    (b) a proceed
    (c) the proceeds
    (d) every proceeds

15. A: Why do you want to meet about the contract?

    B: To suggest some of its terms _____ to something else.

    (a) be changed
    (b) are changed
    (c) would change
    (d) will change

16. A: Who will you vote for in the election?

    B: That's easy, the person _____ I think has the best policies.

    (a) who
    (b) what
    (c) whom
    (d) whichever

17. A: How come you got in late to work this morning?

B: _____ I didn't leave early, I got caught in heavy traffic.

(a) Unless
(b) In case
(c) Because
(d) Even though

18. A: I don't have a ride to the party.

B: Then, you can come _____ Nancy and me.

(a) via
(b) amidst
(c) along with
(d) pursuant to

19. A: How did you get that bruise on your forehead?

B: I fell over, _____ my head on a chair.

(a) to hit
(b) hitting
(c) I had hit
(d) being hit

20. A: Have you finished your midterm essay yet?

B: No, I can't think of a good way _____ it.

(a) concludes
(b) to conclude
(c) for concluding
(d) will be concluded

Part II   Questions 21—40

Choose the best answer for the blank.

---

21. Despite increased tensions in the Middle East, the ambassador decided against _____ his trip to the region.

(a) postponing
(b) to postpone
(c) being postponed
(d) to have postponed

22. Bike riding is _____ and healthy sport that you can do solo or with the whole family.

(a) fun
(b) a fun
(c) this fun
(d) both fun

23. The manager was furious to discover that someone _____ away some important documents before he could read them.

(a) throws
(b) had thrown
(c) having threw
(d) had been thrown

24. Several Democratic senators _____ a health care bill containing a government-run insurance program.

(a) voiced optimism that Congress would pass
(b) would pass optimism that Congress voiced
(c) optimistically voicing Congress that would pass
(d) passed that would voice optimistically Congress

25. The graduate lost the opportunity to try out for a fantastic job because his application was late, _____ as it was just after the deadline.

    (a) submitted
    (b) to submit
    (c) submitting
    (d) was submitted

26. Environmental studies has become _____ a popular academic discipline that new courses are starting up on a regular basis.

    (a) so
    (b) all
    (c) such
    (d) much

27. _____ a term in office, the opposition party would most certainly reverse the economic policies of the incumbent party.

    (a) Gain they were to
    (b) To gain were they
    (c) They were to gain
    (d) Were they to gain

28. By understanding potential accident risks to children in the home and taking safety steps, it is possible to prevent _____.

    (a) itself
    (b) them
    (c) those
    (d) anyone

29. People were critical of the diplomat because he _____ international representatives with more respect and listened to what they had to say.

    (a) can have treated
    (b) may have treated
    (c) should have treated
    (d) would have treated

30. Bloggers tend to have all the liberties of a traditional journalist but _____ of the obligations.

    (a) few
    (b) least
    (c) little
    (d) a little

31. The stars in the disk of a galaxy orbit around the center similar to the way _____ planets orbit around the sun.

    (a) what
    (b) whose
    (c) of that
    (d) in which

32. Despite a wealth of travel experience, the businessman _____ never find his way around any of the cities he visited.

    (a) does
    (b) could
    (c) ought to
    (d) should

33. The Internet is now a major venue for interpersonal communication _____ teens and is dramatically changing the way they socialize.

(a) across
(b) among
(c) astride
(d) against

34. The lesson on human psychology _____ but also complicated for the students and they were full of questions about it.

(a) interests
(b) was interesting
(c) had interested
(d) should be interested

35. The hatred of the Jews and of the U.S. _____ to the susceptible minds of Islamic youth by religious fanatics for years.

(a) is indoctrinating
(b) had indoctrinated
(c) has been indoctrinated
(d) can have been indoctrinated

36. It was found that doctors too easily assumed their explanations had been understood, when clearly they _____.

(a) had not
(b) had not it
(c) had not them
(d) had not been that

37. Newsweekly.com charges a hefty $260 a year for subscriptions, _____ the market it is targeting presumably will not be large.

(a) as
(b) so
(c) until
(d) whereas

38. Every stationery item, computer accessory, storage folder, and writing utensil _____ discounted for one week only at Office Depot.

(a) is
(b) are
(c) has
(d) have

39. Tightening eligibility rules in the Norwegian disability benefit scheme in the early 1990s created _____ in applicants.

(a) sharp drop
(b) a sharp drop
(c) each sharp drop
(d) some sharp drops

40. _____ the furniture of the apartment, as well as throwing out some items, the tenant started to make everything look roomier.

(a) Rearranged
(b) Rearranging
(c) Being rearranged
(d) Had been rearranging

Part III **Questions 41—45**

Identify the option that contains an awkward expression or an error in grammar.

41. (a) A: I'm having a lot of trouble learning English.
    (b) B: I know. Sometimes it doesn't make sense.
    (c) A: Even for you? But you're much better at English than me.
    (d) B: No. I am quite often having made vocabulary errors.

42. (a) A: I'm so proud of you earning your physics degree. Well done!
    (b) B: Thanks to you. Your tutoring over the years enabled me to succeed.
    (c) A: Well, I just guided you, but you did all the long hours of studying.
    (d) B: Even so, I never have and nor will forget all of your help.

43. (a) A: That journal article you wrote had some interesting concepts.
    (b) B: Thanks. It certainly took a long time to put it together.
    (c) A: Where did the ideas you express in it come from?
    (d) B: I did little research but most of them are my own.

44. (a) A: What's the matter? You look upset about something.
    (b) B: I was driving to the mall and a child suddenly ran out across of me.
    (c) A: Oh, no. What did you do? There wasn't an accident, was there?
    (d) B: Yes, when I braked to miss the child, a car ran into the back of me!

45. (a) A: I heard you finally got a job. I guess you're pretty happy about it.
    (b) B: Yeah. I was just about out of money and had so many debts to pay.
    (c) A: Well, with a job you can pay all of your debts. You were lucky.
    (d) B: Right. If I hadn't found a job, I can have been in big trouble.

Part IV Questions 46—50

Identify the option that contains an awkward expression or an error in grammar.

46. (a) A Canadian woman was killed and her husband seriously injured in a bear attack in Ontario on Tuesday. (b) It is the latest in a series of bear-related incidents which have aroused countrywide attention. (c) Ontario Provincial Police said the couple was mauled during a camping trip in Missinaibi Lake Provincial Park. (d) The area where attack took place is home to many black bears and is known to be dangerous, officials said.

47. (a) Advances in science and technology have invariably been intertwined with social issues throughout history. (b) Because of that, every field of endeavor must of its advancements come to terms with the social implications. (c) Likewise, anyone researching a topic of social significance cannot ignore the science or technology related to it. (d) This is especially true in modern society, where the interrelations between technology and social issues are more acute than ever.

48. (a) It is clear that the FA 60 camera is a great successor to the FA 50, and it fixes some faults the FA 50 had. (b) The FA 60 is a smaller and lighter camera, which is better put together and deliver an increase in resolution. (c) Image quality is just as good as the more expensive FB-I 100, provided that you use a good-quality lens. (d) Overall, its new features, improved performance, and reduction in size and weight make the FA 60 a great camera.

49. (a) Naples, Italy, is a city known for its rich history, art, culture, architecture, music, and food. (b) With a history that goes back 2,800 years, Naples is one of the oldest cities of the Western world. (c) As such, the city has seen a multitude of civilizations come and go, each left their buildings and cultural legacy. (d) This has made Naples a beautiful city full of many historical monuments, including 448 historical churches.

50. (a) Cancer research has taken a new direction after data showed that some cancers disappear or shrink on their own. (b) This changes the thinking that cancers are a linear process, where cancer cells grow little by little by acquiring more and more mutations. (c) Researchers are starting to conclude that cancers have been required more than mutations to progress, and the whole body is involved. (d) They now suspect cancers need the cooperation of surrounding cells and even a person's immune system or hormones to grow.

This is the end of the Grammar section. Do NOT move on to the next section until instructed to do so. You are NOT allowed to turn to any other section of the test.

VOCABULARY

DIRECTIONS

This part of the exam tests your vocabulary skills. You will have 15 minutes to complete the 50 questions. Be sure to follow the directions given by the proctor.

Part I **Questions 1—25**

Choose the best answer for the blank.

1. A: This physics book is hard to understand.
   B: I know. It's pretty _____.

   (a) tangled
   (b) suspicious
   (c) complicated
   (d) supplementary

2. A: Did the sellers bring down their house price?
   B: No, they're _____ and refuse to do that.

   (a) altruistic
   (b) undeniable
   (c) submissive
   (d) intransigent

3. A: Hi Stacy, is your cold better today?
   B: Oh, yes. I'm feeling _____. Thanks.

   (a) lower
   (b) terrific
   (c) naughty
   (d) reduced

4. A: When I booked this suite, I thought it'd be larger.
   B: Don't _____ about it. It'll do fine.

   (a) fret
   (b) peruse
   (c) deform
   (d) disappoint

5. A: Are you interested in seeing a movie tonight?
   B: I can't. I'm _____ with homework.

   (a) dispelled
   (b) inundated
   (c) broached
   (d) contracted

6. A: Excuse me, is the Baxter Building located around here?
   B: It is in the _____, but I can't say where exactly.

   (a) locus
   (b) terrain
   (c) vicinity
   (d) expanse

7. A: Can you clean up your room today?
   B: OK, I'll make sure it's _____.

   (a) plain
   (b) tidy
   (c) sour
   (d) real

8. A: What do you think of this drawing I did?
   B: I like it. It's quite _____.

   (a) raw
   (b) loose
   (c) pretty
   (d) shining

9. A: Nancy says some really silly
things.

B: I know. I try not to _____ to
her.

(a) ear
(b) mind
(c) listen
(d) notice

10. A: I can't believe the panel chose that
job applicant.

B: Yes, they did so despite all of my
_____ not to.

(a) auditions
(b) entreaties
(c) reversals
(d) sequestrations

11. A: I regret not having prepared more
sandwiches for the picnic.

B: Yeah, we're going to _____
by the look of it.

(a) eat up
(b) run out
(c) finish up
(d) empty out

12. A: Diplomatic relations are taking a
turn for the worse.

B: We must _____ more talks as
soon as possible.

(a) initiate
(b) chasten
(c) eulogize
(d) comprise

13. A: I can't see where we collect our
baggage.

B: Check the flight numbers on the
_____.

(a) roundabouts
(b) terminals
(c) carrousels
(d) lineages

14. A: Why weren't you at work
yesterday?

B: I was feeling _____.

(a) dull
(b) sick
(c) barren
(d) undone

15. A: The teacher doesn't seem happy
today.

B: I know. He's in a bad _____.

(a) fog
(b) look
(c) style
(d) mood

16. A: That jacket doesn't look very
warm.

B: No, it doesn't have a very thick
_____.

(a) baring
(b) lining
(c) heating
(d) bulge

17. A: Do you still do a lot of photography these days?

    B: No. I just _____ in it.

    (a) batter
    (b) nibble
    (c) rattle
    (d) dabble

18. A: I'm learning the guitar quite quickly.

    B: Maybe you have a _____ for it.

    (a) rate
    (b) peer
    (c) talent
    (d) handle

19. A: Denise is late for our appointment.

    B: Yeah, she is not always _____.

    (a) liable
    (b) evident
    (c) punctual
    (d) convenient

20. A: Why don't you like going to work functions?

    B: Because invariably people just _____.

    (a) cry wolf
    (b) talk shop
    (c) beat the rap
    (d) drop the ball

21. A: Hi, this is Tom. I'm calling to apologize to Karen.

    B: I'm afraid she's _____ to speak to you at the moment.

    (a) inverted
    (b) unbidden
    (c) disinclined
    (d) emboldened

22. A: The other driver caused the accident.

    B: I agree. It was his _____.

    (a) fault
    (b) pressure
    (c) result
    (d) blame

23. A: You chose a really good apartment.

    B: Yes, it's in a(n) _____ location.

    (a) base
    (b) ideal
    (c) passionate
    (d) applied

24. A: Did you like my sandwich?

    B: Oh, yes, it was very _____.

    (a) fit
    (b) drab
    (c) tasty
    (d) bleak

25. A: I didn't like that action movie.

    B: Me, neither. It was too _____.

    (a) sharp
    (b) melodic
    (c) dominant
    (d) unrealistic

Part II Questions 26—50

Choose the best answer for the blank.

26. Slaves had to endure horrible
_____ on ships that took them
from Africa to the New World.

(a) filters
(b) articles
(c) patterns
(d) conditions

27. Introducing your children to good
books can _____ a love of
reading and greatly contribute to their
education.

(a) embalm
(b) cultivate
(c) inoculate
(d) pursue

28. Australia gave women the _____
to vote in 1902, while the USA,
Britain, and Canada gave women the
vote after the First World War.

(a) toll
(b) right
(c) notion
(d) attitude

29. The return of the bodies of the three
servicemen killed in action was an
occasion marked by a(n) _____
ceremony at the airbase.

(a) solemn
(b) gallant
(c) proprietary
(d) ostentatious

30. Anyone who uses _____ or
offensive language at any time on
these forums will be banned.

(a) rude
(b) tame
(c) rusty
(d) gradual

31. The British car industry is in decline
and as _____ as some of its
secondhand vehicles at the back of
used car lots.

(a) stagnant
(b) neglected
(c) remorseful
(d) quantified

32. A _____ on dodgy debt-
management firms looks likely after
the Government published a report
saying that the firms need to be
regulated.

(a) checkmate
(b) crossbreed
(c) countersink
(d) clampdown

33. If you need financial assistance, our
team of _____ can give you the
very best advice.

(a) drills
(b) subsets
(c) experts
(d) concepts

34. Global warming will threaten many wildlife _____ by increasing the risk of flooding in the winter and drought in the summer.

   (a) resorts
   (b) habitats
   (c) bioethics
   (d) obituaries

35. Although writer James Joyce spent his adult life outside Ireland, his fictions were _____ on his native Dublin, where he grew up.

   (a) filled
   (b) based
   (c) landed
   (d) floored

36. The Chinese have known about the health _____ of green tea for at least 4,000 years.

   (a) forms
   (b) senses
   (c) benefits
   (d) customs

37. The hardness of a diamond is due to the strong _____ forces between the carbon atoms of which it is made.

   (a) phobic
   (b) hooligan
   (c) cohesive
   (d) glutinous

38. Image-stabilization technologies are used to _____ for and overcome the shake and jitter common to digital camcorders and cameras.

   (a) substitute
   (b) neutralize
   (c) compensate
   (d) recompense

39. Shakespeare's *Romeo and Juliet* has become forever _____ with the classic idea of romantic love.

   (a) proven
   (b) reacted
   (c) bordered
   (d) associated

40. It is clear the government needs to _____ the laws, especially in relation to discrimination against women in the workplace.

   (a) flip
   (b) alter
   (c) charge
   (d) demean

41. Because of cuts to education funding students have to put up with _____ facilities and poor learning environments.

   (a) null
   (b) intense
   (c) stubborn
   (d) inadequate

42. According to the UN Environment Program, more than a million seabirds are killed every year because of plastic _____ in the ocean.

   (a) debris
   (b) caches
   (c) shingles
   (d) ancillaries

43. In the United States, _____ poverty is still a problem on small family farms and in remote country communities.

   (a) rural
   (b) range
   (c) nation
   (d) novice

44. A man was hurt in the car accident and was taken to Boston Medical Center to be treated for his _____.

(a) routes
(b) injuries
(c) sandals
(d) regards

45. A man who confessed to trying to help terrorists was _____ by a federal judge Thursday to more than eight years in prison.

(a) carted
(b) ridged
(c) ingested
(d) sentenced

46. Older people can _____ hypothermia even after experiencing relatively mild cold weather or a small drop in temperature.

(a) retry
(b) strike
(c) abstain
(d) develop

47. The third-ranked Thunder football team lost its first _____ of the season on Saturday with a 27-7 defeat.

(a) rack
(b) brush
(c) contest
(d) platoon

48. Exercise can give people a real sense of accomplishment and pride at having _____ a certain goal.

(a) tricked
(b) befallen
(c) achieved
(d) summoned

49. *Computer Evolution* is a very good book and would make a valuable _____ to any computer enthusiast's bookshelf.

(a) pinch
(b) sauce
(c) model
(d) addition

50. The excavation of the Great Temple at Petra by Brown University was _____ from 1993 through 1999.

(a) sown
(b) deluded
(c) trampled
(d) conducted

This is the end of the Vocabulary section. Do NOT move on to the Reading Comprehension section until instructed to do so. You are NOT allowed to turn to any other section of the test.

READING
COMPREHENSION

| Part I | Questions 1—16 |

Read the passage. Then choose the option that best completes the passage.

1. At Total Jeans you can forget the jargon and the hype. You don't need to know the meaning of low rise flares, slightly frayed, wide yoke, signature flap pockets. You don't need to worry what everyone else is wearing or squeeze into the latest skinny-girl styles. It's what suits you that counts. A perfect pair of jeans is what fits for your body type, size, and personal style. So let the staff at Total Jeans help you find the jeans that make you look great! It's a matter of _____. Visit Total Jeans for the right fit today!

   (a) durable quality jeans for a good price
   (b) what is best for you, not what is in fashion
   (c) looking good while dressed in the latest style
   (d) combining your jeans with the right accessories

2. The Battle of Dien Bien Phu in 1954 was a decisive battle at the end of the First Indochina War (1946-1954) between the French and the Viet Minh. It took place at the town of Dien Bien in northwestern Vietnam, where the French had foolishly garrisoned in a bowl-shaped valley surrounded by hills. They thought it impossible for the Viet Minh to put artillery in the hills and did not prepare for it. But the Viet Minh did just that, and on March 13, 1954, they attacked the French and eventually defeated them on May 7, 1954. To say the least, it was _____.

   (a) a terrible defeat for the French due to inept planning
   (b) a victory for the Viet Minh despite their tactical blunder
   (c) nothing like the operational failure previously imagined
   (d) a way for the French to gain control of the surrounding region

3. Scientists led by a former co-chair of the Intergovernmental Panel on Climate Change (IPCC) have warned in a report that UN negotiations aimed at tackling climate change are flawed because of miscalculations. The UN is basing its negotiations on substantial underestimates of the cost of adapting to climate change, while the real costs are 2-3 times greater than estimates, says Professor Geoffrey Lance, one of the report's authors. The report adds that the UN did not account for critical sectors, such as energy, manufacturing, retailing, mining, tourism, and eco systems. According to Professor Lance, the UN has _____.

(a) not seen the extent to which its report was wrong
(b) substantially misjudged the scale of the funds required
(c) recognized finance as the key to negotiating a climate deal
(d) failed to even consider the costs of adapting to climate change

4. Most older Americans have weathered the financial crisis relatively well, according to a University of Michigan study released today. However, many now expect to work longer before retirement than they did a year ago. The chances of working past 62 went up from 60 to 65 percent. The finding was based on data collected from 4,412 older Americans, many of whom said they were adversely affected by a decline in the stock market and home values. These factors were mainly what _____. The study also showed that the crisis took a psychological toll on older Americans.

(a) caused depression in some older Americans
(b) drove them to reassess their work expectations
(c) resulted in a sense of revived optimism for the future
(d) led many Americans to question government motives

5. Everyone procrastinates sometimes. We put things off because we don't want to do them, or because we have too many other things on our plates. However, when your procrastination leaves you feeling discouraged and overburdened, it is time to take action because it may have developed into a habit. But as you struggle to develop a different work habit, be gentle with yourself. Punishing yourself every time you realize you have put something off won't help you change. Change your habit gradually and be patient. You need to _____.

(a) avoid being too critical about people around you
(b) first learn why you took so long to do the essays
(c) slowly develop a more proactive mind-set over time
(d) get assistance from someone else if it is a big burden

6. In the late 1920s, people intentionally introduced birds known as Japanese white-eyes into Hawaiian agricultural lands and gardens for purposes of bug control. Unfortunately, that decision has led to native bird species having too little to eat, according to research published in *Biology Today*. The white-eye is a member of a bird family famous for expanding its range and consuming new types of prey. That has meant that native Hawaiian songbirds cannot rear normal-size offspring because of food shortages, and it is stunting their growth. The outcome is a classic example of _____.

(a) the threat that introduced species can pose
(b) mismanagement of Hawaii's farming resources
(c) why the white-eyes are now in serious decline
(d) a problem that previous generations handled better

7. Most anyone who listens to Illinois Public Radio has probably heard Laura Argent on the airwaves. She is an advocate and educator, an expert on culture and aesthetics, someone who can speak on anything from climate change to love sonnets to natural aphrodisiacs. Now, Argent has turned her craft to a memoir called *A Broadcasting Life* in which she traces her own life and work through a collection of personal vignettes. The book is written in the style you expect from someone with her background. She has a _____.

(a) style that is without doubt rugged and durable
(b) special admiration for the country folk in Illinois
(c) gift for radio talk shows that few others can match
(d) calm and literate voice that can inform on any topic

8.

Dear Customer Service,

I'm writing this letter because I wanted to express my opinion regarding some changes you've made recently to Value Mart's membership. First of all, I think your increased membership fee is excessive. For many years Value Mart has offered unbeatable prices. However, over the last few years, your prices have crept upward so that you are no longer competitive. What is the use of being a member? In addition, you've recently cut one of your main membership benefits. I'm speaking of your tire department's free flat-tire repair for members. In light of these aforementioned issues, _____.

Yours sincerely,
Stanley Baxter

(a) I want to extend my membership to six months
(b) it's just not an advantage to be a member any longer
(c) I believe members should get a refund on these tires
(d) it is clearly your obligation to reinstate me as a member

9. One educational problem of public schools is the larger school size and student population. That means students of public schools receive less individual attention than private school students. Another problem is that public school curricula may not be as refined as those of private schools. On the other hand, public school education offers certain advantages. For example, you have people from different socio-economic backgrounds, which teaches students to get along with others irrespective of their social status. Parents therefore should _____.

(a) send their children to a private school if at all possible
(b) be more active in the planning of their children's education
(c) analyze the pros and cons of both private and public schools
(d) think about what is best for the career their child wants

10. The board of directors of Computech Holdings Limited announces that Mr. Fung Pak Chow has resigned as compliance officer of the company effective January 18, 2010. This is due to his other business commitments. Mr. Fung confirmed that there is no disagreement with the Board and that there are no matters relating to his resignation that should be brought to the attention of the Stock Exchange of Hong Kong Limited and the shareholders of the company. The Board would like to express its appreciation to Mr. Fung for his _____.

(a) contributions to the company during his period of service
(b) professionalism and guidance as the company's director
(c) provision of this opportunity and assistance in the community
(d) ongoing outstanding cooperation and commitment to the company

11. My buddy Joel has helped me out a lot in life. He used to say that when something is bothering you and you can't figure it out, you should write it down. But this was the opposite of my philosophy. I thought it was a waste of time. Life's too short for writing about my problems—that's what I'd say to him. You just make a decision and stick with it. You take the good with the bad and keep on going. But as time went on I changed. I kept messing things up. So, I tried what he said. That's when I learned _____.

(a) that what I thought was right all along
(b) it really does pay to work things out on paper
(c) it was actually the reason I was messing things up
(d) that I really could improve my writing by practicing

12. Some animal behaviors and skills have more genetic or instinctive determinants than learned ones, while for other behaviors the opposite is true. Sometimes a mix of innate and learned influences determines behavior. A curious example of this is imprinting, which was first scientifically studied by one of the founders of animal behavior, Konrad Lorenz. Lorenz showed that for some young animals repeated exposure to an environmental stimulus establishes social behavior. Ducklings and chicks are an example, as they will follow and become socially bonded to the first moving object they encounter after hatching. This can be considered

_____.

(a) a perverted individual and social behavior trait
(b) a kind of learning with a very strong innate element
(c) an innate pattern with similarities to human development
(d) an opposite pattern to what might have occurred in nature

13. A Bristol University study finds that police are inaccurately assessing injuries because they lack medical expertise. Dr. Janice Munroe, who headed the study, said that police data on the severity of injuries suffered in vehicle crashes often differed significantly from injuries recorded in hospital discharge information. Fifteen percent of injuries recorded as minor by police at crash sites were actually life-threatening, while 48 percent of injuries recorded as serious did not meet hospital standards of serious injury. This then makes police traffic incident statistics highly inaccurate. Dr. Munroe said police consistently _____.

(a) record witnesses' statements inaccurately at accidents
(b) underestimate and overestimate the severity of injuries
(c) made mistakes while entering her statistical figures
(d) failed in medical programs they took at the university

14. The lives of art thieves and traffickers will be harder now thanks to the international police organization Interpol. It has created a database of stolen artworks online and is making it available to the public. The database represents Interpol's latest move in the fight against the trade of stolen property worldwide. By making the sale of stolen cultural objects more difficult, it creates a barrier to art thieves. The database contains information on some 34,000 stolen art works and is updated continually. Access is granted via application. The art world has enthusiastically greeted the initiative as important _____.

(a) for the dissemination of art in a saturated market
(b) to effectively counter the traffic in cultural property
(c) for policing the forgery of artworks around the world
(d) to educate the public about various great works of art

15. In academic or intellectual discourse, whether in science or in humanities, disagreeing with a conclusion, or pointing out its implausibility, does not disprove that conclusion. _____, it is necessary to look at the steps taken in an argument or thesis and question their validity and relevance. When an invalid step is discovered in an argument, we can then argue that the conclusion is invalid. In other words, one has to look for invalid, irrelevant or weakly supported steps taken by the speaker or writer that lead to his conclusion rather than focus on the conclusion itself.

(a) Instead
(b) However
(c) Likewise
(d) Regardless

16. In reviewing Frithjof Brauer's new album *Eternity*, one critic compared Brauer's playing to Rob Costlow. Well, there is nothing in common between Costlow's kitsch and Brauer's proficient improvisations. Maybe the romantic feel of *Eternity*'s first two tracks resembles Costlow's works, but only slightly. Brauer has more of a sensual touch and a greater emotional range than anything Costlow can produce. _____, it must be conceded that this album contains many derivative tracks. It is as if Brauer set out to emulate not Costlow but Keith Jarrett rather than develop his own style.

(a) Notably
(b) As a result
(c) Nevertheless
(d) On the contrary

Read the passage and the question. Then choose the option that best answers the question.

17. For your pasta business to succeed, you need to produce a wholesome product that tastes like homemade pasta. At Roma Machines, we will help you achieve that with our free guide to starting and running a pasta business. Our sales personnel will counsel you in the choice of shop location. Our engineers will develop the floor plans for the layout of all of the equipment you select and purchase. Then, following installation, we will give you a 10-day course on making pasta and using and maintaining the machinery. So for a successful pasta business, call Roma Machines today!

Q: What is the advertisement mainly about?
(a) Working at Roma Machines selling homemade pasta
(b) Setting up a pasta-making business with Roma Machines
(c) Using the expertise of Roma Machines to sell a business
(d) Fitting Roma Machines equipment in your business premises

18. Gordon Holbrook's novels, with their corny prose, cliffhangers, chase sequences, and conspiracies, are not what you would call literary. But millions of readers love them. His latest effort, however, may lose him some fans. *Deadly Symbols* is almost a rearranged version of his last effort. And on top of the sense of déjà vu, Holbrook fails to develop a tight plot and the novel wanders for pages before the action starts. Then when it does, it all descends into confusion. As far as Holbrook's thrillers go, it is no classic and fails to make the grade.

Q: What is the main idea about Gordon Holbrook's new novel in the review?
(a) It fails to reach the standards of classic literature.
(b) Its storyline is the same as one in a previous book.
(c) It lacks originality and suffers from a directionless plot.
(d) Its action sequences are unlikely to thrill Holbrook's fans.

19.

> Dear Editor,
>
> The article called "Overseas Calls to Make You Pay Up," about the Pakistani call center making collections, shows what is wrong with America today. So many hardworking Americans are in debt because they lost their jobs when their companies relocated jobs overseas. Now those same Americans are being harassed by a collection agency that is also located overseas, in Pakistan! Sadly, this is yet another example of how American companies have sold out the American worker and the future of our country in exchange for short-term financial gains. It is a disgrace.
>
> Peter Anderson
> Peppermint Grove

Q: What is the letter mainly about?
(a) The repercussions of job losses for the American economy
(b) The loss of call center jobs to a company located in Pakistan
(c) The betrayal by American companies in relocating jobs overseas
(d) The difference in the quality of services in Pakistan and America

20. For this report we examined the emissions at the Botnia Free Trade Zone, Uruguay, over the first year of operations. Our findings disagree with an earlier study conducted by EcoSure, dated December 2008, and at the request of the International Finance Corporation. Contrary to opinions expressed in that study, it is clear that Botnia has discharged great quantities of dangerous solid, liquid, and gaseous pollutants into the Uruguay River and into the atmosphere. Our more accurate assessment points to this pollution load causing serious and irreversible damage to the flora, fauna, and health of the inhabitants of the area within a few years.

Q: What is the main idea of the passage?
(a) People near Botnia are suffering from ongoing pollution.
(b) EcoSure's report on Botnia's pollution levels was fraudulent.
(c) Pollution at Botnia is detrimental to the Uruguay River's wildlife.
(d) Adverse pollution findings for Botnia contradict an earlier report.

21. Abolishing patent and copyright law sounds radical, but two economists at Washington University see it as a key to reviving the economy. Michael Stack and Alex Richards believe the current patent and copyright system is one of intellectual monopolizing that hinders rather than helps a competitive free market. It is comparable, they say, to medieval trade monopolies that were once so economically ruinous. They argue that license fees, regulations, and patents are now so misused that they drive up the cost of creation and slow down innovation, thus preventing inventions from entering the marketplace.

Q: What is the main idea in the passage?
(a) Free market excesses will eventually do harm to the economy.
(b) Intellectual monopolizing is a surer way to guarantee innovation.
(c) Economic progress depends on eliminating intellectual monopolies.
(d) Fees and regulations are weighing down the current patenting system.

22. The modern Goth culture movement is often criticized because its followers focus on melancholy and morbid subjects. But that does not make them evil. They are not Satanists, as is commonly thought, but instead encompass a wide range of religions, from Christianity to Buddhism. And though their fashions—dark clothes, hairstyles, pale skin, silver jewelry, and alternative music—attract negative associations, Goths are pacifists, tolerant of others, and simply believe in self-expression. If fact, members of the Gothic community like to define themselves as free thinkers.

Q: What is the main idea in the passage?
(a) Goths are deservedly objected to in most societies.
(b) Goth culture is far from being oriented towards evil.
(c) Goths rely on the dark side of life to express identity.
(d) Goth followers are to blame for their social alienation.

23. Researchers have found that many parents misinterpret common baby behaviors as milk intolerance and needlessly switch formulas from standard to hydrolyzed cow milk formula. The researchers from the Mead Nutrition Institute found that up to half of formula-fed infants experience a formula change during the first six months of life. Researchers said that parents are likely mistaking normal infant behaviors as signs of formula intolerance. They advised that parents should realize that while regurgitation, crying, fussiness, and colic can be signs of intolerances, similar episodes are also normal during early infancy.

Q: What is the best title for the article?
(a) Anxious Parents Misdiagnose Milk Formula Intolerance
(b) Parents Endanger Children with Improper Formulas
(c) Researchers Find Milk Formula Intolerance a Myth
(d) Infants with Formula Intolerances Confuse Parents

24. All students should adhere to our class cancellation policy. Due to the high demand for the many classes we offer, and out of respect for the commitments of our educators, it is important you let us know ahead of time if you have to cancel a class. In the event that you need to cancel your enrollment, you should give at least seven days notice before a class begins. No refund or credit will be given for any cancellation with less than one week's notice. Of course, if we need to cancel a class, we will extend a full refund to all who have signed up for it.

Q: Which of the following is correct according to the instructions?
(a) Restrictions on cancellation policies have been lifted.
(b) No cancellations are possible once a student is enrolled.
(c) Refunds are paid seven days after notice is given to cancel.
(d) Less than one week's notice leads to the forfeiture of a refund.

25. Don't miss out on our Gallons of Fun Getaway package! Now at San Diego Country Inn you can receive a $20 gas card to fill up your tank each night you stay with us. Don't let high gas prices spoil your holiday! Come and have some fun in the sun on us. We've got 70 miles of pristine coastline, attractions, and quaint beach communities. Experience it all! As always, at Country Inn you can also count on a complimentary hot buffet breakfast, outdoor heated pool, spa and fitness facility, and an on-site laundry service. Book now at 1-800-611-5575.

Q: Which of the following is correct according to the advertisement?
(a) Country Inn is offering a package tour discount.
(b) Gas in San Diego is more expensive than elsewhere.
(c) Guests at Country Inn will get $20 off their room rates.
(d) Accommodation at Country Inn includes a daily gas quota.

26. Observations of galaxy NGC 4945 suggest that it is a spiral galaxy much like our own Milky Way, with swirling arms and a bar-shaped central region. The galaxy is about 13 million light-years away in the constellation of Centaurus and it is thought to have at its center a supermassive black hole, which is devouring matter and blasting energy out into space. Observations revealed that NGC 4945's central bulge emits far more energy than calmer galaxies like our Milky Way, and astronomers suspect that the black hole is responsible for these high energy emissions.

Q: Which of the following is correct according to the passage?
(a) The Milky Way has a central region resembling that of NGC 4945.
(b) NGC 4945 is purported to be more massive than the Milky Way.
(c) NGC 4945 shows signs of harboring an inactive black hole.
(d) The Milky Way emits far more energy than galaxy NGC 4945.

27. According to a Blackstone Consulting Group study, the first worldwide contraction in assets under management in nearly a decade occurred as a result of the 2008 global recession. The study found that managed assets dropped 11.7 percent to $92.4 trillion. The U.S. was the region hardest hit, with a 21.8 percent decline in assets under management to $29.3 trillion. Also affected were offshore wealth centers, like Switzerland and the Caribbean, where assets declined to $6.7 trillion in 2008 from $7.3 trillion in 2007, an 8 percent drop. It is expected that a return even to 2007 levels of wealth will take around six years.

Q: Which of the following is correct about managed assets according to the report?
(a) They surged worldwide following a global recession.
(b) They have declined to a total of $21.8 trillion in the U.S.
(c) They had reached $29.3 trillion in the U.S. at the end of 2007.
(d) They were reduced by 8 percent in offshore wealth centers.

28. Born in Paris in 1905, Jean-Paul Sartre became one of the twentieth-century's most influential philosophers. He received a doctorate in philosophy in 1929 and took up teaching. This was interrupted by World War II, and then after the war he devoted all of his time to writing. Sartre's philosophy was that of existentialism, which regards human life as having no purpose and puts all importance on an individual's choices. Such ideas are set forth in his most famous work, *Being and Nothingness*. Sartre was awarded the Nobel Prize in 1964 but rejected it. He died in Paris in 1980.

Q: Which of the following is correct according to the biography?
(a) Sartre's philosophical work suffered due to World War II.
(b) Following World War II, Sartre sought to resume teaching.
(c) While working as a teacher, Sartre completed his doctorate.
(d) Sartre rejected the notion that life had an ultimate purpose.

29.

> To Whom It May Concern:
>
> I would like to take an opportunity to offer a formal recommendation for Alice Grinspoon. As the Senior Coordinator for EconTech, I have known Alice for three years and feel that she is a deserving candidate for your business school program. Alice joined EconTech as customer service representative. Demonstrating an incredible initiative and a strong dedication, she was soon promoted to team leader. It is my belief that Alice exhibits many of the qualities that are essential to business managers. So, I highly recommend Alice for your college program and hope that you will carefully consider her admission application.
>
> Sincerely,
> Max Field
> Senior Coordinator

Q: Which of the following is correct according to the letter?
(a) Alice is being recommended for a job at EconTech.
(b) EconTech initially hired Alice to work as a team leader.
(c) Initiative was among Alice's qualities that Max Field observed.
(d) Max Field supports Alice's application for a managerial position.

30. Forty years ago, a soybean field in the northwestern part of Shelby County, Indiana, became the site of the worst air disaster in Indiana's history. At 3:31 p.m. on September 9, 1969, DC-9 Flight 853 from Cincinnati, carrying 78 passengers and a crew of four, was on its landing approach. At the same time, a pilot in a single-engine Piper Cherokee was flying south to Columbus. The planes collided in midair. The tail of the DC-9 was sheared off and the single-engine plane was cut in half. Both planes plunged to the ground with the loss of 82 lives.

Q: Which of the following is correct according to the passage?
(a) Shelby County was the scene of an air disaster in the 1940s.
(b) Flight 853 collided with another plane when headed for Cincinnati.
(c) Seventy-eight people were on Flight 853 at the time of the accident.
(d) Flight 853 was brought down in a field by the loss of its tail section.

31. In the Russian town of Kraskino, archaeologists unearthed a large "ondol" heating system dating back to the 10th century Balhae Kingdom. This confirms that the kingdom was in fact a Korean settlement. The ondol under-floor heating system, where flues carry hot air below a living space, is a distinct feature of Korean dwellings. It is not found in the remains of Chinese or Mongolian dwellings. This find therefore conclusively disproves China's claims to Balhae as an ancient Chinese district. It clearly indicates that Balhae was a successor to Korea's Koguryo Kingdom.

Q: Which of the following is correct according to the passage?
(a) Kraskino was founded in the Balhae Kingdom during the 10th century.
(b) Remains of Mongol dwellings were found in the old Balhae Kingdom.
(c) Ancient Chinese tribes were known for the use of ondol systems.
(d) China no longer has grounds to insist on Balhae heritable links.

32. Buildit modeling and simulation software offers you a practical way to dynamically visualize and communicate complex systems and ideas. Easy to use, Buildit lets you build models, create environments, run simulations, test research, and learn by doing. It supports diverse learning styles and a range of storytelling features. Diagrams, charts, and animation help you discover or show relationships between variables in countless scenarios. Thousands of educators and researchers have made Buildit the gold standard, using it to study everything from economics to physics, literature to calculus, chemistry to public policy. Download a trial copy of Buildit now.

Q: Which of the following is correct about Buildit according to the passage?
(a) It is used by researchers to control robotic models.
(b) It is able to automatically generate teaching lessons.
(c) It is designed to simulate scenarios in numerous fields.
(d) It is currently the standard at thousands of universities.

33. Four satirical "playlets" by writer P.G. Wodehouse, recently rediscovered after being archived for 100 years, prove that Wodehouse was highly attuned to political nuances as a young man, despite often being regarded as apolitical. Wodehouse, best known for his comic creations—the all-knowing Jeeves and his egregious boss, Bertie Wooster—parodies debates in British politics in the satires. However, critics point out that while he was politically astute, Wodehouse was a very accommodating writer. He would deliver a piece to suit the political position of anyone who commissioned him.

Q: What can be inferred about P.G. Wodehouse from the passage?
(a) He was staunchly apolitical despite what critics think.
(b) His stance on politics was second to his writing goals.
(c) He loathed the conservatism of British politics at the time.
(d) His finest writing came as a result of well-paid commissions.

34. The Large Hadron Collider, a science experiment designed to study proton collisions, has two data recorders that measure the particles created in the collisions. These detectors generate huge amounts of data, which is only going to increase. So far, the analysis system has been able to keep up. That will change when the collider increases collision rates. Data loads will simply be too large to collect, distribute, and analyze as before. Also, there is still work to do. Physicists have to make sure the detector is properly aligned and calibrated.

    Q: What can be inferred about the Large Hadron Collider?
    (a) It might generate data that is beyond understanding.
    (b) It is unlikely to challenge any current views on physics.
    (c) It will not reveal new discoveries in physics any time soon.
    (d) It is going to be more costly to operate than physicists realize.

35. The most inventive moment in *The Detective* comes during the opening sequence. From there on, it is all humdrum. The movie misses the mark as a big-screen adaptation of a once-popular 60s TV series. Despite all the prerelease hype, it is formulaic and sophomoric. *The Detective* attempts to be funny, but most of its gags lack sophistication. There are the mandatory flatulence jokes and toilet humor—a good sign the script writers ran out of ideas. If there is any redeeming feature, the movie's zaniness and special effects will probably appeal to middle-schoolers.

    Q: What can be inferred about *The Detective* according to the review?
    (a) Its humor is liable to go over many people's heads.
    (b) The movie is not a success on account of bad acting.
    (c) People who anticipated it will be sorely disappointed.
    (d) There is something in it for the whole family to enjoy.

36. In the village of Gambatesa, Italy, where I grew up, people are particularly sensitive to ignorance or backwardness. It is deeply connected to our peasant origins and identity, and there are unique expressions in our dialect against ignorance or for criticizing ignorant people. These expressions strongly implied the need for education, which for people in Gambatesa, was a kind of medicine against ignorance. I believed the same thing, but when I got to university and lived among academics and scholars, I learned another truth, which was that ignorance has nothing necessarily to do with education.

Q: What can be inferred about the author?
(a) He has a low opinion of the education system in Italy.
(b) He is embarrassed about having grown up in Gambatesa.
(c) He thought his village generally had a lot of ignorant people.
(d) He encountered educated people he considered to be ignorant.

37. Spiro's Cafe is tucked away in Stonebridge—an area with an abundance of lunching places, but almost none this reviewer feels more than lukewarm about. Most insist on up-market prices for down-market food and service. Spiro's is the exception: there's a fixed selection of excellent Italian sandwiches and a couple of soups and salads of the day. Everything is simple, made from fresh ingredients, and is completely honest. You can just tell that the owners know and care about food. Drop into Spiro's at 37 St. Stephen's Street and see for yourself.

Q: What can be inferred about Spiro's Cafe?
(a) It is not well known because of its location.
(b) It serves lunch but does not open for dinner.
(c) It can be relied upon to provide value for money.
(d) It is run by an expert in traditional Italian cuisine.

Part III **Questions 38 — 40**

Read the passage. Then identify the option that does NOT belong.

---

38. Art Deco was a popular art design movement between 1920 and 1939, predominantly associated with architecture. (a) Buildings designed in Art Deco style were futuristic and embraced the machine age with their geometric, streamlined structures and decorations. (b) Furniture design, film, sculpture, clothing, jewelry, and graphic design were all influenced by the Art Deco style. (c) Yet Art Deco structures owed much to influences from many early cultures and historic periods too, especially to ancient Egypt. (d) Shapes and patterns in ancient monuments and art were borrowed by architects to reflect opulence, prosperity, and grandeur.

39. The writer Isaac Babel was born in 1894 in the Russian city of Odessa. (a) As such, he grew up in an atmosphere of persecution because he came from an openly Jewish family. (b) He began to write as a teenager and met Maxim Gorky, another Russian writer, who published several of Babel's stories in a periodical. (c) Throughout his career he ran into problems with Russian authorities for his controversial writing and opinions. (d) Babel still wrote while Stalin was in power, but in 1939 he was arrested and shot under false charges of being a spy.

40. Forming a concept involves organizing important characteristics of our experiences. (a) The degree to which we can do this effectively is a defining trait of human intelligence. (b) However, little is known about how the regions of the brain organize the world into separate concepts and use them for decision making. (c) Scientists have indeed pinpointed the regions responsible for our sense of personal space. (d) It is only known that the hippocampus region creates and stores concepts and passes the information onto the prefrontal cortex.

This is the end of the Reading Comprehension section. Please remain seated until the proctor has instructed otherwise. You are NOT allowed to turn to any other section of the test.

Actual Test 2

Listening Comprehension 💿

Grammar

Vocabulary

Reading Comprehension

LISTENING
COMPREHENSION

DIRECTIONS

1. In the Listening Comprehension section, all content will be presented orally rather than in written form.

2. This section contains 4 parts. In parts I and II, each passage will be read only once. In parts III and IV, each passage and its corresponding question will be read twice. But in all sections, the options will be read only once. After listening to the passage and question, listen to the options and choose the best answer.

Part I **Questions 1—15**

You will now hear fifteen conversation fragments, each made up of a single spoken statement followed by four spoken responses. Choose the most appropriate response to the statement.

Part II **Questions 16—30**

You will now hear fifteen conversation fragments, each made up of three spoken statements followed by four spoken responses. Choose the most appropriate response to complete the conversation.

Part III **Questions 31—45**

You will now hear fifteen complete conversations. For each item, you will hear a conversation and its corresponding question, both of which will be read twice. Then you will hear four options which will be read only once. Choose the option that best answers the question.

Part IV **Questions 46—60**

You will now hear fifteen spoken monologues. For each item, you will hear a monologue and its corresponding question, both of which will be read twice. Then you will hear four options which will be read only once. Choose the option that best answers the question.

GRAMMAR

Part I Questions 1—20

Choose the best answer for the blank.

1. A: How do you always get the copier fixed so quickly?
   B: The key is _____ nicely to the company technician.

   (a) speak
   (b) to speak
   (c) to have spoken
   (d) having spoken

2. A: _____ getting your visa at the immigration office?
   B: Unfortunately, I didn't. The line was just too long.

   (a) You succeed
   (b) Were you able
   (c) Did you succeed in
   (d) Have you been able to

3. A: I'm sorry for my mistake. _____ the application?
   B: Just follow the instructions on the second page.

   (a) How should I have filled out
   (b) I should have how filled out
   (c) How is this I fill out
   (d) This how do I fill out

4. A: You've worked at this company for a few years, right?
   B: Next month, I _____ here for five years.

   (a) will have been
   (b) have been
   (c) will be
   (d) am

5. A: Did you like your birthday party?
   B: I loved it! I wish you _____.

   (a) come
   (b) have come
   (c) had come
   (d) were coming

6. A: What were you doing when the boss yelled at Jim?
   B: I was seated at my desk, _____ to a coworker.

   (a) talk
   (b) to talk
   (c) talking
   (d) talked

7. A: Why do you like _____ specific kind of MP3 player?
   B: The color and shape is what appeals to me.

   (a) any
   (b) this
   (c) more
   (d) every

8. A: Is there _____ the application?
   B: Yes, you can pay an additional fee for expedited processing.

   (a) I can do to speed up anything of
   (b) to speed up anything I can do for
   (c) anything I can do to speed up
   (d) anything can I do to speed up

9. A: Didn't your boss _____ you last week?

   B: Yes, but then he started to see how valuable I was to him.

   (a) threaten firing
   (b) threaten to fire
   (c) fire threateningly
   (d) firing threaten

10. A: I can't believe _____ her driver's license at age 60.

    B: Well, it's never too late to try something new!

    (a) for her to finally get
    (b) at her finally get
    (c) that she finally got
    (d) that finally got

11. A: How did you know that Nancy _____ on time?

    B: It wasn't hard. She's always late.

    (a) would not be
    (b) not be
    (c) is not being
    (d) isn't

12. A: Susan, why don't we meet at the movie theater at 8 tonight?

    B: OK, _____!

    (a) You later catch
    (b) Later you catch
    (c) Catch later you
    (d) Catch you later

13. A: Shouldn't you just tell your boyfriend what happened?

    B: I'd really _____ that, but I'm afraid he'll never talk to me again.

    (a) prefer to doing
    (b) preferring doing
    (c) prefer to do
    (d) to prefer do

14. A: Where did Jill and Kevin first see each other?

    B: They _____ at our last party.

    (a) met
    (b) were met
    (c) are meeting
    (d) had been met

15. A: Be careful on the staircase. It's slippery.

    B: I appreciate the warning. I _____ notice.

    (a) can't
    (b) shouldn't
    (c) oughtn't
    (d) didn't

16. A: So, what is it that you really want to do?

    B: I'd like to quit engineering school _____ become an artist.

    (a) because
    (b) since
    (c) but
    (d) and

17. A: You really don't recall _____ me out tonight?

B: Now that you mention it, I remember that I did.

(a) promising to take
(b) to take a promise
(c) taking a promise
(d) promising taking

18. A: That's a cool new computer. I'll bet it's got a huge hard drive.

B: It sure does. It's _____ my old one.

(a) as four times bigger than
(b) bigger than four times as
(c) four times as big as
(d) as four times big as

19. A: How did you vote in the last election?

B: I voted for _____ candidates my parents did.

(a) whichever
(b) what
(c) that
(d) whom

20. A: Did you hear that the out-of-town conference has been cancelled?

B: Yes, _____ last week, I could have made other plans.

(a) have I known
(b) I knew
(c) had I known
(d) known was it

Part II **Questions 21—40**

Choose the best answer for the blank.

---

21. _____ the lecturer's idea was tenable, the student did not agree with it.

(a) Although
(b) Once
(c) Because
(d) Since

22. Doctors cannot determine _____.

(a) certainty of the patient lives how long
(b) how with certainty the patient will live long
(c) with certainty how long the patient will live
(d) that the patient with certainty will long live

23. The key to telling good from bad politicians is _____.

(a) into their backgrounds to delve
(b) delving into their backgrounds
(c) their delving of their backgrounds
(d) from into their backgrounds delved

24. Had I believed that Jonathan were a thief, there is no doubt that I _____ the matter over to the police.

(a) will be turned
(b) can have turned
(c) should be turned
(d) would have turned

25. The shepherd knew that if he lost _____ to wolves, he would not make it through the season.

    (a) few sheep
    (b) more sheeps
    (c) any more sheep
    (d) any one sheeps

26. The tourists were _____ that a new bus would soon arrive to replace the one that had broken down.

    (a) to learn grateful
    (b) grateful to learn
    (c) grateful to learn it
    (d) to learn it grateful

27. The professor said _____ about feeling overwhelmed during the first weeks of class.

    (a) to worry not
    (b) not worry
    (c) worrying not
    (d) not to worry

28. During the Civil War, the Confederate Navy _____ to counter the Union blockade.

    (a) was hastily assembled
    (b) hastily assembled
    (c) was hastily assembling
    (d) has been hastily assembled

29. The government announced today that it would need another week to determine whether _____ could be extended.

    (a) other unemployment benefit
    (b) the unemployment benefits
    (c) unemployment benefits
    (d) an unemployment benefit

30. _____ his fate at length, the convict began to weep.

    (a) Ponders
    (b) Having pondered
    (c) To ponder
    (d) Pondered

31. If the young boy continues down a reckless path, he will inevitably find himself in _____.

    (a) a trouble
    (b) troubles
    (c) trouble
    (d) each trouble

32. Having experience is the best way to know _____ to expect in any given situation.

    (a) what
    (b) for which
    (c) of that
    (d) that

33. You must first purchase a ticket _____ admission to the amusement park.

    (a) by
    (b) with
    (c) for
    (d) over

34. Before the change in the program requirements, five years _____ the average time it took to earn a Ph.D.

    (a) were
    (b) has been
    (c) have been
    (d) was

35. Had he not gotten a raise, the employee would not have remained _____ in his job for very long.

   (a) satisfy
   (b) satisfied
   (c) satisfying
   (d) to be satisfied

36. Finishing all of my term papers _____ than I had anticipated.

   (a) was easy
   (b) was easier
   (c) were easy
   (d) were easier

37. A land grant is a gift of immovable property that _____ certain rights and privileges.

   (a) conveyed
   (b) has conveyed
   (c) conveys
   (d) has been conveying

38. Due to widespread media attention, the relatively benign virus came _____ by millions worldwide.

   (a) to feared be
   (b) feared to be
   (c) be to feared
   (d) to be feared

39. The Renaissance _____ and continued on through to the end of the 16th century.

   (a) began in the 14th century
   (b) by the 14th century began
   (c) did begin 14th century
   (d) in the 14th century begins

40. As numerous studies show, U.S. schoolchildren _____ science and math skills.

   (a) trail other countries in
   (b) trailing by other countries
   (c) are trailed in countries of
   (d) in other countries trail their

Part III Questions 41—45

Identify the option that contains an awkward expression or an error in grammar.

41. (a) A: The experiment was a complete success!

(b) B: Well, I'm still not so sure about that.

(c) A: Why? We got most of the results we predicted.

(d) B: Even so, we better check the results again.

42. (a) A: I had been offered the job in Halifax! I'm so relieved.

(b) B: Wow! That's great news, honey. It's a beautiful city.

(c) A: I know, but I'm worried about getting our visas.

(d) B: It will all work out. I can't wait to move there.

43. (a) A: Hello, I'd like to confirm my flight reservation.

(b) B: What is full your name, please?

(c) A: My name is Richard George Ellis.

(d) B: Yes, Mr. Ellis. Your booking is confirmed.

44. (a) A: Will I need a root canal procedure, Dr. Anderson?

(b) B: I'm afraid so. We'll do it at your next appointment.

(c) A: I see. Should we do it quickly, although can it wait?

(d) B: Just make an appointment for some time next week.

45. (a) A: During the next period, of what class will be coming to the library?

(b) B: Mrs. Balmer's students will be here to do research for their geography projects.

(c) A: I see. Do we have everything set up and ready for them?

(d) B: Yes, I've already laid out the major books from our geography collection.

Part IV **Questions 46—50**

Identify the option that contains an awkward expression or an error in grammar.

46. (a) Research into animal behavior has consistently revealed a clear biological basis for the parent-child bond. (b) In the majority of species, both parents are genetically predisposed to care for their young, at least indirectly. (c) In some species, however, the father actually attacks and even kills his own children. (d) Grizzly bears or polar bears are two species that share this odd behavioral trait.

47. (a) "Miracle Clean" is the only product you will ever need to keep your entire home sparkling! (b) You won't believe how she will get your dishes spotless and clean dirty windows. (c) "Miracle Clean" is backed by an unconditional 30-day guarantee. (d) So, if you are not completely satisfied, just contact us for a full refund.

48. (a) The Brandenburg Gate in Berlin is an iconic landmark at the center of Cold War history. (b) During the Cold War, it was located in the "no man's land" between the two barriers that made up the Berlin Wall. (c) It was the backdrop to a famous speech making by President Reagan to tear down the Berlin Wall. (d) Now that the Berlin Wall has been torn down, the Brandenburg Gate is once again open to the public.

49. (a) International time is measured using the standard of "Greenwich Mean Time" (GMT). (b) "Greenwich" in this expression refers to the town of Greenwich, in England. (c) The various time zones throughout the world are expressed as a plus deviation or a minus deviation from Greenwich Mean Time. (d) For instance, without daylight savings, the time in New York City and Atlanta are GMT minus five hours.

50. (a) Most human societies in the past had some form of ritualized passage to manhood. (b) The rites were a major part of a young boy's life and often involved pain or physical challenges. (c) In the Apache tribe, for example, eligible boys were suspended above the ground using eagles' talons embedded in their chests. (d) In modern societies, however, such rites of passage are now subtle ceremonies, or disappears entirely.

This is the end of the Grammar section. Do NOT move on to the next section until instructed to do so. You are NOT allowed to turn to any other section of the test.

TEPS

VOCABULARY

DIRECTIONS

This part of the exam tests your vocabulary skills. You will have 15 minutes to complete the 50 questions. Be sure to follow the directions given by the proctor.

Part I Questions 1—25

Choose the best answer for the blank.

1. A: You look so sad. Is there anything
       I can do?

    B: No, I'll be _____.

    (a) back
    (b) over
    (c) fine
    (d) sorry

2. A: Hi, John! I'm surprised to see you
       today!

    B: Why's that? I always come in on
       _____.

    (a) notice
    (b) Saturdays
    (c) purpose
    (d) motorbike

3. A: It's late. Let's go and have a
       coffee!

    B: OK, I could use a _____.

    (a) stop
    (b) sitting
    (c) vacation
    (d) break

4. A: Professor, when will we cover
       World War II?

    B: I'll be _____ that subject
       next time.

    (a) going over
    (b) closing down
    (c) making up
    (d) stretching out

5. A: Did you break up with Andy
       because he was always lying?

    B: Yes. He is such a(n) _____!

    (a) snake in the grass
    (b) axe to grind
    (c) real McCoy
    (d) babe in the woods

6. A: What is the number for Johnson
       electronics?

    B: That number is 555-4312. Shall I
       _____ you?

    (a) assist
    (b) remind
    (c) connect
    (d) repeat

7. A: May I borrow your pen, please?

    B: I have several. So, you can
       _____ this one.

    (a) write
    (b) lend
    (c) owe
    (d) keep

8. A: I'm bored. What shall we do to
       pass the time today?

    B: I know! Let's go downtown and
       _____ a movie.

    (a) feel
    (b) catch
    (c) play
    (d) browse

9. A: How do I get to the stream?

   B: Just _____ a five minute walk down this dirt road.

   (a) wander
   (b) sprint
   (c) take
   (d) rate

10. A: I can't believe Susan behaved so badly!

    B: Yes. It was so _____.

    (a) admirable
    (b) helpless
    (c) shameful
    (d) beneath

11. A: Would you like a bag for your groceries?

    B: No, thank you. I can just _____ them.

    (a) handle
    (b) carry
    (c) pack
    (d) load

12. A: Minister Smith, are you against the new federal budget?

    B: Yes. The government has made many _____ assumptions.

    (a) idyllic
    (b) mistaken
    (c) elongated
    (d) stupendous

13. A: Don't you just love Robert Frost's poetry?

    B: Actually, no. It's really not my _____.

    (a) way
    (b) path
    (c) style
    (d) habit

14. A: Your baby can already walk really well.

    B: Oh, yes! She can _____ the stairs, too.

    (a) crawl up
    (b) wander down
    (c) slip through
    (d) run around

15. A: Excuse me. Can you direct me to the mall?

    B: Sure. Just take a sharp _____ over at the intersection.

    (a) drive
    (b) look
    (c) steer
    (d) left

16. A: I like studying with a group. How about you?

    B: No. I find it more _____ to work on my own.

    (a) delicate
    (b) gracious
    (c) advantageous
    (d) celebratory

17. A: What do you think of Mrs. Sullivan, our new teacher?

    B: She's not bad, but Ms. Ciccone was a better _____.

    (a) lecturer
    (b) officer
    (c) dealer
    (d) resister

18. A: Are you going to stop getting the newspaper home delivered?

    B: Actually, I've already _____ my subscription.

    (a) reviewed
    (b) wagered
    (c) threaded
    (d) cancelled

19. A: How much longer is it to the main highway?

    B: There's not far to _____.

    (a) move
    (b) go
    (c) grab
    (d) sow

20. A: You have such a magnificent dog! He seems well behaved, too.

    B: Not always. He can be quite _____ sometimes.

    (a) naughty
    (b) rigorous
    (c) substantial
    (d) argumentative

21. A: Your knee surgery was a complete success, Mr. Solomon.

    B: Thank you, Doctor. How soon can I start _____ again?

    (a) typing
    (b) throwing
    (c) bicycling
    (d) teaching

22. A: How was the test?

    B: No problem. It was a _____.

    (a) doubting Thomas
    (b) needle in a haystack
    (c) stick in the mud
    (d) piece of cake

23. A: Hello, front desk? Our sink _____ is stuck. We can't get any water.

    B: I'm sorry, Mrs. Habersham. We'll send up the plumber right away.

    (a) cornice
    (b) faucet
    (c) ladle
    (d) draw

24. A: Doctor, how soon will I be _____?

    B: Your arm is mending nicely, so maybe tomorrow.

    (a) discharged
    (b) considered
    (c) ousted
    (d) admitted

25. A: I added up all the expenses. Does that look right?

    B: Yes, your _____ looks correct.

    (a) argument
    (b) fiddle
    (c) tally
    (d) position

Choose the best answer for the blank.

26. Among many other teachings, Confucius _____ a simple, wholesome way of life.

(a) opposed
(b) advocated
(c) retracted
(d) deluded

27. During the month of June, the B21 Bus will not _____ between Flatbush Avenue and Ocean Parkway due to road construction.

(a) operate
(b) occur
(c) manifest
(d) saunter

28. According to a leading fashion magazine, this year's Academy Awards _____ the worst-dressed nominees ever.

(a) suggested
(b) grafted
(c) featured
(d) hastened

29. Inflation brings _____ to some people, since it reduces the value of savings.

(a) misfortune
(b) falsehood
(c) posture
(d) salute

30. Author D.H. Lawrence cynically _____ the journey through life as "a savage enough pilgrimage."

(a) vaunted
(b) paraded
(c) described
(d) relived

31. With our special seat properly _____, you never need to worry about your child's safety when you drive!

(a) installed
(b) marked
(c) labored
(d) stuck

32. Director Xu of the Chinese Space Agency announced today the successful launch and _____ of a new communications satellite.

(a) filtering
(b) orbiting
(c) maintenance
(d) capture

33. After enduring his third bitter divorce, Brian began to wonder if he was really _____ for married life.

(a) fluked
(b) worried
(c) celebrated
(d) suited

34. The only wine _____ to the name "Champagne" comes from the French region of the same name.

    (a) entitled
    (b) awarded
    (c) likened
    (d) situated

35. A solar panel's wiring must run to an inverter, which changes the sun's energy into _____ electricity.

    (a) correct
    (b) dubious
    (c) usable
    (d) amiable

36. Many restaurants in the State of Maine _____ in serving lobster to tourists and natives alike.

    (a) idolize
    (b) specialize
    (c) aggrandize
    (d) recognize

37. At most universities, it is still possible to _____ with a bachelor's degree in four years.

    (a) complete
    (b) graduate
    (c) score
    (d) finalize

38. Regular blood pressure monitoring is vital in order to _____ good health.

    (a) restrain
    (b) endure
    (c) presage
    (d) maintain

39. The Battle of the Bulge effectively foreclosed the _____ of a negotiated peace in Europe during World War II.

    (a) possibility
    (b) hilarity
    (c) instability
    (d) duplicity

40. When traveling, please _____ care with hand gestures, as those appropriate in one culture may be offensive in another.

    (a) vary
    (b) stray
    (c) announce
    (d) exercise

41. Burning trash in urban areas, especially those located in valleys and other low-lying areas, can _____ significant environmental damage.

    (a) gamble
    (b) put
    (c) lead
    (d) cause

42. Virtual Private Network software allows you to work on your home computer from almost anywhere in the _____.

    (a) world
    (b) terrain
    (c) universe
    (d) surrounds

43. Recent research in the development of antibiotics has uncovered a promising alternative to penicillin for drug _____ disease strains.

    (a) denying
    (b) enforcing
    (c) resistant
    (d) insistent

44. The _____ Cindy Lauper, with her multi-colored hair and odd on-stage antics, was a singing sensation in the 1980's.

    (a) obscure
    (b) dire
    (c) staid
    (d) eccentric

45. Lingering animosities and the politics of labor versus management _____ company negotiations.

    (a) congealed
    (b) clarified
    (c) conceived
    (d) complicated

46. Our new computer monitor _____ 50% less power than our competitors' models.

    (a) consumes
    (b) prevents
    (c) commingles
    (d) recoils

47. The new CEO _____ his reputation on improving profitability by 40% by the end of the first quarter.

    (a) languished
    (b) flowed
    (c) staked
    (d) bereaved

48. The Dalai Lama was long ago _____ from his native Tibet and has never returned.

    (a) struggled
    (b) exiled
    (c) deformed
    (d) revered

49. Government and corporate corruption have a profoundly _____ effect on all levels of society.

    (a) generous
    (b) altruistic
    (c) corrosive
    (d) vacuous

50. In breaking from the Catholic Church, King Henry VIII declared himself the chief _____ of the Church of England.

    (a) authority
    (b) dichotomy
    (c) apostate
    (d) deviant

This is the end of the Vocabulary section. Do NOT move on to the Reading Comprehension section until instructed to do so. You are NOT allowed to turn to any other section of the test.

READING
COMPREHENSION

Part I Questions 1—16

Read the passage. Then choose the option that best completes the passage.

---

1. Despite his continuing personal popularity, the President's agenda is in trouble, just as we predicted. Increasing numbers of registered voters are voicing their objections to his attempts to nationalize industries, raise taxes, and deprive the people of their rightful place at the seat of political power. This is precisely what we said he would do on this blog. This is why we have repeatedly criticized the President. Finally, people _____.

   (a) have someone new to vote for
   (b) will benefit because of our efforts
   (c) now know what we warned about
   (d) can see that he has changed his ways

2. Everyone knows people who have no sense of direction, and others who never seem to get lost. What explains the difference? It has long been established that those with inner ear problems frequently suffer from vertigo (dizziness at extreme heights) and poor balance. Scientists now think that this is related to a sense of direction. What part the inner ear plays in this will not be clear without further studies. For the moment at least, it is certain that a correlation exists _____.

   (a) among people who do not get dizzy
   (b) despite a person's sense of direction
   (c) in relation to vertigo and inner ear problems
   (d) between the inner ear and a sense of direction

3. Internet product placement is an innovation that may revolutionize the way in which goods and services are advertised. Well-known products often appear in movies, as a subtle form of advertising. In a similar way, online videos may soon feature products chosen randomly from a bank of paying advertisers. For instance, a billboard that appears in a news story could be digitally altered to advertise products. In this way, different products _____.

   (a) are chosen by viewers by pressing a button
   (b) could be seen every time it was viewed
   (c) are advertised in movies at the cinema
   (d) might be improved by consumers

4. National culture _____. For example, around the middle of the last century, movies like *In the Heat of the Night* helped to break stereotypes about African-Americans. More recently, serious films such as *Philadelphia* and lighter fare like *In and Out* have made the general public more receptive to gay rights. So, while some people might criticize the effect of movies on culture, sometimes movies can lead to moral progress and a better understanding of people within society.

(a) is greatly influenced by the movie industry
(b) largely ignores the importance of movies
(c) could not exist without the film industry
(d) is criticized as superficial nowadays

5. Grade inflation has been a problem for decades, but it remains a largely taboo topic in the minds of university administrators. The increasingly consumer-oriented approach to education, in which "students" are practically "clients," exerts pressure on administrators to encourage their professors to be less rigorous in their grading. Add to that the fact that professors are evaluated by their students. These factors make it difficult for institutions to _____.

(a) stop students from plagiarizing
(b) reverse the effect of past policies
(c) enforce rigorous assessment standards
(d) force administrators to change grading policy

6. The *Popular Scientist* makes the exciting world of science and technology _____. With quality writing by recognized experts in their field, the complex is made understandable for the lay reader. A one-year subscription to our magazine costs only $26, a mere 50 cents per week, and will expand your mind as it opens your eyes. If you are not satisfied, you may cancel your subscription at any time for a full refund of your remaining balance.

(a) available in several languages
(b) accessible to the average person
(c) less expensive for you to learn about
(d) even more thorough and comprehensive

7. When Christopher Columbus explored a series of islands in what is now called the Caribbean Sea, he thought that he had in fact landed in India, which had been the goal of his famous voyage across the Atlantic Ocean. In reality, however, he had unknowingly landed close to the continents of North and South America and discovered a series of islands. _____, the islands came to be called the "West Indies" and their geography and culture "West Indian"—names that they bear to this day.

(a) Bowing to longstanding local tradition
(b) Owing to Columbus' expert navigation
(c) Notwithstanding evidence of where he was
(d) Both despite and because of Columbus' error

8.

Dear Mr. Savarese:

It has been brought to my attention that when you returned your most recently rented tool, a riding lawnmower, there was considerable damage to one of the blades. You are liable for this damage. As much as we value you as a long-standing customer with an excellent rental record, I am afraid that we will have to charge you for the damage done to our equipment. Please _____. We appreciate your continued patronage and look forward to seeing you again soon. Thank you very much.

(a) remit the sum of $70.00 for the damaged blade
(b) consider this a friendly reminder to be more careful
(c) accept my sincere apology for the damage that was done
(d) find a check for $70.00 enclosed to cover the damage

9. Thomas More was a major literary, religious, and political figure during the late Middle Ages and early Renaissance. The famous author of *Utopia* was the Lord Chancellor of England under King Henry VIII. When Henry established The Church of England and named himself as its head, he demanded that More, a devout Roman Catholic, renounce his allegiance to the Pope. More famously refused, saying "I am the King's good servant, but God's first." Catholics and non-Catholics alike have praised Thomas More's _____.

(a) pragmatic approach to a difficult problem
(b) unwavering faith in the face of opposition
(c) extensive religious, political, and literary works
(d) willingness to put duty to the King above conscience

10. The societal role of children changed in the West after the Industrial Revolution. But for many children growing up during the Industrial Revolution, life was hard. They worked long hours for low wages and had little opportunity for education. With the advent of laws regulating child labor and mandating school attendance, the situation improved more and more. Today, children live lives and have opportunities that their forebears could scarcely have imagined. Conditions for children now are

_____.

(a) a marked improvement over the past
(b) still below the standards they used to have
(c) full of more study and less physical activities
(d) getting harder and harder because of competition

11. Although art is a fundamentally an individual endeavor, the cultural context in which it occurs is significant. To cite one example, Pablo Picasso's style has been accurately described as "unique," but his subject matter was drawn largely from the events of the day. Among Picasso's most famous works is "Guernica," an abstract painting inspired by the civil war in his native Spain. Had Picasso lived in another country, he might never have painted such a work. His expression would have had a different focus, _____.

(a) since cultural context determines style
(b) and he may not have supported the war
(c) because innovation is limited by culture
(d) however similar his style might have been

12. The world marketplace engages in international business and trade, which is the engine of globalization. So called "Gunboat Diplomacy" opened Japan, and eventually most of Asia, two centuries ago to direct commerce with the West. However, Asian goods have been in Western marketplaces for thousands of years, thanks to the Silk Road connecting the Arab world to the Far East. Those who engage in global business today are part of an extensive tradition, _____.

   (a) as modern day imperialists
   (b) going back hundreds of years
   (c) with deep roots in world history
   (d) despite the problems of globalization

13. Quentin Tarantino has come a long way from the video rental store where he was once employed. The former video clerk's first breakout movie, *Reservoir Dogs*, was followed a few years later by 1994's *Pulp Fiction*, which set a new standard for avant-garde and "alternative" films. Tarantino was soon popular the world over. More recent films, like *Grindhouse* and the *Kill Bill* have not been as successful either critically or financially. Nonetheless, his movies _____.

   (a) are known for their excessive violence
   (b) still appeal to mainstream moviegoers
   (c) have been universally panned by critics
   (d) did not register strong box office numbers

14. The place of homework in middle and high schools has long been a bone of contention in the field of educational theory. On one hand, giving students no homework means that all work must be done during classroom hours, which is widely regarded as impractical. On the other hand, some say, too much homework stifles student drive and creativity. The new consensus among experts is that a bit of each method works best. In other words, educators should _____.

   (a) punish those who do not do homework
   (b) stop students from working too hard
   (c) focus on education, not on sports
   (d) strike an appropriate balance

15. With over 200 employees and 2,000 satisfied corporate clients, Waycross Services is the solution to your network challenges. Our trained consultants will work with you to customize the best approach to your company's particular situation. Size is no consideration. _____, we can outfit a small single-office company with a simple encrypted server, yet are also equipped to satisfy the more extensive and complex needs of a multi-national corporation. Please contact us for a free consultation.

(a) Despite this
(b) For example
(c) Instead
(d) Moreover

16. The International Society of Paranormal Researchers (ISPR) will hold its annual meeting from June 5-10 in Sydney, Australia. Despite many misconceptions about what paranormal researchers do, and misunderstandings on the part of the general public, there is nothing strange or occult about ISPR. There are some who describe ISPR as an insular group that shields itself from outside scrutiny. Nothing could be farther from the truth. _____, we welcome visitors at our conference and encourage questions from believers and skeptics alike. We hope that you'll join us!

(a) Rather
(b) Otherwise
(c) Meanwhile
(d) Incidentally

Read the passage and the question. Then choose the option that best answers the question.

17. Recent health research has revealed a surprising fact: weight loss depends more on diet than on exercise. In a controlled experiment, people who both exercised daily and ate a prescribed fat-burning diet lost only slightly more weight than those who ate the same diet, but did not exercise. The unexpected results underscore a new, controversial finding: diet beats exercise for losing weight.

Q: What is the best title for the passage?
(a) Trying to Lose Weight? Exercise Does Matter
(b) Diet Alone is Most Effective Means of Weight Loss
(c) Weight Loss Study Confirms Conventional Wisdom
(d) Study Proves Weight Loss More Dependent on Diet

18. Are you tired of the same old routine? Do the winter blues have you down? Then take a trip to the land down under: Australia! Melbourne and Sydney are two of our major cities, but don't forget to visit our glorious rural coastline, and make sure to check out the fascinating geography and geology of the outback, where kangaroos are as common as rabbits. With so much to do, you'll never run out of places to see and explore!

Q: What is mainly being advertised?
(a) Australian vacation spots
(b) A travel agency in Australia
(c) Tourist packages to Australia
(d) Australian holidaying customs

19. The study of English literature includes works dating back to ancient times. Beginning with a Scandinavian epic, *Beowulf*, students often move on to literature from the Middle Ages, such as Chaucer's *Canterbury Tales*, which can be difficult because of the old English they were written in. Then they might study William Shakespeare, who produced some of the greatest literature in world history, before moving on to John Milton's poetry and the works of other Renaissance writers.

Q: What is the passage mainly about?
(a) The Great Bard William Shakespeare
(b) English literature and its development
(c) Major influences on Modern English writers
(d) Early works often studied in English literature

20. Please remember that on Friday the workday will end at noon, and an outdoor company party will be held at Anscombe Park, in order to celebrate the 20th anniversary of the founding of our company. Maps are available on the company website, and spouses and children are welcome to attend. There will be food and games. Attendance is mandatory until at least 4 pm, after which you are free to do as you wish. Those who return to work will be eligible for overtime pay.

Q: What is the announcement mainly about?
(a) A company-wide event
(b) A new family-friendly policy
(c) A change in the work schedule
(d) A clarification of overtime rules

21. Consolidated American Ventures (CAV) has a long history of corporate social responsibility. Throughout our 50 year history, we have strived to be a leader in our community. The most recent example of our many outreach projects is our newly opened homeless shelter and soup kitchen. Our shelter provides safe, free, temporary housing to over 50 individuals and 15 families, and our kitchen serves over 200 people per day. With our eyes on the bottom line and our hearts in our community, CAV is both a great investment and force working for the greater good.

Q: What is the passage mainly about?
(a) Reasons to invest money in a company
(b) A center to help hungry and homeless people
(c) Fostering corporate and community partnerships
(d) A company that strives to improve its community

22. As successful as Nazi Germany's propaganda efforts were, people often forget the role of Adolf Hitler in their success. Credit is appropriately given to those directly involved in crafting the lies told to the German people and to the world, but it was Hitler's famously tendentious oratory that gave credibility to such blatant untruths. It took a greatly skilled speaker like him to make the Nazis' unprovoked assaults on Poland and Russia, to cite only two examples, look like self-defense.

Q: What is the best title for the passage?
(a) Nazi Propaganda's Easy Success
(b) Two Targets of Nazi Propaganda
(c) How Nazi Aggression Was Planned by Hitler
(d) How Hilter Helped Nazi Propaganda Succeed

23. George Washington remains a source of many legends, myths, and misunderstandings. On the one hand, many people do not know that he declined when asked to become King of America. On the other, many stories, like the one about his confessing to having cut down a cherry tree, simply have no basis in reality. In a slightly different vein, errors about his highest military rank prior to the Revolutionary War (Lieutenant Colonel), and claims he was not directly involved in the Constitutional Convention are either factual errors or simple confusions.

Q: Which of the following is correct about George Washington according to the passage?
(a) He was offered the title of King, but refused it.
(b) He told everyone about cutting down a cherry tree.
(c) He served as Colonel during the Revolutionary War.
(d) He played little role in the crafting of the U.S. Constitution.

24. Grocers' boxes served as makeshift goals in the earliest examples of the game now called "basketball." They were often nailed to buildings and wooden poles. Some believe that the tendency of the grocers' boxes to break apart after extended play motivated the shift from square "box" to round "basket." Had that change had not been made, perhaps we would now be seeing millions of box-ball fans cheering for their favorite teams!

Q: Which of the following is correct, according to the passage?
(a) "Basketball" used to be called "boxball."
(b) Early basketball games were played by grocers.
(c) Baskets were used in the first basketball games.
(d) Baskets replaced boxes as basketball developed.

25. Paula Cole began her transition from relative obscurity to brief stardom as a member of singer Peter Gabriel's tour. Before long, Cole had her own opening act for Gabriel, and shortly thereafter she emerged as a star in her own right. With hits like "Where Have All the Cowboys Gone?" and undeniable skill as a live performer, Cole was featured regularly on music programs and elsewhere. Unfortunately, Cole's promising debut did not lead to the lasting fame that many expected, although she is still part of the music scene.

Q: Which of the following is correct, according to the passage?
(a) Paula Cole left music after failing to achieve fame.
(b) Peter Gabriel is the reason for Paula Cole's success.
(c) Peter Gabriel sung "Where Have All the Cowboys Gone?"
(d) Paula Cole is no longer prominent within the music scene.

26. For a limited time, Flagmore Dog Breeders is reducing prices on many breeds. Springer Spaniel puppies are only $250, and purebred Dobermans can be purchased for $300. Some excellent mixed breeds sell for as little as $75. This sale may end without notice, so please see us soon! We provide verifiable ancestries and family histories for every purebred dog we sell. We also guarantee the health of all of our dogs with a veterinarian's certificate.

Q: Which of the following is correct, according to the passage?
(a) The purebred dogs are all selling for a flat price of $250.
(b) The store guarantees the parentage of mixed breeds.
(c) The prices are subject to change at any time.
(d) The sale will continue indefinitely.

27. Ile de France literally means "The Island of France," but it does not refer to a French occupied island. Ile de France refers to the region surrounding the French capital of Paris, and includes the capital itself. As the cultural, political, and social center of France, it is, metaphorically speaking, an island of sorts, set apart from the rest of the country. The cultural life of Ile de France is also quite different from that in the smaller cities and provinces.

Q: Which of the following is correct about the Ile de France, according to the passage?
(a) It is an island that the French had colonized.
(b) It is an area outside and not including Paris.
(c) It lies in the southern region of France.
(d) It has its own distinctive culture.

28. A debate has raged for years over the use of statistical sampling in conducting the U.S. Census. The U.S. Constitution calls for "an actual enumeration," which makes the use of statistical sampling questionable from a legal and constitutional standpoint. Advocates of sampling point out its efficiency and alleged accuracy. Opponents retort that the Constitution simply does not permit statistical sampling and that in the absence of an amendment to the Constitution, the next Census must be "an actual enumeration."

Q: Which of the following is correct about statistical sampling, according to the passage?
(a) It has not been the subject to debate for many years.
(b) It is no longer utilized for compiling the U.S. Census.
(c) It has no supporters because of alleged inaccuracies.
(d) It is not the method prescribed by the Constitution.

29. Eugene Delacroix's most famous painting, *Liberty Guiding the People*, commemorates the Revolution of 1830, in which Charles X was removed from power in France. Delacroix regarded it as a patriotic effort, and deliberately included elements borrowed from the earlier French Revolution. While working on the painting, he declared to his brother, "if I haven't fought for my country, at least I'll paint for her." The French government purchased *Liberty* in 1831. Today, *Liberty* is one of the most famous exhibits in Paris' Louvre Museum.

Q: Which of the following is correct, according to the passage?
(a) Delacroix's *Liberty* honored the life of Charles X.
(b) Delacroix did not fight in the Revolution of 1830.
(c) Delacroix refused his government's offer to buy *Liberty*.
(d) Delacroix donated *Liberty* to the Louvre Museum in 1831.

30.

Dear Tenant:

We are writing to inform you of new requirements regarding trash collection and removal. Beginning April 1, you will be required to put your trash in an approved animal-proof plastic or metal container, with a firmly closing and lockable lid. This change has been made due to ongoing problems with non-approved trash cans. These problems included vermin infestation and trash strewn across streets by heavy winds. We hope that the new regulations will put an end to these issues. We thank you for your cooperation as we try to keep our streets clean.

Q: Which of the following is correct, according to the passage?
(a) The new trash requirements begin in August.
(b) The new bins must be impervious to animals.
(c) The spread of vermin has so far not been a problem.
(d) The new bin regulations will not solve all trash issues.

31. The results of a new study designed to test the correlation between consumption of red meat and colon cancer have just been released. The researchers behind this five-year, double-blind project, which was conducted by The Rushmore Clinic, expected to be able to replicate the results of previous studies, which had found such a link. The correlation in this case, though not negligible, was insufficient to establish statistical significance that matched other studies. Further research is planned.

Q: Which of the following is correct, according to the passage?
(a) The results of the new study are expected soon.
(b) The colon cancer study was conducted over 10 years.
(c) The results of the new study differed from previous studies.
(d) The Rushmore Clinic found no cancer linked with meat eating.

32. Inspired by Konrad Lorenz's groundbreaking insights into animal behavior, and particularly the process of bonding between newborns and caregivers, three child psychologists have launched a massive, long-term infant research project. The project will test the extent to which early bonding between human babies and their primary caregivers causes what animal researchers like Lorenz have called "imprinting." The study will track the behavioral traits of subjects from birth to early adulthood, via yearly interviews and evaluations. The traits, attitudes, and behaviors of the subjects will be tracked and compared to those of their primary caregivers as infants.

Q: Which of the following is correct about the research project?
(a) Animal babies and human babies will take part in the study.
(b) The leading researcher is a scientist called Konrad Lorenz.
(c) Researchers will look at infants' genetic background.
(d) Caregiver behavior traits will be scrutinized.

33.

To the Editor:

I read with dismay your newspaper's opinion piece yesterday, titled "What To Do about Government Spending." As much as I admired the truly thoughtful discussion of this serious problem, I was shocked and saddened by the final sentence: "In the end, though, we may have to put up with a certain amount of government inefficiency in order to get the services we so badly need." To highlight rampant government waste and then to simply excuse it is cowardly and unprincipled. Please cancel my subscription.

Sincerely,
Jennifer Dechene

Q: What can be inferred about the writer?
(a) She is highly critical of the government spending.
(b) She has been a long-time newspaper subscriber.
(c) She disapproved of the entire opinion piece.
(d) She tolerates a little government waste.

34. A recent report comparing the mathematical problem solving abilities of humans and chimpanzees may give you pause. When set against first-year college students, chimpanzees performed relatively simple mathematical problems more quickly and accurately. Although chimpanzees did poorly when faced with more complex problems, their success in beating their human competitors in basic addition and subtraction surprised researchers. In the words of one project team member, "Either the chimps are a lot smarter than we suspected, or our educational system is even worse than often feared."

Q: What can be inferred from the passage?
(a) Students are not taught enough complex math in high schools.
(b) Chimpanzees may have better memories than some humans.
(c) Humans outperformed chimpanzees on difficult problems.
(d) Chimpanzee intelligence has been consistently overrated.

35. The U.S. Department of the Treasury and The Federal Reserve have the difficult task of monitoring and balancing the supply of U.S. currency. As old bills are taken in by banks and other financial institutions, they are replaced with newer ones, and the old bills are destroyed. This is usually done on a one-to-one basis, but this system can also serve as a useful way of injecting additional cash into the money supply, or removing excess currency. The former has an inflationary effect, while the latter is a tool for curbing inflation.

Q: What can be inferred from the passage?
(a) Banks and financial institutions prefer old bills in circulation.
(b) Printing extra currency is a good way to reduce inflation.
(c) New bills have the same code numbers as old bills.
(d) Removing currency has a deflationary effect.

36. A group of ornithologists have done the seemingly impossible. They have brought "dead" birds back to life. By selectively mating members of related species that share the dominant traits of the extinct species, these scientists were able to breed birds that share up to 99% of the original species' DNA. Now they will focus their efforts on persuading their colleagues worldwide to recognize the "new" species as a continuation of the "extinct" one. Without such recognition, they say, their groundbreaking work may come to nothing.

Q: What can be inferred about the project?
(a) It can only work with certain type of birds.
(b) It replicates what can actually occur in nature.
(c) Its success depends on other scientists' opinions.
(d) It will lead the way to the breeding of dinosaur species.

37. "Politician" is a dirty word to many people. Politicians are regarded as crooks, liars, and cheats who live off of the labor of hardworking citizens. This only tells part of the story, however. Although it is true, sadly, that many politicians abuse their power and position for personal gain, many others do not. We do a disservice to those men and women who serve honestly and ably, often for little or no pay, when we paint the whole lot with the same broad brush of corruption.

Q: What can be inferred as the author's opinion?
(a) There are more good politicians than bad ones.
(b) Citizens are to blame for voting in bad politicians.
(c) Stereotyping is unfair to politicians who are honest.
(d) Politicians do not deserve positive characterizations.

Part III **Questions 38—40**

Read the passage. Then identify the option that does NOT belong.

38. Recent medical advances have given new hope to the millions of people in impoverished regions who suffer from skin cancer. (a) This is welcome news to the world's most vulnerable populations. (b) However, lack of clinics and resources means that treatable skin cancer remains deadly for them. (c) "Doctors without Borders" is working to prevent that by implementing affordable treatment options. (d) Despite this, the mortality rate for those in industrialized nations has been historically low.

39. The Governor has ordered Interstate 5 closed for 30 miles north of Los Angeles due to wildfires. (a) The fires have caused heavy smoke to cross the roadway, leading to hazardous driving conditions in the region. (b) The Interstate system, which was instituted during the 1950's under President Eisenhower, rarely suffers closures. (c) Drivers are requested to find alternate routes to their destinations and stay off the Interstate. (d) State Police have blocked entrances, in order to ensure compliance and to protect public safety.

40. The term "Generation Gap" entered common parlance in the U.S. during the 1960's. (a) Younger people used the term as a way of expressing their affection and respect for their elders. (b) The term epitomized the divergent perspectives on life of the generation from World War II and those of their children. (c) Because every generation differs from the one that preceded it, the term is now widely used. (d) It has entered into the language of common culture and is referred to everywhere from academic texts to advertising.

This is the end of the Reading Comprehension section. Please remain seated until the proctor has instructed otherwise. You are NOT allowed to turn to any other section of the test.

Actual Test 3

Listening Comprehension (CD)

Grammar

Vocabulary

Reading Comprehension

TEPS

LISTENING COMPREHENSION

DIRECTIONS

1. In the Listening Comprehension section, all content will be presented orally rather than in written form.

2. This section contains 4 parts. In parts I and II, each passage will be read only once. In parts III and IV, each passage and its corresponding question will be read twice. But in all sections, the options will be read only once. After listening to the passage and question, listen to the options and choose the best answer.

● 해설집 P 128

Part I Questions 1—15

You will now hear fifteen conversation fragments, each made up of a single spoken statement followed by four spoken responses. Choose the most appropriate response to the statement.

Part II Questions 16—30

You will now hear fifteen conversation fragments, each made up of three spoken statements followed by four spoken responses. Choose the most appropriate response to complete the conversation.

Part III **Questions 31—45**

You will now hear fifteen complete conversations. For each item, you will hear a conversation and its corresponding question, both of which will be read twice. Then you will hear four options which will be read only once. Choose the option that best answers the question.

Part IV **Questions 46—60**

You will now hear fifteen spoken monologues. For each item, you will hear a monologue and its corresponding question, both of which will be read twice. Then you will hear four options which will be read only once. Choose the option that best answers the question.

GRAMMAR

Part I   Questions 1—20

Choose the best answer for the blank.

1. A: Oh, no. The car won't start.
   B: _____ David to help you.

   (a) Have
   (b) Get
   (c) Make
   (d) Bring

2. A: I'm not available until this evening.
   B: OK, let me know _____ I should call.

   (a) what
   (b) which
   (c) when
   (d) that

3. A: Have you seen much of Italy, Gina?
   B: Not really, I _____ to Rome and Florence.

   (a) only be
   (b) am only being
   (c) have only been
   (d) having only been

4. A: Have you seen *Othello* at the Opera House?
   B: No, I find watching opera _____.

   (a) bore
   (b) bored
   (c) boring
   (d) to bore

5. A: Could you help me, please? I'm looking for a portable computer.
   B: How about the new Netbooks which _____ here?

   (a) is demonstrated
   (b) are demonstrating
   (c) is being demonstrated
   (d) are being demonstrated

6. A: Excuse me. Do you have any work?
   B: Yes, _____. Please contact our personnel department.

   (a) I do think
   (b) I think so
   (c) so I am thinking
   (d) think I do it

7. A: Can I help you, sir?
   B: Yes, I'm interested _____ that plate over there.

   (a) in buying
   (b) to buying
   (c) bought
   (d) buy

8. A: How is the job hunt, Rodney?
   B: It's good, Steve. I have _____ at the Stock Exchange tomorrow.

   (a) interview
   (b) an interview
   (c) that interview
   (d) other interview

9. A: Have you seen the book that I left on the table?

B: Yes, I returned it _____ the bookshelf.

(a) in
(b) into
(c) on
(d) to

10. A: What was that noise?

B: I don't know but it _____ have been a car.

(a) can
(b) could
(c) would
(d) should

11. A: Did you call the dog washing company?

B: No, we washed the dog _____.

(a) themselves
(b) ourselves
(c) oneself
(d) itself

12. A: I'm wondering what I _____ this vacation.

B: Why don't you travel around the States by Greyhound bus?

(a) might do
(b) should do
(c) may be doing
(d) could be doing

13. A: Would you still work if you _____ to win $1,000,000?

B: I don't know. It's unlikely that it would ever happen to me.

(a) had
(b) were
(c) are
(d) have

14. A: Why was that employee fired?

B: He always did the _____ work possible.

(a) fewest
(b) little
(c) less
(d) least

15. A: Professor, how _____ good grades in sociology?

B: You need to read very widely.

(a) can I get
(b) need I get
(c) I am getting
(d) might I be getting

16. A: What _____ to be done about the school enrollment?

B: Well, we still have to pay the fees.

(a) remains
(b) remaining
(c) remained
(d) is remained

17. A: How long _____ to get to Tokyo from here?

B: About three hours by bullet train.

(a) it takes
(b) is it taking
(c) does it take
(d) need it take

18. A: I don't think my grade was that bad.

B: Are you kidding? _____ you look at it, C is a bad grade.

(a) However the way
(b) Howsoever way
(c) Whichever way
(d) The way how

19. A: How's work, Susan?

B: Fine, except that today I had _____ complaining customers.

(a) many
(b) lesser
(c) much
(d) few

20. A: What time do you go to bed during the week, Lucy?

B: I _____ at 11 p.m.

(a) am gone usually
(b) usually am gone
(c) go usually
(d) usually go

Part II Questions 21—40

Choose the best answer for the blank.

---

21. The Blackstone award for electrical engineering is named _____ Jeremiah Blackstone.

(a) upon
(b) with
(c) to
(d) after

22. Sandra Blake's family created a scholarship _____ people could remember her.

(a) from where
(b) that which
(c) in what
(d) so that

23. _____ arrive late will lose wages from now on.

(a) Those that
(b) Them who
(c) Whomsoever
(d) These which

24. The researchers were _____ sure the experiment was a success.

(a) absolutely
(b) much
(c) little
(d) such

25. Both the players and the coach of the team _____ pleased with the win.

(a) was
(b) are being
(c) were
(d) is being

26. Fluffy, the dearly loved cat of the Pritchard family, had _____ fur.

(a) white long beautiful shiny
(b) beautiful long white shiny
(c) white beautiful shiny long
(d) shiny long beautiful white

27. He was an expert watchmaker _____ only made twenty watches a year.

(a) who
(b) what
(c) which
(d) whose

28. _____ poaching tigers, the hunter was caught by the game warden.

(a) While
(b) On
(c) For
(d) As

29. Digital photography _____ as producing pictures as good as old-fashioned photography, and is in many ways a more versatile technology.

(a) is seeing
(b) was seen
(c) is seen
(d) sees

30. To all our valued customers we _____ free shipping to all orders over $50.00.

(a) offering
(b) had been offered
(c) are offered
(d) are offering

31. The Rose family _____ a baby boy for a long time and last Monday James was born.

(a) want
(b) are wanting
(c) shall be wanting
(d) had been wanting

32. A star _____ Audrey Hepburn does not appear often.

(a) suchlike
(b) be like
(c) like as
(d) such as

33. The documentary film maker wanted to find out how many leading roles _____ to handsome men.

(a) gave
(b) had given
(c) were given
(d) do be given

34. *The TV Times* comes out _____ than *the Daily Planet*.

(a) frequently
(b) more frequent
(c) more frequently
(d) the most frequent

35. She was not only gifted as a clarinetist _____ she was also brilliant at tennis.

(a) as
(b) and
(c) but
(d) because

36. The student spent so much time out partying that _____ she studies hard she will not pass the exam.

(a) if
(b) even if
(c) whether
(d) although

37. The directors didn't want to be interrupted at _____ monthly meeting.

(a) their
(b) those
(c) it
(d) theirs

38. Greg was _____ as a champion jockey but unfortunately injury put a stop to his career.

(a) once widely regarded
(b) once being widely regarded
(c) being widely regarded once
(d) regarded once widely being

39. The boss _____ right to get upset when people turned in sloppy work.

(a) has
(b) was
(c) is being
(d) will

40. _____ their basements when the typhoon warning sounded and so they waited.

(a) Only few dared to leave
(b) They dared to leave few
(c) Dared to leave a few
(d) Few dared to leave

Part III Questions 41—45

Identify the option that contains an awkward expression or an error in grammar.

41. (a) A: Sales are down. We need to increase our customer base.
    (b) B: I agree, let's switch from newspapers to online advertising.
    (c) A: Do you think that is better of advertising in the papers?
    (d) B: I think so. How many people read the papers these days?

42. (a) A: Where do you think we should spend our vacation, Rich?
    (b) B: How about Thailand? Bangkok is a frenetic and exciting city.
    (c) A: I know but I've been working hard and I want some relaxation time.
    (d) B: All right, how about we going to Bangkok to shop and Koh Samui to relax?

43. (a) A: Let's eat out. Is there a good Italian restaurant in town?
    (b) B: Well there is La Dolce Vita, it's expensive but the food is superb.
    (c) A: If we should afford it we can go there. What do you think?
    (d) B: If we are careful with our mains and drinks it might be all right.

44. (a) A: Hey, that car is mine you're towing.
    (b) B: Yeah, that's right. You're parked by the hydrant.
    (c) A: But how can I get my car back?
    (d) B: Come to Ace Towaways. It'll cost you $180.00.

45. (a) A: Did you hear about subprime mortgages in the paper today?
    (b) B: You mean the article about England?
    (c) A: Yes, one in six houses have negative equity. That's huge!
    (d) B: Just as well we paid a substantial deposit for this house!

Part IV Questions 46—50

Identify the option that contains an awkward expression or an error in grammar.

46. (a) The tiger is the largest animal in the family of cat species known as Panthera. (b) Tigers are beautiful animals whose images appear on flags and who are the national animal of several Asian countries. (c) They are adaptable animals and can be living, in cold Siberian taiga, in grasslands and in mangrove swamps. (d) Because they are hunted and their numbers are declining, tigers are in danger of extinction.

47. (a) The word "arthritis" comes from Greek "arthro (joint)" and "itis (inflammation)" and is a common and debilitating disease. (b) There are different varieties of arthritis: the most common one being osteoarthritis, a degenerative joint disease. (c) All arthritis ailments involve pain which will increase if the arthritis is not treated. (d) Arthritis can be controlled through change of diet and medications, but in some cases joint replacement surgery is to be needed.

48. (a) The Romantic poet Percy Bysshe Shelley once wrote a poem showing how the powerful have no influence after death. (b) In this poem, *Ozymandias*, Shelley tells of meeting a traveler who upon the ruins came of a statue in the desert. (c) This statue was of a powerful ruler from long ago, whom everyone was afraid of. (d) But now Ozymandias is a forgotten ruler because time has passed and nothing lasts forever.

49. (a) Time standards based on the rotation of the earth are true solar time, sidereal time, Greenwich Mean Time and Universal Time. (b) Greenwich Mean Time or GMT has no longer the importance it has once before. (c) This is because the advent of atomic clocks has made time measurement more accurate. (d) An atomic based time scale, called Coordinated Universal Time, is now used instead.

50. (a) Manhood rituals don't get much scarier than that of the Algonquin Indian Tribe in Quebec, Canada. (b) Boys are taken away from their homes and given wycossan, a hallucinogenic drug contains the deadly poison datura. (c) The idea is that the boys will forget all memories of their childhood. (d) If the initiation proves unsuccessful they have to go back and try it all again.

This is the end of the Grammar section. Do NOT move on to the next section until instructed to do so. You are NOT allowed to turn to any other section of the test.

9. A: Do you like to go fishing in the local river?

   B: Yes, but I don't have much _____ catching fish.

   (a) goal
   (b) luck
   (c) chance
   (d) fever

10. A: Did you see how well Craig stopped The Bears scoring?

    B: Yes, he really defended _____ today.

    (a) basely
    (b) loosely
    (c) skillfully
    (d) righteously

11. A: Hey Linda, this designer bag is cheap. It's only $100.00.

    B: Don't be so _____. It's an imitation.

    (a) credible
    (b) astute
    (c) gullible
    (d) leery

12. A: Jane Smith's novel is so popular I can't buy it anywhere.

    B: Yeah, it's _____.

    (a) let down
    (b) run through
    (c) gone off
    (d) sold out

13. A: What do you think of *The Penguin* by Rutland Bates Junior?

    B: It's boring. I found it quite _____.

    (a) lofty
    (b) bland
    (c) deserted
    (d) soothing

14. A: Do you know if Eve is having a boy or a girl?

    B: I don't think she knows. But she is _____ for a girl.

    (a) dicing
    (b) looking
    (c) hoping
    (d) piloting

15. A: Excuse me, is it possible to go over there?

    B: I'm sorry, no, that area is _____.

    (a) restricted
    (b) lenient
    (c) accessible
    (d) bridged

16. A: Hi Giles. How's the study going?

    B: Not well, I've been _____.

    (a) prolonging
    (b) debilitating
    (c) recessing
    (d) procrastinating

17. A: I heard Jack designs houses for a living. Is that right?

    B: Yes, he's a(n) _____.

    (a) artificer
    (b) plumber
    (c) architect
    (d) crustacean

18. A: How can I get a subscription to the newspaper?

B: Phone up and ask for the _____ department.

(a) circulation
(b) op-ed
(c) editorial
(d) classified

19. A: What's the information highway?

B: It's a popular phrase to _____ the Internet.

(a) access
(b) describe
(c) formulate
(d) constitute

20. A: How will my dog be after the operation?

B: He should make a _____ recovery.

(a) speedy
(b) tasty
(c) naughty
(d) hasty

21. A: Is your knee getting worse?

B: Yes, I might have to _____ surgery.

(a) exercise
(b) withstand
(c) sustain
(d) undergo

22. A: Marcia, did you go ahead with that business opportunity?

B: No, I'm afraid not. It _____.

(a) ran out
(b) stood up
(c) went off
(d) fell through

23. A: This hotel sounds good and it's only $50.00 a night.

B: Yes, it has a good location with all necessary _____.

(a) amenities
(b) incidentals
(c) formalities
(d) characters

24. A: Doctor, I've had a migraine for three days. My head hurts so much.

B: Try these pills. They should _____ the pain.

(a) slither
(b) relieve
(c) migrate
(d) complement

25. A: Sir, here is your bill. We hope your stay was a pleasant one.

B: Oh, this bill is incorrect. Someone has made a(n) _____.

(a) fault
(b) error
(c) grudge
(d) misuse

Part II   **Questions 26—50**

Choose the best answer for the blank.

26. In Bach's *Double Concerto* for Violin Yehudi Menuhin and David Oistrakh _____ each other beautifully.

    (a) chaperone
    (b) conduct
    (c) accompany
    (d) escort

27. As a king of Wessex, Alfred was an able _____ and ruled his people well, but was not superior to King Edward the Elder.

    (a) pillar
    (b) legume
    (c) regicide
    (d) monarch

28. Frank Sinatra was a popular singer and actor who had a _____ charm.

    (a) threadbare
    (b) captivating
    (c) unctuous
    (d) hysterical

29. The appliance shop ran out of its cheap $200 refrigerators because too many customers _____ to buy them.

    (a) sped by
    (b) turned up
    (c) drove by
    (d) filled up

30. The general public is now being _____ of the dangers of anorexia in the modeling world.

    (a) patterned
    (b) informed
    (c) multiplied
    (d) filtered

31. With inflation running out of control Vera had to return to work to _____ her income.

    (a) augment
    (b) amplify
    (c) swell
    (d) ratify

32. Famous travel writers are very good at _____ what it is like in a foreign place.

    (a) hashing
    (b) evoking
    (c) stalking
    (d) papering

33. The Plastron car seat is firm and upright yet malleable, allowing it to adjust to your body's _____.

    (a) edges
    (b) outlines
    (c) contours
    (d) alterations

34. The tennis star _____ for divorce when she saw her husband with another woman.

(a) prayed
(b) turned
(c) moved
(d) filed

35. The process of _____ turns grape juice into wine.

(a) regimentation
(b) privation
(c) seclusion
(d) fermentation

36. Solar batteries use the heat of the sun to _____ electrical appliances.

(a) fill
(b) load
(c) nudge
(d) power

37. The construction crew set about _____ the old building.

(a) divesting
(b) dislocating
(c) diverting
(d) dismantling

38. Language learners can often read and listen well, but are short of the speaking skills needed for _____ with native speakers.

(a) acculturation
(b) interaction
(c) confusion
(d) absorption

39. As you age it becomes more important to _____ your blood pressure.

(a) supervise
(b) monitor
(c) visit
(d) overlook

40. Rousseau in his book, *The Social Contract*, believed that people in civilized society make a contract with each other to _____ individual rights.

(a) subdue
(b) plaster
(c) beguile
(d) respect

41. It is well known that China is pursuing space _____.

(a) penetration
(b) examination
(c) explanation
(d) exploration

42. Germany's invasion of Poland in 1939 was an aggressive act against a _____ state.

(a) benighted
(b) sovereign
(c) anachronistic
(d) myopic

43. The drug company faced the _____ of the Food and Drug Board when one of its drugs was found to be unsafe.

    (a) transience
    (b) posterior
    (c) censure
    (d) splice

44. Using the wrong words can be _____ to diplomatic relationships.

    (a) noxious
    (b) adjacent
    (c) injurious
    (d) cogent

45. We need to monitor technology to _____ that we are controlling it rather than it is controlling us.

    (a) preside
    (b) satiate
    (c) testify
    (d) ensure

46. The Dalai Lama _____ opinion because he is loved by many the world over but is vilified by the Chinese government.

    (a) alienates
    (b) subdues
    (c) polarizes
    (d) apportions

47. Authorities have found that burning trash _____ to environmental pollution.

    (a) supplies
    (b) acts
    (c) results
    (d) contributes

48. Software makers now try to make products which have the widest possible _____.

    (a) application
    (b) perversion
    (c) protraction
    (d) attention

49. Corruption in some societies is so rife that a(n) _____, as long as it doesn't hurt anyone, is often overlooked.

    (a) acrimony
    (b) misdemeanor
    (c) platitude
    (d) malignancy

50. Further _____ into genetics could lead to new antibiotics.

    (a) gratitude
    (b) sympathy
    (c) research
    (d) motion

This is the end of the Vocabulary section. Do NOT move on to the Reading Comprehension section until instructed to do so. You are NOT allowed to turn to any other section of the test.

READING
COMPREHENSION

Part I **Questions 1—16**

Read the passage. Then choose the option that best completes the passage.

---

1. The psychological disorder known as fugue state is characterized by a temporary loss of memories, personality, and other characteristics of a person's identity. This type of amnesia is often accompanied by unplanned travels or wandering. Unlike other forms of amnesia, the fugue state is not an effect of drugs or other substances, nor is it the result of trauma to the brain. The condition usually lasts hours or days, but can sometimes go on for months or even longer. Thankfully, it is reversible, with a full recovery of memories afterward. However, _____.

   (a) the patient may still feel that is possible
   (b) there will be no memories from the fugue state
   (c) a person's family may notice some memory loss
   (d) psychologists have not studied all of those people

2. *Citizen Kane*, a film by 20th century actor, writer, producer and director, Orson Welles, _____. Generally regarded as the greatest film of all time, it follows the life of Charles Foster Kane—portrayed by Welles—from his youth, through his rise to fortune in the newspaper business, until his ultimate death as a fabulously wealthy and reclusive newspaper tycoon. The story is told through a series of flashbacks, each giving glimpses into the meaning of his last word: "Rosebud."

   (a) shows poverty in 1920s America
   (b) charts the life of a wealthy magnate
   (c) is based entirely on Welles' background
   (d) was not as successful as Welles had hoped

3.
   Letter to the Editor,

   I was saddened to find in last week's issue that one of your journalists thinks all Americans are against immigration. Many people don't realize that immigration boosts the economy by providing workers for low-paying jobs that most Americans wouldn't work anyways! This low-cost workforce allows companies to expand and open new branches which provide new jobs for Americans. And let's not forget that these immigrants are buying things from our shops, stores, and markets when they are not working. Please remind your journalist that

   _____.

(a) there is another side to the immigration debate
(b) immigrants can be just as close-minded
(c) immigrants purchase newspapers, too
(d) people are not interested in opinions

4. Homelessness is a growing problem in the United States _____.
Since 2002, researchers have noticed an increase in the number of families with
children becoming homeless. This poses new problems for the agencies who are
working in the fight to help the homeless. Homeless children require additional
care and resources, and they are in danger of long-term effects if the situation is not
remedied quickly. Unlike homeless adults, children who are raised in chronically
homeless conditions will find it more difficult to transition into a normal adult life.

(a) yet families are staying together longer
(b) with a new crisis emerging recently
(c) because of more adults losing jobs
(d) but actions must be being taken

5. Poland is a vast country with many beautiful natural areas. Officials in that country
have striven over the last hundred years to do more to preserve their beautiful
landscapes. Starting in 1918 with just 39 nature reserves, Poland has grown to
include 1,407 reserves of various sizes from 0.5 to 5,000 hectares. These reserves
are mostly in the southern mountainous region and include many hiking trails
which pass some of Earth's most breathtaking vistas. As these efforts show, Poland
_____.

(a) is a world leader in landscape gardening
(b) shows us the way to a sustainable mining
(c) exemplifies good management of its resources
(d) is doing its part to stop greenhouse gas emissions

6. Urbanization is the move of people from rural areas into larger cities which occurs as countries advance beyond farm-based economies. With fewer farming jobs available, people are forced to find work in factories, stores and businesses which are located in urban areas. Additionally, people have better access to public transportation and can more easily find basic services like doctors and hospitals. Of course these services may not be available everywhere as urbanization occurs. When it happens too swiftly, _____ may be lacking.

   (a) adequate housing outside of the city
   (b) people's satisfaction with country life
   (c) the infrastructure to support a population
   (d) a person's ability to cope with new stresses

7. It is difficult to acquire reliable statistics about crime. Usually, police reports are the only source of information, but _____. The reasons for this vary. Some crimes are minor and a police report is not filed. Other times the police are unaware that a crime took place. For this reason, many countries use the Crime Victims Survey which polls a random sample of the population and asks about their experiences with crime. The method provides more reliable information, but is less helpful for low-frequency crimes such as homicides and "no victim" crimes such as drug use.

   (a) not all crimes are filed by the police
   (b) these are not geared towards researchers
   (c) these reports are often incomplete or inaccurate
   (d) police officers do not always arrest the perpetrator

8. One big problem with teleconferencing is eye contact. It is _____. The problem of hearing your own echo was fixed with echo-cancellation technology. Lags in conversation were cured by increased Internet speeds. But eye contact continues to be an issue because facial expressions differ in a face-to-face situation. Eye contact is a big part of the flow of verbal communication, turn-taking, and perceived attention. These nonverbal aspects of communication are missing without it.

   (a) important not to seem too inattentive
   (b) something that a new system can provide for
   (c) not necessary for smooth conversations online
   (d) necessary for nonverbal aspects of communication

9. In a move that shocked everyone last night, Detroit's manager _____
    in the ninth inning. He replaced him with one that was just pulled up from the minor
    league last month. The veteran pitcher was in the middle of a no-hitter but was
    starting to show signs of fatigue, and their lead was tenuous with New York's heavy
    hitters coming on deck. His faith in the new pitcher paid off with three outs after
    four batters to clinch the 1-0 victory.

    (a) took the rookie off the mound
    (b) swapped his first baseman
    (c) put in a veteran player
    (d) chose to pull his pitcher

10. In today's computer-based world, companies often rise and fall based on the quality
    of their website. Prospective clients will turn to the Internet before even scheduling
    their first meeting. A sloppy website can spell certain death. Additionally, some
    older companies still have yet to break into the Internet market. A consumer's
    interest could be squandered when they search for a company but find nothing. In
    this business climate, website design _____.

    (a) does not aid in increased sales
    (b) is the key to a successful business
    (c) is less important than relationships
    (d) may be more expensive than before

11. When submitting a piece of writing for publication, _____.
    First, choose a font size that is clear and easy to read. Next, stay consistent with use
    of italics, bold, and underlines. A general rule is to use only one type; using all three
    will cause your writing to seem messy and unorganized. Finally, choose a writing
    style that is appropriate for your piece (e.g. APA, MLA) and stick with it. Switching
    between styles will cause your piece to seem unprofessional and not publishable.

    (a) it is important to be consistent
    (b) don't forget to revise everything
    (c) make it interesting and dynamic
    (d) have a backup of all of your work

12. Some people argue that high scores on IQ tests are not indicative of future success. Many who score high go on to make breakthroughs in science or become world-class musicians. However, they may owe their success to factors aside from their genius. For example, a person with a genius-level IQ who lives in a poor neighborhood and has no access to learning materials or higher education, may just stagnate. Without portals to success, such people have no means to fuel their curiosities. It is always possible, then, that they could end up _____.

(a) not achieving much of anything
(b) attaining good grades at school
(c) not being successful despite their environment
(d) becoming outstanding members of society

13. Traditional Korean houses, known as Hanok, were built _____. The ideal home would be located with a river in the front and a mountain in the back. Also taken into account was the weather. Homes built in the colder northern regions were based on an enclosed-square, designed to conserve heat. Conversely, those built in the south more closely resembled an "I." These homes were generally built with soil, trees, and stones.

(a) from expensive building materials
(b) without regard for their surroundings
(c) wherever it was most convenient to do
(d) in harmony with the natural environment

14. The World is a large cruise ship which serves as a part- or full-time residence for, and is owned by its inhabitants. The ship circumnavigates the globe and stops in various ports such as Sydney, Australia and Juneau, Alaska. Some of its residents live on-board year round while others visit only periodically. The ship has a total of 165 residential units which vary in size and price. It has many of the things you would find in a normal cruise ship, however it also includes things such as a grocery store. Of course, this is because _____.

(a) of the residential nature of the vessel
(b) people want to buy tickets for events
(c) of the goods offloaded while in port
(d) residents can check in for a vacation

15. Unlike cars which provide the operator with an ever-increasing array of safety devices, motorcycles leave their rider completely unprotected. If the rider is involved in an accident and hits their head, there is a high likelihood of permanent brain damage or death. So, many states in the US require all motorcycle riders to wear helmets. _____, some require no helmet at all, while others require them only for riders under the age of 18.

(a) Anyway
(b) Similarly
(c) Nevertheless
(d) However

16. A recent study has shown that young children model their parents' behavior, even when it comes to consumption of cigarettes. In the study, children were posed with a scenario in which one doll would be entertaining another doll for the evening and the former needed to go "shopping." They found that children of parents who smoked were four times more likely to "buy" cigarettes. _____, children were highly conscious of cigarette branding. This was evidenced by one six-year-old boy who could identify Marlboro cigarettes but not his favorite breakfast cereal.

(a) Conversely
(b) For example
(c) On the contrary
(d) Furthermore

Part II **Questions 17—37**

Read the passage and the question. Then choose the option that best answers the question.

17. After nearly 30 years in service, NASA will be retiring its Space Shuttles in 2010 in favor of a new type of launch vehicle. The Space Shuttle system was originally planned as a low-cost, reusable launch system that would ferry cargo and passengers into orbit as often as once per week. However, unexpected costs and safety concerns have prompted NASA to opt for a new one-time-use type shuttle. The vehicle is in design phases, but preliminary launches are already being carried out by NASA engineers. It is slated for its first manned launch in 2014.

Q: What is the passage mainly about?
(a) The need for reusable space shuttles
(b) Progress on NASA's new launch vehicle
(c) Design flaws in the Space Shuttle program
(d) The replacement of the NASA Space Shuttles

18. Labor unions are organized to prevent companies from taking advantage of individual employees. The unions protect workers' rights and it is through them that the US has gotten the standards of the five-day, 40-hour work week. Additionally, in times past, children would be allowed to work dangerous jobs in factories and coal mines. Through the unions' efforts, Child Labor laws were enacted which dictate the minimum age for an employable youth as well as restricting the number of hours they can work.

Q: What is the main topic of the passage?
(a) The history of the unions in the US
(b) The achievements of US workers' unions
(c) The restrictions on US childhood employment
(d) The beginnings of the 40-hour work week in the US

19. Living mostly in the waters off the eastern coast of Japan and growing to lengths up to 13 meters, the giant squid is a deep-ocean dwelling animal which has—until recently—evaded scientists. The animal was mentioned in writings as far back as Aristotle in the fourth century BC and stories have been common among mariners since that time. But it took until September 30, 2004 before the first images of a live specimen were recorded by a team of researchers. Until then, it had been one of the last giant animals to have never been photographed alive.

Q: What is the main topic of the passage?
(a) Photographing large sea creatures
(b) The elusiveness of giant squid
(c) Writings about sea animals
(d) The giant squid's history

20.

Dear Ms. James,

As stipulated in the Agreyes Inc. Employee Code of Conduct binder which
you received on your first day with this company, it is unacceptable for an
employee to use the company's computers for non-Agreyes Inc. related business.
Specifically, running a separate business from the office, regardless of whether
it is after hours, is unacceptable behavior. This written notice comes pursuant to
your prior verbal warning. Should another incident occur, we will be left with no
choice but to terminate your employment.

Sincerely,
Susan Jacklyn
Director of Human Resources

Q: What is the main purpose of the letter?
(a) To indicate acceptable activities
(b) To fire a company employee
(c) To serve as a final warning
(d) To explain new office rules

21. Among many competing and opposing views on how children acquire language, the
chunking theories of language acquisition are currently the most widely accepted.
Under this theory, languages are learned as groups of meaningful "chunks" which
can be phonemes, syllables, or whole words. Chunks are assimilated and then
combined with other chunks to produce meaning. Adding credence to this theory
is the recent work with computer programs based on this model. Once the program
is running, the computer picks up enough chunks to eventually make sounds which
resemble those made by infants.

Q: What is the best title for the passage?
(a) Improving Children's Language Acquisition Skills
(b) Various Theories on Childhood Language Acquisition
(c) How Chunking Theory Will Teach Computers to Speak
(d) Chunking Theory Explains Childhood Language Acquisition

22. Gone are the days of the family doctor who would make trips to your house when you were in need. In the modern world, where the unifying purpose of mankind is the quest for a luxury lifestyle, many doctors only see patients as units of money. Doctors rush through their day's scheduled patients, eager to get more and more through the door while providing sub-par treatment to those they see. Other doctors push for expensive, and often unnecessary, treatments or procedures for the sake of the pay they will receive from insurance companies.

Q: Which of the following is correct about doctors according to the passage?
(a) They travel less than old style family doctors.
(b) They now spend more time with each patient.
(c) They care less about patients than in times past.
(d) They are performing fewer unnecessary treatments.

23.

> To Whom It May Concern:
>
> My recent shopping experience at Sav-A-Lot was enriched by the friendliness of your staff who went above and beyond the call of duty to fix my problem. I came in angry about a gas grill which I recently purchased at your store. I expected a long line at the Customer Service counter, but instead was greeted right at the door and walked through the whole return process. Your employee even helped me load the replacement into my truck.
>
> Very Satisfied Customer,
> Donna Williams

Q: Which of the following is correct according to the letter?
(a) The store's customer service was typically inept.
(b) The store handles complaints incompetently.
(c) The customer encountered bureaucracy.
(d) The customer was assisted to get a new grill.

24. Elephants have the largest brain out of all land mammals. Though some whales have brains which are larger than those of elephants, they are only twice the size of elephants' brains whereas whales' bodies are twenty times as large. The size of an elephant's brain allows for more cerebral cortex which is where higher thinking occurs. Though their cell density is less than that of humans, an elephant's brain allows for a wide variety of behaviors such as grief, humor, compassion, self-awareness, and the use of tools which are not found in many mammals. Indeed, elephants are one of the world's smartest species.

Q: Which of the following is correct according to the passage?
(a) The elephant brain is twice the size of a whale's.
(b) The brain's cerebral cortex allows for higher thinking.
(c) The brain density of the elephant is more than a human's.
(d) The elephant is the world's second smartest land mammal.

25. The new U3900 computer from Mochivo is the world's thinnest laptop. Manufactured from a single piece of aluminum and featuring a keyboard that folds up into the monitor—rather than vice versa—the U3900 is less than 10 mm thick when closed. Add to this a full array of features such as 15" screen, two USB ports, CD/ DVD drive, four hours of battery life and 2GB of RAM, and you have yourself a serious machine. Mochivo is the first in the industry to take on the previous title holder for thinnest laptop, Pear Computing.

Q: Which of the following is correct according to the passage?
(a) The U3900 is made from several pieces of aluminum.
(b) Mochivo makes a laptop computer that is 20 mm thick.
(c) The battery life of the U3900 is a maximum of ten hours.
(d) Pear Computing used to make the world's thinnest laptop.

26. Today's students suffer from the plight of unqualified teachers. In a world where teacher's certification can be attained simply by putting in the time at university, it is our children who lose out. In the end, anyone who can pass the tests will end up in front of a classroom. Rather than getting professional educators whose passion is to teach, who delight in the glow of an eager student's eye, and who are fulfilling their life's dream, our kids are stuck with under qualified people without the right temperament or know-how to deal with children.

Q: Which of the following is correct according to the passage?
(a) Too many teachers are without jobs.
(b) Children are not educated long enough.
(c) Teachers nowadays lack passion for teaching.
(d) Kids have better teachers now than they used to.

27. The Alabama sturgeon is a fish which lives in a relatively small section of the lower Alabama River in the United States. The species is currently listed as "critically endangered" by the World Conservation Union (WCU). In attempts to save the species, a breeding program was started in 1993. Since then, only six specimen have been caught, five of which died in captivity. The last one was marked with an electronic tag in hopes that it would lead researchers to the breeding ground. So far this has proven unsuccessful.

Q: Which of the following is correct about Alabama sturgeon according to the passage?
(a) They have been discovered to be extinct.
(b) The WCU began breeding them in 1990.
(c) They tend to thrive if kept in captivity.
(d) Their breeding grounds are unknown.

28. Please mark your calendars for the annual Hope Presbyterian pot-luck dinner on June 4. The event, where everyone brings their own food, will take place in the church basement and much fun will be had by all. There will be music, games, sports and a raffle just like last year. This year's grand prize is a trip for two to Dayton Resort & Spa, with meals and accommodations included. Also, for the kids, we will have Rocko the Clown. We're hoping for a great time and beautiful, sunny weather. Please arrive at 6:00 p.m. with a dish to share.

Q: Which of the following is correct according to the announcement?
(a) The pot-luck is a once-only event.
(b) The church will provide all of the food.
(c) The grand prize includes the cost of meals.
(d) The kids will be entertained by two acrobats.

29. The only American President to serve more than two terms, Franklin D. Roosevelt (FDR) was a pivotal figure in world events during the 20th century. He took office in the middle of the Great Depression, and it was his optimism and fiscal policies which helped the country emerge from it successfully. His package of economic programs, dubbed the New Deal, provided relief to unemployed workers and reformed many of the country's business practices. FDR also led the US during most of World War II, dying of a cerebral hemorrhage a mere 17 days before German forces surrendered.

Q: Which of the following is correct according to the passage?
(a) FDR was America's longest serving President.
(b) The New Deal led to victory in World War II.
(c) FDR was also influential before taking office.
(d) The World War ended before FDR's death.

30. I have always been a clumsy person. The clinical term is "accident-prone" and I think that perfectly describes my life. As a kid, I always crashed my bike more than other kids, dropped my schoolbooks in puddles more often than would seem possible, and ended up with more scratches than anyone I know. Between 1973 and 1987 my mother must have spent hundreds of dollars on bandages. Since then, little has improved. I trip over steps or bump into things on the sidewalk just as much as I used to as a kid.

Q: Which of the following is correct about the writer of the passage?
(a) He crashed into a car as a kid.
(b) He used to throw his books away.
(c) He spent a lot of money on bandages.
(d) He is still prone to accidents in the street.

31. Orthodontic braces are devices used to correct the alignment of a person's teeth. The devices are generally metal but can be manufactured from plastic as well. The most common type consists of a single metal wire, called an arch wire, which is affixed to a person's teeth via brackets. The wire is tightened by orthodontists periodically to straighten and realign teeth through the application of force. Braces are commonly used in conjunction with other orthodontic devices to widen the palate or reform the jaw in some other way.

Q: Which of the following is correct according to the passage?
(a) Plastic braces are less effective than metal.
(b) The most common braces are double wired.
(c) The teeth are forcibly moved by wires of a brace.
(d) Orthodontic braces are solely for straightening teeth.

32. Looking for a place to stay for the upcoming semester? I have a lovely studio apartment located in close proximity to campus which I need to sublet. I graduated early this summer and have already accepted a position with a firm in another city. However, my current rental agreement goes through the end of the year. My apartment is on the north side of campus, meaning it's quiet but within walking distance of the campus' many bars and coffee shops. If you are interested, please contact me ASAP at the number provided below.

Q: Which of the following is correct according to classified ad?
(a) The apartment is located near the city.
(b) The advertiser wants to sublet his place.
(c) The apartment is on the south side of campus.
(d) The advertiser lives near many quality restaurants.

33. Playing live at Sam's Ale House this Saturday night are Jim and Dave, the city's most beloved solo folk acts, playing together for the first time. You'll recognize both of these names from their many appearances around town where they woo audiences with their silky voices and expert guitar picking. You'll be amazed when you hear them together making some of the most beautiful harmonies you've ever heard. Admission is $5.00 before 9 p.m., $10.00 after. You won't want to miss this very limited engagement.

Q: What can be inferred about Jim and Dave according to the passage?
(a) They normally play at larger venues.
(b) They can both play several instruments.
(c) They will play together again in the future.
(d) They usually play without accompaniment.

34. Ranging through the north-western mountainous regions of North America, Grizzly bears are a subspecies of brown bears. They can be distinguished from other species of brown bears by their shorter stature, longer claws, and the silver hairs on their backs from which they get their name. The Grizzly is thought to have migrated as much as 100,000 years ago across the land bridge which once connected Russia to Alaska. They proceeded south into what is now the United States and have moved back north as glaciers that once covered the region receded.

Q: What can be inferred from the passage?
(a) Grizzly bear prefer colder climates.
(b) Other bears also have silver back hairs.
(c) Grizzly bears eat similar foods to polar bears.
(d) All species of brown bears originated in Russia.

35. Stating that true knowledge can only be attained through sense experience and that all forms of metaphysical speculation are to be avoided, Auguste Comte was the first to propound the positivist philosophy. He speculated that all societies go through the following three phases: theological, metaphysical, and scientific. In the first, people blindly accept that gods cause events; in the second, things are explained by metaphysical abstractions; and in the third, both previous stages are rejected and humanity exclusively relies on observed phenomena.

Q: What would Comte most likely agree with?
(a) Morality should come from established religions.
(b) There is no higher power in the universe.
(c) Theology and science can work together.
(d) Experience is no guarantee to truth.

36. Thank you for purchasing the Whip-o-matic Multi-Speed Blender. We hope that this product will provide you with years of maintenance-free enjoyment. However, we understand that sometimes plastic buttons break and motors burn out. For this reason, we offer a two-year warranty on all of our products. Please fill out the enclosed form and send it back, along with a copy of your receipt, to the address on the card within 30 days of your purchase.

Q: What can be inferred from the passage?
(a) The warranty does not cover multiple breakages.
(b) The warranty card is included in the box.
(c) The blender is likely to malfunction soon.
(d) The blender is the cheapest of its kind.

37. With just two months left before this year's World Athletics Championship, high jumper, Olaf Svensson, has suffered a lacerated tendon in his right knee which will take him off the Swedish track-and-field team. This comes as a real blow to the Swedes who were hoping for the gold medal. Now their hopes fall to newcomer, Karlo Larson. Svensson will recover from his surgery, but he will be cheering for his team from the sidelines.

Q: What can be inferred from the passage?
(a) Larson is not as good as Svensson.
(b) Svensson's injury has ruined his career.
(c) Knee injuries are common for high jumpers.
(d) A silver medal is all Svensson would have won.

Part III **Questions 38—40**

Read the passage. Then identify the option that does NOT belong.

38. Blogging is a great way for people to spread information on the Internet. (a) Many people use blogs to let their friends and family know what is happening in their life. (b) Other people use them to express how they feel about current events, a new movie, and so on. (c) The Internet has made it easier for people to do many things online, like grocery shopping and paying bills, without leaving their homes. (d) After a blog has been posted, others are able to leave comments which makes it an enjoyable, interactive experience.

39. A wide variety of animals have been discovered in the deepest parts of the ocean. (a) Despite crushing depths and complete darkness, all kinds of creatures are able to thrive there. (b) Scientists are just now beginning to understand how creatures can survive at such depths. (c) But it is difficult to study live specimens because of the harsh environment they live in. (d) Sonar mapping has allowed researchers to get an accurate picture of their ocean environment.

40. If you can remember a series of numbers 10 digits long, then you are rare among the human race. (a) The average human can hold only seven bits of information in their short-term memory. (b) Scientists refer to the memory used for immediate results as your working memory. (c) It is theorized that based on this presumption US telephone numbers were originally made seven digits long. (d) Numbers were long enough to route the call correctly, but were also easy to remember.

This is the end of the Reading Comprehension section. Please remain seated until the proctor has instructed otherwise. You are NOT allowed to turn to any other section of the test.

TEPS

Test of English Proficiency
developed by
Seoul National University

TEPS

Test of English Proficiency
developed by
Seoul National University

수험번호 Registration No.

성명 Name
한글
한자

문제지번호 Test Booklet No.

감독관확인란

청해 Listening Comprehension

(1~60)

문법 Grammar

(1~50)

어휘 Vocabulary

(1~50)

독해 Reading Comprehension

(1~40)

주민등록번호 National ID No.

수험번호 Registration No.

비밀번호 Password

좌석번호 Seat No.

고사실란 Room No.

답안작성시 유의사항

1. 답안 작성은 반드시 **컴퓨터용 싸인펜**을 사용해야 합니다.
2. 답안을 정정할 경우 수정테이프(수정액)를 사용해야 합니다.
3. 본 답안지는 컴퓨터로 처리되므로 훼손해서는 안되며, 답안지 하단의 타이밍마크(▮▮▮)를 찢거나, 낙서 등으로 인한 훼손시 불이익이 발생할 수 있습니다.

4. 답안은 문항당 정답을 1개만 골라 ● 와 같이 정확히 기재해야 하며, 필기구 오류나 본인의 부주의로 잘못 표기한 경우에는 답 관리위원회의 OMR판독기의 판독결과에 따르며, 그 결과는 본인이 책임집니다.

올바른 표기: ●
잘못된 표기: ⊙ ◐ ◖ ⊗ ∅

5. 감독관의 확인이 없는 답안지는 무효처리됩니다.

TEPS

Test of English Proficiency
developed by
Seoul National University

성명 | 영문
성명 | 서명

응시일자 : 20 년 월 일

<부정행위 및 규정위반 처리규정>

1. 모든 부정행위 및 규정위반 적발 및 이에 대한 조치는 TEPS관리위원 회의 처리규정에 따라 이루어집니다.

2. 부정행위 및 규정위반 행위는 현장 적발 뿐만 아니라 사후에도 적발될 수 있으며 모두 동일한 조치가 취해 집니다.

3. 부정행위 적발 시 당해 성적은 무효 화되며 사안에 따라 최대 5년까지 TEPS관리위원회에서 주관하는 모든 시험의 응시자격이 제한됩니다.

4. 문제지 이외에 메모를 하는 행위와 시험 문제의 일부 또는 전부를 유출 하거나 공개하는 경우 부정행위로 처리됩니다.

5. 각 파트별 시간을 준수하지 않거나, 시험 종료 후 답안 작성을 계속할 경우 규정위반으로 처리됩니다.

단체구분
학생 ○ 일반 ○

질문란

1. 귀하의 TEPS 응시목적은?
ⓐ 입사지원 ⓑ 인사정책 ⓒ 개인실력측정 ⓓ 입시 ⓔ 국가고시지원 ⓕ 기타

2. 귀하의 영어권 체류 경험은?
ⓐ 없다 ⓑ 6개월 미만 ⓒ 6개월이상 1년 미만 ⓓ 1년 이상 2년 미만 ⓔ 3년이상된 미만 ⓕ 3년 이상

3. 귀하께서 응시하고 계신 고사장에 대한 만족도는?
ⓐ 0점 ⓑ 1점 ⓒ 2점 ⓓ 3점 ⓔ 4점 ⓕ 5점

4. 최근 1년내 TEPS 응시횟수는?
ⓐ 없다 ⓑ 1회 ⓒ 2회 ⓓ 3회 ⓔ 4회 ⓕ 5회 이상

학력 / 전공 / 직업

학력 (졸업/재학): 초등학교, 중학교, 고등학교, 전문대학, 대학교, 대학원

전공: 인문학, 사회과학·법학, 경제학·경영학, 자연과학, 의약·약학·간호학, 교육, 음악·미술·체육, 기타

직업: 공무원, 고시준비, 교사, 군인, 의료인, 자영업, 회사원, 학생, 무직, 기타

직종 / 직책

직종: 무역, 외환, 자금, 공무, 영업, 품질관리, 전산, 홍보, 생산관리, 서비스, 기타

직책: 임원, 부장, 차장, 과장, 대리, 계장, 사원, 인턴, 기타

직업: 고위임직원, 전문직(과학고과학), 전문직(교육), 전문직(법률·회계·금융), 기술, 영업, 홍보, 총무, 인사, 생산, 기타

성 명 (성·이름순으로 기재)

EX HONG GIL DONG

TEPS

Test of English Proficiency
developed by
Seoul National University

수험번호
Registration No.

성명
Name
영문
한글
한자

문 제 지 번 호
Test Booklet No.

감독관확인란

청 해
Listening Comprehension

문 법
Grammar

어 휘
Vocabulary

독 해
Reading Comprehension

주 민 등 록 번 호
National ID No.

수 험 번 호
Registration No.

비 밀 번 호
Password

좌 석 번 호
Seat No.

고사실란
Room No.

서 약

본인은 필기구 및 기재오류와 답안지 훼손으로 인한 책임을 지고, 부정행위 처리규정을 준수할 것을 서약합니다.

유 의 사 항

답안작성시

1. 답안 작성은 반드시 **컴퓨터용 싸인펜**을 사용해야 합니다.
2. 답안을 정정할 경우 수정액(수정테이프)를 사용해야 합니다.
3. 본 답안지는 컴퓨터로 처리되므로 훼손해서는 안되며, 답안지 하단의 타이밍마크(▮▮)를 찢거나, 낙서 등으로 인한 훼손시 발생할 수 있습니다.

4. 답안은 문항당 정답을 1개만 골라 ● 와 같이 정확히 기재해야 하며, 잘못 표기한 경우에는 답 관리위원회의 OMR판독기의 판독결과에 따르며, 그 결과는 본인이 책임집니다.

Good	Bad
●	◐ ◑ ⊗ ◉

5. 감독관의 확인이 없는 답안지는 무효처리됩니다.

뒷면(Side2)

TEPS

Test of English Proficiency
developed by
Seoul National University

응시일자 : 20   년   월   일

성 명

성	명
영문	
서명	

학력

학 력		
	재학·휴학	졸업
초등학교		
중학교		
고등학교		
전문대학		
대학교		
대학원		

전공

전 공	직 업
인문학	공무원
사회과학·법학	고시준비
경제학·경영학	교사
자연과학·공학	군인
의학·약학·간호학	의료인
교육학	자영업
음악·미술·체육	학생
기타	회사원
	직장인 무
	기타

지종·지체

지 종	지 체
고위임직원 및 관리자	임원
전문직(과학·공학)	부장
전문직(교육)	차장
전문직(법률·회계·금융)	과장
기타 전문직	대리
영업	계장
보통	사원
기능·생산	인턴
서비스	기타
기타	

단체 구분

학생	일반

질문란

1. 귀하의 TEPS 응시목적은?
a 입사지원 b 인사고과
c 개인실력측정 d 입시
e 국가고시 지원 f 기타

2. 귀하의 영어권 체류 경험은?
a 없다 b 6개월 미만
c 6개월 이상 1년 미만 d 1년 이상 3년 미만
e 3년 이상 5년 미만 f 5년 이상

3. 귀하께서 응시하고 계신 고사장에 대한 만족도는?
a 0점 b 1점
c 2점 d 3점
e 4점 f 5점

4. 최근 2년내 TEPS 응시횟수는?
a 없다 b 1회
c 2회 d 3회
e 4회 f 5회 이상

성 명 (성·이름순으로 기재)

EX HONG GIL DONG

(답안 마킹란: A~Z each with A B C D E F G H I J K L M N O P Q R S T U V W X Y Z bubbles)

〈부정행위 및 규정위반 처리규정〉

1. 모든 부정행위 및 규정위반 적발 및 이에 대한 조치는 TEPS관리위원회의 처리규정에 따라 이루어집니다.

2. 부정행위 및 규정위반 행위는 현장 적발 뿐만 아니라 사후에도 적발될 수 있으며 모두 동일한 조치가 취해집니다.

3. 부정행위 및 규정위반 적발 시 당해 성적은 무효 화되며 사안에 따라 최대 5년까지 TEPS관리위원회에서 주관하는 모든 시험의 응시자격이 제한됩니다.

4. 문제지 이외에 메모를 하는 행위와 시험 문제의 일부 또는 전부를 유출 하거나 공개하는 경우 부정행위로 처리됩니다.

5. 각 파트별 시간을 준수하지 않거나, 시험 종료 후 답안 작성을 계속할 경우 규정위반으로 처리됩니다.

TEPS

Test of English Proficiency
developed by
Seoul National University

청해 Listening Comprehension

문법 Grammar

어휘 Vocabulary

독해 Reading Comprehension

수험번호 Registration No.

성명 Name
한글
한자

문제지번호
Test Booklet No.

감독관확인란

주민등록번호
National ID No.

수험번호
Registration No.

비밀번호
Password

좌석번호
Seat No.

고사실란
Room No.

서약

본인은 필기구 및 기재오류외 답안지 훼손으로 인한 책임을 지고, 부정행위 처리규정을 준수할 것을 서약합니다.

답안작성시 유의사항

1. 답안 작성은 반드시 **컴퓨터용 싸인펜**을 사용해야 합니다.
2. 답안을 정정할 경우 수정테이프(수정액 불가)를 사용해야 합니다.
3. 본 답안지는 컴퓨터로 처리되므로 인데며, 답안지 훼손시에는 타이밍마크(▮▮▮)를 찢거나, 낙서 등으로 인한 훼손시 불이익은 발생할 수 있습니다.

4. 답안은 문항당 정답을 1개만 골라 아래 같이 정확히 기재해야 하며, 필기구 오류나 본인의 부주의로 잘못 표기한 경우에는 당 관리위원회의 OMR판독기의 판독결과에 따르며, 그 결과는 본인이 책임집니다.

Good ● Bad ◐ ◑ ⊗ ◉

5. 감독관의 확인이 없는 답안지는 무효처리됩니다.

뒷면(Side2)

TEPS
Test of English Proficiency
developed by
Seoul National University

응시일자 : 20 년 월 일

성 명 | 영문 | 서명

단체 구분

학생	일반
○	○

질 문 란

1. 귀하의 TEPS 응시목적은?
   ⓐ 입사지원   ⓑ 인사정책
   ⓒ 개인실력측정   ⓓ 입시
   ⓔ 국가고시 지원   ⓕ 기타

2. 귀하의 영어권 체류 경험은?
   ⓐ 없다   ⓑ 6개월 미만
   ⓒ 6개월이상 1년미만   ⓓ 1년이상 3년미만
   ⓔ 3년이상 5년미만   ⓕ 5년 이상

3. 귀하께서 응시하고 계신 고사장에 대한 만족도는?
   ⓐ 0점   ⓑ 1점
   ⓒ 2점   ⓓ 3점
   ⓔ 4점   ⓕ 5점

4. 최근 2년내 TEPS 응시횟수는?
   ⓐ 없다   ⓑ 1회
   ⓒ 2회   ⓓ 3회
   ⓔ 4회   ⓕ 5회 이상

학력

졸업 / 재학

초등학교   중학교   고등학교   전문대학   대학교   대학원

전공

인문   사회과학·법학   경제학·경영학   자연과학   의학·간호학   공학   교육   음악·미술·체육   기타

직업

공무원   고시준비   교사   군인   의료인   자영업   학생   회사원   직무   기타

직책

회원   장   장   장   리   장   원   원   타
임   부   차   과   대   계   사   인   기

종직

역   환   금   무   무   질관   정신관   리   수   타
무   외   자   공   업   품   진   행   생   서   기   타

직

고   의   직   원   전문직(과학·공학)   직   업   보   무   사   리   획   매
기   술   영업   종업   인   장   기   구

<부정행위 및 규정위반 처리규정>

1. 모든 부정행위 및 규정위반 적발 및 이에 대한 조치는 TEPS관리위원회의 처리규정에 따라 이루어집니다.

2. 부정행위 및 규정위반 행위는 현장 적발 뿐만 아니라 사후에도 적발될 수 있으며 모두 동일한 조치가 취해집니다.

3. 부정행위 적발 시 당해 성적은 무효 처리되며 사안에 따라 최대 5년까지 TEPS관리위원회에서 주관하는 모든 시험의 응시자격이 제한됩니다.

4. 문제지 이외에 메모를 하는 행위와 시험 문제의 일부 또는 전부를 유출하거나 공개하는 경우 부정행위로 처리됩니다.

5. 각 파트별 시간을 준수하지 않거나, 시험 종료 후 답안 작성을 계속할 경우 규정위반으로 처리됩니다.

Memo

How to TEPS 실전력 800

목표! TEPS 800점!

TEPS 800점 획득을 위해 반드시 알아야 할 문제로만 구성
시험 직전 어휘 정복을 위한 고난도 보카 매뉴얼 증정
취업, 승진, 진학, 고시 등 영어시험 기준 점수 획득을 위한 실전 모의고사